MESSIANISME

UNION FINALE DE LA PHILOSOPHIE ET DE LA RELIGION,

CONSTITUANT

LA PHILOSOPHIE ABSOLUE.

בראשית אשר יהיה

Εν αρχη ην ὁ λόγος, και ὁ λόγος ην προς τον Θεόν,
Και Θεὸς ην ὁ λόγος, παντα δια αυτου εγενετο....

TOME II.
MÉTAPOLITIQUE MESSIANIQUE.

DÉSORDRE RÉVOLUTIONNAIRE DU MONDE CIVILISÉ.

A PARIS

IMPRIMERIE ET FONDERIE DE JULES DIDOT L'AINÉ,
BOULEVART-D'ENFER, N° 4.

JUIN. — 1840.

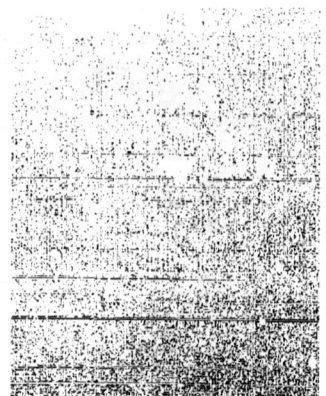

MESSIANISME

UNION FINALE DE LA PHILOSOPHIE ET DE LA RELIGION,

CONSTITUANT

LA PHILOSOPHIE ABSOLUE.

אהיה אשר אהיה

Ἐν ἀρχῇ ἦν ὁ λόγος, καὶ ὁ λόγος ἦν πρὸς τὸν Θεόν,
Καὶ Θεὸς ἦν ὁ λόγος, πάντα δι' αὐτοῦ ἐγένετο.

TOME II.

MÉTAPOLITIQUE MESSIANIQUE.

DÉSORDRE RÉVOLUTIONNAIRE DU MONDE CIVILISÉ.

A PARIS

IMPRIMERIE ET FONDERIE DE JULES DIDOT L'AÎNÉ.
BOULEVART-D'ENFER, N° 4.

MAI 1839.

TABLE DES MATIÈRES.

I. Épître à S. M. le roi des Français.
II. Méthode messianique.
III. Métapolitique ou Philosophie de la Politique.
   (A) Première partie. — État révolutionnaire de l'Europe, et spécialement de la France.
      (a) Chapitre premier. — Anéantissement de la morale.
      (b) Chapitre second. — Anéantissement de la politique.
      (c) Chapitre troisième. — Anéantissement de la philosophie et de la religion.
   (B) Deuxième partie. — Conditions de la cessation de cet état révolutionnaire.
      (a) Chapitre premier. — Moyens absolus des États.
         § I. — Détermination théorique ou spéculative.
         § II. — Application pratique au droit public de la France.
      (b) Chapitre second. — Buts absolus des États.
         § I. — Détermination théorique ou spéculative.
         § II. — Application pratique au caractère politique de la France.

MESSIANISME.

A SA MAJESTÉ, LOUIS-PHILIPPE,

ROI DES FRANÇAIS.

SIRE,

C'est pour la deuxième et peut-être pour la dernière fois que je ressens le devoir de porter la lumière au milieu des ténèbres philosophiques de la France, où s'enfantent ces hideuses monstruosités morales de perpétuelles révolutions politiques.

Que Votre Majesté daigne donc me permettre de redire ici les paroles respectueuses que j'ai pris la liberté de lui adresser déjà en 1832; car, il m'est impossible de dire plus aujourd'hui, et je dois cependant remplir encore une fois la sainte mission de faire connaître la vérité. — Ces paroles bien graves, Sire, qui peut-être intéressent autant le monde civilisé tout entier qu'elles paraissent décisives pour le sort de la France, les voici :

« N'est-il pas possible que la vérité soit, en grande partie, hors des vues actuelles de la France? — Ne se pourrait-il pas même que ses buts politiques, en apparence si glorieux, fussent entièrement opposés aux véritables buts de l'humanité? »

« L'admission de cette possibilité est effrayante ; et cependant, Sire, elle n'a rien de déraisonnable. Bien au contraire, l'indestructible désordre qui s'attache pour toujours aux vues exclusives des interminables révolutions françaises, et l'absence de tout critérium supérieur de vérité pour juger les buts ou les fins de ces continuelles réformations politiques, paraissent rendre éminemment raisonnable une si funeste admission. »

« Eh quoi! si l'on pouvait, avec une certitude inconditionnelle, affirmer devant Votre Majesté que cette terrible supposition est une grande réalité! — Et c'est ce que l'on peut effectivement, d'une manière irréfragable, par la simple production des vérités absolues du Messianisme, qui, sans doute par la

Providence, nous sont révélées précisément dans cette critique époque de l'humanité. »

Mais, pour mieux faire ressortir, dès à présent, la pénible réalité que je viens de dévoiler à Votre Majesté, je la supplie de se rappeler les innombrables combinaisons politiques qui, depuis ce dernier demi-siècle, ont été essayées en France par suite de ses permanentes révolutions, et qui toutes, loin d'amener l'ordre, ont conduit à d'affreux bouleversemens. Certes, Sire, après de si longues et de si décisives épreuves, il y aurait de l'aveuglement à méconnaître l'absence de la vérité en France, et il y aurait plus que de la témérité à vouloir encore essayer des combinaisons politiques, si tant est qu'on puisse encore en trouver de nouvelles !

En effet, toutes les opinions politiques qui se manifestent aujourd'hui dans le monde civilisé, se sont, tour-à-tour, établies et même constituées légalement en France ; et toutes y ont succombé, les unes après les autres, jusque dans leurs fondemens, car leurs partisans respectifs n'osent plus aujourd'hui avouer leurs propres principes. — Ainsi, après la grande révolution de 1789, toutes les sanglantes combinaisons du parti du droit humain, de ce parti qui proclame la souveraineté exclusive du peuple, ont amené les plus terribles catastrophes. Après la restauration de 1814, toutes les stupides combinaisons du parti du droit divin, de ce parti qui à son tour proclame la souveraineté exclusive des rois, ont amené les plus dégradantes conditions de l'humanité. Enfin, après la révolution de 1830, les sages combinaisons du parti du juste-milieu, protégées par le gouvernement éclairé de Votre Majesté, ne peuvent assurer péremptoirement l'ordre moral en France, comme le prouvent les dernières élections politiques, et ne peuvent même pas réaliser leur principal objet, l'ordre matériel, comme le prouvent les dernières entreprises industrielles (*).

Quant aux diverses nuances politiques qui viennent sans cesse se placer entre ces trois opinions fondamentales du monde civilisé, les enfans même comprennent aujourd'hui leurs véritables tendances, et déjà leurs partisans ne cherchent plus à les cacher. — Ainsi, lorsque le chef de la nuance politique nommée *centre-gauche* veut établir la maxime que le roi règne et ne gouverne pas, tout le monde comprend qu'il cherche à paralyser la SPONTANÉITÉ de l'action royale. Et lorsque le chef de la nuance politique nommée *centre-droit* proclame publiquement ses vues rétrogrades sur le catholicisme, le

---

(*) Parfois, le malheur est bon à quelque chose, dit le proverbe. — C'est ainsi que la paralysie des grandes entreprises des chemins de fer est un véritable avantage pour la France, comme je l'ai déjà prouvé par la théorie, dans la *Pétition aux deux Chambres législatives de France* et dans la *Supplique au Roi*, et comme j'espère pouvoir le prouver incessamment par la pratique.

protestantisme, et sur la philosophie moderne, tout le monde comprend qu'il cherche à ramener la domination des anciennes CROYANCES religieuses.

Or, ces continuelles vicissitudes d'un permanent désordre politique ne peuvent absolument s'expliquer en France par rien autre que par une complète absence de la vérité dans les vues politiques de la nation française; car, cette noble nation prouve, par sa persistance même à conquérir ainsi la liberté et l'ordre, combien elle ressent profondément la vocation morale de l'homme. Bien plus, cette illustre nation ne subit si long-temps son périlleux désordre révolutionnaire que parce que, sans être moins éclairée que les autres nations civilisées, elle sent plus vivement, à côté de sa force, l'auguste besoin d'accomplir les destins de l'humanité.

Malheureusement, cette haute tendance nationale est, à elle seule, très dangereuse aujourd'hui. — Jadis, elle pouvait suffire, lorsqu'il existait, pour le progrès de l'humanité, des buts fixés intentionnellement par la Providence dans la nature même de l'homme. Et c'est ainsi en effet que, par cette seule impulsion providentielle des peuples, se sont accomplies successivement toutes les périodes historiques qui ont précédé notre critique époque actuelle. Mais aujourd'hui, la seule tendance vers l'accomplissement des destinées de l'homme, quelque noble qu'elle soit sans doute, loin de suffire, ne peut qu'entraîner une nation dans un abîme de désordres, à cause qu'il n'existe plus, pour la direction de l'humanité, aucun but providentiel, ou plutôt à cause qu'il existe actuellement, par une fatalité inhérente à la nature terrestre de l'être raisonnable, deux buts diamétralement opposés et également fondés, savoir, d'une part, l'accomplissement cognitif, suivant l'expérience, des vues philosophiques de la raison, et, de l'autre part, l'accomplissement sentimental, suivant la révélation, des vues religieuses de la foi. Il faut donc aujourd'hui, pour éviter l'abîme que je viens de signaler, quelque chose de plus qu'une haute tendance nationale. Il faut de nouvelles et décisives lumières philosophiques; peut-être même, à en juger par la grandeur du but, faut-il aujourd'hui découvrir les VÉRITÉS ABSOLUES du monde, pour pouvoir reconnaître les DESTINÉES FINALES DE L'HUMANITÉ SUR LA TERRE; destinées qui seules, comme on le conçoit à priori, peuvent servir à fixer la vraie direction de l'humanité au milieu de son actuel et fatal antagonisme entre ses deux buts diamétralement opposés, par lesquels les peuples sont entraînés vers l'indestructible désordre dont la France offre le funeste exemple.

Votre Majesté ne peut douter que, dans les circonstances critiques du monde civilisé, telles que je viens de les laisser entrevoir ici, et telles qu'elles se sont déjà réalisées et prononcées plus fortement en France, il n'existe en effet aucun autre critérium de vérité que cette haute et absolue connaissance des destinées finales de l'humanité sur la terre. — Aussi, à la susdite époque où, pour la première fois, j'ai osé parler à Votre Majesté de la doctrine du messianisme, j'ai pris la liberté de faire remarquer au président du conseil de vos ministres, Sire, qu'en dehors de cette connaissance positive des destinées terrestres de l'être raisonnable, nul homme ne peut, avec conscience, prononcer sur le sort de la France, ni par conséquent juger, avec vérité, l'entraînement actuel de cette illustre nation. — Songez, ai-je dit à ce ministre, qu'il s'agit ici de prononcer avec une CONVICTION ABSOLUE, pour pouvoir assumer l'infinie responsabilité d'une inévitable et imminente ruine de la France.

Ces paroles sinistres ne sont pas chez moi, lui ai-je ajouté, l'expression de quelque vague pressentiment : elles sont fondées sur les principes absolus de l'existence même de la vérité; principes qui sont demeuré cachés aux hommes jusqu'à ce jour, et qui sont actuellement dévoilés dans la doctrine du messianisme que j'ai prié ce ministre de porter au pied du trône de Votre Majesté.

Bien plus, dans la première partie de cette doctrine absolue, dans le *Prodrome du Messianisme*, que j'avais alors livré au public, la confirmation positive de cette haute annonce se trouvait donnée par la formelle révélation qui y est faite des DESTINÉES DE L'HUMANITÉ, de ces destinées finales qu'il s'agit précisément de reconnaître aujourd'hui pour pouvoir arrêter le désordre politique du monde civilisé, surtout le désordre révolutionnaire de la France, et pour pouvoir donner aux peuples la direction nouvelle qu'ils attendent partout avec une si vive anxiété.

Aussi, en me fondant sur ce premier et je peux dire immense résultat public de la doctrine du messianisme, résultat que nul homme n'a pu ni ne peut contester, je pense avoir acquis le droit, aux yeux de mes contemporains, d'énoncer hautement mes prévisions sur l'avenir de la grave question du salut actuel de l'humanité. Et c'est par suite de ces positives considérations extérieures, jointes à mon intime conviction personnelle, que j'ose encore une fois, dans la présente crise du monde politique, parler à Votre Majesté de cette doctrine nouvelle comme offrant l'unique voie par laquelle les peuples peuvent, non-seulement sortir de leur fatal désordre universel, mais même s'avancer vers des destinées supérieures.

Je sais très bien, Sire, tout ce qu'il y a de défavorable et d'inconvenant dans de pareilles annonces de nouvelles doctrines philosophiques. Mais, je sais aussi que, lorsque les anciennes doctrines, philosophiques et même religieuses, sont demeuré impuissantes, non-seulement pour résoudre l'actuel problème fondamental de la politique, mais même pour concevoir et pour poser ce décisif problème, puisqu'elles sont toutes entraînées dans le vertige de l'un ou de l'autre des trois susdits partis sociaux, c'est à de nouvelles doctrines qu'il appartient d'apporter la vérité pour tirer l'humanité de son inextricable désordre. Aussi, ne mériterais-je certainement aucune confiance si, après tant de débats publics, je me présentais aujourd'hui avec l'une ou avec plusieurs des trois doctrines dominantes, avec celle du droit humain, avec celle du droit divin, ou même avec celle du juste-milieu, en annonçant que j'ai enfin trouvé, dans ces doctrines si rebattues, le fil pour faire sortir l'humanité du terrible dédale où ces doctrines mêmes l'ont poussée si profondément. Je rougirais si, après ma longue et froide carrière scientifique, je me présentais aujourd'hui, avec ces fausses et dangereuses doctrines politiques, pour invoquer l'auguste attention de Votre Majesté. Non, c'est de nouvelles doctrines, si ce n'est pas de celle du messianisme c'est de quelque autre, que les hommes doivent aujourd'hui attendre la vérité!

Je sais également, Sire, combien sont défavorables les doctrines théoriques ou spéculatives dans des questions de pure pratique, comme le sont en apparence celles de la politique. Mais, je sais aussi qu'avant d'agir, il faut avoir des principes d'action, des préceptes qui, pour être vrais, doivent être établis rationnellement en les déduisant de plus hauts principes spéculatifs, et nommément ici du susdit et infaillible principe des destinées finales de l'humanité. — C'est précisément par le défaut de tels préceptes fondés rationnellement que certains hommes d'état, nommés aujourd'hui hommes politiques, croient présenter à Votre Majesté d'admirables plans de gouvernement, lorsque, par quelques combinaisons sociales, ils ne font que de dangereux essais d'actions pratiques mal fondées. Mais, comme je l'ai déjà dit plus haut, toutes ces combinaisons politiques sont épuisées aujourd'hui. Et lors même que l'on pourrait encore en trouver de nouvelles dans la sphère des idées connues, ce serait réduire la politique à un jeu indigne, si on livrait ainsi la direction et le sort des peuples à de simples combinaisons enfantées au hasard par des hommes qui ne sauraient qu'agir, et qui ne pourraient concevoir ni même comprendre les principes théoriques ou spéculatifs de leurs propres actions.

C'est en vain que ces hommes d'état voudraient fonder sur l'histoire leurs plans de gouvernement. J'ai déjà fait observer, en 1832, au président du conseil de vos ministres, Sire, qu'il y a dans l'histoire, c'est-à-dire dans le développement progressif de l'humanité, des époques que nulle règle antérieure ne peut servir à apprécier.—Or, telle est, en effet, l'époque critique où se trouve actuellement la France. Sa position, didactiquement constatée, ne ressemble en rien à aucune partie de l'histoire; et par conséquent, aucune règle historique ne saurait servir pour en juger.

Il n'existe donc aujourd'hui, pour ces hommes purement pratiques, aucun moyen de reconnaître si l'impulsion nationale, et par là même la direction du gouvernement, qui se réglerait sur cette impulsion, sont vraies ou erronées. Et alors il ne serait pas surprenant si de tels hommes d'état, d'ailleurs très estimables, représentaient à Votre Majesté la doctrine du messianisme comme un système métaphysique, ou pour le moins comme une utopie. Mais, c'est alors précisément que cette doctrine supérieure, qu'ils ne sauraient comprendre, revendiquerait auprès de Votre Majesté, comme une de ses conditions principales, son caractère essentiellement pratique, du moins dans tout ce qui concerne la science de l'état, où elle doit dorénavant, et pour jamais, servir de barrière contre toutes les rêveries sociales, et même contre *toutes les combinaisons politiques*, lorsqu'elles seraient purement pratiques. En effet, Sire, vous venez de voir que le messianisme repousse enfin hautement les conceptions politiques qui ne seraient pas *fondées préalablement et expressément sur la connaissance positive* DES DESTINÉES DE L'HUMANITÉ; connaissance qui malheureusement n'est pas encore au pouvoir des hommes, et qui cependant, au milieu du désordre universel, peut seule servir de flambeau pour éclairer les peuples sur la direction salutaire qu'il faut leur donner actuellement. — Aussi, quand même la doctrine du messianisme n'aurait encore produit rien autre que le *postulatum* politique qui requiert ce principe préalable de la connaissance positive des destinées de l'homme, pour servir dorénavant de base *théorique* ou *spéculative* à toute conception politique, appropriée à une *immédiate exécution pratique*, elle aurait déjà conjuré en *grande partie* l'effrayant désordre social du monde civilisé, en rendant inadmissibles, pour ne pas dire plus, toutes les nouvelles conceptions qui, sans être fondées ouvertement sur ce principe préalable de la connaissance de nos destinées, viendraient encore, avec leurs anciens et aveugles erremens exclusifs du droit humain ou du droit divin, ou même du juste-milieu, pour prescrire de nouvelles directions aux peuples.

Et en effet, quel critérium plus infaillible pour juger des vérités politiques peut-on établir aujourd'hui ? — J'ose le demander ici, en l'auguste présence de Votre Majesté, au simple bon-sens des peuples, sans encore y faire *intervenir* en rien les profondes déductions scientifiques, qui seules cependant peuvent découvrir les vraies lois du monde moral, comme elles découvrent celles du monde physique. — Et pour mieux éclairer cette grave et décisive question, permettez-moi, Sire, d'examiner ici les diverses bases sur lesquelles on prétend aujourd'hui fonder les vérités politiques, en considérant à part celles de ces bases qui ont l'assentiment de tous les partis sociaux, et celles sur lesquelles chacun de ces partis établit séparément son drapeau distinct.

Pour ce qui concerne, d'abord, les prétendues bases universelles, qui sont avouées par tous les partis politiques, ce sont notoirement, chez les uns, la MAJORITÉ NATIONALE ou l'OPINION PUBLIQUE, et, chez les autres, au moins la MAJORITÉ LÉGALE DES SUFFRAGES. — Or, pour ceux qui considèrent ainsi l'opinion publique comme critérium des vérités politiques, il suffira de leur faire observer que c'est là précisément la question; car, dans la supposition très admissible que les classes d'hommes qui forment des peuples ou des nations ne sont pas éclairées sur les conditions fondamentales de l'humanité, comme en effet aucun homme ne l'est encore dans l'état actuel de nos lumières, puisque la vérité absolue n'est pas encore connue des hommes, leurs avis réunis, quelque innombrables qu'ils soient, ne peuvent offrir, dans leur expression commune constituant l'opinion publique, rien autre que la somme prépondérante de leurs erreurs. Et pour ceux qui considèrent la majorité légale des suffrages comme le critérium des vérités politiques, il suffira de même de leur faire observer que cette majorité légale n'a pas, pour apprécier les conditions fondamentales et encore inconnues de l'humanité, d'autres lumières que celles qu'ont les majorités nationales formant l'opinion publique, sans même parler ici des intérêts personnels qui peuvent fausser les avis des majorités légales. — D'ailleurs, l'une et l'autre de ces majorités, nationale et légale, prouvent leur incapacité à prononcer validement sur les vérités politiques par l'impuissance où elles sont de délivrer les peuples de leur permanent désordre révolutionnaire. — C'est uniquement lorsqu'il s'agit de justice, et purement de justice, que les expressions de ces majorités peuvent avoir quelque vérité et par conséquent quelque validité pratique, parce que chaque homme qui concourt à leur formation, sent en lui l'impératif du devoir, c'est-à-dire la nécessité obligatoire des lois morales. Aussi, n'est-ce que dans ce cas de pure justice que l'adage vulgaire *Vox populi vox Dei* peut avoir quelque signification. Même dans ce cas de pure justice, le degré de vérité dans les décisions prises à la majorité des voix, est soumis à une détermination mathématique, par l'application du calcul des probabilités, qui fixe ainsi le plus ou le moins de validité pratique dans ces décisions. — Mais, lorsqu'il s'agit purement de politique, c'est-à-dire de la direction des peuples vers leurs destinées finales, car *c'est là l'objet principal de la politique*, les décisions prises à la majorité des voix, soit dans les majorités nationales formant l'opinion publique, soit dans les majorités légales résultant des suffrages, n'ont encore aucune, absolument aucune vérité, ni par conséquent aucune validité quelconque, parce que, comme je viens de prendre la liberté de le faire remarquer à Votre Majesté, aucun homme ne connaît encore ces augustes destinées ou fins de l'humanité.

Pour ce qui concerne, ensuite, les bases distinctes sur lesquelles les trois partis politiques prétendent fonder séparément leurs vérités respectives, ce sont notoirement, dans le parti du droit humain, la LOI DU PROGRÈS, dans le parti du droit divin, la STABILITÉ DE LA RAISON HUMAINE, et dans le parti du juste-milieu, la CONCILIATION DES DEUX PARTIS OPPOSÉS, du droit humain et du droit divin. — Or, pour examiner, en premier lieu, la prétendue loi du progrès, qui sert de fondement au parti du droit humain, je remarquerai que, par sa perpétuelle invocation du mouvement social, on peut admettre que c'est effectivement dans la magique puissance d'une loi du progrès que ce parti place le critérium des vérités politiques. Mais, jusqu'à présent, personne que je sache ne connaît cette mystérieuse loi, personne ne peut la déterminer didactiquement, c'est-à-dire personne ne peut nous apprendre quelle est la règle ou la direction qu'il faut suivre pour qu'il y ait progrès dans l'humanité. Aussi, dans l'indétermination absolue où demeure cette problématique loi, tous les partis politiques, même les plus opposés, pourraient l'invoquer avec le même droit, en prétendant chacun qu'il y a progrès pour l'humanité lorsqu'on marche dans les vues respectives de ces partis. Bien plus, des scélérats, tels que Lacenaire, qui se mettraient au-dessus des lois morales, pourraient également invoquer cette loi du progrès, en prétendant que s'affranchir de tous préjugés, c'est un progrès. Sans doute, si, par une telle loi du progrès, si hautement proclamée aujourd'hui, on entend la marche progressive de l'humanité vers ses destinées finales, on aura posé le PROBLÈME du critérium des vérités politiques. Mais, pour avoir ce critérium lui-même, il faudra RÉSOUDRE le problème qu'on s'est posé, et cela en fixant didactiquement la règle ou la direction précise que l'humanité doit suivre pour s'avancer ainsi vers ses destinées finales sur la terre. Et une telle solution du problème en question ne pourra manifestement être donnée que lorsque ces destinées finales des êtres raisonnables seront connues. Ainsi, pour arriver un jour à une application utile de cette pompeuse loi du progrès, qui n'a aujourd'hui aucune détermination ni même aucun sens quelconque, il faudra avouer et reconnaître notre critérium messianique des vérités politiques, consistant dans la connaissance préalable et positive des destinées absolues de l'homme. — Pour examiner, en second lieu, la prétendue stabilité de la raison humaine, que le parti du droit divin invoque à son tour en l'opposant à la susdite loi du progrès, je remarquerai que c'est à cause qu'il la croit prescrite par l'Écriture-Sainte que ce parti place, dans cette religieuse immobilité de notre raison investigatrice, le critérium des vérités politiques. Mais, sans parler ici de ce qu'il y a d'hétérogène entre la religion et la politique, entre le spirituel et le temporel des actions humaines, je demanderai tout simplement quel est le passage de la Bible qui peut nous assurer que cette stabilité de notre raison nous est prescrite par l'Écriture-Sainte? Bien au contraire, l'Ancien-Testament nous avait promis la vérité avec le Messie; et le Messie nous l'a effectivement apportée dans le Nouveau-Testament, du moins en partie suffisante pour la sphère d'idées des hommes de ces temps, en nous promettant très expressément, dans ce Nouveau-Testament, la venue du Paraclet, qui doit nous apporter définitivement la vérité absolue sur la terre. Or, cette vérité absolue n'y existe pas encore; et par conséquent, nous sommes obligés religieusement, en avouant et en reconnaissant le Christ, d'attendre la venue du Paraclet, et avec lui la venue de la vérité absolue sur la terre. Mais alors, la prétendue stabilité de la raison humaine, qu'on voudrait, au nom de la religion, nous imposer comme critérium des vérités politiques, se trouverait heureusement en pleine contradiction avec l'Écriture-Sainte. Bien plus, lors de la venue du

Paraclet, la vérité absolue qu'il nous apportera, nous fera nécessairement connaître nos destinées finales sur la terre; et c'est dans cette vérité absolue, et nommément dans cette connaissance des destinées de l'homme que nous trouverions le critérium infaillible des vérités politiques, c'est-à-dire celui précisément que la doctrine du messianisme établit dès aujourd'hui comme principe préalable ou comme condition absolue de toutes combinaisons politiques nouvelles. — Pour examiner, en troisième et dernier lieu, la prétendue conciliation des deux partis opposés, dans laquelle, pour éviter la fatalité de leur antagonisme, le parti du juste-milieu place le critérium des vérités politiques, je remarquerai d'abord et volontiers toute la sagesse qui paraît avoir fixé ce critérium. Mais, au vrai, cette conciliation si desirée est absolument impossible, parce que l'opposition des deux partis extrêmes, du droit humain et du droit divin, n'est pas purement CONTINGENTE; état dans lequel l'un de ces deux partis ou même tous les deux pourraient céder en renonçant à leurs erreurs ou à leurs prétentions respectives. Cette opposition des deux partis extrêmes est NÉCESSAIRE dans son essence même; et comme telle, elle ne forme pas une simple contradiction logique, où l'une des deux propositions contradictoires est toujours erronée, et où, en éliminant ce qu'elle implique d'erroné, on peut faire cesser la contradiction. En réalité, l'opposition des deux partis extrêmes, dont il est question, forme une véritable contradiction dans la raison elle-même de l'homme, c'est-à-dire, comme l'appellent les nouvelles écoles philosophiques, une véritable ANTINOMIE de la raison humaine, où les deux propositions contradictoires, la thèse et l'antithèse, sont également fondées en raison, et par conséquent également vraies et également erronées. Il est donc impossible, ABSOLUMENT IMPOSSIBLE, de concilier les deux partis opposés, du droit humain et du droit divin, comme prétend le faire le parti du juste-milieu politique. — Et alors, en persistant dans cette conciliation de ces deux partis extrêmes, il est forcé de réprimer leurs tendances respectives, pour pouvoir au moins les confondre ou même les effacer, ne pouvant pas les concilier. Par cette répression, le parti du juste-milieu porte une atteinte mortelle aux deux partis extrêmes, et il les provoque ainsi à une résistance d'autant plus vive qu'il paraît chercher à les anéantir. C'est alors que les deux partis opposés, du droit humain et du droit divin, se liguent contre le parti du juste-milieu, surtout lorsque, protégé naturellement par le pouvoir, ce parti s'établit en un système permanent et invariable d'actions politiques: et c'est ainsi que les deux partis extrêmes forment alors, par tous les moyens en leur pouvoir, une COALITION ouverte pour renverser ce système contraire et hostile à leurs vues respectives. — Mais, jusque là, l'action, en apparence très sage d'un tel système immuable de juste-milieu, ne semble porter atteinte qu'aux deux partis extrêmes, tandis qu'en réalité elle porte déjà atteinte aux desseins mêmes de la création, en cherchant à niveler ou à effacer les tendances respectives de ces deux partis opposés. En effet, ces tendances, et les fins qui servent à les fixer, font incontestablement partie de la création providentielle de l'humanité, parce qu'elles sont, non seulement permanentes et invariables aussi, mais de plus revêtues du caractère de NÉCESSITÉ, *comme je viens de le faire remarquer*. — Votre Majesté daignera donc reconnaître qu'un système immuable de juste-milieu, s'il pouvait réussir dans ses vues, n'aboutirait à rien moins qu'à détruire les desseins mêmes que la Providence a mis dans la création de l'humanité, et qu'en effaçant ainsi dans l'homme toutes ses hautes tendances, et de la RAISON et de la FOI, ce système réduirait l'espèce humaine à une absolue nullité. Or, dans ce néant de l'homme, il ne saurait plus exister pour lui de DESTINÉES FINALES ; et cet *être raisonnable*, se trouvant alors détruit dans ses hautes espérances, se verrait réduit à une condition pire que celle des animaux.

Pour ce qui concerne, enfin, les deux susdites nuances des partis transitoires, du centre-gauche et du centre-droit, il serait sans doute superflu d'examiner ici les bases sur lesquelles on veut y fonder les vérités politiques ; car, après ce que j'ai dit plus haut de l'origine et de la tendance de ces nuances sociales, on conçoit facilement qu'elles suivent respectivement, avec une apparente modération, l'une, le centre-gauche, la loi du progrès, formant le critérium de vérité dans le parti du droit humain, et l'autre, le centre-droit, la stabilité de la raison humaine, formant le critérium de vérité dans le parti du droit divin. Néanmoins, pour saisir en même temps leur prétendu caractère de modération, soit dans le mouvement progressif de l'un, soit dans le mouvement régressif de l'autre, je ferai remarquer que leurs critériums distinctifs et avoués, pour juger des vérités politiques, sont, dans le centre-gauche, la PROGRESSION DE LA LÉGALITÉ A LA LIBERTÉ, et, dans le centre-droit, LA RÉGRESSION DE LA LIBERTÉ A L'AUTORITÉ. — Or, il n'y a pas de doute que si ces mouvemens respectifs étaient arrêtés ainsi par la nature même ou par les buts distincts de leurs tendances opposées, les deux nuances politiques, formant le centre-gauche et le centre-droit, seraient très innocentes, parce qu'elles ne seraient ni dangereuses ni salutaires. Mais, les tendances de ces deux centres politiques ne sont nullement arrêtées aux termes qu'on leur assigne ainsi. Elles se prolongent bien au-delà et jusqu'aux limites extrêmes des deux partis opposés du droit humain et du droit divin. Et alors, sans que les partisans de ces deux nuances sociales veuillent l'avouer ou le savoir, leurs véritables critériums des vérités politiques sont, pour le centre-gauche, PROGRESSION DE LA LÉGALITÉ A LA LIBERTÉ ET DE LA A L'ANARCHIE, et pour le centre-droit, RÉGRESSION DE LA LIBERTÉ A L'AUTORITÉ ET DE LA AU DESPOTISME. — Il devient donc manifeste pour Votre Majesté que le vrai sens de l'action finale de ces deux nuances ou partis transitoires est, pour le centre-gauche, de passer d'un prétendu ordre à un véritable désordre politique, et pour le centre-droit, de passer d'un vrai désordre à un faux ordre politique. Et telles seraient donc aussi, d'après les partisans de ces opinions centrales, et sans qu'ils s'en doutent nullement, les prétendues DESTINÉES FINALES DE L'HUMANITÉ.

Ainsi, sous toutes les faces possibles des idées ou des opinions sociales de nos jours, il n'existe pas encore un critérium suffisant des vérités politiques; et Votre Majesté ne peut méconnaître que la doctrine du messianisme découvre ici, d'une manière irréfragable, ce critérium si désiré au milieu du grave désordre actuel du monde civilisé. En effet, vous pouvez, Sire, reconnaître déjà une espèce de garantie de ce haut critérium messianique, en daignant remarquer, d'après ce que je viens d'avoir l'honneur d'exposer à Votre Majesté, que toutes les idées et opinions sociales des hommes gravitent, comme vers leur centre commun, vers ce décisif critérium messianique des vérités politiques, critérium qui d'ailleurs constitue déjà en lui-même une VÉRITÉ ABSOLUE et n'a ainsi besoin d'aucune garantie ultérieure. — C'est donc là, Sire, un premier service que la doctrine du messianisme rend dès aujourd'hui à l'humanité, en paralysant ou en déclarant inadmissibles, aux yeux des hommes raisonnables, toutes les nouvelles combinaisons politiques qui ne pourront subir l'application du présent critérium messianique, c'est-à-dire qui ne seront pas fondées sur une connaissance préalable et positive des destinées de l'homme. Et ce service, décisif peut-être, méritera sans doute, auprès de Votre Majesté, comme j'ose l'espérer, une juste protection de la doctrine nouvelle qui vient ainsi d'imposer un frein salutaire aux innombrables et dangereuses erreurs politiques de nos jours.

Mais, comme tel, ce service, quelque important qu'il soit, est encore purement négatif, en tant qu'il ne fait qu'empêcher le mal, sans indiquer le bien qu'il faut lui substituer. — En effet, les hommes politiques qui voudraient persister à diriger l'humanité sans connaître ses destinées absolues, en opposition à notre critérium messianique, seraient actuellement pour le moins déraisonnables. Et en s'abstenant alors sagement de faire de nouveaux projets de gouvernement, ces hommes d'état exposeront moins les peuples à de dangereuses et subversives expériences sociales. — Toutefois, la condition même que requiert notre critérium des vérités politiques, c'est-à-dire la connaissance préalable des destinées de l'homme, arrête non-seulement toute action, mais même toute pensée ou spéculation politiques, parce que cette connaissance préalable n'est pas encore acquise par l'humanité. Et cependant, le continuel et indestructible désordre du monde politique presse les gouvernemens de faire sortir les peuples civilisés de cet état révolutionnaire. — Ainsi, comme je viens de le dire, le susdit service que la doctrine du messianisme a déjà rendu en fixant le critérium des vérités politiques, est purement négatif; et il faudrait, pour que ce critérium pût devenir utile et applicable réellement, surtout dans notre actuelle et si critique époque, compléter ce service négatif par un service positif et plus grand encore, en dévoilant définitivement les problématiques destinées de l'humanité qui sont la condition de ce décisif critérium. Et alors, la doctrine du messianisme, en déchirant ainsi l'impénétrable voile qui a caché si long-temps ces augustes destinées des êtres raisonnables, rendrait à l'humanité un service immense et peut-être incomparable à tout autre. — Or, j'ai eu l'honneur d'annoncer plus haut à Votre Majesté que, dans la première partie de cette doctrine, dans le *Prodrome du Messianisme*, qui est déjà donné au public, se trouvent ainsi révélées, dans toute leur gradation progressive, les DESTINÉES ABSOLUES DE L'HUMANITÉ; ces destinées sur lesquelles, d'après le susdit critérium messianique, doivent dorénavant se régler toutes les *doctrines* politiques, afin de pouvoir fixer, pour chaque période du développement de l'humanité, la direction précise de la marche morale et intellectuelle que les peuples doivent suivre pour s'approcher de plus en plus des destinées finales de l'espèce humaine. — Bien plus, dans le même prodrome du messianisme, en se fondant sur ces destinées absolues des êtres raisonnables, qui s'y trouvent ainsi révélées complétement, la doctrine nouvelle a déjà donné la détermination didactique de la vraie LOI DU PROGRÈS, en fixant positivement la règle ou la direction précise que les peuples doivent suivre pour s'avancer de plus en plus vers leurs destinées finales sur la terre. — Et de cette manière, tout est déjà établi, dans cette seule partie publique du messianisme, dans son prodrome, non-seulement pour faire cesser l'actuel désordre révolutionnaire du monde civilisé, mais de plus pour donner à la marche morale et intellectuelle des peuples une direction nouvelle et propre à les porter, dès aujourd'hui, vers des destinées supérieures.

Malheureusement, ces nouvelles vues politiques étaient trop opposées à celles que les différens partis sociaux cherchaient à faire triompher en 1831, à l'époque où parut le *Prodrome du Messianisme*. Et il est notoire que ces partis ne demandent point la vérité dans leurs débats révolutionnaires. D'ailleurs, une doctrine si élevée, qui dérive immédiatement des principes premiers et inconditionnels de l'univers, et qui se tient constamment dans les hautes régions rationnelles, exigeait, pour être comprise, des études ou du moins des méditations que les partis politiques n'avaient aucun intérêt à lui donner. Néanmoins, plusieurs *Bulletins messianiques* furent publiés en 1832, pour faciliter l'accès de cette doctrine absolue, en considérant que, dans son *Prodrome*, il n'a été possible que de la signaler en quelque sorte, sans entrer dans aucun des développemens didactiques qui constituent proprement le SYSTÈME de cette haute doctrine. Ce grand et définitif système de la raison humaine devait successivement faire l'objet des parties ultérieures de cette production publique du messianisme. Mais, il fut bientôt manifeste qu'au milieu des erreurs et des passions que de si longues révolutions avaient établies et pour ainsi dire consacrées, une générale INDIFFÉRENCE POUR LA VÉRITÉ était le caractère dominant en France. Et alors, pour ne pas compromettre le messianisme, en l'exposant inutilement à des hommes qui n'avaient aucun intérêt à connaître la vérité, j'ai résolu, non-seulement de ne pas continuer, mais de plus de retirer de la librairie, presque immédiatement après leur publication, toutes ces premières productions de la haute doctrine dont il s'agit. — Je me suis réservé de la faire connaître à quelques hommes supérieurs pour les charger ainsi de transmettre ces vérités absolues aux peuples, à mesure que, par leur culture progressive et, hélas! par de plus violentes secousses révolutionnaires, qui leur auront dévoilé tout le néant de leurs opinions politiques, ces derniers auront enfin acquis un intérêt suffisant pour connaître et pour rechercher des vérités salutaires.

Depuis cette époque, plusieurs personnes m'ont sollicité de reprendre la production publique du messianisme. Parmi elles, le spirituel directeur d'un grand journal de Paris m'a proposé, avec des instances vives et réitérées, de m'ouvrir les colonnes de son journal pour une production en quelque sorte périodique de cette doctrine. Mais, convaincu comme je l'étais de l'inopportunité de cette production, je me trouvais dans l'impossibilité d'accéder aux désirs louables de ces hommes de bien. Je savais que le temps n'était pas encore venu où les hommes d'état et généralement les hommes influens, par leurs lumières ou par leur position sociale, commenceraient à douter en France de la vérité de leurs opinions politiques.

Ce temps est-il enfin arrivé aujourd'hui? — La présente crise politique, où la France se trouve de nouveau amenée, et de la manière la plus légale, au bord d'un abîme, suffit-elle pour éclairer les hommes supérieurs de ce pays, d'abord, sur l'impossibilité absolue de réaliser, d'une manière durable, leurs vues ou leurs doctrines politiques, et ensuite, sur la fausseté même de ces doctrines sociales? — C'est ce que je prends la liberté, Sire, de demander ici solennellement, sous votre auguste attention, à tous les hommes éclairés de la France.

Je suis, avec le plus profond respect,

SIRE,

DE VOTRE MAJESTÉ,

Le très humble et très obéissant serviteur.

L'Auteur du Messianisme.

Paris, le 4 avril 1839, jour de l'ouverture
des Chambres législatives.

MÉTHODE MESSIANIQUE.

Le Messianisme, constituant la philosophie absolue, doit dériver d'un seul principe; et ce principe doit être, non-seulement rationnel, mais surtout INCONDITIONNEL ou indépendant de toute autre chose, c'est-à-dire existant par soi-même, comme origine absolue de toute vérité et de toute réalité. Et en effet, c'est d'un tel principe créateur que dérive toute la doctrine du messianisme. — Bien plus, le mode même de la génération de *toute vérité et de toute réalité*, et par conséquent le mode de la déduction rationnelle de ces vérités et de ces réalités dans la doctrine du messianisme, doivent provenir de cet absolu principe de toute chose, et doivent ainsi former, pour l'existence de l'univers, sa LOI DE CRÉATION, et, pour les procédés du messianisme, sa *méthode génétique*, réglée immédiatement d'après cette loi de création elle-même. — Mais, une telle exposition didactique de la doctrine du messianisme, qui revêt ses résultats du caractère de certitude absolue, ne saurait encore intéresser nos contemporains. Nous sommes donc forcés, pour leur dévoiler progressivement la vérité, d'intervertir l'ordre systématique de cette haute doctrine, et de ne produire d'abord que celles de ses parties qui peuvent le plus intéresser le public, en nous bornant d'ailleurs à ne leur donner que le *degré de certitude* qui suffit à nos contemporains. C'est ainsi que nous fondons provisoirement ces premières productions messianiques sur les deux principes avoués de l'EXPÉRIENCE EXTÉRIEURE et de la RÉVÉLATION INTIME, en nous réservant de les fonder péremptoirement sur des principes absolus, lorsque nous aborderons l'exposition systématique du messianisme. Toutefois, ces principes conditionnels de l'expérience et de la révélation, qui ne peuvent conférer qu'une certitude relative à l'organisation terrestre de l'homme, suffisent ici complétement. En effet, par le nom d'EXPÉRIENCE, nous entendons la manifestation de la raison dans la COGNITION de l'homme, c'est-à-dire dans son NON-MOI, formant l'objet de cette première faculté primordiale; et par le nom de RÉVÉLATION, nous entendons la manifestation de la raison dans le SENTIMENT de l'homme, c'est-à-dire dans son MOI, formant l'objet de cette deuxième faculté primordiale. Et comme tels, ces deux principes de vérité, l'expérience et la révélation, sont suffisans pour garantir provisoirement la vérité de nos présentes productions messianiques.

MÉTAPOLITIQUE
MESSIANIQUE.

PREMIÈRE PARTIE.

ÉTAT RÉVOLUTIONNAIRE DE L'EUROPE
ET SURTOUT DE LA FRANCE.

Tout le monde, sans doute, connaît la morale. Mais, très peu de personnes connaissent les lois morales, surtout la distinction précise de leurs différens ordres et classes, ainsi que leur liaison ou dépendance réciproque et rationnelle. Enfin, quelques hommes seulement, et leur nombre est extrêmement petit, ressentent la nécessité d'une fixation positive des lois morales par quelques élémens primordiaux, et ils ressentent à peine la nécessité de la fondation définitive de la morale par quelques principes absolus.

Cependant, la stabilité des états, et généralement l'ordre social, dans toutes ses ramifications fondamentales, dépendent entièrement et exclusivement de cette connaissance approfondie des lois morales; car, la société, comme telle, n'a ni ne peut avoir d'autre but que celui de la réalisation de la morale parmi les hommes, parce que la justice, qui en est l'objet, est la voie providentielle et la seule voie digne pour conquérir, en société, les destinées finales de l'homme.

Dans cette ignorance universelle, qui a lieu surtout à certaines époques historiques, il devient possible, et même assez facile, de dénaturer chez les peuples le sens de la morale, d'intervertir l'ordre et la subordination des lois morales, suivant leur établissement successif sur la terre, et de ramener ainsi ces peuples, par une si perversive rétrogradation, jusqu'au berceau du développement de l'humanité. Et alors, pour comble de désordre, ayant perdu l'idée auguste du devoir et même tout sentiment moral, ces peuples, aveuglés ainsi, se croiront appelés à régénérer le monde en propageant partout leur abrutissement.

A Dieu ne plaise que nous voulions appliquer nous-même à la nation française, dans son débordement révolutionnaire, ce hideux tableau d'abrutissement moral!

— Bien au contraire, nous avons tracé ce tableau pour laisser voir toute l'audace de certaines doctrines qui, depuis quelque temps, sont professées publiquement au milieu de cette illustre nation.

Ainsi, les Saint-Simoniens d'abord, en méconnaissant par ignorance toutes les lois religieuses et éthiques, *destinées à garantir la pureté des maximes morales de l'homme*, et en désavouant par fraude toutes les lois juridiques, destinées à garantir la moralité des actions humaines, n'ont pas craint de proclamer publiquement en France la fin du règne de la morale chrétienne, qui est respectée par tous les peuples civilisés, et ont poussé l'audace jusqu'à appeler les Français à inventer une nouvelle morale; comme si, dans l'état actuel de la *civilisation de* l'Europe, il pouvait exister une autre morale que la morale chrétienne, et comme si les lois morales, lorsqu'une fois elles sont reconnues par l'homme, n'étaient pas éternelles et immuables. — Sans doute, la nation française a repoussé, avec le mépris qu'elles méritaient, ces injurieuses tentatives. Mais, la jeunesse française, privée de toute positive instruction philosophique, s'est rangée, en grande partie, sous ces drapeaux infâmes; et ce n'est pas sans un véritable dégoût que l'on voit reproduire journellement, dans presque tous les journaux français, et plus spécialement dans presque toute la littérature française, les maximes immorales de ces ignares doctrines. Dernièrement, M. de Châteaubriand lui-même n'a pas craint de souiller sa plume en retraçant les ineptes projets et les indignes attentes de ces stupides conceptions. — En effet, et qu'on ose le nier, tout ce que produit aujourd'hui la littérature française, journaux ou livres, porte uniquement sur les idées de mouvement démocratique, de progrès social par les révolutions, d'amélioration du sort des pauvres aux dépens de celui des riches, de désaveu de la propriété et de l'héritage, d'émancipation de l'homme par rapport à la religion et à la morale, d'association universelle des hommes au seul nom de leur sympathie et pour le seul but de leur bien-être physique, de réprobation de toute supériorité humaine, d'extinction de toute dignité intime et infinie dans l'homme, d'anéantissement de toutes fins augustes dans les destinées de l'être raisonnable, et sur tant d'autres élémens pareils, qui décèlent tous, ou une profonde ignorance philosophique, ou un profond abrutissement moral.

Le comble du scandale que présentent ainsi, à l'Europe étonnée, ces doctrines révolutionnaires et excentriques, que l'on professe publiquement en France, c'est l'abus impie de la religion, auquel cette tendance, si étrangère à la civilisation européenne, paraît devoir aboutir dans ce pays. En effet, et qui pourrait le croire si le fait n'était pas flagrant, *il s'agit maintenant de déduire avec méthode, de la religion elle-même, de ce saint christianisme si haineusement désavoué, les dégoûtantes immoralités que nous venons de signaler dans l'actuelle littérature française!* — C'est là en effet l'objet de l'ouvrage de M. l'abbé de Lamennais, intitulé *Paroles d'un Croyant*, et qui n'est au fond qu'une satanique parodie de la Bible. — Eh bien! quel accueil cet ouvrage a-t-il trouvé en France? — Sans doute, la nation a repoussé, avec un profond mépris, cette révoltante invention, qui ne serait que ridicule si elle n'était pas sacrilège. — Mais, les journaux français qu'ont-ils fait? — Ils ont proposé M. de Lamennais aux élections populaires pour être nommé député de la France, et pour participer ainsi à la législation morale de ce pays!

Cependant, jamais rapsodie pareille n'a été produite dans un livre, jamais on n'a vu un ouvrage, prétendu philosophique, n'avoir, comme celui-ci, aucun principe quelconque, ni cognitif ni sentimental, et par conséquent aucune déduction quelconque, ni rationnelle ni même historique; jamais on n'a vu un auteur dénué à ce point, non seulement de toute idée philosophique, mais même de toute idée quelconque; jamais, dans l'état actuel de la civilisation européenne, où l'on n'admet plus que le style didactique, propre à fixer le savoir par des idées abstraites, on n'a vu un style aussi sauvage, c'est-à-dire entièrement métaphorique, où, sans aucune poésie véritable, se trouvent entassées, les unes sur les autres, les idées brutes ou purement concrètes des premiers âges de l'humanité; jamais enfin on n'a vu autant d'ignorance à côté de tant d'audace et d'immoralité! — Et c'est une telle production qui trouve des applaudissemens en France, et que l'on y réimprime, pour l'usage du peuple, à des milliers d'exemplaires!

Le désordre moral est donc manifeste dans ce pays; et les conséquences inévitables d'un tel désordre, que les lois ne peuvent plus y réprimer directement, sont de la plus haute gravité, tout à la fois, et pour l'Europe, et pour la France elle-même. — Nous n'avons pas besoin, pour appuyer cette sinistre assertion, d'alléguer ici l'éhontée turpitude publique des maximes morales, l'impie désaveu universel de la religion, l'audacieuse provocation systématique et en quelque sorte didactique à l'immoralité, les sacrilèges atteintes populaires aux édifices et signes sacrés, les émeutes et la révolte ouverte contre l'autorité politique, le scandale des causes judiciaires, la disposition croissante à des crimes de plus en plus atroces, le mépris sauvage de la justice publique, l'insulte des juges dans le sanctuaire des lois, la prétendue égalité infernale du criminel et du juge, enfin l'habitude des révolutions et des attentats, légaux et autres, à la vie des rois; désordres déjà établis et qui ne sont que de faibles précurseurs de ce qu'un peuple civilisé, de trente millions d'hommes, privé de morale, de religion, et de toute vérité philosophique, pourrait faire au milieu de l'Europe éclairée, en se croyant appelé à la haute mission de régénérer le monde.

Il devient ainsi du devoir de tout homme, qui peut prévoir cet avenir, de dévoiler un si périlleux désordre, lorsque surtout il est en son pouvoir d'en signaler les principes, et, si on le lui demande, d'indiquer les voies salutaires par lesquelles on peut en sortir infailliblement. — C'est aussi l'objet de cette partie du messianisme.

Mais, quelque facile que paraisse d'abord la tâche que nous entreprenons, elle ne saurait être remplie sans recourir à de très puissans moyens. Et en effet, le désordre infini et inévitable qui est impliqué dans les intentions révolutionnaires de la France, est certainement connu de l'Europe entière et de la France elle-même ; et néanmoins, nul moyen n'a pu être trouvé pour faire cesser ces funestes intentions, qui, au contraire, se développent de plus en plus clairement. Parmi tous les moyens, celui de la violence serait le moins propre à faire arriver à ce but, comme le prouvent, tout à la fois, et pour l'extérieur, l'inutilité de la double conquête de la France sous Napoléon, et pour l'intérieur, l'impuissance des mesures despotiques sous la Restauration. D'ailleurs, il pourrait bientôt devenir plus difficile et beaucoup plus dangereux, et pour l'extérieur, de conquérir de nouveau la France, et pour l'intérieur, d'y déployer derechef des mesures despotiques. Il existe maintenant dans ce pays, mais non dans la nation, et nous le disons sincèrement, un germe puissant de mal, que l'on ne peut vaincre par la force. Quand même la France serait partagée et ses habitans mis en esclavage, ce qui, dans l'état actuel de l'Europe, serait impossible à exécuter, encore le mal ne serait point détruit : son germe pousserait, et ses tiges finiraient par envelopper les vainqueurs eux-mêmes. Si donc l'Europe, d'une part, et le gouvernement français, de l'autre part, n'ont d'autres moyens que ceux de la force, il faut qu'ils se résignent à subir toutes les chances de l'épouvantable désordre qui les menace dans les intentions révolutionnaires de la France.

Après avoir produit le *Prodrome du Messianisme*, où furent révélées les destinées de l'humanité, nous publiâmes, en mai 1832, les *Bulletins* de la même doctrine, où fut signalée, pour la première fois, la gravité rationnelle du désordre actuel de la France. Et dans une épître, qui y était adressée au président du conseil des ministres, il fut établi que l'impulsion nationale et par conséquent la direction du gouvernement, fondée sur la volonté nationale, entraînent ouvertement la France dans un abîme. Bien plus, sur l'interpellation qui, à cette époque, nous fut faite par quelques hommes d'état éclairés, dont l'un est l'ami intime du spirituel M. Thiers, nous fûmes forcés de déclarer que, dans l'actuelle position morale de la France, si elle devait demeurer permanente, la stabilité de l'ordre présent n'était pas fondée rationnellement, et par conséquent que l'état actuel des choses, n'étant soutenu que par la force, ne pouvait, dans toutes ses relations européennes, durer qu'un petit nombre d'années. Et, avec douleur, nous prédîmes alors que, lorsque les associations publiques, en se développant de plus en plus, auraient fini par envahir toutes les voies légales, le gouvernement français serait forcé d'en venir à la dernière de ces voies, c'est-à-dire à la répression légale de ces associations publiques, et par conséquent à ouvrir, avec violence, tous les repaires des sociétés secrètes, dont la force toujours croissante, EN L'ABSENCE DE TOUTE DOCTRINE MORALE EN FRANCE, finirait inévitablement, tôt ou tard, par renverser l'ordre actuel dans ce pays, et peut-être même, à l'aide de ses ramifications européennes, par entraîner dans sa chute la ruine du monde civilisé.

L'unique moyen infaillible d'éviter ces catastrophes révolutionnaires, moyen qui d'ailleurs, loin de porter atteinte à la dignité de la valeureuse nation française, sanctifierait plutôt ses nobles efforts, serait sans contredit, dans la vue d'y établir enfin une doctrine morale, d'éclairer la France et l'Europe, en leur dévoilant le vrai sens, politique et philosophique, qui est dans la tendance révolutionnaire dont il s'agit, et en leur découvrant ainsi l'abîme où cette tendance entraînerait inévitablement la civilisation entière. Mais, un tel moyen exigerait, pour le moins, la conquête de la vérité sur la terre, et avec elle, la connaissance des destinées, successives et finales, de l'espèce humaine, pour pouvoir reconnaître la vraie direction de la tendance actuelle de la France, et attacher ainsi un sens précis et déterminé à cette périlleuse tendance révolutionnaire. Et certes, l'Europe est encore loin de pouvoir employer ce moyen décisif, comme le démontre irrécusablement le fait même du désordre qu'elle ne peut vaincre. — Dans cette critique position du monde civilisé, tous les efforts humains, tendant à le tirer de cette fatale impuissance, sont louables; et nous allons, pour notre part, et pour donner ainsi une idée de la portée du MESSIANISME, employer nous-même le moyen décisif dont il s'agit, autant du moins que nous le permettra l'étendue de cet ouvrage.

Mais, nous devons le dire, ce n'est pas sans une grande peine, et nous l'avouerons, sans un véritable dégoût, que nous condescendons ici à compromettre encore une fois devant le public la doctrine du messianisme, par la conviction que nous avons que, dans les dispositions actuelles du public auquel nous nous adressons, cette nouvelle tentative de l'éclairer n'aura pas plus de succès que les précédentes. Si nous pouvions peindre le sentiment que nous éprouvons en nous adressant ainsi à cette partie de nos contemporains, nous aurions le meilleur moyen de leur faire sentir, à leur tour, l'état de leur néant, intellectuel et moral, où la vérité n'a plus aucune prise sur leur raison défaillante, et où, par conséquent, toute valeur et toute dignité humaines sont effacées. Ils voient bien le danger qui les menace, parce que ses effets matériels commencent déjà à les atteindre; mais, ils ne voient dans ce danger que la privation de leurs biens terrestres, parce qu'ils sont incapables d'éprouver aucun autre intérêt. Aussi, les mesures qu'ils prennent pour se prémunir contre ce palpable et imminent danger universel, se ressentent-elles de ces bornes si resserrées de l'activité de leur raison. Et cependant, à aucune époque historique, on n'a vu manifester de plus superbes prétentions aux lumières, et une plus aveugle confiance dans ces prétendues lumières. Nos contemporains, du moins dans certaines contrées du monde civilisé, sont parvenus, par le moyen même de la civilisation, à un tel degré d'abrutissement intellectuel qu'ils ne peuvent plus concevoir qu'il soit possible à l'homme d'avoir d'autres idées que les grossières idées matérielles qui sont leur pauvre partage. Aussi, les voyez-vous se roidir d'orgueil à l'aspect de tout ce qui, en annonçant une sphère supérieure de l'activité rationnelle de l'homme, paraît accuser leur infime stupidité. Alors même leur aveuglement est tel qu'en certaines contrées surtout, pour cacher leur embarras et la honte de leur nullité intellectuelle, ils veulent, ces pauvres gens, attaquer les vérités nouvelles par le ridicule, sans pouvoir comprendre ni même sentir que, dans tous les cas sérieux, et plus spécialement lorsqu'il s'agit de la vérité, l'emploi du ridicule est toujours la marque certaine et distinctive de la platitude de l'esprit. Qu'on entre alors pour un instant dans l'âme de l'auteur du *messianisme*, et l'on pourra se former une idée, tout à la fois, et du sentiment que doit exciter en lui ce rire de singes qu'il rencontre en s'adressant au public, et du devoir qui le force à compromettre ainsi la vérité.—Heureusement, les grandes réputations modernes, qui, en répandant les prétendues lumières révolutionnaires, ont causé tant de maux au monde civilisé, et qui précisément voudraient repousser la vérité par leurs stupides grimaces, sont enfin usées par l'évidence actuelle, sinon de leurs méfaits, du moins de leurs funestes erreurs; et l'éternelle jeunesse des vérités messianiques, telles qu'elles apparaissent aujourd'hui pour consoler l'humanité de ces méfaits ou de ces erreurs, demeure impérissable et laisse ainsi tout le temps nécessaire aux hommes pour l'établissement lent et progressif de ces vérités absolues.

Ce qui contribue le plus à cet aveuglement public sur les hautes vérités politiques et religieuses, c'est la susdite persuasion, que l'on est parvenu à donner à nos contemporains, de ce qu'au delà des limites resserrées de leurs grossières idées matérielles, il n'est pas possible à l'homme de concevoir rien de plus, et par conséquent que des conceptions prétendues supérieures, et soi-disant transcendantes ou absolues, ne sont que des rêveries métaphysiques, plus ou moins bizarres, et qui n'ont aucune réalité.—Sans doute, une telle persuasion accommode l'ignorance : avec elle, tout homme peut se croire, en politique surtout, aussi savant qu'un autre, et même le plus savant de tous. Mais alors, pourquoi les valets de nos hommes d'état n'auraient-ils pas le droit de remplacer leurs maîtres dans la gestion des affaires publiques et même dans la direction des progrès de l'humanité?—Cette prétention systématique à l'ignorance universelle, pour la bien caractériser ici, n'est au fond qu'un résultat de la supposition vulgaire que l'homme n'a, pour acquérir des idées, d'autre faculté cognitive que le BON-SENS; ce qui revient à supposer que l'homme ne peut connaître que ce qui appartient à sa nature physique, terrestre, et animale, car le bon-sens, comme le dit assez le nom de cette faculté cognitive, ne peut dépasser ces basses régions de l'activité humaine. Et alors, pourquoi l'homme s'enorgueillit-il tant de sa prétendue supériorité, et pourquoi surtout repousse-t-il, avec fierté, tout ce qui veut le retenir plongé dans la boue ou dans le mécanisme de son existence physique? N'y a-t-il pas là une contradiction manifeste qui décèle ouvertement, dans l'homme, des facultés intellectuelles infiniment plus élevées que la basse faculté physique du bon-sens? Bien plus, le simple énoncé de la prétention elle-même que l'homme ne peut avoir que les idées acquises par le bon-sens, est déjà une idée supérieure qui dépasse les régions du bon-sens, puisqu'elle sert à la démarcation extérieure de ces régions infimes.

Mais, quelque décisive que soit cette dernière preuve, elle ne sera guère comprise par le public auquel nous nous adressons ici principalement. Nous allons donc lui prouver, PAR LE FAIT, qu'il existe chez l'homme, en toute réalité, des idées supérieures à celles qui lui sont données par le bon-sens, et que c'est précisément l'absence de ces idées transcendantes, absolues, chez les auteurs et les fauteurs des révolutions françaises, qui est la vraie et l'unique cause de cet abîme d'immoralité, de destruction, et d'ignorance, formant le fond des intentions révolutionnaires de la propagande française et de ses sanguinaires apôtres au milieu de l'Europe civilisée.

Nous allons ainsi prouver, par le fait, c'est-à-dire par le contraste avec les hautes et infaillibles réalités intellectuelles qui sont déjà établies en Europe, tout à la fois, et l'extrême pauvreté d'idées des doctrines révolutionnaires de la France, et leur insigne et funeste fausseté dans toutes leurs applications sociales. Nous allons montrer en effet, dans les trois chapitres suivans, d'abord, l'anéantissement de la morale, ensuite, l'anéantissement de la politique, enfin, l'anéantissement de la philosophie et de la religion, comme étant les seuls et inévitables buts des doctrines et des intentions révolutionnaires de la France. Et nous indiquerons, dans la deuxième partie de cet ouvrage, les moyens faciles et exempts de toute violence qu'offrent déjà les lumières messianiques pour anéantir, à son tour, cette sauvage et infernale anomalie dans la civilisation européenne.

C'est ainsi que, pour réprimer enfin, par un savoir absolu, l'insolente ignorance qui veut dominer le monde, nous découvrirons déjà ici, autant que les bornes de cet écrit nous le permettront, les vrais principes philosophiques du droit, de la politique, et de la religion, si fortement en contraste avec les prétendues lumières révolutionnaires, et nous y découvrirons de plus les vrais principes philosophiques de l'histoire de l'humanité, si grandement propres à montrer l'extrême barbarie de cette tendance révolutionnaire à côté de l'actuelle civilisation européenne, et les profondes ténèbres qui enveloppent cette tendance barbare au milieu des lumières éclatantes dont l'Europe peut déjà se glorifier.

CHAPITRE PREMIER.

ANÉANTISSEMENT DE LA MORALE PAR LES DOCTRINES RÉVOLUTIONNAIRES.

M. Guizot, cet homme d'état éclairé, paraît être le premier Français qui s'est aperçu de la démoralisation générale que l'on a cherché et réussi à introduire en France. C'est lui du moins qui, déjà en 1832, a dit publiquement, dans la Chambre des députés, qu'il n'existait plus, dans ce pays, ni croyance, ni conviction politique, ni même CONVICTION MORALE ET RELIGIEUSE. D'autres hommes d'état, parmi lesquels se trouvaient ceux que nous avons mentionnés plus haut, prétendaient que cette opinion de M. Guizot, exprimée dans ses fonctions de ministre, n'était pas fondée. Malheureusement, les phénomènes moraux, qui se manifestèrent dès lors et qui se prononcèrent depuis avec plus d'évidence, servirent bientôt de base pour établir généralement la même opinion sur la démoralisation de la France, au point que, dans les tribunaux, les magistrats éclairés attribuent aujourd'hui ouvertement, à cette démoralisation nationale, les crimes multipliés et extraordinaires qui inondent ce pays. Enfin, après l'attentat régicide du 28 juillet, le roi reprocha avec justice, à l'Institut de France, l'envahissement de la nation par de mauvaises doctrines qui corrompent l'esprit du siècle; et le duc de Broglie, président du conseil des ministres, allégua, à la Chambre des députés, cette corruption universelle de la morale comme motif des lois contre la presse qu'à défaut d'autres moyens, le gouvernement français se voyait *forcé de proposer à la législature.*

Ainsi, la démoralisation de la France est à présent reconnue authentiquement; et il ne nous reste ici qu'à en indiquer la cause dans les doctrines révolutionnaires de ce pays.—Toutefois, avant d'y procéder, pour ne pas faire confondre avec d'autres hommes les fauteurs de tant de maux, ces vrais ennemis de l'ordre, que nous ferons connaître déjà dans la suite de cette métapolitique, nous devons prévenir et déclarer expressément que la flagrante démoralisation dont il s'agit de rechercher les causes, n'a point pénétré le cœur de l'illustre nation française, comme pourraient le supposer les étrangers, éloignés de la France. Et pour le prouver irrécusablement, il nous suffira de faire arrêter leur attention sur le sens profond de la susdite déclaration de M. Guizot *qu'il n'existe plus dans ce pays ni croyance, ni conviction politique, ni même conviction morale et religieuse*, et de demander ensuite à ces étrangers quelle est aujourd'hui, dans le monde civilisé, la nation, et surtout une nation puissante qui, privée ainsi de tous ces véhicules intellectuels de la morale, présenterait, dans ses relations sociales, même les plus intimes, un caractère moral aussi bienveillant que l'est celui qui, dans son intérieur, distingue la nation française? Habitant la France depuis quarante années, et identifié en quelque sorte avec cette noble nation, l'auteur du messianisme admire journellement ses généreuses dispositions morales, et déplore la fatalité de ce que tant d'énergie et d'enthousiasme pour le bien soit si mal dirigé et si abusivement anéanti. — Nous devons encore ajouter ici immédiatement que ce n'est pas non plus dans les deux partis politiques extrêmes, du droit humain et du droit divin, tels qu'ils se sont aujourd'hui développés en France sous les noms de républicains et de légitimistes, que se trouvent les ennemis de l'ordre, que nous voulons signaler dans cet appel général à l'Europe et surtout à la France. En effet, dans le parti républicain, l'esprit libéral, qui est incontestablement, plus ou moins, l'esprit de la majorité des Français, pénètre d'une profonde conviction ces zélés partisans du progrès de l'espèce humaine, et les dispose ainsi aux plus héroïques dévouemens pour le triomphe de la cause sacrée de l'humanité. Et dans le parti légitimiste, le clergé français, ce glorieux martyr moderne de l'inévitable philosophisme anti-religieux de nos jours, demeure debout comme un roc dont la cime est attachée aux cieux; et, en brisant ainsi les flots de tous les débordemens révolutionnaires, ce clergé, si illustre et si pieusement résigné, a sauvé la religion et avec elle peut-être la civilisation entière, par l'imposant exemple de la force infinie et indestructible de la foi. Bien plus, loin d'attribuer à ces deux partis, des républicains et des légitimistes, le désordre révolutionnaire de la France, c'est au contraire dans le libre et entier développement rationnel des tendances respectives de ces deux partis que la doctrine du messianisme place l'ancre de salut pour le rétablissement de l'ordre moral dans le monde civilisé. Et réellement, d'une part, l'héroïsme spontané des républicains ou en général du parti du droit humain, et de l'autre, le libre martyre du clergé ou en général du droit divin, prouvent déjà suffisamment la haute mission providentielle de ces deux partis indestructibles, et laissent ainsi apercevoir, dans leur développement absolu, le nouvel arc-en-ciel de la concorde finale de l'humanité. Aussi, comme nous le verrons ci-après, est-ce précisément pour arriver à ce terme final de l'antagonisme de la raison humaine que la doctrine du messianisme institue actuellement, d'une manière impérative, une nouvelle association morale des hommes, leur union antinomienne, destinée à garantir les droits respectifs des deux grands partis politiques, des républicains et des légitimistes, et à diriger le développement rationnel, des uns, vers la découverte du vrai absolu, et des autres, vers la découverte du bien absolu, où ils trouveront leur glorieux et identique accomplissement final sur la terre.

Après avoir ainsi distingué expressément les hommes bien intentionnés auxquels ne peut s'appliquer le présent appel à l'Europe et à la France, nous allons rechercher les causes de la démoralisation qui est flagrante dans ce dernier pays, et qui, plus ou moins, commence déjà à s'étendre sur l'Europe entière. — Comme nous venons de l'annoncer, c'est dans les doctrines révolutionnaires de la France que nous trouvons ces causes. Mais, pour éviter d'inutiles discussions, et pour enseigner en même temps des vérités aussi nécessaires qu'elles sont urgentes aujourd'hui, nous allons fixer, avec rapidité, les vrais principes philosophiques de la politique ou généralement de la science sociale, tels que le messianisme peut déjà les établir, avec évidence, dans l'état actuel des lumières européennes, et tels que, par leur contraste avec les doctrines révolutionnaires de la France, ils peuvent nous servir ici à dévoiler toute l'immoralité de ces funestes doctrines.

Or, autant que l'on peut déjà conclure des hautes vérités politiques qui sont révélées dans le *Prodrome du Messianisme*, et qui sont précisées davantage dans les *Bulletins du Messianisme*, n°ˢ 1 et 2, il est manifeste que la science sociale reçoit progressivement, dans la raison humaine, deux degrés successifs de détermination didactique et impérative *pour les hommes*. Dans le premier degré, avant que la vérité ne soit découverte sur la terre, la science sociale ne peut naturellement avoir qu'une détermination PROVISOIRE ; et alors, pour être impérative, comme elle doit l'être nécessairement, afin d'obtenir l'aveu de la raison de l'homme, elle ne peut être fondée que sur les LOIS MORALES. Et dans le deuxième degré, après que la vérité sera enfin conquise sur la terre, la science sociale aura une détermination PÉREMPTOIRE ; et alors, étant fondée immédiatement sur le BUT ABSOLU de l'humanité, elle sera nécessairement impérative par elle-même. — Nous allons donc fixer les conditions que l'on doit remplir pour pouvoir, aux yeux de la raison, et même aux yeux du bon-sens, s'occuper utilement de la politique, dans les deux degrés progressifs de la détermination de la science sociale. Et comme le degré de sa détermination péremptoire est moins urgent aujourd'hui, puisque les hommes ne se doutent guère encore du but final et absolu de l'humanité, nous ne ferons d'abord que signaler rapidement les conditions de cette détermination péremptoire, pour satisfaire en quelque sorte à la perfection logique de nos recherches ; et nous procéderons ensuite, avec plus de développement, à la fixation des conditions requises pour la détermination provisoire de la politique, si grandement nécessaire dans la critique position actuelle du monde civilisé. — Voici les résultats de ces recherches.

Pour s'occuper définitivement, d'une manière péremptoire, de la politique ou de la science sociale, surtout des grands intérêts moraux des sociétés, il faut, comme nous venons de le remarquer, découvrir avant tout, et c'est là précisément la condition indispensable, le but final de l'humanité sur la terre, c'est-à-dire les DESTINÉES ABSOLUES de l'être raisonnable, que les hommes ne connaissent pas encore. — Dans l'absence de cette grande et décisive vérité politique, on ne peut, avec raison, s'occuper péremptoirement que des intérêts physiques des sociétés.

Ainsi, malgré les progrès immenses que, par suite de la réformation religieuse du protestantisme, la philosophie vient de faire en Allemagne, surtout dans ce dernier demi-siècle, si nous considérons qu'elle n'a pu encore parvenir à fixer les finales destinées de l'homme, nous reconnaîtrons que tout ce qui, dans ce pays philosophique, a été produit concernant les grands et absolus intérêts moraux des sociétés, n'est pas encore fondé péremptoirement. Et pour ce qui concerne les autres pays protestans, spécialement l'Angleterre et les États-Unis d'Amérique, où l'on ne se doute pas encore de ces graves questions philosophiques, il serait tout à fait inutile de parler ici de leurs directions sociales ou de leurs hautes vues politiques.

Pour s'occuper provisoirement, avant la découverte des destinées de l'homme, de la politique ou de la science sociale, surtout des grands intérêts moraux des sociétés, il faut au moins fixer didactiquement les CONDITIONS ABSOLUES DES LOIS MORALES, qui seules, comme nous l'avons aussi remarqué, peuvent régler ces grands intérêts sociaux. — Il faut donc fixer ainsi, d'une manière positive et scientifique, d'abord, le CARACTÈRE ABSOLU DE LA MORALE, par lequel elle se distingue de toutes les autres déterminations de la volonté humaine, et ensuite, le BUT ABSOLU DE LA MORALE, par lequel elle doit nécessairement se rattacher aux destinées finales de l'homme. — Or, ce caractère absolu de la morale, tel que les derniers progrès philosophiques l'ont fait découvrir en Allemagne, consiste dans l'IMPÉRATIF CATÉGORIQUE des lois morales, c'est-à-dire dans la *nécessité pratique et absolue* de ces lois, par laquelle précisément elles se distinguent de toutes les autres lois qui régissent les déterminations de la volonté humaine, et qui toutes n'impliquent que le caractère d'une simple *contingence pratique* (*). Et le but absolu de la morale, tel que le messianisme l'a fait enfin connaître (voyez le *Prodrome*), consiste dans la CONNEXION CAUSALE de la morale avec la fin absolue de l'être raisonnable, c'est-à-dire dans la LOI MORALE DU PROGRÈS que suit le développement de l'humanité sur la terre; loi positive qui prescrit, comme devoir suprême, la découverte du VRAI ABSOLU et du BIEN ABSOLU, dans les deux directions antinomiennes et indestructibles qui se sont actuellement développées parmi les hommes, c'est-à-dire dans les deux partis politiques, du droit humain et du droit divin, et nommément, la découverte du vrai absolu dans le premier de ces partis, dans celui des républicains, et la découverte du bien absolu dans le deuxième de ces partis, dans celui des légitimistes ou du clergé.

Ainsi, d'après cette fixation didactique et irréfragable des conditions absolues des lois morales, la politique ou la science sociale, en voulant s'occuper des intérêts moraux des sociétés, doit présenter deux aspects distincts.—Sous l'un de ces aspects, la science sociale, en s'arrêtant aux besoins actuels des peuples, et en se bornant ainsi au seul caractère essentiel et distinctif des lois morales, c'est-à-dire à leur impératif catégorique, à leur nécessité pratique absolue, doit manifestement chercher à RÉALISER LES LOIS MORALES, c'est-à-dire à établir positivement la justice sur la terre. Sous le deuxième de ces aspects, la science sociale, en portant ses vues sur les destinées finales de l'homme, et en s'étendant ainsi jusqu'au but absolu de la morale, c'est-à-dire à la loi obligatoire du progrès, au devoir suprême de la découverte du vrai et du bien, doit, tout aussi manifestement, chercher à DIRIGER L'HUMANITÉ vers ses destinées absolues, par l'accomplissement de cette loi impérative du progrès.—Nous allons signaler, en peu de mots, les moyens moraux, et par conséquent impératifs, que la science sociale découvre nécessairement pour l'obtention de ces deux objets distincts de ses recherches.

(*) Par exemple, la loi qui dit *ne rends pas malheureux les autres*, est une loi morale, parce qu'elle implique un impératif catégorique, c'est-à-dire le caractère d'une nécessité pratique et absolue. Et la loi qui dit *sois heureux*, n'est pas une loi morale, parce qu'elle n'implique pas un impératif catégorique, n'ayant que le caractère d'une simple contingence pratique.

En premier lieu, pour réaliser sur la terre les lois morales, ce qui est l'un de ces objets, deux voies différentes et également impératives se présentent successivement.—En effet, la détermination morale de l'homme, dépendant de son libre arbitre, de sa spontanéité pratique, se manifeste d'abord comme effet extérieur, dans l'acte matériel de la volonté, et ensuite, comme cause intime, dans la maxime morale, dans le principe intellectuel de cette détermination. Ainsi, pour établir réellement les lois morales parmi les hommes, il faut réaliser, d'une part, l'effet matériel de ces lois, c'est-à-dire les ACTIONS MORALES de l'homme, et de l'autre part, le principe intellectuel de ces lois, c'est-à-dire les MAXIMES MORALES de l'homme. Le moyen impératif pour la première de ces réalisations, est l'*association juridique* des hommes, qui constitue l'ÉTAT; et le moyen également impératif pour la seconde de ces réalisations, est l'*association éthique* des hommes, qui constitue l'ÉGLISE. — Ce sont donc là les deux seules associations morales, impératives, ayant le caractère de nécessité pratique, que la science sociale fixe à priori, sous le premier de ses aspects, sous celui de la simple réalisation de la justice parmi les hommes. Et ces deux associations se trouvent ainsi également indispensables pour l'obtention de ce grand objet, quoique elles demeurent parfaitement indépendantes l'une de l'autre, car elles s'établissent dans des régions essentiellement hétérogènes, savoir: l'une, l'État, dans les régions physiques ou temporelles; et l'autre, l'Église, dans les régions hyperphysiques ou spirituelles. Aussi, est-il impossible de concevoir à priori la réalisation de la morale par la seule association juridique, ou par la seule existence de l'État, parce que rien ne garantirait alors l'immoralité des principes intimes des actions humaines; comme l'expérience le prouve à posteriori dans ceux des États qui ont tenté d'anéantir l'Église.

Or, dans cette détermination didactique et absolue de la véritable origine de l'État ou de l'association juridique des hommes, il est manifeste que la JUSTICE, considérée dans ses effets matériels, et constituant ainsi la *moralité extérieure* des actions humaines, moralité qui, comme telle, forme le véritable but de l'État, est imposée impérativement à tout membre de cette association, et par conséquent que, pour devenir réelle, cette moralité extérieure doit, au besoin, être produite par la COERCITION des membres de l'État. Mais, les lois morales n'étant pas l'ouvrage des hommes, comme le prouve irrécusablement leur caractère de nécessité impérative, qui ne saurait être produit par la raison de l'homme, parce qu'elle est encore dépourvue de tout principe spéculatif absolu, l'établissement de la justice par la coërcition ne saurait non plus, en principe, être l'ouvrage des hommes, et doit, comme tel, être rapporté au Créateur. C'est ainsi que l'autorité souveraine émane de Dieu, et qu'il est vrai, absolument vrai, que la SOUVERAINETÉ EST DE DROIT DIVIN. — Toutefois, en considérant, dans ses conséquences, la réalisation de la justice par la coërcition, c'est-à-dire en la considérant par rapport au but absolu de la morale, par rapport à sa connexion causale avec les destinées finales de l'humanité, il est manifeste que, puisque l'impératif des lois morales est révélé à tous les hommes, et au même degré qu'à ceux qui exercent la souveraineté, les membres de l'État, comme êtres raisonnables, ont le droit d'avouer ou de désavouer la justice des actes de l'autorité souveraine, et ils doivent même, pour prévenir un déplacement subversif de nos destinées finales, qui ne peuvent être accomplies que par la voie de la justice, leur unique garantie divine, ils doivent, disons-nous, résister aux actes de l'autorité souveraine, lorsqu'il existe des preuves légales d'une subversion patente de la justice de la part de cette autorité. C'est ainsi que l'autorité souveraine dépend du peuple, et qu'il est vrai, également vrai, que la SOUVERAINETÉ EST DE DROIT HUMAIN. — Par cette double dépendance, divine et humaine, de l'autorité souveraine, la réalisation de la justice sur la terre, et par conséquent l'avenir auguste qui doit en résulter pour l'humanité, se trouvent complètement garantis, autant du moins que cela est compatible avec la dignité humaine qui, en requérant le mérite de l'homme, est impliquée dans l'obtention finale des destinées de l'humanité. En effet, par suite de cette double garantie, le peuple, de son côté, ne peut, dans un état d'ignorance et de démoralisation, élire un souverain qui perpétuerait et propagerait cet état d'abrutissement, parce que, les lois morales n'étant pas l'ouvrage des hommes, le peuple n'a qu'un droit provisoire de faire une telle élection, et il doit en attendre la sanction de l'influence providentielle du Créateur, qui se manifeste ici par l'aveu ou la reconnaissance formelle des autres gouvernemens du monde politique ; et le souverain, de son côté, ne peut subvertir la justice, et déplacer ainsi les destinées finales de l'humanité, parce que le peuple a, tout à la fois, et le droit de reconnaître la justice des actes de cette autorité suprême, et l'obligation morale d'y résister lorsqu'il existe des preuves légales d'une subversion souveraine de la justice. — C'est là le vrai caractère des GOUVERNEMENS CONSTITUTIONNELS.

Ainsi, ces gouvernemens modernes, tels qu'ils se sont établis depuis la réformation religieuse par le protestantisme, impliquent essentiellement DEUX ÉLÉMENS HÉTÉROGÈNES, la souveraineté du droit divin et la souveraineté du droit humain ; et c'est l'ÉQUILIBRE de ces élémens distincts qui est le véritable et l'unique objet de cette importante modification politique des sociétés dans l'état actuel du monde civilisé. De-là vient précisément que, pour réaliser les deux principes des États constitutionnels, leurs législatures sont composées de deux chambres ou corps législatifs, la chambre haute et la chambre basse, destinées séparément à la garantie et au développement de chacun des deux principes dont il s'agit, et nommément la chambre haute à la réalisation permanente du principe de la souveraineté divine, et la chambre basse à la réalisation pareille du principe de la souveraineté humaine. Aussi, dans ceux des États constitutionnels qui se sont établis immédiatement avec les progrès de la civilisation moderne, les attributions de leurs deux chambres législatives se règlent en tout, pour la composition et pour la transmission de leurs fonctions, d'après les prérogatives respectives de la souveraineté de droit divin et de la souveraineté de droit humain.

En second lieu, pour diriger l'humanité vers ses destinées absolues, par l'accomplissement de la loi morale du progrès, qui est le deuxième objet de la science sociale, une seule voie, mais également impérative, se présente ici, celle de présider à la découverte du vrai absolu et du bien absolu dans les susdites directions antinomiennes des deux partis politiques, du droit divin et du droit humain, et de protéger cette découverte, non contre des ennemis visibles, car l'État suffit pour offrir cette protection, mais contre des ennemis invisibles, qui, avec connaissance ou sans le savoir, auraient reçu, du monde primitif du péché, la mission infernale d'arrêter ou même de subvertir les progrès de l'humanité, et par conséquent l'accomplissement de nos destinées absolues sur la terre. Or, pour établir réellement cette direction finale de l'humanité, le moyen impératif est une *association messianique* des hommes, qui constituera leur UNION-ABSOLUE; association que nous avons déjà signalée, dans nos écrits messianiques, sous le nom d'*Union antinomienne,* en indiquant, par ce nom plus précis, nom qui répond spécialement à notre époque et que l'on abandonnera dans la suite, les fonctions actuelles de cette troisième et dernière association morale des hommes.

En résumant ce rapide aperçu de la philosophie de la science sociale, il en résulte qu'il ne saurait exister que trois associations morales, c'est-à-dire trois associations ayant le caractère de nécessité impérative, absolue, savoir, 1° l'association juridique, l'État, qui a pour objet l'établissement temporel de la morale, c'est-à-dire la réalisation de la justice dans ses effets matériels, ou la réalisation des actions morales des hommes; 2° l'association éthique, l'Église, qui a pour objet l'établissement spirituel de la morale, c'est-à-dire la réalisation de la justice dans ses principes intellectuels, ou la réalisation des maximes morales des hommes; enfin 3° l'association messianique, l'Union-Absolue, qui a pour objet la direction de l'humanité vers ses destinées finales, c'est-à-dire la réalisation de la découverte du vrai absolu et du bien absolu sur la terre. — On peut maintenant se former une idée de toutes ces folles propositions que l'on fait aujourd'hui, sous tant de formes bizarres, pour établir des associations, politiques et même religieuses, dont aucune n'a le caractère moral d'une nécessité impérative, et qui toutes, n'ayant en outre aucune utilité physique, ne peuvent même pas être rangées dans l'ordre des associations économiques, industrielles ou commerciales, qui ont au moins le caractère d'une contingence pratique. Nous verrons, dans le troisième chapitre, quelle est la source immonde de laquelle affluent toutes ces ridicules propositions.

Que l'on compare maintenant les doctrines révolutionnaires de la France avec la présente fixation des principes philosophiques de la science sociale! — Mais, pour que ce terme de comparaison ne puisse être ébranlé, et pour que l'on conçoive ainsi que les principes sociaux que nous venons d'établir, sont infaillibles, et par conséquent que la comparaison que nous allons en faire avec les doctrines révolutionnaires, est irrévocable, remarquons que la présente déduction de nos principes sociaux est fondée exclusivement sur le CARACTÈRE DISTINCTIF des lois morales, c'est-à-dire sur leur impératif catégorique; de sorte que la vérité des résultats de nos déductions subit immédiatement et partout le critérium de la NÉCESSITÉ PRATIQUE, et qu'elle se trouve ainsi établie irrécusablement, avec une *évidence morale* analogue à l'*évidence mathématique*, laquelle aussi ne dépend que de la NÉCESSITÉ SPÉCULATIVE des objets qui en sont revêtus. Nous pouvons donc considérer les vérités sociales que nous venons d'établir, à l'égal des vérités mathématiques, qui sont notoirement infaillibles; et nous pouvons ainsi, avec toute sécurité, procéder à la décisive comparaison de ces vérités sociales avec les doctrines révolutionnaires de la France.

Or, dès l'abord de cette comparaison, en ne considérant encore que le critérium des vérités sociales, tel que nous venons de le signaler et de l'appliquer ici à nos propres recherches, nous reconnaissons que les doctrines révolutionnaires qu'il s'agit d'examiner, sont privées entièrement de tout CARACTÈRE MORAL, parce qu'elles ne subissent nulle-part l'application de notre auguste critérium de la morale. — Mais, nous allons mieux reconnaître cette absence de toute moralité dans les doctrines révolutionnaires en examinant séparément chacune des parties constituantes de la science sociale, et nommément chacune des trois associations morales que les hommes peuvent et doivent former pour établir ce qu'il y a d'impératif dans leurs relations réciproques.

D'abord, pour ce qui concerne l'*association juridique*, qui forme l'ÉTAT, et qui, comme nous venons de le reconnaître, a pour objet de réaliser la justice dans ses *effets matériels*, c'est-à-dire dans les actions morales des hommes, il est manifeste que, des deux élémens hétérogènes qui entrent nécessairement dans la constitution morale des États, les doctrines révolutionnaires de la France n'en reconnaissent qu'un seul, celui de la souveraineté humaine, et qu'elles repoussent ouvertement, même avec des convulsions de rage, le deuxième élément, celui de la souveraineté divine. Il s'ensuit, par la déduction que nous avons donnée de la morale, en montrant que l'impératif catégorique qui en est le caractère distinctif, n'est pas l'ouvrage de l'homme, parce que sa raison ne saurait encore concevoir une telle nécessité pratique, absolue, surtout à cause qu'elle contrarie ses penchans physiques; il s'ensuit, disons-nous, par cette irréfragable déduction de la moralité, que les doctrines révolutionnaires de la France, non seulement ne s'élèvent pas à l'idée pure de la morale, mais qu'elles cherchent au contraire, par leur sanglante hostilité contre le principe de la souveraineté divine, à éteindre complètement, dans le monde civilisé, cette vraie et sublime idée de la morale, qui, par son impératif absolu, indique irrécusablement son origine divine.

Ensuite, pour ce qui concerne l'*association éthique*, qui forme l'Église, et qui, comme nous venons aussi de le reconnnaître, a pour objet de réaliser la justice dans ses *principes intellectuels*, c'est-à-dire dans la pureté des maximes morales des hommes, il est notoire, et il l'est même cruellement, par l'implacable haine portée au clergé, à ces ministres de Dieu qui président l'Église, que les doctrines révolutionnaires de la France repoussent, avec une animosité qui va jusqu'à la démence(*), cette haute association morale des hommes, destinée au développement et à la garantie de la pureté de leurs maximes morales. — Cette extrême aversion contre l'Église n'est au reste qu'une conséquence logique de la haine que les doctrines révolutionnaires professent contre la souveraineté divine dans l'autorité politique. Et par une conséquence pareille, ces doctrines impies ne peuvent concevoir la sanction ou la haute garantie morale que l'Église seule peut donner à certains droits transcendans, tels que ceux du mariage, du chef de famille, et tous ceux dont l'acquisition ne peut être conçue que par une autorisation divine (*ex lege*) : elles n'y voient, ces doctrines aveugles, que des acquisitions ordinaires des choses ou des prestations humaines (*ex facto* ou *ex pacto*), et elles prouvent ainsi ouvertement ne pouvoir s'élever à l'idée de la dignité de l'homme. Aussi, l'institution du jury, que les doctrines révolutionnaires défendent si fortement, et qui, sans aucune dépendance ou connexion divine, est destinée à scruter les consciences, forme-t-elle, contre l'attente de ces stupides doctrines, le document public du mépris révolutionnaire de la dignité de l'homme.

Enfin, pour ce qui concerne l'*association messianique* qui doit former l'Union-Absolue, et qui, comme nous venons également de le reconnaître, a pour objet de diriger l'humanité vers son *but final*, c'est-à-dire vers la découverte du vrai absolu et du bien absolu sur la terre, on conçoit facilement que les doctrines révolutionnaires ne pouvaient guère s'en douter, et par conséquent que leur haine sanguinaire n'a pu, même pour l'avenir, s'étendre jusqu'à cette suprême association morale des hommes, qui doit les conduire à la conquête de leurs destinées absolues sur la terre. — En revanche, les doctrines révolutionnaires de la France ont institué une Propagande universelle, qui, pour faire triompher sur la terre la souveraineté humaine, doit, par tous les moyens, cachés ou violens, renverser partout les trônes et les autels, c'est-à-dire la souveraineté divine et, avec elle, toutes les garanties religieuses de la morale. — Il y a en effet beaucoup d'analogie entre cette sacrilége propagande universelle qui ravage déjà le monde, et la sainte union-absolue que les hommes doivent former aujourd'hui pour arrêter cette infernale destruction : l'une comme l'autre sont

---

(*) On se rappelle sans doute l'épithète frénétique d'*infâme* par laquelle le triumvirat encyclopédique, Voltaire, Diderot, et d'Alembert, désignait la religion.

destinées à diriger l'humanité, et l'une comme l'autre ont leurs lois du progrès ; elles diffèrent seulement en ce que leurs directions et leurs lois respectives sont diamétralement opposées. Ainsi, la propagande révolutionnaire conduit les hommes à la destruction complète de la morale et par conséquent à leur abrutissement terrestre ; et l'union-absolue conduira les hommes au but final des êtres raisonnables et par conséquent à leurs destinées éternelles. De plus, la loi du progrès que prescrit la propagande universelle, est le triomphe des opinions révolutionnaires, c'est-à-dire de leurs destructives erreurs et de leurs codes sanguinaires ; et la loi du progrès que prescrira l'union-absolue, sera la découverte du vrai absolu et du bien absolu dans le monde.

En signalant ici cette propagande universelle, nous devons, pour mieux faire connaître ses conditions odieuses, caractériser, dès à présent, les DOCTRINES RÉVOLUTIONNAIRES elles-mêmes, qui l'ont instituée, et auxquelles nous attribuons l'actuel désordre moral de l'Europe. — Dans la suite didactique du messianisme, et nommément dans la *Genèse messianique*, nous verrons, avec tous ses progrès, l'établissement successif de ces funestes doctrines ; et déjà même dans la suite de la présente métapolitique, nous découvrirons leurs auteurs invisibles. Mais, pour démasquer immédiatement l'ennemi que nous avons à combattre, nous devons, dès ce moment, soulever au moins le voile qui le couvre dans les doctrines révolutionnaires dont il s'agit, et où il se cache en confondant ces doctrines infernales, tour à tour, avec les doctrines du droit humain ou des républicains, et, à certains égards, avec les doctrines du parti du droit divin ou du clergé.

Pour cela, commençons par retracer les caractères principaux de ces deux partis politiques, en observant que leurs buts respectifs, tels que nous les avons rappelés dans l'Épître au Roi, qui est à la tête de cette métapolitique, sont : 1°, pour le parti du droit humain, l'accomplissement cognitif, suivant l'expérience, des vues philosophiques de la raison ; et 2°, pour le parti du droit divin, l'accomplissement sentimental, suivant la révélation, des vues religieuses de la foi. Ce sont là, comme nous le savons déjà par le *Prodrome du Messianisme*, les principes premiers et irréfragables de ces deux partis politiques ; principes par lesquels ils se trouvent établis irrécusablement et par là même rendus absolument indestructibles. — C'est donc sur ces principes immuables, et sur rien autre, que doivent se fonder tous les développemens de ces deux partis sociaux, même dans leurs extrêmes écarts, ou dans leur dernière dégénération, en républicains ou démocrates, et en légitimistes ou théocrates. Aussi, même dans cette extrême dégénération, lorsqu'ils demeurent attachés à leurs susdits principes irrécusables, et lorsqu'ils se bornent à développer ces principes sur une voie spéculative ou théorique et purement rationnelle, les deux partis politiques sont, non seulement hors de toute atteinte légale, mais de plus en droit de réclamer une haute protection sociale ; car, leurs vues respectives, telles qu'elles sont fixées par les principes dont il s'agit, se confondent manifestement avec les destinées finales de l'humanité. En effet, les vues philosophiques de la raison, que poursuit le parti du droit humain, ont nécessairement pour terme la découverte du vrai, dans tous ses degrés, depuis le vrai relatif aux conditions physiques de l'homme jusqu'au VRAI ABSOLU; et les vues religieuses de la foi, que poursuit le parti du droit divin, ont également, et avec la même nécessité, pour terme la découverte du bien, dans tous ses degrés, depuis le bien relatif aux conditions physiques de l'homme jusqu'au BIEN ABSOLU. Et comme nous le savons déjà, c'est cette double conquête, du vrai absolu et du bien absolu, qui est le but final de la création et de l'existence de l'humanité. — On conçoit ainsi, conformément à ce que nous venons de dire, qu'étant établis sur de pareilles bases, les deux partis sociaux, lorsqu'ils demeurent assis sur ces bases immuables, et lorsqu'ils se bornent à poursuivre leurs vues respectives dans des voies spéculatives et purement rationnelles, sont, même dans leurs écarts erronés, non seulement hors de toute atteinte légale, mais de plus en droit d'invoquer une puissante protection de l'État. Mais lorsque, dans leurs développemens progressifs, en poursuivant la recherche et la conquête, l'un, du vrai absolu, et l'autre, du bien absolu, ces partis abandonnent leurs susdits principes assurés, et s'écartent alors de leurs véritables directions respectives, au point d'arriver, dans ces écarts, à une dégénération extrême, telle que nous la présentent en France les deux partis ennemis des républicains ou démocrates et des légitimistes ou théocrates, ils deviennent, dans une pareille dégénération, lorsqu'ils cherchent à se détruire réciproquement, surtout à main armée, ennemis de l'ordre social, puisqu'ils sapent ainsi les fondemens de l'État, et, ce qui est pis, puisqu'ils rendent ainsi impossible tout développement ultérieur de l'humanité, qu'eux précisément, dans leur concours réciproque, sont appelés à accomplir sur la terre.

Il se présente alors la question de savoir comment ces deux grands partis politiques, sur lesquels repose ainsi le salut de l'humanité, peuvent s'écarter de leurs voies ou directions respectives, si clairement établies par leurs principes fondamentaux, lorsque, comme il faut l'admettre, ils ne croient pas abandonner leurs propres principes? — En effet, on conçoit bien que, pour laisser à l'humanité le mérite de la double conquête du vrai et du bien, qui est l'objet des deux partis, il soit possible qu'ils s'écartent de leurs véritables et précises directions, parce que, sans cela, cette précieuse conquête ne serait que le résultat d'un pur mécanisme; mais on conçoit difficilement, d'après les dispositions finales de la création, que ces écarts puissent, sans une cause extérieure, conduire ces partis à une dégénération complète, et surtout à une dégénération telle que, dans ces écarts extrêmes, ils tendent à se détruire réciproquement. Nous sommes donc forcés, ou du moins, en reconnaissant les vues finales ou providentielles de la création, nous sommes ici portés à admettre une cause extérieure de cette funeste dégénération des deux partis politiques; et alors, malheureusement, nous pouvons prévoir que cette cause perversive doit avoir son origine dans le principe même du mal, et doit ainsi remonter, peut-être, jusqu'au monde primitif du péché. Mais, sans nous enquérir ici ultérieurement de l'origine absolue de la cause que nous postulons pour la susdite dégénération extrême des deux partis, origine que nous signalerons ailleurs, nous nous bornerons à découvrir la cause même dont il s'agit, et qu'il nous importe de connaître pour pouvoir fixer le vrai sens des doctrines révolutionnaires.

Pour cela, observons d'abord que l'origine du parti du droit divin, de ce parti qui fait émaner de Dieu la souveraineté dans les États, de la manière précisément que nous venons de la déduire plus haut, se confond avec l'origine même du christianisme. Et observons de plus que l'origine du parti du droit humain, de ce parti qui attribue au peuple la souveraineté dans les États, de la manière également que nous venons de la déduire dans ce chapitre, se confond, à son tour, avec l'origine de la réformation religieuse par le protestantisme. — Or, dès ces origines respectives des deux partis politiques, il s'y est introduit ou plutôt glissé, pour ainsi dire à leur insu, une lutte, de plus en plus prononcée, de l'un contre l'autre de ces partis, lors même qu'ils n'existaient encore que virtuellement. — C'est ainsi que, dès les premiers développemens théologiques du christianisme, et surtout depuis les doctrines gnosimachiques de Lactance, il s'est produit, de plus en plus clairement, dans le parti du droit divin, une lutte ouverte contre toute influence philosophique de la raison. De même, dès les premiers développemens dogmatiques du protestantisme, et surtout depuis les prétendues écoles philosophiques de l'Écosse, il s'est produit, de plus en plus clairement, dans le parti du droit humain, une lutte ouverte contre toute influence religieuse de la foi. — Nous ne rappelerons pas ici les atteintes successives de ces deux luttes opposées, par lesquelles les deux partis politiques, tout en cherchant à se développer progressivement, furent ainsi détournés insensiblement, et de plus en plus, de leurs véritables directions respectives. Nous nous bornerons à indiquer les derniers termes de ces luttes perversives, où ces deux partis sociaux furent conduits en France à leur actuelle et complète dégénération, l'un sous le nom de légitimistes ou de théocrates, et l'autre sous le nom de républicains ou de démocrates. — Ces termes, les voici.

D'abord, pour lutter contre le développement du protestantisme, de ce dernier et si décisif progrès de la civilisation européenne, les auteurs invisibles des doctrines révolutionnaires en France, après avoir épuisé les moyens violens de la Ligue, de la Saint-Barthélemi, de l'apostasie et de l'assassinat de Henri IV, et autres pareils, se tournèrent contre l'Église catholique elle-même, qui ne voulait ni ne pouvait plus les suivre dans ces écarts homicides. Et ce fut alors qu'en opposant à la cour de Rome la doctrine mystique du jansénisme, ces auteurs invisibles parvinrent à produire et à établir publiquement en France le fameux argument de Pascal, statuant que *l'homme, dans son état de péché originel, est incapable de concevoir, hors de la révélation, aucune vérité, et que cette incapacité absolue constitue, dans ce monde, son expiation du péché originel.* — Cet argument absurde, qui se détruit par lui-même, et qui forme ainsi un véritable ANTI-PHILOSOPHISME RELIGIEUX, mit le sceau à la dégénération en France du parti du droit divin, à cette dégénération complète dans laquelle ce parti demeure depuis lors et se présente aujourd'hui, comme nous venons de le dire, sous le nom de légitimistes ou de théocrates, avec la fausse prétention de la stabilité ou même de l'impuissance absolue de la raison de l'homme, et par conséquent avec le désaveu de toute souveraineté nationale dans les États.

Ensuite, pour lutter contre l'influence morale du catholicisme, et surtout contre sa haute révélation du Verbe, qui était destinée à réveiller dans l'homme la spontanéité créatrice de sa raison, les mêmes auteurs invisibles des doctrines révolutionnaires en France, après avoir aidé, de tout leur pouvoir, sinon à l'établissement, du moins à la considération extérieure de la monarchie prussienne, comme protectrice armée du protestantisme, vinrent saper en France les anciens fondemens de la morale et de la religion, et parvinrent ainsi, avec l'assistance des encyclopédistes français, à produire et à établir publiquement, dans ce pays, le fameux argument de Voltaire, statuant que *tout ce qui est inintelligible pour l'homme, c'est-à-dire insaisissable par ses sens, est une absurdité ou du moins une chimère qui n'a point de réalité.* — Cet argument stupide, qui porte une atteinte manifeste à la religion, et par conséquent à toute garantie religieuse de la morale, et qui forme ainsi une véritable ANTI-RELIGIOSITÉ PHILOSOPHIQUE, mit, à son tour, le sceau à la dégénération en France du parti du droit humain, à cette dégénération complète dans laquelle, sous le drapeau de la prétendue philosophie du dix-huitième siècle, ce parti commença en 1789 la grande révolution française, et dans laquelle, sous le nom de républicains ou de démocrates, comme nous venons de le dire, il demeure et se présente aujourd'hui, après la révolution de 1830, avec la fausse prétention du progrès social par le triomphe du bon-sens ou des facultés physiques de l'homme, et par conséquent avec le désaveu de toute souveraineté divine dans les États.

Telles sont donc, en résumé, les doctrines révolutionnaires de la France; doctrines dont nous nous sommes proposé de fixer le véritable sens, afin de pouvoir bien faire connaître la cause à laquelle nous attribuons ici le funeste désordre moral de ce pays. — Or, d'après la présente déduction de ces doctrines révolutionnaires, leurs principes fondamentaux se trouvent être, à l'étonnement universel, les deux susdits argumens de Pascal et de Voltaire, ou plutôt des jansénistes et des encyclopédistes; argumens qui, à cause de leur extrême hétérogénéité, sont absolument impropres à servir de principes ou de bases à une doctrine systématique. Mais, c'est en cela précisément, c'est-à-dire dans cette agrégation rapsodique de deux principes hétérogènes, qui s'excluent pour ainsi dire l'un l'autre, que consiste l'excellence et la supériorité de *ces doctrines subversives,* en les considérant par rapport au but pour lequel seul elles sont conçues, celui du bouleversement continuel de l'ordre social dans le monde civilisé. En effet, comme telles, ces doctrines révolutionnaires de la France offrent une espèce d'épée à deux tranchans, dont leurs auteurs invisibles peuvent se servir à volonté pour combattre et pour anéantir, tour à tour, l'un et l'autre des deux partis politiques, du droit humain et du droit divin, et pour empêcher ainsi tout développement de l'humanité, qui puisse la conduire à ses destinées sur la terre. — Toutefois, ayant principalement en vue la destruction de toute idée pure de la morale, ces auteurs invisibles, lorsqu'ils ne sont pas contraints par les événemens politiques, qui ne sont pas toujours en leur pouvoir, donnent la préférence à l'argument de Voltaire, c'est-à-dire à celui des encyclopédistes français, pour servir de principe à leurs doctrines d'abrutissement. Et c'est par suite de cette préférence, purement contingente, que le public est porté à croire que les doctrines du parti du droit humain, dans leur dégénération en doctrines de républicanisme ou de démocratisme, sont les seules et les véritables doctrines révolutionnaires de la France. Nous découvrons enfin qu'il n'en est nullement ainsi, et que leurs auteurs invisibles, que nous sommes forcés d'admettre ou du moins de postuler pour expliquer le perversif désordre révolutionnaire de la France, se servent, tour à tour, de l'un et de l'autre de leurs deux susdits argumens fondamentaux, suivant les circonstances politiques, pour pouvoir employer, tour à tour, l'un et l'autre des deux partis politiques comme instrumens de leur destruction réciproque, et pour pouvoir, avec cette influence permanente, empêcher à coup sûr l'accomplissement des fins de la création dans l'existence de l'humanité. — D'ailleurs, les deux argumens des doctrines révolutionnaires dont il s'agit, quelque hétérogènes qu'ils soient sans doute dans leurs MOYENS respectifs, s'identifient parfaitement dans le BUT même de ces doctrines, c'est-à-dire dans leurs vues d'empêcher tout développement final de l'actuelle espèce humaine. En effet, l'un et l'autre de ces argumens, celui des jansénistes et celui des encyclopédistes français, dénient complètement à l'homme, et au même degré, toute faculté supérieure par laquelle il puisse se libérer de ses conditions ou entraves terrestres, et par laquelle il puisse ainsi s'élever aux régions absolues de son existence. Comme tels, c'est-à-dire dans leur abrutissement commun de l'homme, les deux argumens des doctrines révolutionnaires de la France se confondent suffisamment pour former, à cet égard, un principe identique, et pour donner ainsi, à ces funestes doctrines, un aspect systématique. — Bien plus, ces doctrines infernales tendent ouvertement, même dans leurs moyens, à un ensemble systématique de leurs actions destructives des deux partis politiques, des républicains et des légitimistes, par une dernière et décisive confusion satanique de ces deux partis. Telles sont, en effet, les tendances finales des doctrines révolutionnaires de la France, lorsqu'elles cherchent à couronner leur horrible édifice didactique par les hideuses superfétations des susdites doctrines des *Saint-Simoniens* et de celles des *Paroles d'un Croyant*. Les premières de ces doctrines complémentaires, celles des Saint-Simoniens, tendent à transmuer la matière en esprit, et à établir ainsi une souveraineté divine dans la société par le moyen d'une souveraineté humaine. Réciproquement, les secondes de ces doctrines complémentaires, celles des Paroles d'un Croyant, tendent à transmuer l'esprit en matière, et à établir ainsi une souveraineté humaine dans la société par le moyen d'une souveraineté divine. Et alors, les doctrines révolutionnaires de la France auront acquis leur dernière perfection didactique, et pourront, sans crainte de s'égarer par une insuffisante détermination logique de leur beau système, présider hardiment aux destinées de l'humanité, et confier, avec sûreté, à leur digne propagande l'accomplissement universel de ces augustes destinées des êtres raisonnables.

Ce sont donc là, d'après cet aperçu caractéristique, les doctrines, produites en France, que nous nommons DOCTRINES RÉVOLUTIONNAIRES, et auxquelles seules nous attribuons le désordre moral de ce pays, et, par son funeste exemple, le désordre politique du monde civilisé. — Nous déclarons de plus que, sous le nom de PROPAGANDE FRANÇAISE, nous n'entendons désigner que les apôtres de ces doctrines subversives; apôtres qui cherchent à les répandre et à les faire réaliser, par tous les moyens et surtout par celui des révolutions, dans tous les autres pays de l'ancien et du nouveau monde.

Ayant ainsi signalé et caractérisé l'ennemi que nous combattons, et dont nous découvrirons même les fauteurs dans la suite de cette métapolitique, nous devons être à l'abri de toute imputation que, d'une manière ou d'une autre, ne manqueraient pas de nous faire ces mêmes fauteurs invisibles, pour calomnier nos intentions, en prétendant que, par cette flétrissure publique des doctrines révolutionnaires de la France et de leur indigne propagande, nous cherchons à porter atteinte à la nation, ou du moins à ses deux grands partis politiques, du droit humain et du droit divin (*). — Aussi bien que qui que ce soit, et peut-être mieux encore, nous savons respecter l'INVIOLABILITÉ d'une nation; et nous le faisons ici avec un vrai plaisir, parce que, mieux peut-être aussi que qui que ce soit, nous connaissons toute l'étendue du noble dévouement que la nation française porte actuellement à la cause sacrée de l'humanité. Et quant

---

(*) Mais, tout en nous trouvant ici à l'abri de ce genre d'atteinte ou de calomnie, portant sur la nationalité, nous sommes et demeurerons constamment exposés à beaucoup d'autres atteintes de la part des fauteurs secrets des doctrines révolutionnaires. — Il est de notre devoir de braver toutes ces atteintes; et il n'y en a qu'une seule contre laquelle nous devons encore prémunir le public, puisqu'elle intéresse la doctrine elle-même du messianisme. — Elle consiste dans une DÉFIGURATION INTENTIONNELLE de cette doctrine par des écrits publics, où, sous le prétexte de développer ou d'appliquer les principes du messianisme, on chercherait à les dénaturer ou à les rendre suspects par l'absurdité ou par l'excès de non-sens auxquels on prétendrait ainsi avoir été conduit par ces grands principes messianiques. — A la vérité, cette haute doctrine est si fortement au-dessus de pareilles atteintes qu'aux yeux d'un lecteur attentif, une telle défiguration ne serait que ridicule. Mais, pour faire éviter généralement ce genre de déception publique, nous déclarons ici que nous désavouons formellement tous mémoires ou traités qui, d'une manière quelconque, seraient dits se rapporter à la doctrine du messianisme, et qui seraient produits dans des écrits publics, autres que nos Bulletins du Messianisme. Et nous fondons ce désaveu sur ce que les principes du messianisme ne sont pas encore, ni établis, ni développés suffisamment pour que l'on puisse déjà en faire un usage raisonnable. Aussi, étendons-nous expressément notre présent désaveu à tous les écrits publics de ce genre, sans la moindre exception, quand même ils seraient annoncés, distribués, et débités avec nos productions messianiques, et quand même leurs auteurs se trouveraient dans des relations quelconques, soit avec le Bureau du Messianisme, soit avec l'auteur lui-même de cette doctrine nouvelle. — Mais, pour prémunir surtout le public contre les susdites défigurations intentionnelles du messianisme, nous devons lui présenter le critérium très facile pour les reconnaître, consistant en ce que, à côté d'une servile imitation de tout ce qui concerne la FORME, tels que phrases, expressions, terminologie, méthode tabulaire, etc., le FOND de ces productions se trouverait être un véritable non-sens.

à ses deux grands partis politiques, nous en avons déjà dit assez pour que l'on sache enfin que c'est précisément la doctrine du messianisme qui, hors de toute attente publique, proclame aujourd'hui la parfaite égalité des droits de ces deux partis, et par conséquent la nécessité légale ou l'obligation morale de leur indéfinie protection politique. Bien plus, la doctrine du messianisme revendique même cette protection malgré l'extrême dégénération actuelle des deux partis sociaux, en républicains et en légitimistes, lorsqu'ils se bornent à développer leurs susdits principes fondamentaux sur une voie spéculative et purement rationnelle; et cela parce que d'abord, comme nous venons de le prouver, cette dégénération n'est point leur ouvrage, et parce que surtout, comme nous l'avons de même prouvé plus haut, leurs principes fondamentaux, qui leur appartiennent à eux-mêmes, sont, dans les vues providentielles de la création, les véhicules uniques du développement progressif de l'humanité, et par conséquent les seules garanties de l'accomplissement final des destinées du monde.

Nous terminerons ce premier chapitre par un résumé systématique des différentes associations humaines, d'après les principes que, dans ce chapitre, nous avons fixés pour ces diverses associations. — Mais, pour rendre complète cette détermination systématique des sociétés humaines, nous devons encore faire connaître le caractère objectif des lois morales. — En effet, l'impératif catégorique ou la nécessité obligatoire de ces lois, que nous avons reconnus plus haut comme étant leur caractère distinctif, ne forme encore que leur caractère subjectif, c'est-à-dire leur ÉVIDENCE PRATIQUE, telle qu'elle se manifeste dans le sentiment moral de l'homme. Et les lois morales ont en outre un caractère objectif, c'est-à-dire une CERTITUDE RATIONNELLE, qui se manifeste de plus dans la cognition morale ou dans la raison pratique de l'homme. — Or, ce caractère objectif, ou cette certitude rationnelle des déterminations morales de notre volonté, est précisément ce critérium pratique par lequel le christianisme distingua le premier, du moins *in concreto*, les délibérations morales des hommes, c'est-à-dire ce simple et beau critérium que Jésus-Christ nous a donné dans sa loi morale : *Ne fais pas à autrui ce que tu ne voudrais pas qu'il te fût fait*. Et dans sa fixation *in abstracto*, telle que la philosophie l'a obtenue récemment en Allemagne, ce critérium pratique constitue manifestement, pour toute détermination morale de la volonté humaine, le caractère objectif d'une *aptitude à devenir une loi universelle*; aptitude que nous désignerons dorénavant par le mot LÉGISLATIVITÉ. — Nous aurons lieu nécessairement, dans la suite de la doctrine du messianisme, de parler plus amplement de ce critérium objectif des lois morales. Mais, ce que nous venons d'en dire, nous suffira ici pour reconnaître que, dans toutes les déterminations morales de l'homme, les LOIS, considérées purement comme règles universelles, forment l'élément fondamental de ces déterminations, et par conséquent que, pour satisfaire aux conditions physiques et hyperphysiques de l'homme, les deux autres élémens de ses déterminations morales sont la COERCITION et la LIBERTÉ. — C'est là tout ce qu'il faut savoir provisoirement pour bien comprendre le résumé systématique suivant:

SYSTÈME DES ASSOCIATIONS HUMAINES.

I) *Nécessité* pratique; associations *obligatoires*. = Sociétés morales.

  A) *Buts* des associations obligatoires. = Moralité.
    a) Buts *progressifs*.
      a 2) Buts *provisoires.* = Réalisation des lois morales.
        a 3) *Actions* morales des hommes; association *juridique.* = État.
        b 3) *Maximes* morales des hommes; association *éthique.* = Église.
      b 2) Buts *péremptoires.* = Réalisation des destinées humaines.
        (Lorsque le but absolu de l'humanité sera connu universellement.)
    b) Buts *transitifs;* connexion causale des lois morales avec les destinées de l'homme; direction de l'humanité; association *messianique.* = Union-Absolue.
      a 2) Dans la période *présente.* = Union antinomienne.
      b 2) Dans les périodes *à venir.* = (Voyez le *Prodrome.*)

  B) *Moyens* des associations obligatoires. = Autorité.
    a) Autorités *élémentaires,*
      a 2) *Primitives;* par un seul élément de la raison pratique.
        a 3) Élément *central; lois seules;* autorité *messianique* dans l'Union-Absolue. =
          = Législativité.
        b 3) Élémens *excentriques.*
          a 4) *Liberté seule;* licence. = Anarchie.
          b 4) *Coercition seule;* force. = Despotisme.
      b 2) *Dérivées;* par deux élémens de la raison pratique.
        a 3) *Lois et liberté,* sans coercition; autorité *éthique* dans l'Église. = Discipline canonique.
        b 3) *Lois et coercition,* sans liberté; autorité *transjuridique* ou *exceptionnelle* dans l'État. = Discipline militaire.
    b) Autorité *systématique;* par la réunion des trois élémens de la raison pratique; *lois, liberté,* et *coercition;* autorité *juridique* dans l'État. = Souveraineté.
      a 2) *Origine divine* des lois morales, indiquée par leur *nécessité impérative.* =
        = Souveraineté divine (Par la grâce de Dieu).
        [Objet du parti politique du droit divin.]
      b 2) *Application humaine* des lois morales, indiquée par leur *destination à conduire l'humanité* à ses fins absolues. = Souveraineté humaine (Par les constitutions de l'État).
        [Objet du parti politique du droit humain.]

II) *Contingence* pratique; associations *libres.* = Sociétés économiques. (Industrielles et commerciales).

CHAPITRE SECOND.

ANÉANTISSEMENT DE LA POLITIQUE PAR LES DOCTRINES RÉVOLUTIONNAIRES.

On ne sait trop ce qu'il y a de plus prononcé, dans les doctrines révolutionnaires, de l'immoralité ou de l'ignorance, qui s'y prêtent un appui réciproque et qui y sont ainsi, tour à tour, principe et conséquence l'une de l'autre. — Nous venons de voir, dans le chapitre précédent, à quel degré extrême d'immoralité aboutissent ces doctrines d'abrutissement, et nous allons voir, dans celui-ci, que le degré de leur ignorance est tout aussi infini; de sorte que l'on serait vraiment embarrassé pour dire à quelle cause, satanique ou purement humaine, il faut attribuer ces monstrueuses doctrines, si l'on n'avait pas d'ailleurs des données plus décisives, que nous signalerons dans le troisième chapitre. — Ce qu'il y a de remarquable ici c'est que là où les doctrines révolutionnaires de la France décèlent leur extrême ignorance, c'est là précisément où elles déployent toute leur forfanterie. En effet, comme cela est notoire, c'est par la POLITIQUE que ces doctrines veulent régénter le monde; et comme nous allons le voir dans ce chapitre, c'est surtout dans la politique que se trouve leur ignorance la plus manifeste. Le fait le plus caractéristique de l'époque actuelle, c'est le ton d'assurance, de conviction, d'importance et de supériorité, dans tout ce qui concerne la politique; et c'est là précisément le ton habituel des révolutionnaires dont il s'agit, à côté de leur insigne nullité spéculative dans la science de l'État, nullité qui démontre clairement qu'ils n'ont aucune idée de ce qui constitue la politique actuelle du monde civilisé. — En voici la preuve.

L'établissement de la LIBERTÉ POLITIQUE sur la terre, par tous les moyens, est notoirement le grand but social des doctrines révolutionnaires de la France. — Or, ce but, précisé ainsi, décèle immédiatement, dans les doctrines qui le professent, une profonde ignorance sur les progrès historiques de l'espèce humaine. En effet, ces doctrines révolutionnaires prouvent ainsi irrécusablement qu'elles ignorent que la liberté, telle qu'elles l'entendent, c'est-à-dire la LIBERTÉ POLITIQUE, a déjà été conquise complètement sur la terre, depuis plus de deux mille ans. Toute la période historique qui est comprise entre les temps nommés héroïques et ceux de l'arrivée du Christ, telle qu'elle se passa chez les peuples de plus en plus cultivés, c'est-à-dire chez les Grecs et les Romains, où se développait alors la civilisation, n'a absolument aucun autre sens que celui de la conquête de la liberté politique dans le monde. Et ce qui est plus, dans cette période de quelques milliers d'années, la liberté fut effectivement conquise sur la terre, de la manière la plus complète; c'est-à-dire que toutes les notions concernant la liberté politique furent alors développées, et même réalisées, d'une manière positive, dans toutes les diverses formes de gouvernemens, depuis la démocratie la plus anarchique jusqu'à la monarchie la plus despotique, qui ont été tentées et établies successivement dans cette période. En un mot, l'ÉTAT, l'association juridique des hommes, dont le véritable objet, comme nous l'avons vu dans le chapitre précédent, est l'établissement de la justice dans ses effets matériels, la réalisation des actions morales des hommes, c'est-à-dire la LIBERTÉ POLITIQUE, qui n'est précisément rien autre que la moralité de ces actions, fut le but spécial et dominant de cette longue et sanglante période historique; et, par conséquent, cette période n'a pu être terminée et faire place à d'autres périodes historiques, ayant des buts plus élevés, que lorsque l'État, et son objet unique, la liberté politique, furent définitivement constitués parmi les hommes, autant du moins que l'absence d'autres et de plus hautes réalités humaines, qui ne furent conquises que dans les périodes subséquentes, l'a permis alors. — On comprendra ainsi toute l'étendue de l'ignorance où sont plongées les doctrines révolutionnaires de la France, en les voyant aujourd'hui, deux mille années après l'événement tout accompli, prêcher si ardemment la conquête universelle de la liberté parmi les hommes! — C'est aussi ce que la susdite propagande de ces doctrines est parvenue à inculquer aux révolutionnaires des autres pays, qui tous, depuis les révolutions françaises, nous représentent la conquête universelle de la liberté politique comme un immense progrès de la civilisation, sans se douter qu'avec cette conquête, en lui sacrifiant les autres supériorités humaines, qui sont déjà conquises également, ils veulent nous faire rétrograder de vingt siècles dans la barbarie. — Pour mettre une digue à ce torrent révolutionnaire de liberté, qui naturellement entraîne avec lui tout ce qu'il y a d'hommes bruts, ignorans et démoralisés, nous allons ici, pour ceux du moins qui sauront comprendre ces hautes vérités, ajouter quelques mots à ce que nous avons dit, dans le premier tome, sur les diverses périodes historiques, telles qu'elles sont déjà accomplies, afin que ces hommes plus éclairés puissent enfin se former une idée de l'époque actuelle, de cette critique et mystérieuse époque qu'aucun mortel n'a pu caractériser avant l'apparition du *Prodrome du Messianisme* (*).

(*) Nous avons déjà dans nos écrits messianiques, et spécialement dans le Prodrome du Messianisme, indiqué, en assez grand détail, toutes les périodes historiques de l'humanité, passées et à venir, et nous y avons naturellement caractérisé la période actuelle. — De plus, nous avons déjà dit ailleurs que c'est en 1818 que nous avons signalé, pour la première fois, les sept périodes historiques, et nommément les quatre premières et les deux dernières dans l'*Introduction au Sphinx*, et la cinquième dans le N° I du *Sphinx*. Nous le répétons ici pour pouvoir fournir une première preuve de la DÉFIGURATION INTENTIONNELLE de la doctrine du messianisme, défiguration que nous avons annoncée dans une des notes du chapitre précédent. En effet, les auteurs et fauteurs des doctrines révolutionnaires de la France, voulant compléter leur incohérent système didactique par la susdite superfétation du *Saint-Simonisme*, ont eu l'impudence de donner à cette doctrine infâme, pour fondation unique,

Mais, pour rendre plus intelligible cette génération progressive des conditions humaines, dans les successives périodes du développement de l'humanité, telles que nous les avons signalées dans le Prodrome du Messianisme, nous allons faire précéder nos considérations présentes, qui doivent nous conduire à bien apprécier l'état actuel de la civilisation européenne, par un aperçu systématique de cette génération ou plutôt de cette création progressive de l'humanité. Bien plus, pour dévoiler, dès à présent, le majestueux tableau d'une si auguste création de l'homme sur la terre, nous allons, par anticipation sur notre *Genèse messianique*, offrir ici un extrait de cette Genèse, propre à faire connaître, tout à coup, non seulement l'ensemble systématique des destinées successives et finales des êtres raisonnables, mais de plus les élémens et les conditions principales de leur développement progressif dans les périodes distinctes de l'existence de notre actuelle espèce humaine. — C'est ce développement progressif de l'humanité sur la terre qui forme notoirement le grand problème de la PHILOSOPHIE DE L'HISTOIRE; problème qui, jusqu'à ce jour, est demeuré non résolu, et qui n'est pas même, encore aujourd'hui, compris suffisamment. Nous allons donc, dans le tableau génétique que nous déroulerons, offrir, dès ce moment, non seulement une détermination précise du grand problème de la philosophie de l'histoire, mais de plus la solution elle-même, et surtout la solution rigoureuse, de ce problème décisif du sort de l'humanité (*).

---

les quatre premières périodes messianiques, telles qu'elles avaient été indiquées dans l'*Introduction au Sphinx*, mais en les défigurant intentionnellement, de manière à pouvoir, tout à la fois, et dénaturer la doctrine du messianisme, annoncée dans cette Introduction, et servir le but infernal des doctrines révolutionnaires de la France. Cette défiguration consistait tout simplement à représenter la première et la troisième de ces périodes comme *organiques*, et la deuxième et la quatrième comme *destructrices* de l'homme; tandis que, d'après le Sphinx, et comme le démontre aujourd'hui le Messianisme, la première et la troisième de ces périodes n'ont été que des *périodes problématiques*, et la deuxième et quatrième de véritables *périodes créatrices* de l'humanité. — Le pauvre public, et surtout la jeunesse française qui admirait la belle doctrine des *Saint-Simoniens*, ne se doutaient pas que cette doctrine ignare n'avait d'autre base qu'un grossier vol littéraire masqué par une perversion satanique.

(*) C'est ce tableau systématique des destinées humaines que nous avons promis dans la dernière note du *Prodrome du Messianisme*, à la suite d'un premier aperçu de ce tableau, que nous y avons donné sous le titre de *Trichotomie architectonique des destinées de l'humanité*. — Nous devions joindre au Prodrome du Messianisme le présent tableau systématique; mais, la publication de cette doctrine ayant été suspendue, nous le placerons actuellement dans la *Métapolitique messianique*; ici où nous en avons essentiellement besoin pour bien caractériser l'état actuel de la civilisation européenne, et par conséquent le néant, pour ne pas dire l'absurdité de la politique que les doctrines révolutionnaires de la France produisent dans ce pays et cherchent à introduire dans le monde civilisé. — En comparant le premier aperçu du tableau génétique que nous avons donné dans le Prodrome et que nous venons de rappeler, avec le tableau systématique que nous allons donner ici, et qui n'est encore qu'un extrait de la *Genèse messianique*, on pourra se former une idée du développement progressif que reçoit ainsi la doctrine du messianisme, et par conséquent une idée de l'étendue

Toutefois, nous devons prévenir qu'une idée fondamentale, bien ancienne, et presque oubliée ou plutôt méconnue aujourd'hui, est nécessaire pour pouvoir bien comprendre le présent tableau systématique de nos destinées.—Cette idée est celle de l'ORIGINELLE CORRUPTION MORALE de notre espèce humaine, c'est-à-dire de la présence en nous de la connaissance du mal, que la religion signale sous le nom de *péché originel*. — Mais, ce n'est point de la religion que nous recevons exclusivement cette idée de notre originelle dépravation morale. En effet, l'IDÉE ABSOLUE DU MAL se révèle à tout homme dans l'intimité de son sentiment; et comme telle, cette idée s'identifie avec la nature terrestre de l'homme, et devient ainsi un des motifs puissans dans la fixation de ses buts ou dans la détermination de sa volonté. Aussi, en ne considérant l'idée du mal que comme un fait révélé ou manifesté dans notre sentiment, cette idée et par conséquent l'idée de notre originelle corruption morale ne portent que sur des FAITS PHYSIQUES; et par conséquent, personne ne peut contester ni même méconnaître ces faits physiques et si manifestes dans les conditions actuelles ou terrestres de l'espèce humaine. — Mais, l'origine de ces conditions ou de cette intime idée du mal dans l'homme, origine qui constitue tout aussi manifestement un FAIT HYPERPHYSIQUE, n'est pas facile à concevoir; et c'est précisément cette mystérieuse origine que la religion, dans sa profonde révélation, allégorise sous le nom de *péché originel* et de *dépravation héréditaire* de notre actuelle espèce humaine. — Or, un tel fait hyperphysique dépasse nécessairement l'intelligence des hommes qui, semblables à Voltaire et aux encyclopédistes français, ne peuvent encore concevoir que les seuls faits physiques, saisissables par leurs sens. Et en méconnaissant ainsi cette origine mystérieuse de l'idée du mal en nous, ces prétendus esprits-forts, qui, d'après ce que nous venons de reconnaître ici indépendamment de la religion, ne sont, à cet égard du moins, rien de plus qu'une espèce d'idiots, doivent méconnaître également l'idée elle-même du mal dans l'homme ou l'idée de son originelle dépravation morale. — Nous sommes donc forcés de rappeler cette idée au public, comme une idée purement philosophique et absolument incontestable, pour le préparer à l'intelligence du tableau systématique de nos destinées, que nous allons lui dévoiler. En effet, on conçoit facilement, et même à priori, que la présence en nous d'une telle idée absolue du mal, qui est manifestement la condition essentielle (*sine quâ non*) de la morale, doit, par son efficacité intime dans notre être, influer puissamment sur toutes nos destinées, et doit surtout, par son incompatibilité avec notre raison absolue, nous porter à nous en libérer, peut-être par une

---

entière de la Genèse elle-même, qui, à son tour, ne formera que la partie populaire du traité définitif appartenant au corps systématique de la doctrine du messianisme, où sera donnée la déduction rigoureuse et complète de ce vaste système de la génération des destinées humaines.

véritable expiation, pour apaiser la justice éternelle qui, sans que nous puissions le concevoir encore, paraît nous avoir frappés de ce funeste et inséparable élément de notre actuelle nature terrestre. Aussi, pour rendre plus intelligible le présent système des destinées de notre espèce humaine, l'avons-nous complété en y joignant un aperçu moral du MONDE PRIMITIF, où, conformément à toutes les révélations religieuses, le messianisme découvre enfin à priori, et par des procédés purement rationnels, cette mystérieuse origine de l'idée du mal dans le monde, qui est demeuré si long-temps cachée aux yeux des hommes. — Mais, il ne faut pas perdre de vue que ce n'est là qu'un APERÇU MORAL du monde primitif, autant qu'il est nécessaire de le connaître pour pouvoir bien s'orienter en suivant la marche progressive de l'humanité dans le monde nouveau, et non déjà une déduction rationnelle de tous les phénomènes extraordinaires, surtout des phénomènes physiques, de ce monde antédiluvien. Toutefois, il faut remarquer que, pour ce qui concerne l'origine du mal dans le monde, qu'il nous importe principalement de signaler ici, elle s'y trouve fixée suffisamment, et d'une manière didactique, par son établissement au moyen d'une véritable CRÉATION ABSOLUE, opérée par des êtres raisonnables, indépendamment de toutes données antérieures, comme on le verra mieux dans la suite de la doctrine du messianisme, où tous les autres phénomènes du monde primitif seront également dévoilés.

Nous avons déjà dit que c'est par une anticipation sur la *Genèse messianique* que nous allons présenter ici le tableau systématique des destinées humaines, et que ce tableau formera ainsi un extrait de cette nouvelle Genèse. Comme tel, cet extrait sera assez étendu pour embrasser tout ce que nous aurons besoin de connaître de nos destinées avant la publication de la Genèse elle-même. Mais aussi, nous bornerons-nous, dans cet extrait, à ce qui nous sera strictement nécessaire avant cette publication, en y signalant toutefois les autres parties constituantes de la Genèse, pour laisser ainsi embrasser l'ensemble systématique de cette vaste création progressive de l'humanité. Nous distinguerons ces parties ultérieures de notre Genèse par le simple renvoi *Voyez la Genèse*, en sous-entendant ici constamment, par le mot *Genèse*, la nouvelle Genèse messianique, et non l'ancienne *Genèse biblique ou mosaïque*. — Enfin, nous devons prévenir que, puisque notre Genèse messianique dévoile déjà le système absolu de la création progressive de l'humanité sur la terre, tel qu'il s'établit en vertu de la LOI DE CRÉATION elle-même, l'extrait que nous allons en présenter, sera disposé nécessairement, dans son ensemble, et dans chacune des périodes distinctes, d'après cette même loi de création, avec l'influence de sa haute TRICHOTOMIE MESSIANIQUE, que nous avons déjà fait connaître dans le *Prodrome du Messianisme*. — Voici donc, sous ces diverses conditions, le tableau génétique dont il s'agit, et qui, d'après ce que nous avons déjà remarqué, forme ainsi le grand objet de la philosophie de l'histoire.

PHILOSOPHIE DE L'HISTOIRE.

APERÇU DE LA GENÈSE MESSIANIQUE.

SYSTÈME DU DÉVELOPPEMENT PROGRESSIF DES DESTINÉES DE L'HUMANITÉ, D'APRÈS LA LOI DE CRÉATION (*).

A) Monde *primitif.* = ANCIENNES ESPÈCES DU GENRE HUMAIN. (Voyez la Genèse.)
   a) Conditions *physiques.* = RÉVOLUTIONS DU GLOBE (et du système solaire).
   b) Conditions *morales.* = SUCCESSION DE PLUSIEURS ESPÈCES HUMAINES.
      a2) *Développement absolu* des conditions hyperphysiques des êtres raisonnables. = VIRTUALITÉ CRÉATRICE.
         a3) *Accomplissement* final de la *loi du progrès.* = DÉMONISME.
         a4) *Réalisation* du vrai absolu et du bien absolu. = AGATHODÉMONIE.
         b4) *Création* du faux absolu et du mal absolu. = CACODÉMONIE.
         b3) Accomplissement final de la *loi de création.* = INDIVIDUALISATION ABSOLUE.
              Nota. — Il est douteux que ce haut ordre de création propre se soit réalisé dans le monde primitif de notre globe, quoiqu'il soit certain qu'il s'est réalisé dans des sphères supérieures. — Le messianisme en dira les raisons; et, quelque peu concevable que cela puisse être, cette doctrine indiquera même les documens géogéniques et cosmogoniques de ce fait hyperphysique.
      b2) *Destruction perversive* des conditions hyperphysiques des êtres raisonnables. = CHUTES MORALES.

(*) Pour la lecture de ce système, nous devons faire remarquer aux personnes qui ne sont pas habituées à cette exposition tabulaire, que, suivant la division dichotomique, qui est la seule rigoureusement logique, les deux sous-classes de chaque classe subdivisée, sont marquées par les lettres *a* et *b*, portant à droite un nombre supérieur d'une unité à celui que porte le même indice de la classe ainsi subdivisée. De cette manière, en partant des deux genres primitifs désignés par A) et B), chacun de ces genres a deux classes désignées respectivement par a) et b); chacune de ces classes a) et b) peut avoir de nouveau deux sous-classes, désignées respectivement par a2) et b2); chacune de ces dernières classes a2) et b2) peut avoir deux nouvelles sous-classes, désignées respectivement par a3) et b3); et ainsi de suite, aussi loin que chacune de ces diverses classes ou sous-classes admet des subdivisions ultérieures. — D'ailleurs, nous présenterons séparément, sous la forme d'un véritable tableau, cette haute PHILOSOPHIE DE L'HISTOIRE, où l'on verra immédiatement quelle est la division et la subdivision consécutive de ces diverses classes et sous-classes.

B) Monde *nouveau.* = Actuelle espèce humaine.

Nota. — Comme dérivant du monde primitif, et nommément du susdit monde primitif du péché, l'actuelle espèce humaine est chargée du funeste héritage de l'idée absolue du mal. Et c'est la présence en elle de cette destructive idée, révélée au fond du sentiment de chaque homme, qui constitue sa caractéristique et originelle dépravation morale, consistant dans notre propension à préférer la maxime du mal à celle du bien. — En effet, l'origine de l'idée du mal en nous doit se trouver nécessairement dans la création absolue et par conséquent dans la réalisation physique de cette idée par des êtres raisonnables dont nous déduisons notre actuelle existence.

a) Conditions *physiques.* = Dispositions des races humaines. (Voyez la Genèse.)
b) Conditions *morales.* = Établissement des buts de l'humanité.
  a2) Buts *individuels* de l'humanité; règne des *patriarches.* = Temps des traditions. (Voyez la Genèse.)
  b2) Buts *universels* de l'humanité; règne des *peuples.* = Temps de l'histoire (formant les trois ères ou époques suivantes, d'après la trichotomie de la loi de création).
    I. — Concours téléologique (*) de l'Histoire.

Époque du Créateur ou de la Providence.

a3) Ère des *buts physiques* ou *relatifs* (à notre existence terrestre). = Finalité dans la création de l'homme.
  a4) Buts *corporels.*
    a5) But *positif;* bien-être corporel ou de sentiment. = Première période (But sensuel).
    a6) *Lois* du développement de la première période. = Genèse des temps anciens.
      a7) *Théorie;* ce qu'il y avait de donné pour l'établissement de la première période.
        a8) *Contenu.* = Révélation divine (la première).
          a9) Partie *élémentaire.* = (Les sept élémens de la première période).
            a10) Élémens *primitifs.*
              a11) Élément *fondamental;* faculté développée. = Sentiment moral. (I)
              b11) Élémens *primordiaux;*
                a12) Vérité *sentie.* = Penchant physique. (II)
                b12) Vérité *révélée.* = Précepte moral. (III)
            b10) Élémens *dérivés.* = Théisme ou Religion primitive.
              a11) Élémens dérivés *immédiats;* contradiction logique entre les élémens primitifs. = Mystères du Théisme.
              a12) *Impossibilité pratique* d'obéir au précepte moral à côté du penchant physique. = Chute morale (postulée comme cause de la propension au mal). (IV)

(*) La philosophie moderne désigne par le mot *téléologique* toute disposition conforme à la finalité du monde, c'est-à-dire conforme à ce que l'on appelle les causes finales.

b 12) *Nécessité spéculative* d'obéir au précepte moral malgré le penchant physique. = Commandement de Dieu postulé comme moyen de la réhabilitation dans le ...

b 11) Élémens dérivés *médiats ou transitifs*; conciliation dans cette contradiction. = Influence divine.

a 12) *Transition* de la chute morale au commandement de Dieu, ou de l'impossibilité pratique à la nécessité spéculative d'obéir au précepte moral. = Sympathie humaine (Amour pratique des hommes). (VI)

b 12) *Transition* du commandement de Dieu à la chute morale, ou de la nécessité spéculative à l'impossibilité pratique d'obéir au précepte moral. = Respect divin (Amour spéculatif de Dieu). (VII)

b 9) Partie *systématique*. = (Voyez la Genèse).

b 8) *Forme*; réalisation matérielle de la première période.

a 9) Réalisation dans le *temps*; durée de cette période. = Depuis l'origine des peuples jusqu'à l'époque nommée. Temps héroïques.

b 9) Réalisation dans l'*espace*; ethnographie de cette période. = = Peuples de l'Orient (Voyez la Genèse).

b 7) *Technie*; ce qu'il a fallu faire pour l'accomplissement de la première période.

a 8) *Contenu*; préparation à la morale par l'*association sentimentale* des hommes. = Législations divines (Les Védas, le Décalogue, etc.).
Nota. — Ce sont là les anciens Gouvernemens sacerdotaux, qui étaient ainsi fondés sur la tutelle divine de l'homme.

a 9) Partie *élémentaire*; soumission sociale.

a 10) Par le commandement de Dieu et par le respect divin. = = Théocratie.

b 10) Par la chute morale et par la sympathie humaine. = Démonocratie (Voyez la Genèse).

b 9) Partie *systématique*; organisation sociale. = Hiérarchie et Castes.

b 8) *Forme*. = (Voyez la Genèse).

b 6) *Faits* du développement de la première période. = Histoire des temps anciens.

b 5) But *négatif*; sûreté publique ou garantie de la justice par la politique. = Deuxième période (But. moral).

a 6) *Lois* du développement de la deuxième période. = Genèse des temps classiques.

a 7) *Théorie*; ce qu'il y avait de donné pour l'établissement de la deuxième période.

a 8) *Contenu*. = Création humaine (la première).

a 9) Partie *élémentaire*. = (Les sept élémens de la deuxième période).

a 10) Élémens *primitifs*.

a 11) Élément *fondamental*; faculté développée. = Raison pratique. (I)

MESSIANIQUE.

b 11) Élémens *primordiaux*:
  a 12) *Vérité reconnue.* = Intérêt. (II)
  b 12) *Vérité créée.* = Devoir. (III)
b 10) Élémens *dérivés.* = Morale ou Philosophie pratique.
  a 11) Élémens dérivés *immédiats ;* conciliation logique entre les élémens primitifs. = Doctrines morales.
    a 12) *Possibilité spéculative* du devoir à côté de l'intérêt ; *universalité* dans la morale. = Lois juridiques. (IV)
    b 12) *Nécessité pratique* du devoir malgré l'intérêt ; *spontanéité pratique* de la raison humaine. = Dévouement (remplaçant provisoirement les Lois éthiques). (V)
      Nota. C'est cet élément moral, poussé jusqu'à l'Héroïsme dans l'amour de la patrie et de la liberté politique, qui remplaçait, dans cette période, la *pureté des maximes morales,* régie par les *lois éthiques;* pureté qui ne s'est établie que dans la période suivante.
  b 11) Élémens dérivés *médiats* ou *transitifs ;* contradiction logique dans cette conciliation. = Influence humaine.
    a 12) *Transition* des lois juridiques au dévouement, ou de la possibilité spéculative à la nécessité pratique du devoir. = = Coercition (répression physique de la spontanéité pratique de l'homme). (VI)
    b 12) *Transition* du dévouement aux lois juridiques, ou de la nécessité pratique à la possibilité spéculative du devoir. = = Liberté politique (liberté des actions de l'homme). (VII)
b 9) Partie *systématique.* = (Voyez la Genèse).
b 8) *Forme ;* réalisation matérielle de la deuxième période.
  a 9) Réalisation dans le *temps ;* durée de cette période. = Depuis les temps héroïques jusqu'à la Venue du Christ.
  b 9) Réalisation dans l'*espace ;* ethnographie de cette période. = Les Grecs et les Romains (Voyez la Genèse).
b 7) *Technie ;* ce qu'il a fallu faire pour l'accomplissement de la deuxième période.
  a 8) *Contenu ;* garantie de la justice par la moralité des *actions* humaines ; *association juridique* des hommes. = État.
    a 9) Partie *élémentaire ;* soumission sociale.
      a 10) Par les lois juridiques et par la coercition. = Monarchies.
      b 10) Par le dévouement et par la liberté politique. = Républiques.
    b 9) Partie *systématique ;* organisation sociale. = Aristocratie ou liberté et esclavage.
  b 8) *Forme.* = (Voyez la Genèse).
b 6) *Faits* du développement de la deuxième période. = Histoire des temps classiques.
b 4) *Buts spirituels.*

a5) *But négatif;* moralité publique ou garantie de la justice par la religion.=
= Troisième période (But religieux).
a6) *Lois* du développement de la troisième période. = Genèse des temps moyens.
a7) *Théorie;* ce qu'il y avait de donné pour l'établissement de la troisième période.
a8) *Contenu.* = Révélation divine (la seconde).
a9) Partie *élémentaire.* = (Les sept élémens de la troisième période).
a10) Élémens *primitifs.*
a11) Élément *fondamental;* faculté développée. = Sentiment religieux. (I)
b11) Élémens *primordiaux :*
a12) Vérité *sentie.* = Péché originel. (II)
b12) Vérité *révélée.* = Verbe (en Dieu). (III)
b10) Élémens *dérivés.* = Christianisme ou Religion développée.
a11) Élémens *dérivés. immédiats ;* contradiction logique entre les élémens primitifs. = Mystères du Christianisme.
a12) *Impossibilité spéculative* du bien, par notre dépendance du péché originel; *libération* de la chute morale, comme ouvrage de Dieu. = Rédemption. (IV)
b12) *Nécessité pratique* du bien, par notre aveu spontané du Verbe; *salut propre,* comme ouvrage de l'homme. = Œuvres. (V)
b11) Élémens dérivés *médiats* ou *transitifs ;* conciliation dans cette contradiction. = Influence divine.
a12) *Transition* de la rédemption aux œuvres, ou de l'impossibilité spéculative à la nécessité pratique du bien. = Grace. (VI)
b12) *Transition* des œuvres à la rédemption, ou de la nécessité pratique à l'impossibilité spéculative du bien. = Mérite. (VII)
b9) Partie *systématique.* = (Voyez la Genèse).
b8) *Forme;* réalisation matérielle de la troisième période.
a9) Réalisation dans le *temps ;* durée de cette période. = Depuis la Venue du Christ jusqu'à la Réformation par le Protestantisme.
b9) Réalisation dans l'*espace ;* ethnographie de cette période. = Peuples chrétiens (Voyez la Genèse).
b7) *Technie ;* ce qu'il a fallu faire pour l'accomplissement de la troisième période.
a8) *Contenu ;* garantie de la justice par la *pureté* des *maximes* morales; *association éthique* des hommes. = Église.
a9) Partie *élémentaire ;* soumission sociale.
a10) Par la rédemption et par la grâce. = Ordres religieux.
b10) Par les œuvres et par le mérite. = Droit canonique.
b9) Partie *systématique ;* organisation Sociale. = Préparation au

RÈGNE DE DIEU SUR LA TERRE (Répartition universelle des *devoirs;* égalité devant *Dieu* ; *charité ;* etc.).

b 8) *Forme.* = (Voyez la Genèse).

Nota. — Il ne faut pas perdre de vue que, dans cet aperçu génétique, nous ne produisons principalement que les ÉLÉMENS de la genèse humaine, et pas encore leurs combinaisons systématiques. — Ainsi, par exemple, le présent droit canonique, servant de but à la modification morale du droit transjuridique des conquérans de cette époque, a donné lieu, dans cette période, à la formation du DROIT FÉODAL. De même, pour donner un deuxième exemple, le retour du verbe au précepte moral révéla l'idée des DÉCRETS ÉTERNELS ET IMMUABLES du monde, et servit ainsi, dans cette même période, à engendrer l'ISLAMISME.

b 6) *Faits* du développement de la troisième période. = HISTOIRE DES TEMPS MOYENS.

b 5) But *positif;* bien-être spirituel ou de cognition. = QUATRIÈME PÉRIODE (But intellectuel).

a 6) *Lois* du développement de la quatrième période. = GENÈSE DES TEMPS MODERNES.

a 7) *Théorie;* ce qu'il y avait de donné pour l'établissement de la quatrième période.

a 8) *Contenu.* = CRÉATION HUMAINE (la seconde).

a 9) Partie *élémentaire.* = (Les sept élémens de la quatrième période).

a 10) Élémens *primitifs.*

a 11) Élément *fondamental;* faculté développée. = RAISON SPÉCULATIVE. (I)

b 11) Élémens *primordiaux :*

a 12) Vérité *reconnue.* = EXISTENCE (comme réalité de *l'être*). (II)

b 12) Vérité *créée.* = CERTITUDE (comme réalité du *savoir*). (III)

b 10) Élémens *dérivés.* = SCIENCE OU PHILOSOPHIE SPÉCULATIVE.

a 11) Élémens dérivés *immédiats;* conciliation logique entre les élémens primitifs. = DOCTRINES SCIENTIFIQUES.

a 12) *Possibilité pratique* du vrai, par l'investigation de l'existence; savoir *à posteriori;* les *données* de la science. = = EMPIRISME (*induction* tirée de *faits*). (IV)

b 12) *Nécessité spéculative* du vrai, par l'établissement de la certitude; savoir *à priori; spontanéité spéculative* de la raison humaine. = RATIONALISME (*déduction* tirée de *lois*). (V)

b 11) Élémens dérivés *médiats* ou *transitifs ;* contradiction dans cette conciliation. = INFLUENCE HUMAINE.

a 12) *Transition* de l'empirisme au rationalisme, ou de la possibilité pratique à la nécessité spéculative du vrai. = LIBERTÉ DE LA PENSÉE (libre examen, religieux et politique). (VI)

b 12) *Transition* du rationalisme à l'empirisme, ou de la nécessité spéculative à la possibilité pratique du vrai. = = Censure (répression critique de la spontanéité spéculative de l'homme). (VII)
b 9) Partie *systématique*. = (Voyez la Genèse).
b 8) *Forme*; réalisation matérielle de la quatrième période.
a 9) Réalisation dans le *temps*; durée de cette période. = Depuis la Réformation par le Protestantisme jusqu'à la Révolution française.
b 9) Réalisation dans l'*espace*; ethnographie de cette période. = = Peuples protestans principalement (Voyez la Genèse).
b 7) *Technie*; ce qu'il a fallu faire pour l'accomplissement de la quatrième période.
a 8) *Contenu*; garantie de la morale par l'*association cognitive* des hommes. = Législations humaines (les Chartes, les Constitutions, etc.)
Nota. Ce sont là les modernes Gouvernemens constitutionnels, qui sont ainsi fondés sur l'espérance illusoire de la conciliation des deux partis politiques, du droit humain et du droit divin, que nous allons fixer.
a 9) Partie *élémentaire*; soumission sociale.
a 10) Par l'empirisme et par la liberté de la pensée. = Droit humain (Parti politique des Whigs, des libéraux, etc.)
b 10) Par le rationalisme et par la censure. = Droit divin (Parti politique des Torys, du clergé, etc.).
b 9) Partie *systématique*; organisation sociale = Préparation au règne de la raison sur la terre (Répartition universelle des *droits*; égalité devant la Loi; *philanthropie*; etc.).
b 8) *Forme*. = (Voyez la Genèse).
b 6) *Faits* du développement de la quatrième période. = Histoire des temps modernes.

II. — Loi suprême de l'Histoire.

Époque du Destin ou de la Fatalité.

a 3) et b 3) Ère des buts *transitifs*. = Établissement de la loi du progrès.
a 4) *Faits rationnels qui ont été préparés* pour cette ère, par l'influence de la Providence dans l'ère précédente.
a 5) *Cessation de la finalité* dans le développement ultérieur de l'humanité. = = Absence de tout but universel.
b 5) *Émancipation spontanée* de la raison humaine pour remplacer cette finalité; *recherche de buts absolus*. = Cinquième période (État critique de l'humanité).
a 6) *Lois* du développement de la cinquième période. = Genèse des temps actuels.
a 7) *Théorie*; ce qu'il y a de donné pour l'établissement de la cinquième période.

a 8) *Contenu.* = Création humaine absolue (Non seulement des moyens, mais surtout des buts eux-mêmes).

Nota. — Dans les quatre périodes précédentes, les buts respectifs de ces périodes ont été donnés par la disposition providentielle de la nature terrestre de l'homme; et il ne lui restait ainsi qu'à chercher les moyens propres à atteindre ces buts. Mais, dans la période présente, l'homme doit, avant tout, chercher et fixer ses derniers buts, conformes à sa raison absolue; et ce n'est qu'après cette fixation de tels buts absolus qu'il pourra chercher les moyens propres à les atteindre.

a 9) Partie *élémentaire.* = (Les sept élémens de la cinquième période).
  a 10) Élémens *primitifs.*
    a 11) Élément *fondamental;* faculté développée. = Tendance a l'affranchissement de la raison (de ses conditions physiques ou terrestres). (I)
    b 11) Élémens *primordiaux :*
      a 12) Réunion des élémens *révélés* ou *passifs* de la première et de la troisième périodes; le précepte moral et le verbe (en Dieu). = Le Bien. (II)
      b 12) Réunion des élémens *créés* ou *actifs* de la deuxième et de la quatrième périodes; le devoir et la certitude (du savoir). = Le Vrai. (III)
  b 10) Élémens *dérivés.* = Messianisme (Union finale de la religion et de la philosophie).
    a 11) Élémens dérivés *immédiats;* contradiction physique ou conditionnelle entre les élémens primitifs. = Antinomie sociale (Antagonisme entre les deux partis politiques).
      a 12) Possibilité et nécessité, c'est-à-dire *effectivité temporelle* du bien; *croyance* fondée sur la *révélation;* foi. = Exclusion du parti du droit humain par le parti du droit divin ou du sentiment. (IV)
      b 12) Possibilité et nécessité, c'est-à-dire *effectivité temporelle* du vrai; *certitude* fondée sur l'*expérience;* raison. = Exclusion du parti du droit divin par le parti du droit humain ou de la cognition. (V)
    b 11) Élémens dérivés *médiats* ou *transitifs;* conciliation hyperphysique ou inconditionnelle de cette contradiction. = = Influence de la raison absolue.
      a 12) *Transition finale* du bien au vrai. = Bien absolu. (VI)
      b 12) *Transition finale* du vrai au bien. = Vrai absolu. (VII)
      Nota. — Dans le *Bulletin messianique,* N° 2, où nous avons signalé la gradation ou le développement progressif des idées du vrai et du bien, et par conséquent leur différence toujours décroissante, par suite de l'accomplisse-

ment progressif de la LOI DU PROGRÈS, nous avons reconnu que, lorsque, par cette gradation indéfinie, on parvient respectivement aux idées du VRAI ABSOLU et du BIEN ABSOLU, ces idées inconditionnelles *s'identifient* complètement, c'est-à-dire le bien absolu devient le vrai, et réciproquement le vrai absolu devient le bien.

b9) Partie *systématique.* = (Voyez la Genèse).

b8) *Forme* ; réalisation matérielle de la cinquième période.

 a9) Réalisation dans le *temps*; durée de cette période. = Depuis la Révolution française jusqu'à la RECONNAISSANCE UNIVERSELLE des caractères respectifs du bien absolu et du vrai absolu.

 b9) Réalisation dans l'*espace*; ethnographie de cette période. = LES PEUPLES OCCIDENTAUX ISSUS DES GERMAINS, principalement les FRANÇAIS. (Voyez la Genèse.)

 Nota. — La cinquième période commence, non avec l'*existence* des *deux partis politiques*, du droit divin et du droit humain, existence qui, comme nous l'avons vu plus haut, appartient déjà à la quatrième période, mais bien et uniquement avec l'*antagonisme absolu* de ces deux partis, c'est-à-dire avec l'ANTINOMIE SOCIALE, où ces deux partis, méconnaissant leurs destinées communes, cherchent à *se détruire et à s'anéantir* réciproquement, ainsi que cela a lieu aujourd'hui en France, depuis ses révolutions incessantes, qui ont eu pour fin l'établissement légal et absolu de la *souveraineté du peuple*, et par conséquent l'exclusion légale de la *souveraineté divine*. — Par un tel antagonisme absolu des partis politiques, les États qui, comme la France, excluent ainsi la souveraineté divine, se placent HORS DES LOIS MORALES, ou plutôt se prononcent CONTRE CES LOIS DIVINES; et c'est précisément cette lutte ouverte contre les lois morales qui présente nécessairement, dans l'histoire de l'humanité, une période nouvelle et excentrique pour l'espèce *humaine*, parce qu'une telle période, si elle arrivait aux fins auxquelles elle vise actuellement, c'est-à-dire à l'anéantissement des lois morales et au triomphe de l'*immoralité* sur la terre, amènerait manifestement une nouvelle CHUTE MORALE de l'homme. — Comme telle, cette période fatale devient *critique* pour l'actuelle espèce *humaine*; et elle demande ainsi un dévouement spécial de la part des hommes supérieurs qui auront mission de la conduire, sur l'inflexible voie du Destin et hors de toute Providence, à son terme final, à celui qui lui est assigné dans la création pour l'accomplissement des destinées absolues des êtres raisonnables.

b7) *Technie* ; ce qu'il faut faire pour l'accomplissement de cette cinquième période.

MESSIANIQUE.   55

a 8) *Contenu ;* direction de l'humanité vers ses destinées absolues ; association *messianique* des hommes. = Union antinomienne.

  Nota. — Lorsque, par l'influence de cette Union, les Gouvernemens constitutionnels se transformeront en Gouvernemens antinomiens, ils seront fondés sur l'impossibilité absolue de la conciliation des deux partis politiques, du droit divin et du droit humain.

  a 9) Partie *élémentaire ;* direction sociale.
    a 10) Par le bien, depuis le bien relatif jusqu'au bien absolu. = = Direction du parti du droit divin.
    b 10) Par le vrai, depuis le vrai relatif jusqu'au vrai absolu. = Direction du parti du droit humain.
  b 9) Partie *systématique ;* organisation sociale. = Égalité des droits des deux partis politiques.
b 8) *Forme.* = (Voyez la Genèse.)
b 6) *Faits* du développement de la cinquième période. = Histoire des temps actuels.

b 4) *Faits rationnels qui seront accomplis* dans cette ère critique, comme opposition *funeste* ou comme préparation *salutaire* à l'ère suivante.
  a 5) Faits *funestes ;* anéantissement des lois morales jusqu'à l'extinction de l'idée pure de leur origine divine. = Nouvelle chute morale de l'homme.

    Nota. — Dans la direction des révolutions françaises et de la législation actuelle de la France, qui, par leur sanglante exclusion légale de la souveraineté divine dans les États, ont commencé cette cinquième période et avec elle cette critique ère de l'humanité, en se plaçant ainsi hors des lois morales, ou plutôt, comme nous l'avons déjà dit, en se prononçant ainsi ouvertement contre ces lois divines, l'avenir de l'espèce humaine, si ces fatales directions et législations devaient demeurer permanentes et devenir universelles, serait nécessairement le triomphe de l'immoralité absolue sur la terre, c'est-à-dire le désaveu de l'œuvre divine de la création et la subversion des destinées augustes de l'humanité ; en un mot, un deuxième triomphe de l'idée absolue du mal ou une nouvelle chute morale de l'homme.

  b 5) Faits *salutaires ;* affranchissement de la raison humaine de ses actuelles conditions physiques ou terrestres. = Accomplissement des destinées relatives de l'humanité (relatives à ses entraves terrestres).
    a 6) *Retour* à son état *primitif* de pureté morale. = Réhabilitation (morale).
      a 7) Réhabilitation *subjective.* = Conscience du Verbe (dans l'homme).
      b 7) Réhabilitation *objective.* = Aveu des destinées absolues (de l'humanité).
    b 6) *Préparation* à son état *final* d'immortalité. = Développement de la raison absolue.
      a 7) Développement *subjectif ;* fixation des caractères inconditionnels du *vrai absolu* et du *bien absolu.* = Réalisation de la loi du progrès.

b7) Développement *objectif*; fixation des caractères inconditionnels de toute *génération absolue des réalités*. = Établissement de la loi de création.

III — Problème universel de l'Histoire.

Époque de l'Homme ou de la Raison.

a3) *Ère* des buts *rationnels* ou *absolus*. = Accomplissement des destinées absolues de l'humanité (accomplissement de la création de l'homme).

a4) *Dualité* distincte dans les buts absolus; accomplissement final de la *loi du progrès*; *transfiguration* des conditions physiques en conditions hyperphysiques des êtres raisonnables.

a5) But du *vrai absolu*; découverte du principe inconditionnel de toute réalité, ayant pour caractère l'*identité primitive* du savoir et de l'être, de ces deux élémens primordiaux de la réalité. = Sixième période. (*Découverte de la vérité*).

a6) *Lois* du développement de la sixième période. = Genèse des temps a venir. (*Voyez la Genèse*).

b6) *Faits* du développement de la sixième période. = ... ?

b5) But du *bien absolu*; opération de la régénération spirituelle de l'humanité, ayant pour caractère la *réalisation du Verbe* dans l'homme. = Septième période. (*Obtention de l'immortalité*).

a6) *Lois* du développement de la septième période. = Genèse des derniers temps. (*Voyez la Genèse*).

b6) *Faits* du développement de la septième période. = ... ?

b4) *Unité* systématique des buts absolus; accomplissement final de la *loi de création*; *individualisation absolue* des êtres raisonnables. = Création propre de l'homme. (*Grand et final dogme du Messianisme*).

En nous établissant sur ces bases immuables, nous pouvons actuellement déterminer, avec autant de certitude que de précision, le vrai caractère de la civilisation actuelle de l'Europe; et nous pouvons ainsi, par le simple contraste de la tendance politique des doctrines révolutionnaires de la France avec ce caractère élevé de la civilisation européenne, démontrer clairement tout ce qu'il y a d'ignorance dans cette tendance politique des révolutionnaires français. — Pour cela, en suivant la direction progressive de la civilisation humaine, telle qu'elle se trouve fixée dans le présent tableau génétique de la philosophie de l'histoire, nous allons d'abord tracer, en peu de mots, la marche de ces progrès de la civilisation des peuples, à travers les périodes consécutives que l'humanité a parcourues jusqu'à ce jour, surtout dans les transitions de ces périodes; et nous arriverons ainsi, avec rapidité et avec sûreté, à saisir le vrai caractère de la civilisation actuelle de l'Europe, qu'il nous importe ici de fixer. Nous comparerons ensuite, avec cette haute civilisation européenne, la tendance politique des doctrines révolutionnaires de la France ; et nous en tirerons, avec une surprise pénible, le désolant résultat que nous annonçons. — Voici, l'une après l'autre, cette double détermination didactique des vues politiques du monde civilisé.

Immédiatement après les temps des traditions, où il n'y avait encore que le règne des patriarches, et par conséquent l'obtention des buts individuels de ces chefs, lorsque commencèrent les temps de l'histoire, où s'établit le règne des peuples, et par conséquent l'obtention des buts universels de l'humanité, le premier de ces buts universels était naturellement le BIEN-ÊTRE CORPOREL OU DE SENTIMENT. Ainsi, l'époque dans laquelle les peuples ont cherché à atteindre ce premier de leurs buts universels, le seul devenu manifeste et par conséquent dominant alors, fut naturellement la *première période* historique de l'humanité. — Or, l'obtention de ce bien-être provoqua naturellement, d'abord, la culture économique, c'est-à-dire le développement de l'agriculture, des arts industriels et du commerce, et ensuite, la culture morale, c'est-à-dire l'ennoblissement du bien-être corporel par le développement du SENTIMENT MORAL, qui réalisa ce bien-être dans des relations de sexe, de famille, et enfin de société. Ainsi, cette première association des hommes, qui n'était fondée que sur leur sentiment moral, et qui n'avait pour but que le bien-être corporel ou terrestre, n'était encore et ne pouvait être rien de plus qu'une simple *association sentimentale* des hommes, dans laquelle l'AMOUR, cette sympathie purement physique, qui tient encore à l'animalité de l'homme, mais qui le rend propre à recevoir les lois morales, était, sinon le premier moteur, du moins l'indispensable véhicule de la morale. Et en effet, le développement du sentiment moral chez l'homme, lui révéla nécessairement, déjà dans cette première période, le PRÉCEPTE MORAL, qui, en contrariant ses penchans physiques, ne put devenir efficace en lui qu'en le confondant avec l'amour pour les autres hommes, et ne put conséquemment être considéré par lui que comme un commandement de Dieu. — De cette manière, la réalisation matérielle des lois morales, c'est-à-dire la réalisation des actions morales des hommes ne put encore être opérée, dans cette première période historique, que par un *gouvernement théocratique*, et par conséquent par une *division hiérarchique* de la société en castes distinctes.

On conçoit ainsi que cette première période du développement de l'humanité, avant d'atteindre complètement son but dominant, celui du bien-être corporel ou purement physique, que les hommes y atteignirent effectivement, *et même dans tous ses raffinemens du plaisir, de la volupté, et de la mollesse orientale*, autant du moins qu'à défaut de moyens industriels supérieurs, cela était possible alors, dut amener nécessairement, dans l'absence de toutes garanties publiques des droits, la plus grande injustice et par conséquent le plus grand désordre politique. Et l'on conçoit de plus que ce désordre même dut éveiller l'idée d'un but universel de l'humanité qui fût supérieur à celui de son bien-être corporel ou purement physique, et enfin que ce but supérieur dut lui apparaître tout naturellement dans l'établissement de la justice sur la terre. — C'est ainsi que commença la *deuxième période* historique, avec les temps nommés héroïques. — Et comme l'homme ne pouvait encore concevoir la justice que dans ses effets matériels ou extérieurs, l'établissement de cette justice temporelle, ou la simple réalisation des actions morales des hommes, c'est-à-dire de la LIBERTÉ POLITIQUE, devint le but universel et dominant de cette deuxième période du développement de l'humanité, dans laquelle, comme nous l'avons déjà dit plus haut, l'*association juridique* des hommes, la *constitution* de l'ÉTAT, fut accomplie définitivement. Toutefois, cet accomplissement de la liberté politique ne put être opéré que par la détermination rationnelle de l'idée du DEVOIR, détermination qui, offrant la solution du problème du précepte moral, tel qu'il s'était établi dans la première période, développa dans l'homme la RAISON PRATIQUE, et avec elle l'idée de la MORALE, et le rendit ainsi conscient, dès alors, de la *spontanéité pratique* de sa raison.

Mais, d'après ce que nous avons reconnu dans le chapitre précédent, en y donnant la déduction des différens degrés distincts des lois morales, il est impossible de concevoir la réalisation de la morale, et par conséquent de la justice qui en est le but, par la seule association juridique des hommes, ou par la seule existence de l'État, parce que rien ne garantit alors contre l'immoralité des principes intérieurs des actions humaines, c'est-à-dire contre l'impureté des maximes morales. Ainsi, quelque accomplie que pût être, dans la deuxième période historique, l'association juridique des hommes ou la constitution de l'État, et quelque énergique que fût alors la volonté des hommes pour la conquête de la liberté politique, comme le prouvent et leurs dévouemens héroïques et leur horrible haine des rois, loin de parvenir à cette conquête, et par conséquent à l'établissement de la justice, jamais peut-être *un plus grand désordre moral* ne fut établi universellement. Donc, comme à la fin de la première période, où le désordre juridique, qui s'était développé alors, avait indiqué aux hommes un but supérieur, celui de la liberté politique, de même le désordre éthique, c'est-à-dire l'impureté des maximes morales, qui s'est développé à la fin de la deuxième période, dut leur indiquer également la nécessité d'un nouveau but universel, supérieur à celui de la liberté politique, qui ne pouvait encore être réalisée par elle-même sur la terre. Et l'on conçoit facilement que la réalisation des maximes morales dans l'homme, c'est-à-dire une garantie positive des principes intellectuels de la morale, et nommément une garantie supérieure à celle des hommes, dont on reconnaissait enfin l'impuissance, dut, à cette époque, offrir aux peuples ce nouveau but universel dont ils venaient de ressentir la nécessité. — C'est ainsi que, par la venue du Christ, s'établit l'*association éthique* des hommes, constituant l'ÉGLISE, où, sous la garantie d'un juge suprême, de Dieu, qui scrute toutes les consciences, fut réalisée sur la terre la moralité des principes intellectuels ou intimes de la justice, c'est-à-dire la pureté des maximes morales dans l'homme. Et c'est par cette révolution morale, impérative, telle qu'elle fut opérée par le christianisme, que s'ouvrit et s'accomplit la *troisième période* historique de l'humanité.

Le caractère distinctif de cette nouvelle époque de civilisation, dans ce développement progressif des facultés humaines, fut la révélation du Verbe, c'est-à-dire de la virtualité créatrice, ou de la spontanéité dans la production de la réalité. — Mais, par là même que cette lumière nouvelle n'était encore qu'une simple révélation, elle ne put, dans cette troisième période, s'étendre au delà des régions du sentiment, où se développa ainsi le sentiment religieux, qui rapporte le Verbe à Dieu seul, et à son Fils, le Christ, en tant que, par la présence en lui du Verbe, ce Sauveur de l'humanité, en naissant homme, doit être affranchi du pacte avec le démon ou de notre propension intime au mal; propension qui, étant considérée alors comme péché originel, accusait plus positivement la chute morale, conçue et comprise déjà dans la première période.

Or, cette limitation de la conception du Verbe dans le seul sentiment religieux de l'homme, qui excluait la raison de toute participation aux lumières religieuses, et qui paralysait ainsi ou plutôt opprimait en elle l'essor sublime de sa spontanéité absolue, dut nécessairement, par là même qu'elle était contraire aux vraies fins de la création de l'être raisonnable, engendrer, tout à la fois, et d'innombrables superstitions ou erreurs religieuses, et d'intolérables abus hiérarchiques, fondés sur la fausse supposition de l'infaillibilité de l'autorité ecclésiastique. Ces erreurs et ces abus durent donc, à leur tour, provoquer l'attention des hommes et leur faire ressentir, encore une fois, la nécessité d'un nouveau but universel, supérieur à celui de la simple réalisation des maximes morales par le sentiment religieux, réalisation qui dominait alors et qui ne pouvait être atteinte dans cette voie si limitée. Et ce fut ainsi que, par suite de la réformation religieuse opérée par le protestantisme, après quinze siècles de durée du christianisme, s'ouvrit la *quatrième période* historique pour le développement progressif de l'humanité.

D'après la déduction que nous venons de donner de la nécessité de cette quatrième période, il est manifeste que la liberté religieuse, c'est-à-dire en principe la liberté de la pensée fut le but dominant et universel de cette période historique. — Il s'agissait, dans cette nouvelle période, de faire conquérir, à la raison spéculative de l'homme, ses droits, comme dans la deuxième période on avait conquis les droits de la raison pratique. Et c'est ainsi qu'avec le développement de cette raison spéculative, l'homme devint conscient, dès alors, de sa haute spontanéité absolue, c'est-à-dire, quoique encore faiblement, de la présence du Verbe en lui-même. — Il ne faut donc pas confondre l'ancienne liberté politique, qui n'est encore qu'une *liberté pratique*, telle qu'elle a été l'objet de la deuxième période, avec l'actuelle liberté de la pensée, qui est une *liberté spéculative*, telle qu'elle est devenue l'objet de la quatrième période historique. Et l'on pourra ainsi, dès ce moment, apprécier, à leur juste valeur, ces violences révolutionnaires avec lesquelles on veut, de nos jours, conquérir la liberté politique sur la terre, sans se douter du point éminemment supérieur auquel est *déjà* arrivée la civilisation européenne.

Dans ce premier éveil de la raison spéculative, et de sa spontanéité absolue, créatrice, tel qu'il eut lieu dans la quatrième période historique, l'homme ne put encore concevoir cette raison absolue que dans son application temporelle à la cognition physique, impliquée dans l'organisation de son existence actuelle ou terrestre. Ainsi, le BIEN-ÊTRE SPIRITUEL OU DE COGNITION devint, avec plus de précision, le véritable but dominant et universel de cette quatrième période. Et par conséquent, la SCIENCE, en embrassant toutes les régions, spéculatives et pratiques, se constitua régnante dans cette période, au point qu'il *s'établit alors*, quoique encore tacitement, une véritable *association cognitive* des hommes, préludant déjà au RÈGNE DE LA RAISON sur la terre, c'est-à-dire à l'Union-Absolue des hommes, que l'on ne pouvait alors concevoir plus parfaitement. — De cette manière, l'industrie économique, *cet objet principal de la première période*, reçut, par la connexion scientifique, ou par l'unité qui fut introduite dans toutes les branches économiques, une détermination systématique; la liberté politique, *cet objet principal de la deuxième période*, reçut, par les chartes politiques, où furent déclarés les droits de la raison humaine de concourir à la législation juridique, une nouvelle garantie, provenant du concours du peuple à l'autorité souveraine; la théologie, *cet objet principal de la troisième période*, de symbolique et historique qu'elle avait été jusqu'alors, reçut, par l'application de la philologie et de la philosophie, une direction exégétique et dogmatique; enfin, la science elle-même, *cet objet principal de la quatrième période*, reçut, par l'introduction de la CERTITUDE à la place de la croyance, la mission tacite d'établir la validité de la raison humaine, et de faire ainsi pressentir déjà la toute puissance de la raison absolue, c'est-à-dire la présence du Verbe dans l'homme.

C'est en effet la conquête de cette toute puissante raison absolue, la CONSCIENCE DU VERBE DANS L'HOMME, telle qu'elle doit résulter de sa libération des entraves physiques ou terrestres, impliquées dans son organisation actuelle, qui sera le but dominant et universel de la *cinquième période* historique, dans laquelle nous entrons actuellement. — Voici la déduction de la nécessité de ce nouveau but de l'humanité, et par conséquent de cette période ultérieure pour son développement progressif et final.

Dans la première période historique, le sentiment moral de l'homme lui révéla, avec le caractère du bien, le problème du PRÉCEPTE MORAL, c'est-à-dire d'une nécessité pratique, impérative et inconditionnelle, qu'il ne put concevoir alors que comme un commandement de Dieu. Et dans la seconde période, la raison pratique de l'homme lui donna la solution, déjà et nécessairement cognitive, de ce grand problème, en fixant, avec le caractère du vrai, l'idée du

DEVOIR, et par conséquent de la MORALE, comme étant, dans les actes de la volonté, une détermination spontanée, et par là même impérative, de la raison elle-même de l'homme. Dans la troisième période historique, le sentiment religieux révéla à l'homme, avec le caractère du bien, le problème du VERBE, c'est-à-dire de la virtualité créatrice ou de la spontanéité dans la production de la réalité, qu'il ne put non plus concevoir alors que comme inhérent à la divinité. Et dans la quatrième période, la raison spéculative de l'homme tenta la solution, également cognitive, de ce deuxième grand problème, en fixant, avec le caractère du vrai, l'idée du SAVOIR, et par conséquent de la SCIENCE, comme étant, dans la conception intellectuelle de la réalité, une détermination spontanée, et par là même nécessaire, de la raison elle-même de l'homme. — Ainsi, en résumant ces quatre degrés progressifs dans le développement de l'humanité, tels qu'elle les a parcourus effectivement jusqu'à nos jours, nous reconnaissons les résultats majeurs et fondamentaux que voici.

D'abord, sous le point de vue subjectif, les facultés que l'homme a développées dans ces quatre périodes, sont, tour à tour, ses deux grandes et primordiales facultés, le SENTIMENT et la COGNITION. En effet, dans la première et dans la troisième périodes, il développa progressivement le sentiment moral et le sentiment religieux, qui lui révélèrent successivement le précepte moral et le verbe; et dans la deuxième et la quatrième périodes, il développa de même progressivement la cognition pratique et la cognition spéculative, qui, en lui faisant reconnaître successivement le devoir et la certitude, forment le vrai sens de ce que, suivant le langage usité, nous avons nommé raison pratique et raison spéculative, en ne signalant ainsi que l'application de la raison à notre cognition, et en perdant de vue, tout à la fois, et la cognition elle-même, qui est proprement la faculté dont il s'agit ici, et la raison absolue elle-même qui se combine de cette manière avec la cognition. Aussi, pour redresser le langage usité, qui nécessairement doit se trouver défectueux lorsqu'on vient à s'en servir pour exprimer les hautes découvertes de la philosophie, faudrait-il proprement nommer les quatre grandes facultés qui se sont développées dans les quatre périodes historiques, ou par les deux facultés immanentes qui ont servi de base à ce développement, savoir: 1° sentiment moral, 2° cognition pratique, 3° sentiment religieux, et 4° cognition spéculative; ou bien par la faculté transcendante qui s'est réellement développée ainsi, savoir: 1° raison morale, 2° raison pratique, 3° raison religieuse, et 4° raison spéculative.

Ensuite, sous le point de vue objectif, les réalités que l'homme a développées dans les quatre périodes, sont, tour à tour, les deux grandes et primordiales réalités du monde, le BIEN et le VRAI. En effet, dans la première et dans la troisième périodes, il développa progressivement les idées du précepte moral et du verbe, c'est-à-dire les idées de la loi impérative du bien et de la faculté créatrice du bien; et dans la deuxième et la quatrième périodes, l'homme développa le devoir ou la morale et le savoir ou la science, c'est-à-dire le vrai pratique et le vrai spéculatif, qui l'ont rendu conscient de la spontanéité ou de la virtualité créatrice de sa raison, et nommément de sa spontanéité pratique, qui est la vertu, et de sa spontanéité spéculative, qui est le génie.

Nous pouvons donc, d'après ces résultats majeurs et fondamentaux du développement progressif de l'humanité dans les quatre périodes historiques, fixer dès à présent la loi elle-même de ce développement, *qui est cette mystérieuse* LOI DU PROGRÈS *dont parle aujourd'hui tout le monde, et que personne ne connaît encore.* En effet, d'après ces résultats positifs, il est évident que la loi du progrès de l'humanité, en ne considérant d'abord que les réalités objectives qui sont produites par son développement, consiste dans la CRÉATION PROGRESSIVE DU BIEN ET DU VRAI sur la terre ; et de plus, en considérant ensuite les facultés subjectives qui ont servi à ce développement, cette loi du progrès consiste en outre dans le DÉVELOPPEMENT PROGRESSIF DU SENTIMENT ET DE LA COGNITION chez l'homme, ou plutôt dans le développement progressif de sa raison sentimentale et de sa raison cognitive.—Ainsi, en considérant que les deux facultés principales de l'homme sont le sentiment et la cognition, et de plus que, par suite de l'organisation physique ou terrestre de l'homme, ces deux facultés ne se trouvent pas au même degré dans tous les individus, de sorte que, chez les uns, le sentiment prédomine sur la cognition, et qu'au contraire, chez les autres, la cognition prédomine sur le sentiment, on concevra facilement que l'ensemble de l'espèce humaine se partage constamment, et avec un parfait équilibre, comme l'équilibre physique des sexes, en deux masses ou partis sociaux distincts, chez lesquels prédomine ainsi l'une de ces facultés primordiales de l'homme, le sentiment ou la cognition ; et par conséquent, on comprendra que la création progressive du bien, telle qu'elle a eu lieu dans la première et dans la troisième périodes, a été opérée principalement par la masse humaine ou par le parti social du sentiment, et au contraire, que la création progressive du vrai, telle qu'elle a eu lieu dans la deuxième et dans la quatrième périodes, a été opérée principalement par la masse humaine ou par le parti social de la cognition. Nous pouvons donc, en confondant ou plutôt en réunissant ce qu'il y a d'objectif et de subjectif dans la loi du progrès, formuler définitivement cette majestueuse loi de l'humanité, en disant qu'elle consiste dans la CRÉATION PROGRESSIVE DU BIEN PAR LE PARTI SOCIAL DU SENTIMENT, et dans la CRÉATION PROGRESSIVE DU VRAI PAR LE PARTI SOCIAL DE LA COGNITION. Et nous remarquerons alors que cette double création humaine, qui constitue réellement le développement de l'humanité, tel qu'il est accompli aujourd'hui, a été produit par le concours du Créateur, qui a placé, dans l'organisation humaine, les quatre BUTS universels que l'homme a poursuivis et atteints dans ses quatre périodes historiques, en n'usant de sa liberté que pour le choix des MOYENS les plus propres à l'obtention de ces buts providentiels.—Aussi, est-ce ce concours de la Providence dans le développement de l'humanité qui, appartenant à l'ordre téléologique de la création, constitue la finalité de la terre ou plutôt la FINALITÉ DE L'ESPÈCE HUMAINE, par l'influence de laquelle s'est opéré effectivement le développement actuel de l'humanité.

Mais, en ne perdant pas de vue que ce grand et positif progrès de l'espèce humaine n'a été que le résultat d'un développement progressif de la raison sentimentale et de la raison cognitive dans l'homme, comme nous venons de le reconnaître, et en considérant de plus que, dans cette application de la raison à nos facultés terrestres du sentiment et de la cognition, où elle a ainsi reçu son développement actuel, la raison elle-même, comme attribut inconditionnel et hyperphysique de l'homme, a dû nécessairement subir les entraves de l'inertie physique de ces deux facultés terrestres, et paralyser ainsi sa spontanéité absolue, créatrice de la réalité, on concevra facilement que la création du bien et du vrai, telle qu'elle a eu lieu jusqu'à présent par l'activité de cette raison sentimentale et de cette raison cognitive de l'homme, a dû, avec la même nécessité, en ne pouvant franchir les limites du bien et du vrai terrestres ou relatifs, être entachée de cette impuissance et aboutir ainsi à une véritable contradiction logique, lorsqu'elle a voulu, dans ces voies purement physiques, atteindre le bien absolu et le vrai absolu. Or, c'est précisément cette nécessaire contradiction logique de la raison sentimentale avec la raison cognitive, qui, en amenant ainsi un véritable antagonisme dans les susdits partis sociaux du sentiment et de la cognition, constitue cette caractéristique ANTINOMIE SOCIALE que nous avons dévoilée, dans nos écrits messianiques, comme étant le signe et par conséquent le critérium du développement accompli de l'humanité, suivant sa providentielle loi du progrès. En effet, aussitôt que cette fatale antinomie sociale se trouve établie parmi les hommes, comme elle l'est effectivement aujourd'hui, dans tous les pays civilisés, entre les deux partis sociaux du sentiment et de la cognition, nulle direction providentielle n'existe plus pour le développement ultérieur de l'humanité, puisque les directions respectives des deux partis politiques sont alors opposées et également fondées en raison, de sorte que l'on ne saurait raisonnablement assigner aucune de ces directions opposées comme étant actuellement la véritable direction universelle de l'espèce humaine. Et dans cet abandon de l'humanité par la Providence, où elle est enfin appelée à créer elle-même ses destinées absolues, en fixant et les moyens et même les buts de son développement ultérieur, et où, par suite de l'antinomie sociale, les hommes aboutissent nécessairement à un affreux désordre, tel que nous le voyons aujourd'hui envahir de plus en plus tous les États civilisés, l'unique salut pour l'humanité est de ressentir la nécessité de conquérir sur la terre la raison absolue elle-même, qui puisse nous délivrer de notre présente et si périlleuse antinomie sociale, provenant, comme nous venons de le reconnaître, de l'espèce de paralysie que subit la raison inconditionnelle de l'homme, lorsque, dans ses déterminations suprêmes, elle agit sous les conditions inertes de nos facultés terrestres du sentiment et de la cognition.

Ainsi, le cinquième but universel, que l'homme doit actuellement fixer lui-même, puisqu'il vient d'être émancipé par la Providence, qui déclare elle-même invalide son ancienne loi du progrès, sans en prescrire aucune autre, est manifestement la conquête par l'homme de la raison absolue, et par conséquent de sa toute puissance créatrice, c'est-à-dire la CONSCIENCE DU VERBE DANS L'HOMME, par laquelle, en faisant cesser la périlleuse antinomie sociale, il pourra parvenir à la découverte du bien absolu et du vrai absolu, et accomplir ainsi ses destinées finales sur la terre, qui sont nécessairement impliquées dans ce bien absolu et dans ce vrai absolu. Et tel est donc aussi le but universel et dominant de la *cinquième période historique*, à laquelle l'humanité se trouve appelée effectivement dans son actuel désordre universel, provenant de la puissante et indestructible antinomie des deux partis politiques, tels qu'ils sont déjà établis et consolidés dans presque tous les États du monde civilisé. — Quant au moyen par lequel ce grand but de l'humanité pourra être atteint, il est manifeste, d'après ce que nous avons déjà reconnu plus haut, dans le premier chapitre, que ce moyen actuel est précisément celui que nous y avons découvert pour établir réellement la direction finale de l'humanité vers ses destinées absolues, c'est-à-dire l'*association messianique* des hommes, qui constitue leur UNION-ABSOLUE, et qui, par une direction purement didactique des deux partis sociaux, doit réaliser leurs découvertes respectives du bien absolu et du vrai absolu sur la terre. Et que l'on n'oublie pas ici que cette association messianique des hommes, qui a pour objet de réaliser ainsi le troisième et dernier ordre des lois morales, n'est point une simple association utile, n'ayant que le caractère d'une contingence pratique, mais bien une véritable association morale, impérative, ayant le caractère d'une nécessité pratique absolue, comme le sont les deux autres associations morales, l'association juridique et l'association éthique, qui constituent l'État et l'Église; et que l'on remarque de plus que la nouvelle association morale, l'association messianique, qui est si urgente aujourd'hui, et qui doit constituer l'Union-Absolue des hommes, implique en elle un caractère de dignité et de sainteté encore plus éminent, par la double raison, de ce qu'elle doit servir d'accomplissement aux deux autres associations morales, qui ne sont que préparatoires, et de ce que surtout elle doit servir à remplacer la Providence, qui, dans ce moment si critique pour l'humanité, l'abandonne à ses propres forces.

Tel est donc l'état effectif de la civilisation européenne, ressenti déjà très fortement par tous les peuples éclairés. — Que l'on y compare maintenant les vues des anarchistes, qui, par suite des révolutions françaises, se répandent partout en Europe, en offrant, comme dernier résultat de leur triomphe, la conquête de la LIBERTÉ POLITIQUE sur la terre! — Cette étrange anomalie, qui cherche à replonger l'Europe dans la barbarie, en voulant la ramener à plus de trois mille ans en arrière de sa civilisation actuelle, est réellement inconcevable ; et, quelque notoires et sanglans qu'en soient déjà les faits, nous sommes forcés de la constater ici pour éclairer positivement les peuples de l'Europe sur cette périlleuse erreur politique, qui est nécessairement aussi funeste dans sa réalité qu'elle est monstrueuse dans sa conception.

Il suffira pour cela de fixer les caractères distinctifs des révolutions françaises, surtout dans leur dernier accomplissement, en les considérant par rapport à leur véritable but. — Or, sans faire ici attention aux écarts de cette tendance révolutionnaire, écarts qui, en déviant de sa véritable direction, conduisent nécessairement à une stupide licence, comme, par exemple, la *Doctrine des Saints-Simoniens* et les *Paroles d'un Croyant*, que nous avons citées plus haut, il est manifeste qu'en ne considérant loyalement que la vraie direction des révolutions françaises, leur but dominant est l'établissement de la LIBERTÉ POLITIQUE parmi les hommes, telle précisément, et rien de plus, qu'elle est déjà conquise sur la terre depuis deux mille années. Pour le prouver, il suffira de signaler quelques traits caractéristiques de ces révolutions, en les prenant dans leurs dernières manifestations publiques, où ces révolutions ont dû nécessairement acquérir toute leur maturité. Ainsi, sans vouloir tirer aucune preuve des risibles imitations que, vers le commencement des révolutions françaises, on a faites de ces époques reculées où l'on tend à nous ramener, en reproduisant grotesquement les déesses de la liberté, de la raison, etc., nous nous bornerons à constater que, dans leur dernier développement, les révolutions dont il s'agit, n'avaient d'autre but que la liberté politique. Et pour le faire, nous allons, en peu de mots, établir, d'abord négativement, que la tendance des révolutions françaises ne s'élève point jusqu'à la hauteur de la LIBERTÉ DE LA PENSÉE, qui, comme nous l'avons reconnu plus haut, a été, il y a trois siècles, le but occasionnel de la quatrième période historique de l'humanité, et ensuite positivement, que cette tendance révolutionnaire ne vise réellement vers rien autre que vers la simple LIBERTÉ POLITIQUE.

D'abord, pour établir que les révolutions françaises ne s'élèvent pas jusqu'à la hauteur de la liberté de la pensée, nous n'admettrons pas l'objection de l'ardeur avec laquelle on y a constamment défendu la liberté de la presse, parce que, dans leur durée entière, à l'exception seulement de quelques époques tout à fait exceptionnelles, comme celle du règne de Napoléon, on pouvait publier en France toute pensée déduite didactiquement ; et c'est en cela que consiste la liberté de la presse, et non dans la licence des journaux que l'on y réclamait sans cesse avec une véritable fureur. Et en effet, pour en donner une preuve irréfragable, nous rappellerons d'une part, la *loi du sacrilége*, qui fut portée sous la Restauration, et qui, en anéantissant toute liberté religieuse, d'après ce que nous avons appris plus haut, reculait la France de trois siècles, et de l'autre part, les *ordonnances du 25 juillet*, qui sans porter atteinte à la vraie liberté de la presse, ne tendait qu'à anéantir ses abus dans les journaux. Eh bien, qu'en arriva-t-il ? A l'apparition de la fanatique loi du sacrilége, la France et ses écrivains demeurèrent indifférens ; et à l'apparition des ordonnances du 25 juillet, qui sans doute étaient illégales, mais qui étaient loin d'avoir la gravité de la loi du sacrilége, la France, provoquée par ses journalistes, renversa le gouvernement. Mais, pour donner une preuve décisive de ce que les révolutions françaises ne s'élèvent pas jusqu'au véritable sens de la liberté de la pensée, qui a été, durant les trois derniers siècles, le but dominant de l'Europe civilisée, nous alléguerons que, dans sa tendance révolutionnaire, la France, par une inconcevable erreur politique, croit avancer la civilisation en visant ouvertement, et même sous une forme légale, vers la destruction du parti politique du droit divin, comme le prouvent récemment l'abolition de l'héritage de la pairie, et surtout le préambule de la dernière Charte, où l'existence exclusive du parti politique du droit humain, c'est-à-dire la souveraineté du peuple, est proclamée positivement. Et cependant, dans la marche progressive de la civilisation européenne, telle que nous l'avons déduite plus haut, les deux partis sociaux, du sentiment et de la cognition, en s'appliquant au développement des idées politiques, aboutirent nécessairement à se transformer en deux partis politiques, du droit divin et du droit humain, chargés respectivement, et avec égale raison, de défendre, l'un la souveraineté de Dieu, et l'autre la souveraineté du peuple, telles que, d'après la déduction que nous en avons donnée dans le premier chapitre, ces idées sur l'autorité souveraine durent s'établir nécessairement dans la troisième et dans la quatrième périodes historiques, dont la dernière avait conçu ainsi la vraie liberté de la pensée. Aussi, les gouvernemens constitutionnels, qui furent établis alors uniquement dans la vue de garantir cette liberté de la pensée, cette égalité rationnelle et indestructible du droit divin et du droit humain dans la souveraineté, furent-ils composés de DEUX Chambres, ayant la destination expresse de défendre, l'une, la Chambre haute, le droit divin de la souveraineté, et l'autre, la Chambre basse, le droit humain de la souveraineté, comme nous l'avons déjà remarqué plus haut, et comme le prouvent les plus anciens de ces gouvernemens, où les chefs de l'Église siègent de droit dans la première Chambre. Et certes, ce n'est pas là le sens des deux Chambres législatives en France ; sens élevé qui fixe positivement l'idée de la liberté de la pensée, telle que l'a conçue la moderne civilisation européenne ! — Enfin, ce qui prouve irrécusablement que cette haute liberté de la pensée n'est pas dans la tendance des révolutions françaises, c'est que son effet immédiat sur l'homme, consistant dans l'éveil de la spontanéité spéculative de sa raison, qui a produit en Europe, dans les trois derniers siècles, de si nombreuses et de si grandes découvertes scientifiques et philosophiques, ne s'est point manifesté en France, malgré le zèle de ses laborieux savans ; car, il est incontestable que, non seulement dans ces trois siècles, mais même depuis le nouvel essor donné aux esprits par les révolutions, aucune DÉCOUVERTE FONDAMENTALE, ni philosophique, ni même scientifique, n'a été faite en France. Bien plus, les découvertes fondamentales, qui ont servi à réformer les sciences et la philosophie en Europe, ont trouvé les plus grandes difficultés pour pénétrer en France; et aujourd'hui même, la dernière révolution philosophique de l'Allemagne, si décisive pour le sort actuel de l'humanité, et de laquelle résultent même déjà des réformes positives des sciences, comme l'est, par exemple, le système dynamique, en physique et en chimie, et le système de polarité, dans ces mêmes sciences et surtout dans l'organologie, n'est comprise réellement par aucun philosophe ni par aucun savant français. Mais, ce qui doit couronner cette preuve de toute absence, parmi les savans français, de la haute spontanéité spéculative qui résulte en Europe de la liberté de la pensée, c'est qu'une grande réforme philosophique des mathématiques, publiée en France en plusieurs volumes *in quarto*, et produisant, comme garantie scientifique et préalable de la doctrine du messianisme, d'innombrables découvertes positives, déduites d'une seule découverte fondamentale, de la LOI SUPRÊME DES MATHÉMATIQUES, qui a été créée par cette réforme, et qui a excité la surprise de l'Institut et forcé l'aveu authentique de ce corps savant, n'a pu être comprise par aucun savant français, et fut même condamnée, par ces savans d'ailleurs si illustres, à être détruite publiquement dans une vente à la Halle, au poids du papier sur lequel elle avait été imprimée (*). — Et au contraire, la littérature classique, imitée des Grecs et des Romains, qui se fonde principalement sur la liberté politique, c'est-à-dire sur l'objet de la culture morale de ces peuples, et qui se trouve ainsi très arriérée pour les lumières actuelles de l'Europe, a été, dans les derniers siècles, et est encore aujourd'hui cultivée en France avec prédilection et nécessairement avec supériorité. Aussi, la grandeur héroïque est-elle la plus haute grandeur humaine que l'on puisse représenter dans les tragédies françaises. Et alors, le *théâtre étant transformé en école publique de morale*, et par consé-

---

(*) Mais, ce qu'il y a de plus remarquable, c'est que, non seulement la partie philosophique, mais même la partie purement mathématique de cette réforme, si décisive comme garantie scientifique du messianisme, n'a pu être comprise en France; tandis que la plupart des formules nouvelles et fondamentales par lesquelles les mathématiques reçoivent ainsi des LOIS UNIVERSELLES, dont elles ont été privées jusqu'à ce jour, sont enseignées publiquement dans les universités des autres pays. — Nous nous bornerons ici à en alléguer une seule preuve : c'est l'ouvrage que M. Schweins, professeur de mathématiques à l'université de Heidelberg, a publié en 1825 sous le titre de *Théorie des différences et des différentielles* (en allemand); ouvrage qui est sans contredit la production mathématique la plus remarquable de nos jours, et dans lequel toutes les formules nouvelles, sans aucune exception, ne sont manifestement rien autre que des transformations des nouvelles lois mathématiques que la réforme philosophique dont il s'agit, a données à cette grande science.—Or, ce sont précisément les ouvrages français, dans lesquels l'auteur du Messianisme avait produit à Paris cette positive réforme des mathématiques, et dans lesquels on puise ainsi à l'étranger les nouvelles lois universelles de cette haute science du géomètre, qui ont été détruits publiquement en France.

quent la conception d'une tragédie étant considérée comme le premier titre littéraire, il est naturel que la gloire militaire soit devenue la plus haute gloire humaine que l'on puisse concevoir en France; ce qui contribue beaucoup à y entretenir, au milieu de l'Europe civilisée, l'esprit barbare des Romains, celui de la domination universelle, dans lequel dut nécessairement se résoudre la deuxième période historique, celle de la liberté politique soutenue par l'héroïsme.

Ensuite, pour établir que les révolutions françaises ne tendent effectivement à rien de plus qu'à la simple liberté politique, telle qu'elle est déjà conquise par les hommes depuis deux mille années, il suffira de faire remarquer que ces révolutions, qui n'ont de partisans que parmi les prétendus esprits-forts, ont été constamment hostiles à toute religion, surtout au christianisme, et par conséquent à l'association éthique des hommes, constituant l'Église, qui doit garantir la pureté de leurs maximes morales, et dont l'origine est *postérieure* à la susdite époque de la conquête de la liberté politique dans le monde. En effet, ce non-aveu manifeste, public et même légal, du christianisme, car il est dit à l'article 5 de la dernière Charte française : « Chacun professe sa religion avec une égale liberté, et obtient pour son culte la même protection, » prouve, avec évidence, que l'esprit révolutionnaire de la France ne conçoit pas la nécessité de la garantie des principes intellectuels ou des maximes de la morale, garantie que le christianisme seul, par la sublime révélation du Verbe, a pu donner et a donnée réellement aux hommes; de sorte que cet esprit révolutionnaire, ne pouvant s'élever jusqu'aux régions hyperphysiques d'une telle garantie des maximes morales par l'aveu du Verbe, demeure nécessairement, pour le degré précis de culture intellectuelle ou de développement de la civilisation, au delà de l'époque historique où les hommes conçurent le christianisme, c'est-à-dire au delà de deux mille années, où les hommes ne purent encore comprendre que la seule garantie des effets extérieurs de la morale, constituant la liberté politique. Dans cette précise détermination de la véritable portée de l'esprit révolutionnaire en France, ce serait en vain qu'on voulût prétexter le mot banal de *tolérance religieuse*; car, par cette détermination, qui est infaillible, puisqu'elle émane de la source de laquelle découlent les lois morales elles-mêmes, la protection d'un culte religieux qui ne tient pas au christianisme ou qui n'en dérive pas immédiatement, c'est-à-dire la protection de tout culte religieux qui n'aurait pas la vraie révélation du Verbe, serait moralement illégale dans l'état actuel de la civilisation européenne. Et c'est ainsi que l'entend effectivement l'Angleterre, ce pays si renommé pour sa tolérance religieuse, où l'on protége publiquement les innombrables scissions du christianisme, mais où l'on refuse cette protection aux cultes qui ne sont pas chrétiens, même au socialisme, parce que, en désavouant l'origine divine du Christ, ce culte méconnaît le Verbe. Aussi, lorsque récemment en France l'ignare Saint-Simonisme, qui cherchait à dépasser en arrière l'esprit révolutionnaire de ce pays, voulut, sous le titre risible d'une nouvelle religion, ramener les hommes, non seulement dans la seconde, mais jusque dans la première période historique, où il n'y avait encore aucune garantie juridique, aucune réalité morale quelconque, et où il n'existait qu'une association sentimentale des hommes, par leur faculté purement physique de l'amour ou de la sympathie, à l'instar de celle que cette stupide doctrine vantait aux Français, les lois françaises furent impuissantes pour réprimer légalement et directement le mal, parce que le susdit article 5 de la Charte accorde égale protection à tous les cultes religieux ; et il a fallu, par un détour de la chicane, recourir à une loi sur les associations ou les rassemblemens illicites, qui ne condamnait point le mal lui-même, pour faire cesser ce pitoyable scandale.

Ainsi, il est avéré, surtout par les principes de la morale, d'abord négativement, que l'esprit révolutionnaire de la France ne peut s'élever jusqu'à concevoir la vraie LIBERTÉ DE LA PENSÉE, telle qu'elle est déjà conquise par l'humanité dans la quatrième période de ses progrès, et ensuite positivement, que cet esprit révolutionnaire ne conçoit encore que la seule LIBERTÉ POLITIQUE, telle qu'elle fut conquise sur la terre déjà dans la deuxième période du développement de l'espèce humaine, c'est-à-dire à plus de deux mille ans en arrière de la civilisation actuelle de l'Europe. — Nous conclurons donc, et il n'y a que la déraison ou l'immoralité qui pourrait nous en empêcher, que la vraie tendance révolutionnaire de la France, telle que l'on cherche à la propager actuellement en Europe, est de replonger l'humanité dans la barbarie, en la ramenant de près de trois mille ans en arrière de sa civilisation actuelle.

Nous compléterons le chapitre présent par un coup d'œil sur les principes de la politique extérieure de l'Europe, afin de pouvoir montrer que la diplomatie spéciale qui, en France, a été produite par ses doctrines révolutionnaires, est également entachée d'une profonde ignorance concernant l'état actuel de la civilisation européenne. — Pour cela, remarquons que, dans sa haute acception, la vraie diplomatie, telle que nous en fixerons ailleurs le sens absolu, doit aider à réaliser les destinées du monde par une sage RÉPARTITION DE CES DESTINÉES ENTRE LES DIVERS ÉTATS EXISTANS. — Mais, quelles sont ces destinées du monde, et quelle est la règle de cette répartition ? — C'est ce qu'aucun diplomate ne pouvait savoir jusqu'à ce jour, parce que ni la religion, ni la philosophie, ni par conséquent aucune science sociale ne pouvaient le lui apprendre. — Toutefois, au milieu des profondes ténèbres où se trouvait ainsi la diplomatie par rapport à son véritable objet, on a pu, par un vague pressentiment moral, découvrir et fixer au moins un *postulatum* de ce grand objet, consistant dans l'inviolabilité absolue de l'INDÉPENDANCE DES ÉTATS. En effet, quelles que soient les destinées du monde, c'est-à-dire celles de l'humanité, destinées que nous devons admettre absolument, et quelle que soit la règle de leur répartition entre les divers états, répartition que nous devons admettre également, surtout par égard à la finalité providentielle dans le partage des hommes en nations distinctes, il est manifeste que, sans une absolue inviolabilité de l'indépendance nationale, les états, formés de diverses nations, ne sauraient subsister, et par conséquent la répartition entre ces nations des destinées du monde, quelles qu'elles soient, serait impossible. — Sans doute, le simple intérêt de la conservation des états, par les avantages matériels qu'ils offrent respectivement, fut, dans l'origine, tout à la fois, et l'unique motif, et l'unique base de l'institution de la diplomatie, et par là même de l'établissement de son principe d'indépendance des nations. Mais, la sanction légale de ce principe diplomatique, sanction qui seule peut en faire un véritable principe juridique, impératif, ayant une nécessité pratique, ne peut lui venir que par le susdit postulatum moral, tel que le requiert l'absolue obligation morale qui, pour l'humanité, est attachée à l'accomplissement des destinées du monde. Aussi, est-ce précisément dans le degré où la diplomatie moderne reconnaît ou du moins pressent tacitement cette haute sanction de son principe d'indépendance des états, que les résolutions ou les décisions de cette diplomatie portent l'empreinte d'une légalité universelle. — Néanmoins, on n'a pu encore, dans les différens traités du Droit des Gens, distinguer positivement, dans ce principe d'indépendance nationale, sa double valeur diplomatique, savoir, sa valeur de pur intérêt, provenant du besoin matériel de la conservation des états, et sa valeur d'absolue légalité, provenant de sa haute sanction comme postulatum moral de l'accomplissement des destinées du monde. Bien plus, cette dernière valeur, celle de la légalité morale, fut entièrement perdue de vue par la diplomatie moderne lorsque, durant les trois siècles précédens, on chercha progressivement à détourner et à dénaturer les lumières croissantes de cette quatrième période, pour leur substituer insensiblement les doctrines obscurantes et révolutionnaires, d'abord, des mystiques et des jansénistes, et enfin, des prétendus esprits-forts et des encyclopédistes français. C'est ainsi que, dès l'origine de cette dernière période, en ne voyant dans l'indépendance des états qu'un simple besoin matériel de leur conservation, on crut que la garantie de cette indépendance n'exigeait aussi qu'un simple moyen matériel, et nommément le simple mécanisme du fameux principe diplomatique d'ÉQUILIBRE POLITIQUE, proclamé, surtout par l'influence de la France, depuis les traités de Westphalie, c'est-à-dire depuis l'établissement définitif du protestantisme, de ce christianisme réformé qui, d'une part, au moyen de sa haute tendance rationnelle, servit si fortement de véhicule au développement des lumières modernes, et qui, de l'autre part, sans le vouloir et même sans le savoir, servit ainsi de prétexte à la dégénération insensible et progressive de ces lumières en doctrines obscurantes et révolutionnaires. — Nous ne nous arrêterons pas ici à signaler tous les désordres croissans qu'enfanta cette application exclusive du principe purement mécanique d'équilibre politique, c'est-à-dire cet abandon de la légalité morale dans le principe diplomatique de l'indépendance des états. Nous nous bornerons à rappeler ses derniers et si décisifs écarts, savoir, la protection armée de la révolte des présens États-Unis d'Amérique, le double partage et l'anéantissement de la Pologne, et enfin l'envahissement armé de l'Europe par l'influence des doctrines révolutionnaires de la France, envahissement qui réveilla les nations de leur longue et profonde léthargie. — Ce fut alors que l'on reconnut l'insuffisance du seul principe mécanique d'équilibre politique pour la garantie de l'indépendance des états, et que l'on songea à lui adjoindre un principe moral qui fût propre à rendre à cette indépendance nationale sa sanction impérative ou légale. Et c'est ainsi qu'au congrès de Vienne, après les conventions préliminaires de Paris, fut introduit, comme complément du principe mécanique d'équilibre politique, le prétendu principe moral d'une SAINTE-ALLIANCE. — Sans doute, si ce nouveau principe diplomatique, celui d'une *sainte-alliance*, avait indiqué *ouvertement* ou du moins *impliqué* tacitement le susdit postulatum de l'accomplissement des destinées du monde, il aurait formé un véritable principe moral; et il aurait ainsi, avec le principe mécanique d'équilibre politique, constitué un système légal de diplomatie, suffisant pour garantir l'indépendance des nations jusqu'au jour où les véritables destinées du monde et la règle positive de leur répartition entre les divers états seront enfin dévoilées sur la terre. Malheureusement, rien de tel ne transpire dans le nouveau principe diplomatique d'une sainte-alliance, qui n'est au fond que le principe d'une ligue contre les envahissemens de l'Europe par les doctrines révolutionnaires de la France. A la vérité, comme telle, cette ligue sacrée se donne l'apparence de tendre à la conservation de la justice absolue sur la terre; mais, cette justice y demeure INDÉTERMINÉE, surtout dans la fixation d'un nouveau principe diplomatique pour la garantie de l'indépendance des états. Et alors, sous le drapeau d'une telle justice absolue, *les plus grandes injustices sont possibles en diplomatie*. La preuve irréfragable de cette grave assertion est l'espèce de simulacre diplomatique que l'on a produit au même congrès de Vienne pour le rétablissement de l'indépendance de la Pologne. — Malheur à ceux qui, même avec les meilleures intentions, se jouent ainsi de la justice éternelle! En effet, *comme résultat de ce jeu*, ils ont laissé l'Europe sans aucune garantie absolue pour les lois éternelles qui doivent présider à l'accomplissement des destinées du monde. Et déjà les événemens politiques récens présagent le plus sinistre avenir.

Or, en suivant cet aperçu de la moderne diplomatie européenne, on n'aura pas manqué, sans doute, de remarquer déjà que, dans la tendance des doctrines révolutionnaires, telle que nous l'avons caractérisée dans le chapitre précédent, comme étant contraire aux lois morales, le seul principe que ces doctrines puissent admettre, est sans contredit le principe d'équilibre politique, d'autant plus que, sous la seule garantie de ce principe purement mécanique, tous les envahissemens des états sont permis légalement, pourvu que de nouvelles pondérations politiques remplacent celles que l'on détruit par de tels envahissemens. Et en effet, c'est là notoirement l'unique principe ou plutôt l'unique prétexte prétendu légal des influences diplomatiques qu'exercent les doctrines révolutionnaires de la France. — Nous nous bornerons ici à en alléguer un seul, mais décisif exemple. — Lors de la campagne d'Austerlitz, M. de Talleyrand, ministre des affaires étrangères, suivit Napoléon; et à deux reprises, de Strasbourg et de Vienne, il lui proposa le plan d'un NOUVEL ÉQUILIBRE POLITIQUE, qui, à ce qu'il prétendait, devait assurer la paix du Continent pour plus d'un siècle. Ce plan consistait à déplacer l'Autriche, nommément à l'éloigner du centre de l'Europe et à la refouler vers les confins de l'Asie, en n'y tenant nullement compte de la Prusse, qui, d'après ce fameux diplomate, ne s'était élevée qu'un instant au rang d'une puissance européenne par le génie de Fréderic II. — C'est là effectivement la diplomatie des doctrines révolutionnaires; car, personne ne contestera sans doute à M. de Talleyrand l'honneur d'avoir suivi ces doctrines dans toutes leurs modifications, conformément à leurs deux susdits principes hétérogènes et fondamentaux, qui les ont rendues aptes à se plier à tous les gouvernemens, même les plus opposés, tels qu'ils se sont succédé en France depuis sa première révolution. Or, d'après cette haute diplomatie, il se trouve que la protection armée de l'ancienne religion chrétienne par l'Autriche, placée au milieu de l'Europe civilisée, n'est plus nécessaire, et de plus que la protection armée de la nouvelle religion chrétienne par la Prusse, placée à côté de l'Autriche, est insignifiante aujourd'hui! — On comprendra, ce nous semble, qu'il est impossible de manifester une plus grande ignorance sur le progrès et sur la répartition actuelle des destinées humaines dans le monde civilisé. — Heureusement, moins favorable aux doctrines révolutionnaires, ou plutôt ennemi secret de ces funestes doctrines, qui ont terni la gloire de tous les grands faits de la révolution française, Napoléon rejeta ce plan de M. de Talleyrand, comme il rejeta depuis tous les plans de cet illustre fauteur des doctrines révolutionnaires de la France; rejet qui, plus que toute autre chose, attira sur sa tête couronnée l'arrêt mystérieux de sa ruine progressive et de sa chute finale, comme nous le dirons peut-être un jour. — Mais, ce que nous devons faire remarquer dès aujourd'hui, c'est que cette opposition de Napoléon, non seulement aux plans diplomatiques de M. de Talleyrand, mais généralement à toutes les influences, privées et publiques, des doctrines révolutionnaires, décèle suffisamment les vues secrètes de ce grand homme; vues qu'il se proposait sans doute de réaliser finalement, après qu'il en aurait assuré le succès par les moyens puissans et purement provisoires dont il cherchait d'abord à se rendre le maître. En effet, ayant scruté, sous cet aspect spécial, les faits et actes de Napoléon, la doctrine du messianisme, en suivant d'ailleurs son fil infaillible, a pu, sinon pénétrer, du moins déduire didactiquement les plans que cet homme extraordinaire, avec de tels moyens, pouvait avoir formés pour l'avenir du monde civilisé; mais, seule dépositaire de pareils secrets, cette doctrine doit se borner à exprimer les regrets de ce que ces plans, fruit attendu de tout le sang versé, soient perdus à jamais pour la France et pour l'humanité.

Mais, comment se fait-il qu'une nation aussi distinguée que l'est incontestablement la nation française, et qui même, jusqu'au seizième siècle, marchait au premier rang des nations civilisées, ait pu, tout à coup, après avoir elle-même contribué puissamment à ouvrir la quatrième et dernière période de la civilisation, surtout par le rationalisme de Descartes, comment se fait-il, nous demandons-nous, qu'elle ait pu abandonner son propre ouvrage, et, par un inconcevable changement de vues, reparaître, à la fin de cette même période, avec l'intention de ramener l'humanité vers l'origine de la civilisation, c'est-à-dire, pour le moins, dans la deuxième période de son développement progressif ? — C'est ce que nous essaierons d'expliquer dans le chapitre suivant, en y dévoilant les auteurs et les fauteurs des doctrines révolutionnaires de la France, de ces doctrines funestes qui, comme nous l'avons déjà dit dans le chapitre précédent, recèlent seules le *véritable principe de cet inconcevable phénomène politique*.

CHAPITRE TROISIÈME.

ANÉANTISSEMENT DE LA PHILOSOPHIE ET DE LA RELIGION PAR LES DOCTRINES RÉVOLUTIONNAIRES.

Dans l'*Annonce* de nos *Bulletins messianiques*, l'auteur de cette annonce, en signalant le contraste entre la tendance révolutionnaire de la France et la civilisation actuelle de l'Europe, et en s'étonnant avec raison de cette déviation extrême, arrive à la conclusion qu'il y a impossibilité d'expliquer, par des moyens NATURELS, le désordre social auquel la France vient d'aboutir, et par conséquent qu'il y a, dans la production de ce désordre, durant les trois derniers siècles, quelque chose de MYSTÉRIEUX. — Voici ses propres paroles (pages 6 et 7):

« Il y a là nécessairement quelque profond secret. — Jamais un peuple aussi éclairé que l'ont été les Français (au 16ᵐᵉ siècle), et aussi profondément pénétré de la grandeur de l'homme, ne saurait, PAR LUI-MÊME, éteindre tout savoir supérieur au point de se glorifier de son ignorance et surtout de son indifférence sur les destinées de l'homme. Et cependant, c'est cette ignorance profonde des destinées absolues des êtres raisonnables, avouée ou plutôt établie publiquement, et même d'une manière légale, qui est aujourd'hui le caractère politique des Français. »

« Qui a pu opérer chez nous un tel déplacement des buts de l'humanité ? —

C'est là le problème, aussi urgent qu'inévitable, qui se présente ici à tout homme pénétré de la gravité de notre funeste entraînement. Et l'unique solution possible de ce fatal problème conduit, d'une manière directe, à l'effrayante découverte d'une PERVERSION SYSTÉMATIQUE, exercée par quelque pouvoir invisible, qui nous a ainsi amenés logiquement à cette horrible substitution du mal au bien et du faux au vrai, formant notre actuelle position sociale. »

« Mais, quel est ce pouvoir invisible? — La solution positive de cette grave question qui à son tour devient ainsi inévitable, paraît échapper à notre raison. En effet, quel intérêt humain peut porter quelques individus à former une telle ligue secrète contre l'humanité pour la jeter dans l'abîme où nous nous trouvons, et où nulle autre issue qu'une ruine complète de la civilisation n'est possible? Cela paraît un mystère inconcevable pour notre raison; et cependant, l'existence de cette ligue secrète contre l'espèce humaine est incontestable, car le hideux désordre rationnel auquel nous sommes parvenus, ne peut absolument avoir été opéré que, par une perversion préméditée et systématique de toutes nos idées, et une telle perversion ne peut absolument s'établir que par la direction constante d'un pouvoir invisible et étendu partout en France, peut-être même dans tout le monde civilisé. Aussi, est-ce précisément cette mystérieuse incompréhensibilité dans l'admission d'un tel pouvoir, exerçant une influence si destructive sur la société, qui a caché si long-temps son existence réelle aux yeux des hommes. Et quand même la révolution française n'offrirait d'autre avantage que celui de servir, par l'exécrable abus que l'on en a fait ainsi, à faire découvrir, comme une nécessité logique et inévitable, l'existence d'une telle classe d'hommes mystérieux, ligués pour opérer la destruction de la raison humaine, elle rachèterait par là amplement les maux graves qu'elle a causés. »

La conclusion que nous venons de citer, et qui nous conduit ici, du moins en partie, à l'explication du désordre social dont l'Europe est menacée par l'esprit révolutionnaire de la France, a déjà été entrevue par d'autres personnes. — Plusieurs historiens, anciens et modernes, ont cherché à ramener, à de telles influences secrètes, les grandes anomalies dans l'apparition des événemens historiques. Bien plus, de nos jours, le célèbre F. Schlegel, qui paraissait parler savamment de ce monde mystérieux, établit lui-même, dans sa philosophie de l'histoire, la nécessité d'expliquer les grands phénomènes historiques par de telles influences secrètes d'un pouvoir invisible; et il attacha même à ces influences actuelles une telle gravité qu'il les déclara être ce que, sans le savoir, on nomme à chaque fois l'ESPRIT DE L'ÉPOQUE (*Zeitgeist*). — Eh bien, il est temps de déchirer tout à fait le voile qui cache ce monde mystérieux! — Nous allons le faire.

Concevons d'abord, comme première hypothèse, une classe d'hommes qui seraient parvenus au degré d'abrutissement, intellectuel et moral, auquel, comme nous venons de le reconnaître dans les deux chapitres précédens, conduisent les doctrines révolutionnaires de la France. — Il est manifeste que ceux qui, dans cette classe d'hommes, auraient l'esprit plus actif et plus délié, chercheraient naturellement à faire entre eux un pacte tacite pour exploiter les autres, et même, par le moyen de ces derniers, l'espèce humaine tout entière, autant que cet abus serait praticable. Il s'établirait ainsi, parmi ces hommes, une association secrète, formant une espèce d'Anti-Église, qui aurait évidemment le but et le moyen opposés au but et au moyen de l'association morale des hommes qui forme l'Église. En effet, d'une part, d'après ce que nous avons reconnu plus haut, le but de l'Église est cette haute réalisation de la justice qui, par l'intervention de Dieu comme juge, doit répartir les biens terrestres suivant le mérite de chacun, et le moyen universel de l'Église est le développement de la pureté des maximes morales chez les hommes; tandis que, de l'autre part, d'après l'hypothèse présente, le but de l'Anti-Église dont il s'agit, serait une appropriation discrétionnaire de tous les biens terrestres, et le moyen universel de cette Anti-Église serait nécessairement une démoralisation préméditée et systématique de tous les hommes. — Or, la réalisation de l'hypothèse d'une telle Anti-Église ne présente aucune difficulté, et peut, dans toute son étendue, être opérée par des moyens tout-à-fait naturels, c'est-à-dire par des moyens qui, à la vérité, seraient secrets, mais qui n'auraient encore rien de mystérieux, rien qui ne puisse être conçu par la raison humaine. Un seul obstacle serait possible contre cette réalisation de l'Anti-Église; et cet obstacle, ce serait l'inconséquence ou plutôt, disons le mot, l'imbécillité des hommes qui, étant arrivés, par le moyen des doctrines révolutionnaires, à l'abrutissement propre à former cette première hypothèse, auraient la timidité de ne pas pousser, jusqu'à leurs dernières conséquences, les principes de leur conviction. Or, cette imbécillité et par conséquent cette timidité ne seraient guère admissibles chez des hommes tels que ceux que nous avons en vue dans cette première hypothèse.

Ainsi, par la réalisation de cette hypothèse, c'est-à-dire par l'établissement secret d'une telle Anti-Église, toutes les anomalies du monde moral pourraient être conçues très facilement; et par conséquent, la susdite substitution du mal au bien et du faux au vrai, qui paraît inexplicable dans une nation aussi supérieure que l'est la nation française, pourrait de même être déduite fort didactiquement. — Mais, d'où viennent les doctrines révolutionnaires elles-mêmes, ces doctrines funestes qui conduisent à un tel bouleversement moral de la société? — Nous allons le dire encore, en descendant jusque dans les abîmes les plus cachés de l'intimité démonique de l'homme; et nous y verrons de plus que, par suite d'une telle origine mystérieuse, les moteurs invisibles du désordre moral que nous venons de signaler, ne peuvent jamais être trahis devant le public.

Pour cela, concevons maintenant, comme deuxième hypothèse, une classe d'hommes chez qui la conscience cognitive, celle du moi actif, serait nulle, et qui n'auraient ainsi que la conscience sentimentale, celle du moi passif. — Mais, pour bien comprendre cette hypothèse, il faut savoir que nous avons simultanément, et en toute réalité, une double conscience, celle de notre moi actif, et celle de notre moi purement passif. En effet, il est aujourd'hui reconnu et établi, avec une certitude absolue, qu'il existe dans l'homme une telle DUALITÉ de conscience, formant l'opposition entre les *conditions physiques* et la *virtualité hyperphysique* de l'être raisonnable, et constituant ainsi, dans son intime conscience (*Bewustseyn*), une double manifestation de son MOI. — Voici cette double manifestation, telle que nous l'avons déjà fixée dans une note du Prodrome du Messianisme :

1° — La *conscience sentimentale* ou par *appréhension;* c'est le MOI EMPIRIQUE, passif, qui est l'attribut de l'animal, mais qui se distingue dans l'homme par le concours de la raison, par lequel précisément il forme, dans la philosophie, le principe psychologique de l'empirisme, et dans la religion, le verbe contemplatif du mysticisme.

2° — La *conscience cognitive* ou par *aperception;* c'est le MOI LOGIQUE, actif, qui est déjà l'attribut distinctif de l'homme, et qui forme, dans la philosophie, le principe rationnel du dogmatisme, et dans la religion, le verbe pratique du protestantisme.

Mais, sans avoir besoin d'approfondir ces distinctions psychologiques de notre double moi, tout homme en a, plus ou moins clairement, la double conscience correspondante, dont il se pénètre surtout lorsqu'il s'établit en lui une lutte intime entre ses penchans, proposés par son moi physique ou passif, et ses devoirs, soutenus par son moi hyperphysique ou actif. — Or, pour en venir actuellement à notre deuxième hypothèse, à celle où nous supposons l'existence d'une classe d'hommes privés de la conscience de leur moi hyperphysique, et n'ayant que la conscience de leur moi physique, il est manifeste que de tels hommes ne sauraient se former aucune idée du monde hyperphysique ou inconditionnel qui est en nous, c'est-à-dire de la SPONTANÉITÉ ABSOLUE, créatrice, dont est douée notre raison, mais qu'en revanche ils pourraient pénétrer dans les plus profonds replis de notre intime monde physique, et remonter ainsi jusqu'à l'origine des conditions physiques qui sont dans notre actuelle existence, c'est-à-dire jusqu'au MONDE PRIMITIF d'où nous viennent, en quelque sorte par un héritage successif, ces conditions inertes ou terrestres de l'activité spontanée de notre raison. De tels hommes, qui, par la contemplation intime de leur moi physique, pénétreraient ainsi, sans le secours de notre raison créatrice, jusque dans les conditions primitives de notre existence actuelle, et puiseraient alors, dans ces conditions mêmes, des forces inconnues et des applications transcendantes de nos facultés intellectuelles de l'ordre physique, comme l'est par exemple le magnétisme animal, de tels hommes, disons-nous, qui, dans notre monde actuel de création rationnelle, reproduiraient ainsi les erremens du monde primitif de destruction démonique, sembleraient avoir une sphère d'action surnaturelle, et se trouveraient ainsi enveloppés, aux yeux des autres hommes, d'un nuage mystérieux, qui en ferait des êtres tout à fait étrangers à *notre monde présent.*

Et que l'on ne s'imagine pas que cette hypothèse est dénuée de fondement.— La dépravation morale et intime de l'homme, que la religion désigne par l'allégorie du péché originel, et qui, en toute vérité philosophique, fait préférer à l'homme la maxime du mal à celle du bien, en un mot, l'IDÉE ABSOLUE DU MAL, qui est inhérente à l'existence actuelle de l'homme, et qui, n'étant pas son ouvrage, se trouve nécessairement impliquée dans les conditions physiques de cette existence, accuse ouvertement, dans la succession de ces conditions, comme par une espèce d'héritage continu, une origine première, *c'est-à-dire une véritable* CRÉATION DU MAL, dans un monde primitif dont nous recevons ce funeste héritage. Ainsi, tout homme porte en lui-même, et nommément dans les conditions physiques de son idée absolue du mal, dont il n'est pas le créateur, le POSTULATUM d'un monde primitif de péché, où s'est opérée cette création anti-divine du mal; postulatum moral et irrécusable, qui est en même temps, pour tout homme, non seulement une simple révélation de la chute de nos ancêtres, comme la conçoit la religion, mais de plus une véritable idée philosophique de cette CHUTE MORALE; idée qui, d'après la déduction que nous venons d'en donner, est, tout à la fois, et nécessaire spéculativement, et impérative pratiquement. Tout homme a donc en lui-même, et cela très clairement, la révélation d'un monde primitif de péché ou de chute morale; et cette révélation lui est donnée entièrement dans la conscience sentimentale ou physique de son moi passif, puisqu'elle dérive des conditions physiques de son existence. — On conçoit ainsi très facilement que *des hommes* d'une organisation plus propice à cette révélation, en renonçant en eux à leur conscience cognitive ou hyperphysique, et en se livrant à la culture exclusive de leur conscience sentimentale ou physique, peuvent pénétrer plus avant dans les replis des conditions physiques de notre existence, et par là même dans les erremens du monde primitif de destruction rationnelle. — Notre hypothèse en question est donc, non seulement très possible, mais de plus réalisée déjà en partie chez tous les hommes par leur incontestable révélation intime d'un monde primitif de péché ou de chute morale.

Voyons maintenant quels seraient les caractères distinctifs de cette classe d'hommes mystérieux qui, conformément à notre présente hypothèse, abandonneraient leur conscience cognitive ou hyperphysique, et avec elle la spontanéité ou l'activité créatrice de leur raison, pour mieux se plonger dans les abîmes de leur conscience sentimentale ou physique, et par là dans la destructive inertie de la contemplation passive, ayant pour objet le monde primitif dans sa production démonique de l'idée absolue du mal.

D'abord, par tout ce que nous avons déjà dit, dans le Prodrome et dans le chapitre précédent, il est évident que la vraie destinée du monde actuel est le développement dans l'homme de sa virtualité créatrice, c'est-à-dire de son VERBE, pour qu'il puisse opérer, par cette spontanéité absolue de sa raison, sa création propre, son immortalité. Et par conséquent, dans son état physique, qui est encore son état actuel, où il implique les conditions inertes et funestes d'un monde primitif, c'est-à-dire l'idée absolue du mal, il doit, avant tout, se libérer de ses entraves physiques qui paralysent sa raison, il doit, comme le dit la religion, se libérer de ce pacte avec le démon, pour rendre à sa raison, par cette RÉHABILITATION, sa spontanéité absolue, sa virtualité créatrice. — Au contraire, d'après notre présente hypothèse, les hommes mystérieux qui en sont l'objet, arrêtent en eux tout développement spontané de leur raison, c'est-à-dire tout développement du verbe; et en asservissant la raison aux seules conditions physiques de leur existence actuelle, ils l'enchaînent davantage dans l'inertie de cette existence temporelle, et s'en servent ainsi pour reproduire, dans notre monde nouveau de création, tous les erremens de l'ancien monde de péché. — C'est là le caractère fondamental de ces hommes à apparence mystérieuse. Et d'après la déduction que nous venons d'en donner, ce caractère consiste manifestement dans la CONFUSION DES DEUX MONDES, du monde primitif de péché et du monde actuel de création ou de salut; confusion qui, par son aspect excentrique dans le monde nouveau, a l'apparence du mystère, c'est-à-dire d'une réalité inconcevable, et porte ainsi le nom connu de MYSTICISME. — Nous dévoilons donc enfin cette réalité mystérieuse, si long-temps cachée aux yeux des hommes; et nous reconnaissons, par la déduction même que nous venons de donner de cette inconcevable réalité, que le Messianisme seul, qui a révélé à l'homme son verbe et sa création propre, pouvait déchirer ce voile impénétrable.

Or, de ce caractère fondamental du mysticisme, consistant dans la confusion des deux mondes, dérivent directement tous les caractères accessoires de cette BANDE MYSTÉRIEUSE d'hommes, comme nous les appellerons dorénavant. — Ainsi, un isolement complet de cette bande, au milieu des hommes du monde actuel, est un premier corollaire de son caractère fondamental; et cet isolement s'opère de lui-même, sans qu'il soit nécessaire d'établir une organisation secrète par l'association réciproque de ces hommes mystérieux. Chacun d'eux sent en lui-même sa mission de concourir au but commun, sans qu'on ait eu besoin de le lui enseigner; et chacun d'eux est reconnu par tous les autres, sans qu'il y ait besoin de communication antérieure ni même d'aucuns signes, artificiels ou naturels, tels que seraient, par exemple, un front aplati ou le regard pharisaïque. Aussi le secret de leur association mystérieuse est-il resté inviolable pour tous les autres hommes; et cela d'autant plus facilement que personne autre n'aurait pu comprendre ce secret, quand même il aurait été trahi, au point que même aujourd'hui où nous dévoilons les conditions intimes et irréfragables de l'existence de cette bande mystérieuse, peu de lecteurs pourront nous bien comprendre. Dans son remarquable distique, Schiller, en parlant de ces hommes, dit :

> Das ist eben das wahre Geheimnifs, das allen vor Augen
> Liegt, euch ewig umgibt, aber von keinem gesehn (*).

Et déjà l'Apocalypse, en personnifiant cette bande mystérieuse par l'allégorie de la GRANDE PROSTITUÉE, dit qu'au front de cette femme est écrit le mot MYSTÈRE. — Enfin, après de si longues et de si horribles déceptions, le Messianisme, en dévoilant ici, tout à fait a priori, la hideuse origine de cette anomalie humaine, et ses fins destructives de la création, efface aujourd'hui, du front de cette grande prostituée, « qui a séduit les rois et les peuples, » le nom magique de mystère, si plein de prestiges, et si fortement révéré.

Un deuxième corollaire qui résulte encore immédiatement du caractère fondamental de la bande mystique, c'est-à-dire de la confusion des deux mondes, consiste en ce que, pénétrant dans le monde primitif de péché, où s'est opérée la création du mal, ces hommes mystérieux ont nécessairement la SCIENCE DU MAL; et c'est là précisément leur funeste supériorité sur les autres hommes du monde actuel, dont l'innocence n'est pas souillée de cet horrible savoir. Aussi, par suite de cette supériorité satanique, qui, en les mettant à même d'exercer parmi les hommes une direction préméditée et systématique de la FAUSSETÉ et du VICE, leur donne une immense influence dans ce monde, ces misérables se considèrent comme l'élite des hommes; et, par une odieuse ironie, ils se nomment eux-mêmes la PROVIDENCE VIVANTE de ce monde nouveau. — Toutefois, dans cette reproduction des erremens du monde primitif, où tout n'était pas mal, parce qu'alors il ne nous en resterait plus aucune trace, et nous ne serions pas appelés à racheter un monde d'une absolue destruction, le bien qui a été produit dans ce monde primitif, quelque limité et insuffisant qu'il fût, doit également être reproduit par la bande mystérieuse. Et c'est ainsi que, dans l'ensemble de cette bande, comme représentant du monde primitif, se développent trois branches très distinctes : l'une centrale ou purement DÉMONIQUE, qui, par son universalité, s'arroge la susdite direction providentielle du monde; et deux latérales ou accessoires,

---

(*) « C'est là précisément le vrai mystère, qui est étalé devant les yeux de tous, qui vous entoure perpétuellement, et que nul de vous ne peut apercevoir. »

qui forment les développemens opposés et extrêmes de ce démonisme central, et qui constituent ainsi, d'un côté, la branche AGATHODÉMONIQUE, connue sous le nom de *mysticisme religieux*, et de l'autre côté, la branche CACODÉMONIQUE, soupçonnée souvent sous le nom de *mysticisme infernal* ou d'*Anti-Christ*.

Mais, pour en venir au véritable objet de ce chapitre, tel que nous l'avons fixé dans son titre même, procédons à déduire, du susdit caractère fondamental de la bande mystique, ses deux tendances principales, philosophique et religieuse, pour pouvoir enfin prononcer ici sur l'anéantissement actuel de la philosophie et de la religion en France par l'influence des doctrines révolutionnaires de ce pays. Et pour arriver à ce but, ne perdons pas de vue que, par suite même de la confusion des deux mondes, qui forme le caractère fondamental de la bande mystique, son intelligence ne peut dépasser ce qu'il y a de purement PASSIF dans la réalité de notre existence, et se renferme ainsi entièrement dans la simple RÉCEPTIBILITÉ INDÉFINIE de notre intellect, où elle ne peut exercer que la simple *contemplation*; et par conséquent que, dans ces bornes, l'intelligence des mystiques, ne pouvant déployer l'ACTIVITÉ SPONTANÉE de notre intellect, dont l'exercice constitue la *réflexion*, ne peut s'élever aux régions de la création humaine, dans lesquelles précisément, pour accomplir la destinée spéciale du monde actuel, l'homme doit ainsi créer, d'une part, le VRAI ABSOLU, par le moyen de la philosophie, et de l'autre, le BIEN ABSOLU, par le moyen de la religion (*).

Or, avant de procéder ici à l'exacte détermination à priori de l'objet de la philosophie et de celui de la religion, nous nous bornerons d'abord à en fixer à posteriori le sens précis d'après le développement progressif de l'humanité dans les cinq périodes hystoriques, telles que nous les avons reconnues dans le chapitre précédent. Ce sens positif nous suffira en effet pour nous convaincre que les doctrines mystiques et leurs hideux fauteurs, ne pouvant s'élever à de telles régions de création propre, ont dû et doivent constamment,

---

(*) Comme telle, l'intelligence des mystiques, étant privée de tout acte spontané de réflexion, et ne pouvant, dans l'inertie de sa contemplation, remplacer cet acte rationnel que par le jeu déréglé de l'imagination, forme une véritable MONSTRUOSITÉ INTELLECTUELLE, qui ne saurait être reconnue par l'expérience, à laquelle échappe généralement tout ce qui tient à la spontanéité, lors même qu'elle opère sa propre destruction. — Une simple débilité mentale, même un désordre dans les facultés intellectuelles, tels qu'ils forment les diverses affections ordinaires de l'intelligence humaine, peuvent être étudiés par l'expérience; ainsi qu'on le fait effectivement dans la partie pathologique de la psychologie expérimentale. Mais la monstruosité intellectuelle que nous venons de signaler dans l'intelligence des mystiques, échappe à l'expérience; et c'est ainsi que cette monstrueuse intelligence des hommes mystérieux que nous dévoilons, est demeurée si long-temps cachée aux yeux des hommes rationnels du monde actuel. Comme nous venons de le voir, cette intelligence mystique ou exceptionnelle forme un état anormal de l'esprit spontané de l'homme; état que la philosophie absolue, le Messianisme, pouvait seule reconnaître et expliquer.

dans le but même du mysticisme, pour ne pas sortir du monde primitif de destruction, chercher à anéantir la religion et la philosophie. Cette conséquence, après tout ce que nous venons de reconnaître de la nature excentrique des hommes mystérieux que nous signalons, est même tellement évidente que nous nous contenterons ici d'indiquer seulement les traits principaux de leur tendance et de leur action continue, visant à opérer ainsi l'anéantissement de la philosophie et de la religion.

Commençons par la religion qui, d'après ce que nous avons vu dans le tableau génétique des destinées humaines, précède toujours la philosophie, et qui doit nécessairement la précéder parce que, offrant l'expression de notre révélation intime, la religion peut seule dévoiler à l'homme ses grands problèmes, dont il charge la philosophie de donner la solution. Or, dans la première période historique, la religion nous révéla, comme principe pratique, le précepte moral, en opposition à nos penchans physiques. Et alors, dans cette direction religieuse, constituant le théisme, la philosophie ne pouvait manifestement arriver qu'aux résultats suivans : dans le domaine pratique, elle dut considérer les préceptes moraux comme commandemens de Dieu, et conclure ainsi à la théocratie; et dans le domaine spéculatif, la philosophie dut commencer par se porter, tour à tour, dans les régions du panthéisme, du polythéisme et du dualisme, et elle dut ainsi, en postulant la chute morale de l'homme comme cause de sa propension au mal, aboutir à la démonocratie avec toutes ses superstitieuses conséquences. — Mais, ces diverses considérations, religieuses et philosophiques, ne dépassaient guère ni l'intelligence ni les vues du mysticisme; et par conséquent, dans cette première période, la bande mystérieuse, qui était alors très considérable, ne porta d'autre atteinte à la religion et à la philosophie qu'en ce qu'elle chercha, dès cette origine, à les dépouiller de tout caractère rationnel, et à les revêtir exclusivement du caractère de la mysticité. Aussi, était-ce là l'époque de son triomphe sur la terre; époque à laquelle elle tend constamment à ramener l'humanité. En effet, la bande mystérieuse, formant le sacerdoce de ce temps, du moins en plus grande partie, avait alors la dictature des lois et le pouvoir absolu que lui donnait la pratique des mystères théistiques, enveloppés de tous les prestiges de la thaumaturgie, si puissante chez l'homme dans cette enfance de sa raison; et de plus, elle était maîtresse absolue de toutes les grandes initiations mystérieuses de cette époque, par lesquelles seules s'exerçait alors l'insurmontable puissance du savoir. — Mais, ce n'est proprement que dans sa direction normale ou centrale, c'est-à-dire démonique, que la bande mystérieuse de nos jours cherche, comme nous venons de le dire, à ramener les hommes à cette époque de sa domination universelle; car, dans l'une de ses deux aberrations ou branches latérales, et nommément dans sa direction cacodémonique, elle cherche à reporter l'humanité au delà de cette époque, jusque dans le monde primitif de péché, pour opérer une nouvelle chute morale sur la terre. — Enfin, pour bien préciser l'action répressive de la bande mystérieuse dans la première période historique, action par laquelle, comme nous venons de le reconnaître, elle a voulu alors anéantir, dans la religion et dans la philosophie, leurs propres tendances rationnelles, il suffit de saisir le trait caractéristique de cette répression primitive, consistant dans les efforts de la bande à étouffer, en quelque sorte dans son berceau, toute manifestation d'idées rationnelles ou spontanées en religion et en philosophie. C'est ainsi, en effet, que la doctrine religieuse et philosophique de Buddha, cette première apparition du rationalisme ou de la réflexion spontanée de l'homme, fut étouffée aux Indes, et ne put s'établir qu'au delà de la vaste sphère mystique du braminisme, sur les autres lignes terrestres du développement progressif de l'humanité. Et ces répressions mystiques de la doctrine et des sectateurs de Buddha, répression que la bande mystérieuse reproduit encore aujourd'hui, paraissent même avoir été assez violentes pour avoir effacé partout jusqu'aux traces historiques de l'origine, du développement et de l'établissement de cette doctrine salutaire.

Dans la deuxième période historique, la philosophie, appelée à se prononcer à son tour, et ayant reçu de la religion, dans la première période, le problème du précepte moral, chercha naturellement à le résoudre; et elle y parvint en toute réalité, d'abord, par la découverte de l'idée du devoir, en opposition à celle de l'intérêt, et ensuite, comme corollaires, par la découverte de l'idée de la spontanéité pratique dans la raison de l'homme, en relation avec l'idée de l'universalité juridique de la morale. — Cette solution philosophique du problème religieux du précepte moral était tout ce que l'on pouvait faire dans cette première création rationnelle; mais, elle était tout-à-fait suffisante pour servir au développement complet de l'humanité dans cette deuxième période. — Ainsi, dans sa partie spéculative, en se portant parallèlement dans les mêmes régions rationnelles, la philosophie parvint, par degrés, à distinguer l'esprit et la pensée, et à établir dès lors une distinction précise entre l'idéalisme et le réalisme. De même, la religion, en s'éclairant par cette solution rationnelle de son problème, fixa dès lors, avec précision, sa vraie tendance dans la direction de l'humanité. C'est ainsi, en effet, que les préceptes moraux de la religion se prêtèrent dès lors à la formation rationnelle des législations juridiques, c'est-à-dire à la constitution des États, et que son dogme mystérieux de la chute morale de l'homme commença à être interprété rationnellement dans les mythes de ces temps, c'est-à-dire dans ces hautes anticipations poétiques, et par conséquent spontanées, sur la future philosophie absolue, sur le messianisme, qui doit donner à l'homme l'explication complète de ce grand dogme religieux. — Mais, le mysticisme, dans les bornes de son intelligence et dans sa direction rétrograde vers le monde primitif, ne pouvait suivre ce premier et décisif progrès rationnel de l'humanité. Il usa donc, depuis cette époque, de tous les moyens pour pervertir et fausser le sens de ces nouvelles créations intellectuelles de l'homme, et pour le ramener par là au moins dans la première période de son existence. C'est ainsi que, dès lors, la bande mystérieuse commença à exercer un pouvoir systématique dans la fameuse ligue pythagoricienne, où, sous le prétexte de servir la liberté politique, ce but dominant de la deuxième période, elle avait projeté de détruire les chefs des États, c'est-à-dire l'autorité politique, et avec elle l'origine divine de la justice, pour délier l'homme de toute obligation morale, et pour l'exploiter alors suivant ses vues infernales. C'est aussi de cette ligue, ayant son origine, non seulement en Égypte, mais bien au delà, dans toute l'étendue de l'Asie, que sortirent ces doctrines mystiques qui vinrent souiller la pureté de l'idéalisme et du rationalisme philosophiques, créés dans cette période de l'humanité. Et ce sont ces mêmes doctrines perversives qui, par leur influence sur la dialectique de cette époque, contribuèrent à amener les sophistes, et avec eux, par une véritable disposition providentielle, le scepticisme rationnel auquel dut aboutir la philosophie de cette période historique, afin de laisser le champ libre à de nouvelles créations humaines. Mais, la plus forte influence que la bande mystérieuse exerçait, dans cette deuxième période, contre les progrès rationnels de l'humanité, fut sans contredit la pratique publique des mystères religieux que le sacerdoce de cette période avait hérités de celui de la première période, et qu'il produisait naturellement avec les modifications conformes à l'esprit nouveau des peuples. Ainsi, par les fameux oracles de ces temps, la bande conservait quelque dictature dans les affaires publiques, et, par ses initiations et exercices magiques, elle tendait à affaiblir, dans le secret, l'autorité publique des mythes et de la religion extérieure. En effet, les doctrines secrètes de ces initiés aux mystères, n'étaient rien autre que des doctrines profondément mystiques, et non des doctrines rationnelles, comme on le croit communément jusqu'à ce jour; aussi, comme telles, ces doctrines mystiques, transmises par le sacerdoce de la première période, ne tendaient-elles notoirement, surtout dans ses aberrations cacodémoniques, qu'à glorifier et à reproduire, autant qu'il était possible, les erremens horribles et dégoûtans du monde primitif de péché. — Ce qu'il faut ici remarquer essentiellement dans cette action invisible de la bande mystérieuse, c'est que, pour arriver systématiquement à ses fins, elle emploie, dans cette période, comme elle le fera dans les périodes suivantes, tous les progrès dominans de l'époque pour les faire servir à leur propre destruction. Ainsi, la ligue pythagoricienne fut fondée ostensiblement en faveur des progrès de la liberté politique, et les initiations aux mystères le furent au contraire en opposition secrète aux progrès rationnels des mythes religieux, sans que, entre ces deux associations distinctes, il y eût aucune liaison autre que la liaison invisible de la bande mystérieuse qui les avait instituées séparément l'une et l'autre. Bien plus, lorsque, par un retour rationnel sur elles-mêmes, ces institutions opposées devinrent dangereuses pour la bande mystique, elle forma déjà une espèce de juste-milieu de cette époque, par lequel elle chercha à exercer une répression, d'une part, sur la ligue pythagoricienne, qu'elle finit par faire détruire ostensiblement, et, de l'autre part, sur les initiations aux mystères ou plutôt sur le culte secret des mythes religieux, qu'elle déconsidéra par mille moyens, entre autres par l'impie évhémérisme, qui prétendait expliquer ces mythes sacrés par une simple déduction historique. — Enfin, le trait caractéristique de cette influence infernale de la bande dans cette période de rationalisme, est l'accusation et la mort de Socrate, de l'homme précisément qui, par la solution philosophique du problème religieux du précepte moral, en découvrant et fixant l'idée auguste du devoir, réalisa et accomplit cette deuxième période du développement de l'humanité.

Dans la troisième période historique, lorsque la *liberté politique* avait reçu son *entier accomplissement* dans la période précédente, et lorsqu'il fut ainsi reconnu universellement que la garantie la plus complète de la sûreté publique ou des actions morales des hommes ne suffit pas pour établir la justice sur la terre, la religion reparut de nouveau pour éclairer ultérieurement l'homme sur ses destinées, en lui révélant, par le sentiment religieux, d'abord, *comme principe pratique*, la loi morale elle-même, dans son opposition au péché originel, et ensuite, *comme principe spéculatif*, le dogme du verbe en Dieu, et de son incarnation humaine, constituant le Sauveur, Fils de Dieu, qui, par notre rédemption, doit nous libérer de l'influence qu'exerce en nous la chute morale, et nous rendre ainsi aptes aux œuvres par lesquelles nous pouvons obtenir la vie éternelle. — Dans cette direction nouvelle, la religion, constituant le christianisme, put donner à la morale une plus haute extension, en appliquant la nouvelle loi morale, non seulement aux actions des hommes, auxquelles seules s'appliquait l'ancien précepte moral, mais de plus aux principes mêmes de ces actions, c'est-à-dire aux maximes morales des hommes. Et alors, pour établir une garantie réciproque de la pureté de ces maximes morales, la religion créa une nouvelle association morale des hommes, leur association éthique, constituant l'Église, dont on n'avait pu concevoir l'idée avant cette époque, ni par conséquent réaliser aucunement cette haute idée. — De même, la philosophie, en s'élevant aux régions de cette nouvelle révélation religieuse, donna, déjà dans cette troisième période historique, une grande extension, tout à la fois, et à sa partie pratique, et à sa partie spéculative, en servant, dans la première moitié de cette période, avant l'irruption des Barbares, à l'établissement et au développement du christianisme, et en s'appuyant à son tour, dans la deuxième moitié, après le retour de l'ordre, sur les principes didactiques du christianisme. Ainsi, dans sa partie pratique, la philosophie servit effectivement, avant l'irruption des Barbares, à la déduction du théologisme des Saints-Pères ; et après le rétablissement de l'ordre, elle fonda, sur la charité chrétienne, cette eupraxie mondaine qui devint le caractère distinctif des mœurs bienveillantes de cette époque de la chrétienté. Et dans sa partie spéculative, la philosophie, en s'adaptant ainsi au christianisme, put, avant l'invasion des Barbares, établir un scepticisme propre à lui faire ouvrir, après le retour de l'ordre, le nouveau champ où, sous le nom de scholastique, elle parvint à la décisive distinction des nominalistes et des réalistes ; distinction dans laquelle les réalistes touchèrent déjà au savoir lui-même, considéré comme élément de la réalité, et préparèrent ainsi les grandes voies philosophiques des périodes à venir. — Mais, le mysticisme se vit tout à coup débordé par de tels progrès de la religion et de la philosophie dans cette troisième période historique. En effet, ces progrès résultaient principalement, comme nous venons de le voir, de l'éveil du SENTIMENT RELIGIEUX dans l'homme ; et les mystiques, dans leur intelligence bornée, telle que nous l'avons reconnue plus haut, ne peuvent s'élever au delà des régions du SENTIMENT MORAL. — Pour mieux saisir cette impuissance caractéristique de la bande mystérieuse, il faut savoir, en outre de ce que nous avons déjà reconnu plus haut concernant l'intelligence bornée des hommes qui forment cette bande, que le sentiment moral s'établit en nous par la réunion de notre réceptibilité intellectuelle avec la simple conscience physique de notre moi passif, qui est la seule conscience que peuvent avoir ces hommes mystérieux, et que le sentiment religieux ne s'établit en nous que par la réunion supérieure de cette même réceptibilité intellectuelle avec la conscience hyperphysique de notre moi actif ; conscience de spontanéité qui ne peut se développer que dans les hommes nouveaux du monde actuel. — C'est ainsi que la loi morale et surtout le verbe en Dieu, qui, dans la troisième période, furent révélés à l'homme par le développement de son sentiment religieux, ne purent être compris rationnellement par la bande mystique, et ne furent saisis par elle que comme un faible reflet dans la réceptibilité indéfinie du sentiment moral, même chez la petite portion de cette bande qui forme son aberration agathodémonique. — Toutefois, ce simple reflet fut suffisant pour laisser apercevoir à la bande mystérieuse que c'est là précisément la voie du salut de l'humanité actuelle, et par conséquent pour la déchaîner contre ces progrès du christianisme, autant dans la religion que dans la philosophie. — Ainsi, pour arrêter d'abord la religion chrétienne elle-même, la bande mystérieuse chercha à introduire la confusion dans ses préceptes et dans ses dogmes, par l'exercice d'une puissante influence dans l'interprétation des livres sacrés ; et elle parvint bientôt à y établir sa perversive autorité. De là viennent ces innombrables hérésies qui troublaient sans cesse le christianisme, la grande scission des Églises grecque et latine, enfin la rétrogradation du christianisme dans le théisme par l'établissement destructif de l'islamisme, destiné à partager au moins la domination de la terre, et à limiter ainsi la trop grande extension du monde chrétien. Heureusement, par suite même du développement progressif de la raison humaine, l'action surnaturelle des mystiques par l'évocation des facultés du monde primitif, cette action qui s'était reproduite, dans les périodes antérieures, avec sa toute-puissance thaumaturgique et magique, dut décliner parallèlement avec ce développement progressif de la raison de l'homme; et c'est ainsi que, dans la troisième période historique, ce pouvoir défaillant ne s'exerça plus que dans des actes privés du simple sortilége. Mais, en revanche, à la place des anciennes initiations aux mystères, dont l'action était demeurée invisible, la bande mystique procéda actuellement à la formation d'associations, tout à la fois, publiques et armées, telles que les Assassins ou Ismaéliens, les Templiers, et autres ordres de prétendue chevalerie, dont les derniers réduits n'étaient que des cloaques de mysticité. On comprendra maintenant quel a dû être le véritable secret de ces fameux chevaliers du Temple, ligués secrètement avec leurs confrères musulmans, les Assassins ou Ismaéliens; secret demeuré si long-temps caché aux yeux du monde entier. Et l'on comprendra sans doute pourquoi les immenses efforts des croisades, avec leur toute-puissance morale, n'ont pu obtenir des résultats utiles au christianisme, et ont fini par succomber et par amener le triomphe de l'islamisme! — Quant à la philosophie, la bande mystérieuse chercha dès lors à en anéantir les progrès par tous les moyens dont elle put disposer dans cette troisième période. Ainsi, elle chercha d'abord à y introduire également, comme dans la religion, la confusion des idées, en mêlant à l'actuelle tendance chrétienne de la philosophie les anciens mythes orientaux, pour engendrer, par un si hideux mélange, cette monstrueuse philosophie gnostisque dont le caractère excentrique et distinctif consiste dans une espèce d'exclusion didactique de tout rationalisme, et dont les fables ou contes bleus sur la création et sur l'origine de l'homme, combinés avec les rêveries cabalistiques, forment encore aujourd'hui la risible science de tous les mystiques supérieurs qui se donnent le nom de THÉOSOPHES. Et ne pouvant arrêter ni même dénaturer complètement les progrès de la philosophie, surtout après le retour de l'ordre, la bande mystérieuse, en désespoir de moyens indirects, chercha à attaquer de front la philosophie scholastique; mais elle ne servit ainsi, par ses prétendues subtilités dialectiques, qu'à faire prononcer plus clairement la susdite distinction décisive des nominalistes et des réalistes, à laquelle, par les dispositions de la Providence, devait aboutir la philosophie dans la troisième période. — Enfin, le trait caractéristique de cette période de christianisme, où l'humanité commença à apercevoir, dans le modèle divin que lui offrait Jésus-Christ, sa propre et infinie virtualité créatrice, est que ce fondateur d'un si haut développement de l'espèce humaine fut accusé publiquement par la bande mystique et condamné à une mort ignominieuse au milieu de larrons!

Dans la quatrième période historique, lorsque, par suite de son développement dans la période précédente, la philosophie comprit clairement le nouveau et grand problème que la religion chrétienne venait de lui proposer dans sa haute révélation du dogme du verbe, elle se mit naturellement à chercher la solution de cet auguste problème, et elle y parvint encore, du moins en partie, dans les limites où elle put s'étendre alors, en découvrant, d'abord, l'idée en quelque sorte absolue de la réalité, dans ses deux élémens de l'existence de l'être et de la certitude du savoir, et ensuite, avec ces élémens, l'idée de la spontanéité spéculative de la raison humaine, en opposition aux simples données positives de notre savoir. — C'est cette grande anticipation sur la solution philosophique du dogme chrétien du verbe qui fut la base, l'unique base du développement de l'humanité dans cette quatrième période. — Ainsi, pour ce qui concerne d'abord la philosophie elle-même, en se plaçant alternativement dans les deux points de vue des nominalistes et des réalistes, auxquels elle s'était élevée dans la période précédente, elle put reconnaître, de plus en plus clairement, dans le premier, l'ÊTRE, comme élément distinct de la réalité du monde, et, dans le second, le SAVOIR, comme élément tout aussi distinct de la même réalité. Et ce fut sous ces deux points de vue que, dans la partie spéculative de la philosophie, s'établirent et se développèrent, durant cette période, d'une part, le sensualisme, qui fixait la réalité dans la certitude d'une déduction empirique, dans l'être, et, de l'autre part, l'intellectualisme, qui fixait la réalité dans la certitude d'une déduction rationnelle, dans le savoir. Quant à la partie pratique de la philosophie, la découverte actuelle de la spontanéité spéculative de notre raison, complétant la découverte de sa spontanéité pratique, telle qu'elle fut déjà faite dans la deuxième période, conduisit naturellement à l'idée de l'aptitude de l'homme à créer lui-même sa propre législation morale, et par conséquent à l'idée du droit que tout homme a de participer à la législation politique de son pays. Et ce fut ainsi que s'établirent alors les gouvernemens constitutionnels, ayant pour objet la distinction de l'autorité souveraine en autorité de droit divin et en autorité de droit humain, dont la première appartient au chef de l'État, représentant la source divine de laquelle seule peut émaner la justice, comme nous l'avons reconnu dans le premier chapitre, et dont la seconde appartient aux membres de l'État, représentant l'humanité, pour qui la justice est instituée de Dieu, et qui a ainsi le droit de l'avouer ou de la désavouer de la part des hommes. — Pour ce qui concerne ensuite la religion, son sort devint décisif dans cette quatrième période, en tant que, par l'issue tout-à-fait rationnelle à laquelle la religion y fut amenée, l'homme fut enfin averti de ses hautes destinées sur la terre. En effet, comme nous l'avons vu dans le deuxième chapitre, la liberté religieuse, c'est-à-dire en principe la liberté de la pensée, fut le but dominant de la quatrième période ; et alors, par l'application de cette libre raison spéculative, l'homme dut nécessairement scruter, avant tout, ses hauts intérêts religieux, et il dut ainsi aboutir à l'estimation exacte de la puissance ou plutôt de l'impuissance de sa raison temporelle ou cognitive, dont il faisait usage ; estimation qui, à côté de l'indestructible reproduction du problème du verbe, réveillait dans l'homme de nouveaux besoins intellectuels, et nommément la présence en lui d'une raison absolue, supérieure à sa raison purement temporelle, qui n'agissait que sous les conditions inertes de son existence physique, et qui, par là même, se trouvait insuffisante pour pénétrer dans les régions absolues du verbe. C'est ainsi que, dans cette quatrième période historique, en ajoutant à la théologie deux branches nouvelles et positives, savoir, l'exégèse philologique et la dogmatique philosophique, telles qu'elles sont cultivées surtout en Allemagne, le protestantisme religieux, ce grand résultat de la dernière et de la plus haute civilisation européenne, aboutit didactiquement, sur cette voie cognitive et scientifique, d'abord au socianisme, et enfin au simple déisme, avec son inévitable pendant, l'athéisme, et il comprit ainsi, par cette preuve indirecte, ou par cette réduction à l'absurde de l'éternel problème du verbe dans la raison de l'homme, que cette même raison, si faussement ou du moins si insuffisamment employée dans de telles déductions théologiques, recélait une puissance supérieure, infinie même, par laquelle elle pouvait parvenir à une meilleure solution de cet auguste problème. Et c'est ainsi que s'ouvrit, dans le monde civilisé du protestantisme, la TENDANCE VERS L'ABSOLU qui, comme nous l'avons reconnu dans le chapitre précédent, devint le caractère de la cinquième période. — Quant à la bande mystique, elle fut tellement déroutée par ces rapides progrès de la civilisation que, loin d'en comprendre le véritable sens pour pouvoir, selon son usage, le pervertir à son profit, elle put à peine suivre la marche de ces progrès rationnels, et elle ne put ainsi, dans cette courte mais décisive période, déployer aucune opération préméditée et systématique. Néanmoins, saisissant chaque degré dans ce développement rationnel de l'humanité, la bande mystique tendit à les dénaturer tous, l'un après l'autre ; et elle parvint nécessairement, sur cette voie de destruction continue, à détourner d'une si salutaire direction, non seulement quelques hommes isolés, mais des nations entières, en les entraînant, dans la direction opposée, à l'extinction de tout intérêt absolu chez l'homme, et par conséquent à l'anéantissement de la philosophie et de la religion chez ces peuples. — Ainsi, immédiatement après la production publique du protestantisme, pressentant le triomphe que la raison humaine devait en recevoir, la bande mystique, sans y être nullement appelée, seconda secrètement la cour de Rome dans la convocation du concile de Bâle et dans l'institution de l'ordre des Jésuites, destinés à réprimer l'extension du protestantisme. Et lorsque l'autorité du pape, se trouvant ainsi corroborée, vint ensuite à exercer une direction salutaire en France, la bande mystérieuse suscita la scission de l'Église gallicane. De même, lorsque les Jésuites s'opposèrent ensuite aux doctrines mystiques des Jansénistes, qui *voulaient détruire, par la grâce divine, la spontanéité de la raison de l'homme*, la bande mystérieuse chercha et réussit à perdre cet ordre illustre, en y introduisant de faux frères qui, par l'invention de la casuistique et par d'autres relâchemens moraux, y développèrent ce tissu de méfaits, si injustement attribués à l'institution même de l'ordre des Jésuites. — Mais, nous n'avons pas ici assez d'espace pour retracer ces menées infernales de la bande mystique dans la quatrième période; nous le ferons ailleurs, et nous allons nous hâter ici de signaler les traits principaux par lesquels elle est parvenue à détruire simultanément la philosophie et la religion dans les pays catholiques, surtout en France, et à y éveiller ainsi l'esprit révolutionnaire, dont nous cherchons à connaître l'origine dans ce pays. — Or, sans nous arrêter ici à indiquer, dans la bande mystérieuse, les causes secrètes de la Ligue, de la St-Barthélemy, de l'apostasie de Henri IV, de son assassinat, de la révocation de son édit de Nantes, et de tant d'autres horreurs de ce genre, nous nous bornerons à faire remarquer que ces violences, si excentriques à la marche de la civilisation européenne dans la quatrième période, durent nécessairement amener en France, par opposition à la RÉALITÉ INTELLECTUELLE que l'humanité cherchait à conquérir dans cette période par la certitude du savoir, cette absolue INDIFFÉRENCE POUR LA VÉRITÉ qui, sous le nom gracieux de légèreté, est devenue le caractère distinctif des Français dans les trois derniers siècles. En effet, au milieu des grands intérêts qui se débattaient alors en Europe, depuis la guerre de trente ans, pour établir le protestantisme, jusqu'à la guerre de sept ans, pour lui donner une influence armée, la France, tout en réprimant dans son sein le protestantisme, abandonnait par jalousie l'Autriche, ce fidèle défenseur de la foi catholique, et se liguait par intérêt avec les protestans, pour arriver à l'envahissement de quelques villes ou de quelques provinces étrangères! Et cette indifférence universelle pour la vérité, qui devint ainsi dominante en France, dut nécessairement, dans ce pays, naguère si éclairé et si zélé pour la vérité, conduire la philosophie à cette inepte LOGOMACHIE qui en est aujourd'hui l'unique caractère saisissable, surtout par le contraste qu'elle forme avec l'état positif et didactique des actuelles lumières de la Germanie. — Et que l'on ne se trompe pas sur la cause de cette extinction graduelle de tout intérêt pour la vérité en France, en l'attribuant à l'influence du clergé français, comme on le fait généralement, au lieu de l'attribuer à la bande mystique où nous signalons ici la vraie cause de cette anomalie dans la civilisation européenne. En effet, à côté de cette indifférence pour la vérité, se développait naturellement, et par les mêmes motifs, une croissante et universelle INCRÉDULITÉ RELIGIEUSE, comme le constatent, d'abord, les éhontés écrits encyclopédiques et autres de ce genre, et enfin, les faits révolutionnaires de la France; et certes, cette incrédulité religieuse, qui, dans l'état actuel de la civilisation de l'Europe, où il s'agit de la solution du problème religieux du verbe, est au fond tout-à-fait identique avec la susdite indifférence pour la vérité, ne pouvait d'aucune manière, comme véritable destruction de la religion, avoir un intérêt quelconque pour le clergé français, quoiqu'elle ait pu être partagée par quelques membres indignes de ce respectable clergé. — Or, après avoir ainsi éteint progressivement tout intérêt pour la vérité et pour la religion, la bande mystique, sans autres efforts, pouvait, avec certitude, s'attendre à la DÉMORALISATION UNIVERSELLE qui, d'après les preuves authentiques que nous avons alléguées plus haut, est devenue pour la France l'inévitable et funeste conséquence de ces principes infernaux. Et une telle démoralisation publique, si fortement en contraste avec la haute réalisation de la morale par le protestantisme, ne pouvait se soutenir, au milieu de l'Europe civilisée, sans s'appuyer sur quelque perversion des principes moraux qui sont les bases éternelles des États ou des sociétés politiques. C'est ainsi que, des deux principes sur lesquels repose l'autorité souveraine, la France, dans sa susdite démoralisation, rejeta naturellement le principe du droit divin, qui place dans le Créateur l'origine de la justice, et n'admit que le principe du droit humain, qui laisse aux membres des États l'aveu ou le désaveu de la justice dans l'exercice de l'autorité souveraine. Et c'est là l'origine mystérieuse de l'ESPRIT RÉVOLUTIONNAIRE de la France, origine que nous nous sommes proposé de dévoiler dans ce chapitre. — Après avoir atteint ce but principal, nous ne nous arrêterons pas ici à signaler les diverses manifestations de la bande mystérieuse dans la quatrième période, par lesquelles elle cherchait à dénaturer ou du moins à entraver les progrès rationnels de cette période. Ainsi, nous ne parlerons pas ici de cette inertie prétendument spéculative que, dans ses sciences occultes et dans ses doctrines théosophiques, elle a voulu mêler à la spontanéité intellectuelle qui présidait alors à la vraie marche des sciences, de la philosophie, et même de la théologie, ni de cette influence pratique qu'elle voulait exercer par les jongleries des convulsionnaires, du magnétisme animal, et enfin du somnambulisme extatique. Nous ne parlerons pas non plus des associations secrètes que cette bande a formées successivement, dans cette période, sous les noms de Rosecroix, de Francs-Maçons, d'Illuminés, et de tant d'autres, sinon pour faire remarquer que c'est dans ces associations, bien innocentes sans doute par elles-mêmes, que la bande trouvait une espèce de pépinière pour le choix de ses adeptes. Mais, nous devons encore indiquer le trait caractéristique des intentions destructives que la bande mystérieuse a déployées durant la quatrième période. Et pour cela, il nous suffira de faire remarquer que, n'ayant pu atteindre, dans sa personne, l'illustre Martin Luther, le fondateur du protestantisme ou de la liberté de la pensée, qui dominait dans cette période, la bande mystique a voué une implacable haine à son nom immortel et au protestantisme tout entier, en les dénigrant l'un et l'autre, par tous les moyens imaginables, en dépit des grands résultats scientifiques que nous a valus cette période d'émancipation de la raison, et surtout en dépit de la haute moralité que le protestantisme est enfin venu réaliser sur la terre. Nous devons y ajouter que l'exécrable inquisition, cet infernal instrument de conversion religieuse, a été notoirement l'ouvrage de la bande mystique, par suite de sa puissante influence secrète dans l'autorité ecclésiastique du catholicisme.

Enfin, dans la cinquième période, lorsque, au travers de tant d'obstacles, la philosophie et la religion sont appelées à se constituer définitivement sur des bases inébranlables, la bande mystérieuse redouble son zèle satanique pour les renverser l'une et l'autre, en propageant partout l'esprit révolutionnaire de la France; et déjà peu s'en est fallu que, sans la singulière aberration de cet esprit sous Napoléon, elle ne fût parvenue à une si funeste ruine de la civilisation européenne. — Nous allons en tracer l'aperçu.

En érigeant la souveraineté humaine en principe exclusif de l'autorité sociale, et en rejetant ainsi la souveraineté divine, et avec elle les lois morales, qui émanent de Dieu, et qui seules peuvent constituer la justice et par conséquent l'autorité politique, il est évident que, dans une telle société purement humaine, on ne pourra absolument, par aucun moyen quelconque, ni réaliser la justice, ni même établir l'autorité politique. Le résultat de cette lutte prétendue légale contre l'origine divine des lois morales, en désavouant ainsi cette haute origine, et en instituant ce désaveu formel comme principe de légalité, sera nécessairement une ABSOLUE DÉMORALISATION de la société et une ABSOLUE INSTABILITÉ de l'autorité politique dans cette société. Bien plus, et en un mot, la prétention de faire de la légalité en excluant l'unique principe possible de légalité, est une véritable ABSURDITÉ JURIDIQUE, dont les conséquences funestes, en tant qu'elles se développeraient hors de toute garantie supérieure de l'humanité, entraîneraient inévitablement un entier renversement des destinées absolues de l'homme et, avec elles, une complète ruine de la création des êtres raisonnables. — Telle est donc la position actuelle de la France, sa prétendue légalité juridique, et ses sinistres destinées de servir à la destruction de l'humanité.

Cette position excentrique de la nation française, où, sous une forme légale et par conséquent obligatoire, cette grande nation se trouve placée HORS DES LOIS MORALES ou plutôt en lutte ouverte contre ces lois divines, peut seule expliquer toutes les tourmentes et toutes les horreurs de ses incessantes révolutions politiques. — Mais, ce qu'il y a de plus grave encore, c'est que cette position, au milieu de l'Europe civilisée, ouvre une nouvelle et fatale période à l'humanité. En effet, aussi long-temps que les vérités absolues demeurent inconnues à l'homme, les progrès quelconques de l'espèce humaine, pour la conduire à ses destinées finales, ne peuvent s'accomplir que sous une direction providentielle et principalement sous la garantie des lois morales, qui, dans cette ignorance de l'humanité, sont les seules gardiennes et surtout les gardiennes divines de son développement et de toutes ses destinées terrestres. Ainsi, lorsque l'origine divine des lois morales est méconnue dans une société quelconque, il n'existe plus, dans cette société, aucune garantie de son progrès vers les destinées finales de l'homme; et lorsque, de plus, cette origine divine des lois morales est formellement désavouée, comme elle l'est par le droit public en France, on est fondé à admettre que les mêmes motifs qui, dans une telle société, pousseraient au désaveu de l'origine divine des lois morales, écarteraient également cette société de son progrès vers les fins divines de la création des êtres raisonnables. Et lorsque la nation chez laquelle s'établirait un si perversif désordre moral, serait assez puissante pour pouvoir influer sur les destinées du monde civilisé, il y aurait à craindre que cette fausse direction et cette législation anti-morale ne devinssent permanentes dans le monde politique, et n'entraînassent ainsi, par un nouveau triomphe de l'idée absolue du mal, une nouvelle chute morale de l'humanité. — C'est ainsi que, par ses révolutions et par ses législations révolutionnaires, ayant pour unique objet d'exclure la souveraineté divine de l'autorité politique, la France, en cherchant et en réussissant à propager son esprit révolutionnaire dans le monde civilisé, ouvre, pour l'humanité, une nouvelle et funeste période historique, dans laquelle, si cet esprit du faux et du mal parvenait à s'établir universellement, une nouvelle chute morale de l'homme et, avec elle, une absolue ruine de l'actuelle espèce humaine, seraient accomplies fatalement. Et c'est à la France que la terre devrait cet anéantissement de la création des êtres raisonnables !

Ces assertions ne sont pas le résultat de quelques vagues opinions, puisées dans des considérations de partis politiques, ou dans des convictions de quelque système philosophique. Elles dérivent immédiatement, comme nous l'avons vu dans le premier chapitre, du caractère éternel et indestructible des lois morales elles-mêmes, c'est-à-dire de leur absolue nécessité pratique, de leur obligation inconditionnelle, en un mot de leur IMPÉRATIF catégorique, devant lequel disparaît toute autre prétention ou disposition pratique; impératif qui, précisément par cette inconditionalité obligatoire des lois morales, en dépassant ainsi toute conception de la raison humaine, indique manifestement, pour ces lois inflexibles, une origine supérieure à notre raison, et nommément leur ORIGINE DIVINE. — Ce caractère distinctif des lois morales est un bienfait du

Créateur, en tant que, par ce caractère précisément, l'humanité reçoit une garantie certaine de la finalité de ses actions. Et, comme nous l'avons déjà remarqué dans le premier chapitre, cet IMPÉRATIF ou cette nécessité obligatoire des lois morales est donné à l'homme pour le diriger dans toutes ses déterminations pratiques, tout comme l'ÉVIDENCE ou la nécessité cognitive des lois mathématiques lui est donnée pour le diriger dans toutes ses déterminations spéculatives. Aussi, les deux ordres de vérités, savoir, les vérités morales et les vérités mathématiques, qui sont douées de cette auguste garantie, se revêtent-elles immédiatement, et au même degré, du caractère de certitude absolue ou d'infaillibilité. Et c'est à ce haut titre, en puisant tous nos présens résultats dans cette source divine des lois morales, c'est-à-dire dans leur impératif catégorique, que nous pouvons affirmer que les assertions que nous venons de déduire sont aussi infaillibles que les vérités mathématiques, et par conséquent vraies absolument.

Mais, précisément parce que ces assertions sont vraies, nous ne pouvons pas, à cause de leur gravité, les expliquer d'une manière naturelle. — Nous avons déjà dit, et nous le répétons expressément, qu'il est impossible de concevoir, dans une nation quelconque, et bien moins dans la nation française, un développement spontané et propre, sans aucune influence extérieure, d'un esprit révolutionnaire pareil à celui que nous venons de signaler, et dont la tendance dominante serait l'exclusion formelle, sous une apparence légale, de la souveraineté divine dans l'autorité politique, et par conséquent une lutte à mort contre l'origine divine des lois morales, afin de pouvoir infirmer la validité absolue de ces augustes lois. Nous avons de plus déclaré déjà, non seulement notre profond respect pour l'inviolabilité de toute nation, mais encore nos sentimens d'affection et de gratitude pour la nation française; déclaration qui doit nous mettre à l'abri de toute injuste imputation nationale. Et, pour bien exprimer sa pensée personnelle, l'auteur du Messianisme déclare ici ouvertement que sa conviction sur le caractère honorable de la nation française est telle qu'il concevrait difficilement que le même esprit révolutionnaire, étant développé dans toute autre nation, n'eût pas déjà amené sa ruine; tandis que l'illustre nation française ne cesse d'y résister, et nous laisse encore l'espérance de le dompter complètement, peut-être même d'en tirer tout l'avantage pour lequel la Providence a permis qu'il fût déchaîné. — Nous ne pouvons donc pas chercher, dans les conditions nationales elles-mêmes du peuple français, les causes de l'esprit révolutionnaire qui y domine aujourd'hui. Et, forcés ainsi de les chercher dans des conditions extérieures et étrangères à cette grande nation, nous ne pouvons, avec quelque probabilité, les trouver ailleurs que dans les deux hypothèses que nous venons de présenter, savoir, en supposant, d'abord, que le développement progressif de l'esprit révolutionnaire en France, tel que nous l'avons reconnu et fixé, est l'ouvrage d'une bande invisible d'hommes mystérieux qui tiennent au monde primitif de péché, et qui tendent à le confondre avec notre monde actuel de salut, et en supposant, ensuite, que l'application de cet esprit révolutionnaire, qui substitue le faux au vrai et le mal au bien, est l'ouvrage naturel d'une bande cachée d'hommes dépravés qui, dans l'intention d'exploiter les autres hommes, ont fait usage de cet esprit révolutionnaire pour former une association secrète, constituant une véritable Anti-Église.

Ces deux hypothèses ont, comme nous venons de le dire, une probabilité suffisante pour que, dans des conditions didactiques, on soit forcé de les admettre, surtout lorsqu'on ne peut les nier par des preuves positives. Et que serait-ce si nous voulions prendre la peine d'alléguer de telles preuves positives pour l'existence réelle des objets respectifs de ces hypothèses? — Pour quiconque connaît les personnages du monde politique en France et hors de France, la réalité de la seconde de ces hypothèses, de celle qui postule l'existence d'une espèce d'association secrète formant une véritable Anti-Église, ne peut avoir aucune difficulté pour être conçue pleinement. Déjà même cette considération fait partie des mœurs publiques, et se trouve ainsi reproduite en France sur la scène dramatique sous le nom de CAMARADERIE, à la vérité dans de très petites dimensions. Bien plus, dans les romans du jour, qui caractérisent ou plutôt cherchent à former assez ouvertement la nouvelle tendance nationale, la même circonstance est déjà produite, à grandes dimensions et avec de suffisantes réticences, dans la préface d'une HISTOIRE DES TREIZE, comme faisant partie des études de mœurs au XIXme siècle. Seulement, le spirituel auteur de ce roman voudrait faire accroire qu'il ignore l'origine et la fin de cette bande. Eh bien, notre première hypothèse, celle du monde primitif de destruction confondu avec notre monde actuel de création, par la susdite production mystérieuse de l'esprit révolutionnaire en France, peut suppléer à la prétendue ignorance de l'auteur que nous venons de citer. D'ailleurs, la réalité de cette hypothèse, quelque transcendante qu'elle soit, n'est pas non plus difficile à concevoir pour quiconque connaît les faits et gestes du monde mystique dans le développement progressif de l'humanité, faits que nous venons de reproduire rapidement dans toute leur exactitude historique. — Il ne nous reste ainsi qu'à indiquer, avec la même rapidité, l'état et l'action de la bande mystérieuse dans la cinquième, c'est-à-dire dans la présente période historique.

Or, d'après sa réduction actuelle, ne pouvant plus s'identifier avec aucun des progrès majeurs et tout rationnels de l'humanité, le mysticisme moderne, considéré d'abord dans sa tendance spéculative, doit, plus que jamais, viser vers une gnosimachie accomplie, en déniant jusqu'à la possibilité de toute connaissance rationnelle et absolue. Les seules connaissances qu'il peut concevoir et par conséquent qu'il veuille admettre, pour s'emparer de la direction de l'humanité dans son actuel désordre universel, sont celles des faits historiques, et surtout celles des faits traditionnels concernant des révélations religieuses, parce que ce sont les seules où, pour les acquérir, il suffit de la faculté passive du sentiment, et où, pour y produire l'unité intellectuelle, on n'a besoin que de la faculté de l'imagination, faculté que la bande mystérieuse partage à un haut degré avec les autres hommes. Aussi, partout où cette unité n'est pas donnée elle-même par l'histoire ni par des traditions, c'est-à-dire partout où l'enchaînement des faits historiques n'est pas fixé par une observation positive, le mysticisme moderne y supplée par le jeu de son imagination déréglée, et enfante ainsi ces bizarres périodes historiques qu'il veut prescrire à la marche de l'humanité, telles que le sont, entre autres, les risibles mais intentionnelles périodes circulaires d'un Vico, ou les quatre destructives périodes des Saints-Simoniens, volées dans notre SPHINX et défigurées ainsi en vue de destruction, comme nous l'avons dit plus haut dans une note de l'ouvrage présent. Mais, le comble de ce jeu intellectuel se manifeste, chez les prétendus théosophes modernes, lorsqu'il s'agit de principes créateurs ou de conséquences transcendantes de l'univers, que l'imagination ne peut corporifier : alors, abusant tout-à-fait de ce monstrueux déréglement de l'intelligence, et n'usant plus que de la simple fantaisie, ces mystiques modernes reproduisent les anciens contes bleus ou fables sur l'origine du monde, la création de l'homme et sa chute, la purification morale de l'humanité et son retour final dans l'état primitif de béatitude; ces contes bleus ou fables, fruit de l'imagination de l'Orient, que l'ancien mysticisme avait apportés dans l'Occident, parmi les juifs, les chrétiens et les musulmans, comme offrant l'interprétation occulte des livres sacrés. — Or, cette simple déduction psychologique des moyens intellectuels du mysticisme moderne, en y faisant encore abstraction de toute intention satanique, suffira sans doute pour faire reconnaître que, sous ce point de vue de l'herméneutique sacrée, où la bande mystérieuse tend aujourd'hui à se placer de nouveau, pour s'établir parallèlement à l'actuelle tendance rationnelle de l'humanité VERS L'ABSOLU, aucune vérité quelconque, aucune absolument, sur le sens des révélations religieuses, ne peut être découverte, et bien moins aucune des hautes vérités que la philosophie doit dévoiler dans notre présente période historique, ne peut même pas être pressentie.

Considéré ensuite dans son application pratique, le mysticisme moderne, tout en suivant partout la tendance spéculative que nous venons de lui reconnaître, celle de chercher dans les révélations religieuses des interprétations qu'il voudrait substituer aux résultats rationnels de l'actuelle tendance de l'humanité vers l'absolu, se partage nécessairement en plusieurs branches distinctes, correspondantes aux différens élémens didactiques des religions positives. — Il faut savoir en effet qu'étant dénué de toute spontanéité créatrice, par le propre anéantissement des conditions hyperphysiques ou inconditionnelles dans l'homme, le mysticisme en général, ancien ou moderne, est incapable d'aucune production spontanée ou propre; et il ne peut ainsi, dans toutes ses manifestations quelconques, présenter autre chose que des reproductions, plus ou moins grotesques, des créations rationnelles des hommes du monde actuel, en défigurant ces créations par des modifications démoniques du monde primitif. C'est ainsi que, pour marcher actuellement à côté des progrès rationnels de l'humanité vers l'absolu, et ne pouvant saisir l'absolu que par la faculté du sentiment dans les révélations religieuses, le mysticisme moderne est forcé de suivre les élémens didactiques de ces révélations, d'après lesquels s'établissent les modes distincts des religions positives parmi les hommes du monde actuel. — Il suffira donc, pour faire connaître les différentes branches du mysticisme moderne, de donner ici, par anticipation sur le Paraclétisme messianique, un aperçu du développement génétique de ces élémens rationnels des religions positives, d'après lesquels se partagent nécessairement les différentes branches mystiques en question. — Le voici :

APERÇU DES ÉLÉMENS GÉNÉTIQUES DES RELIGIONS POSITIVES.

A) Élémens *immédiats* ou *opposés.*
  a) Révélation par le *sentiment moral;* préceptes moraux, considérés comme *commandemens de Dieu*, en opposition aux penchans physiques, considérés comme résultats d'une *chute morale.* = Théisme ou Judaïsme.
  b) Révélation par le *sentiment religieux;* loi morale, fondée sur le *verbe en Dieu*, en opposition au péché originel, considéré comme intime *dépravation morale* de l'homme. = Christianisme.

B) Élémens *médiats* ou *transitifs.*
  a) Transition progressive du précepte moral à la loi morale, ou du commandement de Dieu au verbe en Dieu; *incarnation humaine du verbe.* = Braminisme.
  b) Transition régressive de la loi morale au précepte moral, ou du verbe en Dieu au commandement de Dieu; *décrets éternels et immuables.* = Islamisme.

Ainsi, d'après cette classification à priori des élémens génétiques des religions positives, il existe nécessairement, dans le mysticisme moderne, considéré dans son entier développement présent, quatre branches distinctes, correspondantes à ces quatre classes didactiques de religions positives ou de révélations progressives qui, par un don spécial du Créateur, ont conduit et doivent amener l'humanité actuelle à ses hautes et finales destinées sur la terre. — Ces quatre branches distinctes du mysticisme moderne sont donc :
  1° Le mysticisme *judaïque* ou *cabalistique.*
  2° Le mysticisme *chrétien* ou *gnostique.*
  3° Le mysticisme *braminique* ou *indien.*
  4° Le mysticisme *islamique* ou *musulman.*
Et comme on le prévoit facilement, il existe tout autant de bandes mysté-

rieuses qui suivent respectivement les doctrines de ces branches distinctes du mysticisme. — Toutefois, comme on le conçoit également, ces doctrines et les bandes qui les professent, ne sont pas séparées d'une manière aussi précise que nous venons de les fixer par nos procédés didactiques. Dans leur ignorance des principes, les unes empiètent plus ou moins sur les autres, et réciproquement; de sorte qu'il existe, dans les doctrines positives et dans leurs fauteurs respectifs, des confusions tellement grandes qu'on aurait eu de la peine à les ramener à posteriori à leurs quatre élémens distincts, comme nous venons de le faire à priori. Bien plus, par suite de la migration de ces doctrines mystiques et de leurs fauteurs invisibles, il s'y est introduit des mélanges ou des alliances qui réduisent aujourd'hui à deux branches systématiques les quatre branches élémentaires que nous venons de fixer; réduction que l'on pouvait même prévoir à priori, en considérant les directions opposées des deux branches médiates ou transitives, braminique et islamique, et les buts respectifs de ces directions dans les deux branches immédiates ou opposées, chrétienne et judaïque, surtout lorsqu'on aurait remarqué en outre que les circonstances historiques de ces liaisons naturelles leur ont été favorables. Ainsi, d'une part, le mysticisme judaïque ou cabalistique et le mysticisme islamique ou musulman, après leur migration commune de l'Orient dans l'Occident, opérée par la dispersion des Juifs et par les liens secrets des Templiers avec les Ismaéliens, se sont rencontrés et liés dans les écoles rabbinique et mauresque du Portugal et de l'Espagne; et de là, après s'être affublés d'un masque chrétien, ils sont revenus en France pour y former en commun la bande mystérieuse qui, comme nous l'avons vu plus haut, a excité l'esprit révolutionnaire de ce pays, et préside actuellement aux sinistres destinées de cet illustre État. De même, de l'autre part, le mysticisme braminique ou indien, ayant été transporté en Europe par les récentes études philologiques sur l'Inde, au moment précisément où la grande révolution philosophique en Allemagne y rappela le mysticisme chrétien ou gnostique, se lia à ce dernier, du moins comme nouvel et véritable interprète contemplatif des livres sacrés; et il en résulta une doctrine indo-chrétienne, base d'une puissante bande mystérieuse, dont le siège principal est dans le sud de l'Allemagne, et dont le but apparent est la restauration du catholicisme. Mais, ces deux bandes, l'une et l'autre, sous leur apparente tendance religieuse, correspondant à l'actuelle tendance de l'humanité vers l'absolu, ne visent à rien autre qu'à la destruction des grands progrès rationnels auxquels doit nous conduire la présente période historique, et par conséquent à l'anéantissement complet de la philosophie et de la religion, comme nous nous proposons de le reconnaître dans ce chapitre. Et, par suite de ce but commun, ces deux bandes mystérieuses, quoiqu'isolées et même opposées à certains égards, en ce que l'une ne veut nous ramener que dans le mysticisme chrétien de la troisième période, tandis que l'autre voudrait nous ramener jusque dans le mysticisme théistique de la première période, s'entendent néanmoins entre elles tacitement, et travaillent ainsi en commun à la soumission du monde actuel de création au monde primitif de destruction. — Voyons maintenant l'action ténébreuse de l'une et de l'autre de ces deux bandes, surtout de celle de France, qui, par sa tendance plus cacodémonique, et nommément par son actuel esprit révolutionnaire, cherche ouvertement l'extinction de la morale sur la terre, et, comme résultat, l'anéantissement de la religion et de la philosophie.

Pour bien apprécier les faits et gestes de cette bande mystérieuse de France, remarquons d'abord que, d'après la déduction que nous venons d'en donner, il est manifeste qu'en impliquant des élémens du judaïsme et de l'islamisme sous une forme chrétienne, elle doit constamment, malgré son invocation ostensible du christianisme, s'en écarter dans tout ce qu'il y a de rationnel ou d'essentiel pour le progrès de l'humanité, et elle doit ainsi se produire partout sous les caractères distinctifs de l'hypocrisie pharisaïque et de la fanatique ignorance musulmane (*). Remarquons ensuite que les doctrines révolutionnaires de la France, telles que nous les avons déduites et fixées dans le premier chapitre, sont nécessairement, comme nous l'avons reconnu déjà, les productions de cette bande invisible, et par conséquent ses véritables manifestations, en dépit de ses caractères distinctifs de fourberie et de fanatisme. Il suffira donc de dévoiler le vrai sens de ces doctrines révolutionnaires pour apprécier l'influence destructive que la bande mystérieuse exerce en France.

Or, d'après la rapide déduction que nous avons donnée dans le premier chapitre, les doctrines révolutionnaires de la France se composent de quatre classes de doctrines bien distinctes, dont deux fondamentales et deux complémentaires. — Les deux classes fondamentales sont les doctrines respectives des deux partis politiques, du droit humain et du droit divin, dont la première se fonde sur l'argument de Voltaire ou des encyclopédistes, et dont la seconde se fonde sur l'argument de Pascal ou des jansénistes, comme nous l'avons reconnu

---

(*) Quoique nous nous soyons imposé la loi de ne citer, dans cette Métapolitique, que des exemples majeurs et indispensables, nous devons, par des considérations assez graves, quitter un instant notre règle, et alléguer, pour exemple de la stupide imposture des mystiques que nous signalons ici, le fait en apparence peu significatif des ouvrages de Saint-Martin. Ce docteur bien connu..., après avoir débuté, dans son livre des *Erreurs* et de la *Vérité*, par déclarer positivement que la vérité ne peut être que l'attribut de Dieu, comme tous les mystiques l'avaient déjà dit d'après Lactance, fait ensuite croire à ses adeptes qu'il connaît la vérité. Rien ne peut surpasser cette fourberie, sinon la fanatique présomption avec laquelle ce même docteur parle des sciences, où il décèle une ignorance si profonde que nous sommes vraiment forcés de nous excuser de citer un tel exemple. — Même dans les connaissances philologiques, et par conséquent purement historiques, les docteurs de la bande mystérieuse de France décèlent également une profonde ignorance. Ainsi, l'un de ces docteurs, voulant réhabiliter la cabale, publia une *Restauration de la langue hébraïque*, où l'on voit qu'il ne connaît pas même les élémens de cette langue.

dans la susdite déduction. Et les deux classes complémentaires sont les superfétations qu'on y a jointes par la prétendue doctrine des Saints-Simoniens et par celle des Paroles d'un Croyant, dont la première tend à transmuer la matière en esprit, et dont la seconde tend au contraire à transmuer l'esprit en matière. — Ce sont donc ces quatre classes de doctrines révolutionnaires dont il s'agit de dévoiler le vrai sens.

Remarquons d'abord que, parmi ces quatre classes de doctrines, les deux premières constituent encore, jusqu'à un certain point, des doctrines RATIONNELLES, dont les principes, c'est-à-dire les susdits argumens respectifs de Voltaire et de Pascal, sont destinés, plus ou moins, à une véritable discussion publique. Comme telles, ces deux doctrines fondamentales des deux partis opposés peuvent, plus ou moins, s'amender par elles-mêmes, et amener ainsi des modifications qui, par leur sagesse, pourraient conduire à la découverte des véritables destinées de ces deux partis politiques, si, par une nouvelle perversion, la bande mystérieuse ne parvenait encore à dénaturer cette issue salutaire, comme nous le verrons ci-après. — Mais, les deux dernières des quatre classes de doctrines révolutionnaires, celle des Saints-Simoniens et celle des Paroles d'un Croyant, forment déjà de véritables doctrines MYSTIQUES, en tant que leurs principes respectifs, qui n'y paraissent que sous des conditions en apparence favorables, sont cachés pour le public, et n'admettent ainsi aucune discussion rationnelle, propre à dévoiler leur insigne fausseté et leur destructive intention. Nous allons donc, avant tout, dévoiler les principes perversifs de ces deux doctrines complémentaires ou de ces deux superfétations parmi les doctrines révolutionnaires dont il s'agit.

Toutefois, nous devons prévenir d'abord que les deux superfétations que nous venons de nommer, et dont nous allons dévoiler les principes, ne sont que des manifestations particulières de deux systèmes généraux de cette sorte de doctrines mystiques. — Ainsi, le Saint-Simonisme n'est qu'une des dernières manifestations publiques du système général des prétendues doctrines économiques qui, depuis Quesnay, sont exploitées en France par la bande mystérieuse, et qui, comme l'a déjà remarqué l'abbé Barruel, ont grandement contribué à amener la révolution française. Nous embrasserons généralement ces doctrines économiques sous le nom de DOCTRINES PHYSIOCRATIQUES, en ayant égard, non autant à leur primitif système d'économie politique, qui porte ce nom, que plutôt à leur principe général de transmutation de la matière en esprit; et c'est du système général de ces doctrines, considéré dans son application mystique à l'ordre social, que nous dévoilerons le principe perversif. — De même, les Paroles d'un Croyant ne sont aussi qu'une des dernières manifestations publiques du système général des prétendues doctrines religieuses qui, depuis la scission de l'Église gallicane, sont exploitées en France par la même bande mystérieuse, et qui, comme cela est notoire et comme on pourrait même le prouver facilement (*), ont grandement contribué à amener en France l'extinction de toute croyance religieuse. Nous embrasserons aussi ces doctrines religieuses ou plutôt anti-religieuses sous le nom de DOCTRINES HIÉROCRATIQUES, en ayant égard à leur principe général de transmutation de l'esprit, surtout de l'esprit religieux, en matière; et c'est également du système général de ces doctrines, considéré dans son application mystique à l'ordre social, que nous dévoilerons le principe perversif.

Or, pour ce qui concerne d'abord les doctrines physiocratiques, dont le Saint-Simonisme est une des dernières manifestations, et qui sont aujourd'hui les doctrines favorites de beaucoup de sectateurs et de presque tous les journaux français, surtout de ceux qui veulent faire triompher, sinon la république ouvertement, du moins ce qu'ils appellent l'esprit démocratique, leur principe secret est :

Une perversion systématique des conditions physiques de l'homme, en faisant considérer ces conditions passives ou inertes comme ayant une RÉALITÉ ABSOLUE, et en niant ou du moins en méconnaissant que ces conditions inférieures n'ont qu'une réalité relative au développement des conditions hyperphysiques de l'homme, de ces conditions supérieures dont il reçoit sa virtualité créatrice ou la spontanéité de sa raison.

Et pour ce qui concerne ensuite les doctrines hiérocratiques, dont les Paroles d'un Croyant sont de même une des dernières manifestations, et qui transpirent suffisamment dans beaucoup de livres et dans ceux des journaux français qui veulent faire triompher, sinon le retour de l'ancien régime lui-même, du moins les abus qui sont attachés à ce qu'ils appellent l'esprit monarchique (**), leur principe secret est :

Une perversion systématique des conditions hyperphysiques de l'homme, en faisant considérer la raison absolue et la virtualité créatrice qui lui sont données par ces hautes conditions, comme étant, en toute réalité, un POUVOIR

(*) Voici un exemple de la possibilité de donner cette preuve. — *Une nuit, vers deux heures*, une belle dame, la comtesse . . . , que l'auteur du Messianisme n'avait pas l'honneur de connaître auparavant, vint le trouver pour le conduire dans une réunion de plusieurs personnes qui, ayant eu connaissance de la publication du *Sphinx*, ont jugé l'auteur propre à recevoir une de ces propositions qu'il rougirait de divulguer sans nécessité, en lui promettant que, sur son acceptation, il serait introduit le lendemain auprès de S. A. R. le comte d'Artois. — Quelque temps après, par suite de la mauvaise issue de cette tentative, la même dame vint s'excuser d'avoir conduit l'auteur dans une telle réunion, en disant qu'elle comptait elle-même ne plus y aller, et qu'elle avait déjà renoncé à fréquenter une autre réunion où l'on faisait des prières à rebours. Elle consentit néanmoins à ce que l'auteur lui présentât le baron d'. . ., un des émissaires, à Paris, de la susdite bande judo-chrétienne de l'Allemagne.

(**) L'auteur des Paroles d'un Croyant a ici l'avantage de la franchise, en ce que, en dépit des tendances chrétiennes qu'il invoque, il professe ouvertement une répugnance prononcée contre l'esprit monarchique.

DESTRUCTEUR de ses destinées, lorsque ces conditions supérieures servent à arrêter en lui les élans physiques de la vie et les profondes inspirations de son intimité sentimentale ; en un mot, lorsqu'elles tendent à anéantir ses conditions physiques.

Ainsi, en considérant ces principes respectifs des doctrines dont il s'agit, dans leur application à l'ordre social, application qui, par suite de la perversion qui en est le fond, dépassera nécessairement les lois naturelles, et se revêtira alors d'une forme mystique, il est manifeste que, dans cette application, en ayant égard aux quatre grands buts providentiels de l'humanité, d'après lesquels se sont réglées les quatre premières périodes historiques, et d'après lesquels se règlent constamment toutes les relations sociales, il est manifeste, disons-nous, que les doctrines physiocratiques, dans la direction de leur principe subversif, porteront principalement sur les deux BUTS CORPORELS de l'homme, savoir, sur le but positif de son bien-être corporel ou de sentiment, et sur le but négatif de sûreté publique ou de garantie de la justice par la politique, et au contraire que les doctrines hiérocratiques, dans la direction de leur principe subversif, porteront principalement sur les deux BUTS SPIRITUELS de l'homme, savoir, sur le but négatif de moralité publique ou de garantie de la justice par la religion, et sur le but positif de son bien-être spirituel ou de cognition. — Et en effet, c'est conformément à ces déterminations à priori que se produisent, dans toutes leurs manifestations, les deux superfétations ou les deux systèmes de doctrines révolutionnaires que nous venons de dévoiler. Aussi, en s'en tenant strictement à ces précises déterminations présentes, qui fixent complètement les buts et les moyens respectifs de ces hideuses doctrines, on pourrait les déduire bien plus systématiquement que la bande mystérieuse n'est parvenue à les produire par son instinct démoniaque et par ses rapsodiques élucubrations. Et réciproquement, avec les présentes déterminations à priori des deux systèmes de doctrines révolutionnaires dont il s'agit, on pourra, sans difficulté, découvrir le sens perversif et l'intention destructive dans toutes les manifestations de ces doctrines sataniques ; au point que notre tâche de les dévoiler se trouve réellement accomplie.

Néanmoins, pour introduire le lecteur dans cette sorte de dialectique, qui ne ressemble guère à la logique ordinaire, nous allons lui en présenter quelques exemples, en les prenant sur les points principaux et en quelque sorte caractéristiques de ces doctrines subversives. Et, pour plus de méthode, nous examinerons ainsi ces points caractéristiques, d'abord, dans chacune de ces deux doctrines séparément, et ensuite, dans leur concours commun à la destruction de l'ordre social.

Or, pour ce qui concerne, en premier lieu, des doctrines physiocratiques, ces doctrines soi-disant économiques dont le Saint-Simonisme a produit une des dernières manifestations, et dont d'autres sectateurs poursuivent aujourd'hui la risible réalisation, leur point principal est une prétendue distinction de l'ÉTAT SOCIAL et de l'ÉTAT POLITIQUE dans l'ordre des relations humaines, et surtout la préférence distinctive accordée à cet état social sur l'état politique. — Ainsi, d'après ces doctrines, le bien-être corporel de l'homme est préférable aux conditions morales sous lesquelles seules, comme être raisonnable, il peut accepter ce précaire bien terrestre! — Car, en remontant aux buts universels de l'humanité, et spécialement aux deux premiers de ces buts, qui seuls peuvent être compris par les doctrines physiocratiques, il est manifeste que leur distinction de l'état social et de l'état politique ne peut absolument avoir aucun autre sens que celui d'attribuer à l'état social le but positif de bien-être corporel ou de sentiment, et à l'état politique le but négatif de sûreté publique ou de garantie de la justice par la politique. D'ailleurs, c'est là clairement le sens que ces doctrines attachent elles-mêmes à cette distinction, autant du moins que l'indiquent toutes leurs tendances et toutes leurs vues de réalisation. Bien plus, d'après la manière assez précise avec laquelle ces doctrines manifestent leurs intentions, il est évident qu'elles entendent, par l'état social, l'ordre des relations humaines qui ont formé la première période historique, et par l'état politique, l'ordre de ces relations qui ont formé la deuxième période de l'humanité, comme on peut s'en convaincre en comparant, avec notre susdit tableau de la philosophie de l'histoire ou de la genèse des destinées humaines, tous les élémens et toutes les parties constituantes de ces étranges doctrines économiques. Il s'ensuit donc, et cela est irréfragable, que les doctrines physiocratiques de France préfèrent la première à la seconde période dans le développement progressif de l'humanité. — Et c'est cette honteuse rétrogradation de l'espèce humaine que l'on nous recommande sans cesse, dans presque tous les journaux français, comme étant le grand PROGRÈS que la France est appelée à réaliser sur la terre! — Pour mieux apprécier tout ce qu'il y a d'indigne dans ce bouleversement de l'ordre progressif des destinées humaines, il suffit de ramener les prétendus préceptes des doctrines physiocratiques à leur principe subversif, à celui que nous leur avons assigné et fixé plus haut. On reconnaîtra alors facilement que ces préceptes immoraux ne visent à rien autre qu'à attribuer une réalité absolue aux conditions physiques de l'homme, et par conséquent à leur subordonner ses conditions éternelles ou hyperphysiques, en cherchant même à les anéantir entièrement. En effet, la découverte du devoir et celle de la spontanéité pratique de notre raison, qui forment les produits de la deuxième période historique, sont précisément ces conditions hyperphysiques de l'homme qui, étant éveillées dans cette nouvelle période de progrès, lui ont fait substituer l'ÉTAT POLITIQUE, cette première création humaine, ou ce premier ordre moral parmi les hommes, à l'ancien ÉTAT SOCIAL qui, par suite d'une simple association sentimentale des hommes, en vue seulement de leur bien-être corporel, et sans aucune condition morale, avait été, comme résultat immédiat des conditions physiques de l'homme, l'objet de la première période de son développement. Ainsi, préférer l'état social à l'état politique des hommes, comme le font les doctrines physiocratiques de France, c'est subordonner les lois morales aux lois physiques dans l'espèce humaine, c'est même, à un certain point, détruire les conditions hyperphysiques des êtres raisonnables, par lesquelles seules ils reçoivent leur haute dignité et leur infinie réalité. — Et que l'on ne s'imagine pas que l'on peut préférer l'état social à l'état politique sans porter atteinte aux lois morales qui sont réalisées et garanties par ce dernier état des relations humaines ; car, on voit clairement, dans les doctrines physiocratiques dont il s'agit, que, pour réaliser cette préférence, et pour consolider ainsi l'état social qui est l'objet de ces doctrines, on est forcé d'y sacrifier toutes les lois morales, même le droit de propriété, avec ses attributions les plus sacrées, telles que sont les liens de famille et l'héritage. Pour bien comprendre cette nécessité satanique ou ce sacrifice des lois morales, il faut savoir, par anticipation sur ce que nous dirons ailleurs concernant la déduction du droit, que c'est la présence dans l'homme de la SPONTANÉITÉ PRATIQUE de sa raison, telle qu'elle s'est éveillée chez lui dans la deuxième période de son développement, qui est le principe absolu, unique et inconditionnel, de l'existence de ses DROITS et par conséquent de ses DEVOIRS envers les autres hommes ; au point que le DROIT DE PROPRIÉTÉ, qui forme notoirement le lien pratique du MOI avec le NON-MOI, est immédiatement une partie constituante et essentielle de cette spontanéité pratique de la raison humaine. Vouloir donc sacrifier le droit de propriété, ou toute autre loi morale, à l'avantage ou à la consolidation d'un prétendu état social, ayant pour objet notre bien-être corporel ou de sentiment, ce serait vouloir renoncer au principe infini et absolu de l'existence éternelle des êtres raisonnables, en faveur de leur précaire existence terrestre, laquelle même, hors de cette haute dépendance, n'aurait absolument aucun sens quelconque. — Bien plus, sans parler de préférence, l'ÉTAT SOCIAL, tel qu'il s'est développé dans la première période de l'humanité, et tel précisément que le conçoivent les doctrines physiocratiques de France, ne peut même pas exister à côté de l'ÉTAT POLITIQUE, de cet état moral qui, pour remplacer le premier, a été créé dans la deuxième période, et subsiste aujourd'hui chez tous les peuples civilisés. En effet, par suite de l'éveil de la spontanéité pratique dans la raison de l'homme, et par conséquent de son INDÉPENDANCE INDIVIDUELLE par rapport aux autres hommes, indépendance qui, comme nous venons de le laisser entrevoir, est la base morale de tous ses droits, il est manifeste que l'état politique des hommes, qui est institué pour la garantie de leurs droits et, en principe, pour la garantie de leur indépendance individuelle, exclut nécessairement, en vertu du simple principe logique de contradiction, toute dépendance physique parmi les hommes, autre que celle qui résulte de leurs devoirs correspondant à leurs droits garantis par cette institution ; de sorte que l'on peut dire réellement que l'état politique des relations humaines est cette association physique et obligatoire des hommes qui, pour la garantie morale de leur indépendance individuelle, exclut toute autre association physique et obligatoire. — On peut ainsi se former une juste idée, tout à la fois, et du faux libéralisme et de la fausse moralité des doctrines physiocratiques et de leurs nombreux fauteurs en France, en voyant leur incessante tendance et leurs continuels efforts, mille fois reproduits, sous mille formes et noms différens, pour constituer leur rétrograde état social au-dessus ou du moins à côté de l'actuel état politique du monde civilisé. Et l'on peut en même temps apprécier à leur juste valeur ces cris journaliers par lesquels, dans les livres et dans les journaux français, on ne cesse de provoquer les hommes à des ASSOCIATIONS, dans l'intention manifeste et unique de pouvoir par là affaiblir l'autorité politique. — Sans doute, des associations industrielles, commerciales, ou toutes autres qui n'ont qu'un caractère de CONTINGENCE PRATIQUE, peuvent être formées, au gré des hommes, pour leurs profits personnels, et avec la garantie expresse et inévitable de l'état politique. Mais, des associations physiques des hommes, hors ou à côté de l'état politique, qui se déclareraient obligatoires, en prétendant se fonder sur quelque NÉCESSITÉ PRATIQUE, seraient manifestement en révolte ouverte contre l'état politique, parce qu'elles léseraient l'indépendance individuelle, ce sanctuaire de l'homme, qui est l'unique et le véritable objet de cet état politique. Bien plus, en considérant la subversion des lois morales, qui, d'après ce que nous venons d'apprendre, est le but manifeste de pareilles associations physiques, soi-disant obligatoires, on conçoit que leur triomphe satanique, s'il devait se réaliser, serait une véritable destruction de la civilisation et peut-être même de l'actuelle espèce humaine.

Pour ce qui concerne, en second lieu, les doctrines hiérocratiques, ces prétendues doctrines religieuses dont les Paroles d'un Croyant ont présenté une des dernières manifestations, et dont d'autres sectateurs poursuivent aujourd'hui les hideux erremens, leur point principal consiste à vouloir déduire, de la RELIGION CHRÉTIENNE, les abus et les licences de l'exclusive souveraineté populaire de la France, de cette souveraineté précisément qui, en repoussant la souveraineté divine de l'autorité politique, dénie toute origine religieuse aux lois morales et par conséquent à l'autorité politique elle-même, en tant que cette autorité est instituée nécessairement pour la garantie des lois morales. — Une telle contradiction satanique suffit pour caractériser ces doctrines hiérocratiques ou prétenduement religieuses. On s'étonne même de voir que cette contradiction, qui tient de l'absurde, ait pu se produire publiquement, attirer quelque attention, et surtout se réaliser par de positives dispositions pratiques. Mais, en examinant le principe perversif de ces doctrines, celui que nous leur avons assigné et fixé plus haut, on reconnaît que c'est uniquement par une telle contradiction satanique qu'elles peuvent se réaliser. Nous allons en effet le reconnaître par l'examen suivant. — Dans la troisième période historique, la religion, et nommément la religion chrétienne, révéla à l'homme le dogme du verbe; et elle proposa ainsi à la philosophie le problème de l'explication rationnelle de ce grand dogme. Dans la quatrième période, la philosophie résolut effectivement ce problème, du moins autant qu'on pouvait le faire sous les conditions temporelles sous lesquelles se trouvait encore l'intelligence humaine. Cette solution philosophique consistait à entrevoir le verbe dans la réalité du monde, nommément dans l'existence de l'être et dans la certitude du savoir, et par là même à amener la décisive découverte de la SPONTANÉITÉ SPÉCULATIVE de la raison humaine, découverte qui, en complétant celle de la spontanéité pratique de notre raison, telle qu'elle avait été faite dans la deuxième période, éveilla dans l'homme l'idée de sa VIRTUALITÉ CRÉATRICE, dont il cherche à établir la conscience positive dans la cinquième, c'est-à-dire dans la présente période de son développement, pour pouvoir enfin réaliser en lui-même l'auguste dogme du VERBE, que la religion ne pouvait lui signaler d'abord que comme inhérent à l'essence de Dieu. Or, c'est par suite de cette découverte de la spontanéité spéculative de la raison de l'homme, découverte que nous devons entièrement à la réformation religieuse par le protestantisme, en tant que cette réformation a entrepris cette grande solution du problème religieux du verbe, et qu'elle a ainsi ouvert et accompli la quatrième période du développement de l'humanité, c'est, disons-nous, par suite de cette découverte de la spontanéité spéculative de la raison humaine que l'on a été conduit, dans la quatrième période, à l'idée du droit qu'ont tous les hommes de participer à la législation de leur pays, et par là même à l'idée de la SOUVERAINETÉ DE DROIT HUMAIN, qui, en venant alors se joindre à l'ancienne idée de la souveraineté de droit divin, donna naissance aux *gouvernemens constitutionnels*, comme nous l'avons déjà dit dans les deux chapitres précédens. Ainsi, voulant introduire en France cette souveraineté de droit humain, pour y déployer tous les abus et toute la licence qui peuvent se rattacher à ce droit terrestre, il aurait fallu avouer la spontanéité spéculative de notre raison, qui est la base morale de cette souveraineté populaire, et qui, parmi les conditions hyperphysiques de l'homme, est l'élément le plus élevé de sa virtualité créatrice, de cette haute virtualité que la bande mystérieuse, et nommément les doctrines hiérocratiques voudraient faire considérer comme un pouvoir destructeur des destinées humaines. Il ne restait donc à la bande, pour donner la déduction de la souveraineté populaire, aucun autre moyen que celui de la faire dériver de la religion chrétienne, en tant que cette profonde religion avait au moins proposé le problème du verbe, dont la susdite solution par le protestantisme a conduit à l'idée de la spontanéité spéculative de la raison humaine, et par la même à l'idée de la souveraineté du droit humain. En effet, dans les régions élevées où voulaient se placer les doctrines hiérocratiques, pour marcher parallèlement aux progrès actuels des peuples, elles étaient forcées, comme nous l'avons remarqué plus haut, de s'attacher aux deux buts *spirituels* de l'humanité, savoir, au but positif du bien-être spirituel ou de cognition, et au but négatif de moralité publique ou de garantie de la justice par la religion ; de sorte que, ne pouvant avouer le premier de ces buts, celui qui, dans la quatrième période, conduisit à l'éveil de la virtualité créatrice de l'homme, les doctrines obscurantes dont il s'agit, furent réduites à recourir au deuxième de ces buts, à celui des révélations chrétiennes. Et ce recours fut d'autant plus convenable à ces doctrines sataniques qu'après avoir ainsi prétendu déduire la souveraineté populaire comme venant de *la religion chrétienne*, elles ôtaient à cette souveraineté son véritable fondement, la spontanéité spéculative de la raison de l'homme ; et elles pouvaient alors s'attendre à ce que les abus et la licence qui s'attacheraient à une telle souveraineté humaine *mal comprise*, conduiraient immanquablement à l'exclusion de la souveraineté divine dans l'autorité politique, et par là même à l'exclusion de l'origine religieuse dans les *lois morales*, c'est-à-dire au désaveu de cette même religion chrétienne qui, dans ce recours, servait de base à leur infernale déduction de la souveraineté populaire. — C'est ainsi, comme nous l'avons avancé, que ces doctrines hiérocratiques ou soi-disant religieuses n'ont pu se réaliser que par une véritable et manifeste contradiction. — Bien plus, cette prétendue déduction de la souveraineté de *droit humain*, pour la faire *dériver* de la religion chrétienne, est tout-à-fait fausse logiquement, comme on peut déjà le prévoir à priori, en suivant le développement génétique de cette souveraineté dans la quatrième période. En effet, le christianisme, étant considéré purement dans ses révélations religieuses, sans en excepter la profonde révélation du dogme du verbe, ne donne pas encore à l'homme l'idée de la spontanéité spéculative de sa raison, cette unique base concevable de la souveraineté de droit humain. L'idée de l'égalité des hommes devant Dieu, que nous devons à la religion chrétienne, n'est qu'une attribution ÉTHIQUE, et nullement une attribution JURIDIQUE, c'est-à-dire une qualité *hiérarchique* de l'homme dans l'association morale et spirituelle formant l'ÉGLISE, et nullement une qualité *politique* de l'homme dans l'association morale et temporelle formant l'ÉTAT. Aussi, quelque haute que soit cette attribution éthique de l'humanité, la religion chrétienne n'a-t-elle pu, par cette attribution seule, détruire l'inégalité politique parmi les hommes ; inégalité qui, sous toutes les formes de servitude personnelle, même d'esclavage, a subsisté jusqu'à la quatrième période, où elle ne fut abolie définitivement que par suite de l'établissement légal de la souveraineté de droit humain dans les gouvernemens constitutionnels, lorsque, par l'éveil de l'idée de la spontanéité spéculative de la raison humaine, cette souveraineté populaire, qui implique l'attribution juridique de l'égalité des hommes devant la Loi, fut enfin reconnue moralement, d'après la déduction que nous en avons donnée dans les chapitres précédens. — Sans doute, l'attribution éthique de l'égalité des hommes devant Dieu, qui a été l'esprit de l'Église chrétienne, a opéré une grande et salutaire modification dans le gouvernement politique des États de la chrétienté; car, à côté de la nouvelle association morale formant cette Eglise, l'ancienne association morale formant les États ne pouvait subsister sans une *modification* conforme aux nouvelles conditions morales qui s'étaient ainsi révélées à l'humanité. Et cette modification majeure des gouvernemens politiques, provenant de l'attribution éthique de l'égalité des hommes devant Dieu, consistait manifestement et uniquement dans la garantie de la DIGNITÉ MORALE de l'homme; garantie qui, par la réaction qui en résultait de la part des membres des États, est précisément cette condition nouvelle par laquelle, dans l'accomplissement de la troisième période historique, les gouvernemens politiques ont reçu le caractère spécial de *gouvernemens représentatifs*. Mais, ce caractère spécial, qui ne portait que sur la dignité de l'homme, et qui ne lui attribuait ainsi que des DROITS CIVIQUES, accomplis et réalisés juridiquement par l'institution du régime municipal en opposition au régime gouvernemental, était encore loin du caractère ultérieur des *gouvernemens constitutionnels* de la quatrième période, de ce caractère décisif qui porte immédiatement sur la souveraineté des membres des États, et qui leur attribue ainsi des DROITS POLITIQUES, c'est-à-dire une participation réelle à la législation des États. — Voici, par anticipation sur la genèse messianique, un aperçu de ces modifications des gouvernemens politiques par l'influence de la religion chrétienne :

MODIFICATIONS DES ÉTATS PAR L'ÉGLISE

(dans la troisième période de l'humanité).

A) **Modifications** *politiques*.
  a) *Amélioration* des anciennes conditions politiques.
    a 2) Réduction de *l'esclavage* (surtout au milieu des désordres et de l'anarchie qui suivirent le démembrement de l'empire de Charlemagne et qui doivent être attribués à la diminution de l'autorité politique par l'influence de l'autorité ecclésiastique).
    a 3) Transition de l'autorité politique à l'autorité ecclésiastique. = DROIT FÉODAL.
    a 4) *Dépendance politique* des chefs des fiefs. = SUZERAINETÉ.
    b 4) *Prestation du travail* sans lésion de la dignité personnelle. = SERVAGE.
    b 3) Transition de l'autorité ecclésiastique à l'autorité politique. = ORDRES DE CHEVALERIE (chevaliers teutoniques, du Temple, de Malte, etc.).
    b 2) Extension de la *liberté* (au milieu de nouveaux désordres, résultant de l'affaiblissement progressif de l'autorité politique par l'autorité ecclésiastique).
    En Italie, libertés et priviléges des villes (Venise, Gênes, etc.).

En Espagne, fueros, au commencement du xi⁰ siècle.
En France, affranchissement des communes, sous Louis-le-Gros.
En Angleterre, grande-charte, sous Jean-sans-Terre.
En Allemagne, libertés et priviléges des villes, sous les Frédéric.

b) *Institution* de nouvelles conditions politiques; *réaction* des membres des États sur l'autorité politique. = Pouvoir représentatif.
En Espagne, cortès, sous Alphonse IX.
En France, états et parlemens sédentaires, sous Philippe-le-Bel.
En Angleterre, parlement (dont l'origine paraît remonter à Egbert, premier roi d'Angleterre).
En Allemagne, bulle d'or, sous Charles IV.

B) Modifications *juridiques* (droits *ex lege*, complétant les droits *ex facto* et *ex pacto*).
a) Dans le *droit privé*; mariage, autorité du chef de famille, etc., etc. = Droit canonique.
Nota. — Déjà Constantin-le-Grand avait essayé d'introduire cette modification éthique ou divine dans la législation juridique ou humaine, en changeant ainsi les lois civiles.
b) Dans le *droit public*. = Souveraineté de droit divin.
Nota. — Déjà, vers le milieu du v⁰ siècle, l'empereur Léon I fut ainsi couronné par le patriarche de Constantinople.

On voit, dans cet aperçu *génétique*, que, loin d'avoir produit l'idée de la souveraineté populaire ou de droit humain, la religion chrétienne a au contraire institué la souveraineté de droit divin. — Tout ce qu'elle a fait pour préparer l'humanité à cette haute idée de la souveraineté de droit humain, c'est la réaction politique ou plutôt la réaction civique qu'elle a sanctionnée de la part des membres de l'État sur l'autorité politique, pour garantir la dignité morale des peuples par la représentation de leurs conditions politiques. Mais, cette simple représentation, qui n'avait aucune conséquence pratique nécessaire, ni par conséquent aucune réalité absolue ou inconditionnelle, était loin de la souveraineté de droit humain dont il s'agit, de cette souveraineté qui, par la nécessité pratique qui lui est inhérente essentiellement, a une réalité absolue, égale à celle de la souveraineté de droit divin. Aussi, ayant égard à cette différence essentielle dans leurs réalités respectives, ne faut-il pas confondre les gouvernemens représentatifs de la troisième période avec les gouvernemens constitutionnels de la quatrième période, dans lesquels derniers, par suite du développement de l'idée de la spontanéité spéculative de notre raison, fut enfin instituée la vraie souveraineté populaire ou de droit humain (*). — On conçoit ainsi combien est fausse la prétention des doctrines

---

(*) D'après ces considérations, jointes à ce que nous avons reconnu plus haut dans le tableau de la philosophie de l'histoire, il est manifeste que les caractères distinctifs de l'association hu-

révolutionnaires de la France, et nommément de ses doctrines hiérocratiques, lorsqu'elles veulent faire dériver, de la religion chrétienne, cette souveraineté populaire ou nationale dont il s'agit. Et l'on reconnaît de plus toute l'absurdité de cette prétention lorsqu'on voit qu'après avoir ainsi voulu déduire cette souveraineté comme venant de la religion, ces mêmes doctrines excluent ensuite *la souveraineté de droit divin*, et par là même la religion qui l'a instituée. — Nous conclurons donc généralement que, puisque les doctrines révolutionnaires de la France, quelles qu'elles soient, ne peuvent donner une déduction didactique de la souveraineté populaire ou de droit humain, car elles ne peuvent s'élever au point de vue du protestantisme ou de la liberté de la pensée, où l'on a découvert et légalisé cette souveraineté par l'éveil de l'idée de la spontanéité spéculative de notre raison, la prétention de ces doctrines d'ériger la souveraineté nationale ou de droit humain, comme réalité absolue, en principe de toute liberté politique, et par conséquent avec une exclusion absolue de la souveraineté de droit divin, n'est rien autre, formellement RIEN AUTRE que la reproduction pure et simple de l'ancienne tendance de l'humanité, déjà réalisée dans sa deuxième période, vers l'établissement de la liberté politique sur la terre, comme nous l'avons reconnu dans le chapitre précédent.

Pour ce qui concerne, en troisième et dernier lieu, le concours commun ou la coopération qu'exercent les deux superfétations révolutionnaires, physiocratiques et hiérocratiques, pour arriver à la destruction de l'ordre social, le point principal de cette coopération consiste dans un HYPOCRITE APITOYEMENT sur le prétendu sort malheureux de la classe des hommes qui vivent du salaire de leur travail, et par conséquent dans une prétendue nécessité d'une RÉORGANISATION SOCIALE pour améliorer le sort de cette *classe la plus nombreuse*, comme les fauteurs de ces doctrines se plaisent à la qualifier. — Or, malgré la sympathie que pourrait provoquer, dans un très petit nombre de cas, lorsqu'on ne tient pas compte des habitudes, la peine de cette classe d'hommes, qui présente plus généralement l'expression d'un franc bonheur, personne ne peut, sans vouloir manquer de respect à ses semblables, insulter à cette classe d'hommes probes et laborieux en leur proposant, par de telles réorganisations sociales, de gagner leur vie sans travail ou par un travail qui

---

maine et du gouvernement politique dans les différentes périodes du développement progressif de l'humanité, sont :

Dans la 1re période. = Association *sentimentale* et Gouvernement *théocratique*.
Dans la 2e période. = Association *juridique* et Gouvernement *aristocratique*.
Dans la 3e période. = Association *éthique* et Gouvernement *représentatif*.
Dans la 4e période. = Association *cognitive* et Gouvernement *constitutionnel*.
Dans la 5e période. = Association *messianique* et Gouvernement *antinomien*.

ne serait pas de leur libre choix! Aussi, en pressentant que ce respect moral pour la classe des ouvriers est fondé en raison, comme nous allons le prouver effectivement, on prévoit que le manque d'un tel respect dans les doctrines dont il s'agit, décèle immédiatement, et par lui seul, l'intention qu'ont les fauteurs de ces doctrines de subvertir l'ordre moral de cette classe la plus nombreuse de la société, en la corrompant par de fausses attentes, pour la porter à la propre destruction de ce haut ordre moral de l'humanité. — Mais, voyons les preuves.

D'abord, il est MORALEMENT IMPOSSIBLE de changer l'ordre des relations qui existent, dans les États civilisés, entre la classe d'hommes qui subsiste par le salaire du travail et les autres classes de la société. Toute altération de cet ordre actuel de relations économiques serait une profonde *immoralité*. — Ensuite, il est PHYSIQUEMENT IMPOSSIBLE d'améliorer, d'une manière permanente, le sort, d'ailleurs plus que suffisant, de cette classe d'hommes qui vit du salaire de son travail. Toute prétendue amélioration de ce genre conduirait immanquablement à la ruine de la société et par conséquent à la ruine de cette classe elle-même. — Nous allons le démontrer.

Pour ce qui concerne, d'abord, l'IMPOSSIBILITÉ MORALE de changer l'ordre actuel des relations sociales, spécialement des relations économiques, elle provient manifestement du respect qui est attaché à la dignité morale de tout homme. En effet, comme être raisonnable, l'homme, doué ainsi de virtualité créatrice, qui lui est révélée par la spontanéité, pratique et spéculative, de sa raison, a la haute mission de créer lui-même ses propres destinées, c'est-à-dire la haute mission d'acquérir, par le TRAVAIL, tout ce qu'il veut posséder, même son *immortalité* hyperphysique; de sorte que vouloir ravir à l'homme le travail, sa plus noble attribution, ce serait porter la plus grave atteinte à son infinie valeur, à sa dignité morale. — C'est de cette manière que les biens terrestres dont les peuples peuvent disposer, et les lumières qu'ils possèdent à chaque période historique, sont le fruit du travail de l'homme et constituent ainsi, comme propriété acquise par lui, les élémens de son développement progressif pour arriver à la conquête finale de son immortalité hyperphysique, qui doit être son propre ouvrage. Et c'est de cette même manière que de nouvelles générations d'hommes, pour lesquelles les ancêtres qui les ont procréées n'ont pas, par leur travail, laissé de biens, ni par conséquent de moyens d'avoir des lumières, doivent elles-mêmes, par leur propre travail, acquérir ces biens et ces lumières, pour coopérer ainsi, dans une solidarité universelle, au développement progressif de l'humanité et à l'obtention finale de ses destinées sur la terre; destinées qui, comme nous venons de le dire, doivent, dans l'immortalité hyperphysique de l'homme, être son propre ouvrage. — On comprendra alors combien est dégradante et subversive pour l'humanité cette instance des deux superfétations révolutionnaires, physiocratiques et hiérocratiques, par laquelle elles exigent que la classe pauvre dont nous parlons, soit nourrie et instruite aux dépens du travail accumulé dans les classes riches de la société! Et l'on comprendra de plus que, seulement autant que cela est nécessaire pour la *conservation de la société*, c'est-à-dire pour la sûreté publique dans l'état politique, cette nourriture et cette instruction de la classe pauvre peuvent moralement et doivent juridiquement être fournies par le travail accumulé dans les classes riches de la société.

Pour ce qui concerne, ensuite, l'IMPOSSIBILITÉ PHYSIQUE d'améliorer, d'une manière permanente, le sort, d'ailleurs plus que suffisant (*), de la classe d'hommes qui subsiste par le salaire du travail, elle provient manifestement de la perfection absolue qui se trouve naturellement dans l'ORGANISME ÉCONOMIQUE de toute société humaine. En effet, l'ORGANISME PHYSIQUE, celui des êtres qui sont doués de vie, tels que les plantes et les animaux, en le considérant dans son opposition au simple MÉCANISME des êtres inanimés ou sans vie, consiste notoirement en ce que chaque élément, chaque partie constituante de ces êtres organisés, se trouve, à l'instar d'une prévision rationnelle, dans une espèce de dépendance intentionnelle avec l'ensemble systématique de ces êtres supérieurs, et réciproquement en ce que l'ensemble systématique de tels êtres se trouve, toujours à l'instar d'une prévision rationnelle, dans une espèce de dépendance intentionnelle par rapport à chaque élément ou à chaque partie constituante de ces êtres organisés ou animés de cette manière. Or, ce qui, dans cet organisme physique de la vie, n'est ainsi qu'une ANALOGIE DE LA RAISON, devient une véritable RÉALITÉ RATIONNELLE dans l'organisme économique d'une société humaine, où chaque élément, chaque partie constituante, c'est-à-dire chaque homme a positivement la connaissance rationnelle de ses fonctions économiques, dans leur action et réaction réciproques par rapport à l'ensemble systématique de la société entière; de sorte que toute atteinte portée au libre exercice de ces fonctions rationnelles de chaque homme, considéré comme élément organique, porterait nécessairement une atteinte à la perfection systématique de cet organisme dans la société humaine, et amènerait ainsi inévitablement une diminution dans la productivité industrielle de cette société. Et pour préciser d'une manière plus technique ces considérations générales, il suffit de remarquer que, dans les fonctions économiques d'un homme, considéré comme élément organique de la société, son *action directe* sur l'ensemble systématique de cette société constitue la CONCURRENCE du travail individuel,

---

(*) Nous disons que le sort de la classe des ouvriers est plus que suffisant, puisque toutes les fortunes qui existent dans la société, ne sont rien autre que du travail accumulé, c'est-à-dire un superflu du travail économisé sur la productivité industrielle de la société, et cela originairement par la classe de travailleurs dont il s'agit et qui a ainsi légué en héritage, à ses descendans actuels, ce superflu de son travail.

et la *réaction réciproque* de cet ensemble systématique de la société sur chacun de ses élémens organiques, c'est-à-dire sur chaque homme comme membre de cette société, constitue la RÉPARTITION du produit social ; de sorte que tout empêchement ou toute modification extérieure de la libre concurrence du travail individuel et de la libre répartition du produit social introduit manifestement une imperfection dans l'organisme *économique de la société*, et opère ainsi nécessairement une diminution dans la productivité industrielle de cette société. — On comprendra alors *combien est absurde et dangereuse la prétention des deux doctrines révolutionnaires, physiocratiques et hiérocratiques*, lorsque, sous le faux prétexte d'améliorer le sort de la classe qui subsiste par le salaire du travail, elles veulent organiser ce travail, le diriger, ou l'exciter seulement par quelque influence étrangère au choix libre et naturel des hommes qui composent cette nombreuse classe de la société. Et l'on comprendra de plus que, dans l'unique cas du besoin de la conservation sociale, ou de la sûreté publique, intérieure ou extérieure, de l'état politique, une *telle influence directrice*, que le gouvernement seul pourrait exercer, sur le choix libre et naturel du travail individuel des hommes, et qui diminuerait toujours et inévitablement la masse de la productivité industrielle de la société, serait permise moralement et serait même *commandée* juridiquement, surtout pour prévenir les suites fâcheuses d'une trop grande et trop rapide dislocation du travail, provenant de la guerre ou de tout autre dérangement moral ou économique de la société (*).

En résumant cette double impossibilité, morale et même physique, qui est attachée à la prétendue amélioration du sort de la classe des hommes qui vivent du salaire de leur travail, et en voyant cette espèce d'acharnement avec lequel les deux superfétations révolutionnaires, physiocratiques et hiérocratiques, se débattent si violemment, dans leurs associations publiques et occultes, pour opérer cette impossible amélioration, on ne peut s'empêcher de chercher

---

(*) Pour en finir avec toutes ces rêveries économiques par lesquelles on ne cesse de déraisonner sur l'ordre social, nous devons faire remarquer qu'après avoir fixé les conditions fondamentales de l'économie politique, telles que nous venons de les reconnaître dans l'ORGANISME ÉCONOMIQUE de la société, il ne reste, pour l'accomplissement de cette partie de la science sociale, rien de plus que la détermination mathématique, par des formules positives, de ces conditions fondamentales, et surtout de la productivité économique ou industrielle de la société sous de pareilles conditions. — Nous donnerons nous mêmes, dans la suite de la présente Métapolitique messianique, cette détermination mathématique et finale de la science de l'économie politique. Et en attendant, nous serons fondés, par la présente découverte positive de l'*organisme économique*, à considérer comme RÊVERIE toute conception de ce genre qui voudrait encore se produire hors de la future détermination mathématique de l'économie politique, de cette détermination scientifique et finale dont nous reconnaissons ici l'actuelle et unique nécessité complémentaire, au point philosophique où nous venons d'arrêter cette science.

ailleurs que dans l'ignorance les motifs des fauteurs de ces doctrines complémentaires des révolutions françaises. Et en considérant de plus les perfides provocations que ces doctrines adressent sans cesse, et pour ainsi dire systématiquement, à cette classe pauvre du peuple, provocations où, par une manifeste perversion, elles représentent les hommes laborieux de cette classe comme étant EXPLOITÉS par les classes riches de la société, et où, par une insigne mauvaise foi, elles leur insinuent ouvertement que les biens accumulés dans ces classes riches ne sont ainsi qu'une SPOLIATION de la propriété de la classe pauvre de travailleurs, on ne peut s'empêcher de découvrir les intentions infâmes des fauteurs de ces doctrines subversives, tendant à exciter à la révolte cette nombreuse classe de travailleurs, pour la porter à s'emparer des biens des autres classes, de ces biens sacrés, fruit du travail de nos pères, transmis à leurs actuels descendans en vertu de la sainte et inviolable loi de PROPRIÉTÉ, de cette loi absolue qui, pour des êtres raisonnables, à cause de leurs conditions hyperphysiques et éternelles, demeure effectivement indestructible à perpétuité. — Toutefois, si l'on fait abstraction de ces sanguinaires et sauvages atteintes révolutionnaires à la propriété de l'homme, et si l'on ne considère que les moyens bizarres, et souvent très risibles, par lesquels les deux doctrines, physiocratiques et hiérocratiques, veulent opérer la prétendue amélioration du sort de la classe pauvre dont il s'agit, et surtout organiser le travail de la société pour arriver à cette amélioration, on est vraiment tenté de croire que ces superfétations révolutionnaires, du moins dans quelques-unes de leurs dernières manifestations, où l'on veut harmonier les passions humaines, c'est-à-dire arriver au bien par le mal, ne sont rien autre que des MYSTIFICATIONS publiques, par lesquelles la bande invisible de France cherche ainsi à jeter d'avance et indirectement une défaveur sur toute doctrine sociale qui, par des voies rationnelles, s'efforcerait de découvrir les vraies conditions de l'humanité.

Examinons maintenant les deux branches fondamentales des doctrines révolutionnaires de la France, savoir, la doctrine du parti du droit humain, qui, dans ce pays, est fondée sur l'argument de Voltaire ou des encyclopédistes, et la doctrine du parti du droit divin, qui, dans le même pays, est fondée sur l'argument de Pascal ou des jansénistes. — Nous avons déjà dit que ces deux doctrines fondamentales, nonobstant leurs vicieux argumens respectifs, de Voltaire et de Pascal, qui leur servent actuellement de principes, sont encore des doctrines en quelque sorte RATIONNELLES, quoiqu'elles aient été viciées ainsi par l'influence de la bande mystique de France, comme nous l'avons reconnu dans le premier chapitre. En effet, ces argumens, quelque perversifs qu'ils soient sans doute dans leurs intentions et dans leurs conséquences morales, sont néanmoins susceptibles d'une discussion publique; et ils peuvent ainsi, par les contradictions et par les absurdités auxquelles ils conduisent respectivement, faire découvrir, par eux-mêmes, tout le NON-SENS qui en est le véritable tissu caractéristique. Et alors, en abandonnant ces faux et pernicieux argumens, les deux partis politiques, du droit humain et du droit divin, qui s'égarent aujourd'hui en France dans ces dangereuses directions, rentreraient naturellement dans leur véritable tendance primitive, si, comme nous l'avons déjà remarqué plus haut, la bande mystérieuse de ce pays ne les jetait de nouveau dans des voies encore plus périlleuses. — Nous allons, en peu de mots, faire connaître ces sinistres et destructives conditions de tout ordre moral en France.

D'abord, pour ce qui concerne le parti du droit humain, son argument de Voltaire ou des encyclopédistes, tel que nous l'avons déjà signalé dans le premier chapitre, est que *tout ce qui est inintelligible pour l'homme, incompréhensible par son bon-sens, c'est-à-dire insaisissable par ses sens, est une absurdité ou du moins une chimère qui n'a point de réalité.* — Or, le simple exposé de cet argument, où l'intelligence humaine est réduite aux conditions inertes et purement physiques de nos sens, suffit pour montrer que l'homme, dans sa véritable essence hyperphysique, comme être raisonnable, et par conséquent spontané dans son intelligence, et par là même indépendant de l'inertie de ses sens, y est méconnu entièrement. Et si l'on ne savait pas déjà que c'est la bande mystérieuse de France qui a donné ce drapeau au parti du droit humain, pour le détourner de sa véritable direction, on serait surpris de voir que, dans son argument fondamental, ce parti soi-disant libéral ou philosophique, qui proclame partout, en lettres de sang, son dévouement au triomphe de l'humanité sur la terre, cherche ouvertement à anéantir tout ce qu'il y a de caractéristique dans l'essence supérieure de l'homme, en lui ravissant ainsi la spontanéité de sa raison, de cette haute raison au nom de laquelle précisément ce même parti veut imposer son autorité décisive.

Nous ne nous arrêterons pas ici à réfuter didactiquement le stupide argument dont il s'agit, et qui n'est manifestement que le produit d'une intelligence brute où ne se sont pas encore révélées les hautes conditions de l'infinie et absolue réalité de l'homme. Nous nous bornerons à faire remarquer que, d'après la teneur de cet argument, l'expérience et le bon-sens seraient, non seulement les garans uniques, mais de plus les seuls créateurs de *toute* vérité dans le monde, et qu'alors, sans même pouvoir faire illusion par un cercle vicieux, cet argument lui-même ne saurait avoir aucune vérité, puisque ni l'expérience, ni par conséquent le bon-sens ne pourraient le constater. Et nous y ajouterons la remarque que, dans une telle limitation de l'intelligence humaine, il ne saurait exister ni science ni philosophie, parce que les objets des sciences et surtout ceux de la philosophie portent notoirement sur des réalités transcendantes, qui dépassent de beaucoup la sphère du bon-sens, c'est-à-dire que, bien au delà des réalités créées ou immanentes, qui seules sont du domaine du bon-sens, ces objets supérieurs s'étendent jusqu'aux principes créateurs de ces dernières réalités, principes qui, comme l'INFINI et la SPONTANÉITÉ, sont établis hors des conditions du temps, et ne peuvent ainsi, dans cet état transcendant, être atteints par aucune expérience humaine.

Mais, nous confronterons au moins, avec le grand but du parti du droit humain, l'inepte argument dont il est question et que ce parti philosophique a pris en France pour principe de son développement. — Or, d'après ce que nous avons reconnu, déjà dans le Prodrome du Messianisme, et dans l'Epître au Roi qui est à la tête de la présente Métapolitique, le but principal du parti social du droit humain est l'ACCOMPLISSEMENT COGNITIF DES VUES PHILOSOPHIQUES DE LA RAISON. Et quel que puisse être le système de philosophie dans lequel on veuille se placer, les vues philosophiques de la raison, dans ce système, comme dans tout autre, se réduisent généralement, en ce qui concerne l'intérêt essentiel de l'homme, aux trois questions fondamentales et décisives qu'il peut et qu'il doit se faire, savoir :

1re *Question.* = Que suis-je?
2e *Question.* = Quelles sont mes destinées?
3e *Question.* = Que dois-je faire pour les accomplir?

Appliquons donc, à la solution de ces trois questions philosophiques, le pauvre argument de Voltaire que le parti du droit humain en France destine à cette décisive solution. Et nous reconnaîtrons immédiatement que, par une telle application de cet argument, qui n'admet que l'usage des sens pour arriver à la découverte de la vérité, les trois questions philosophiques qu'il s'agit de résoudre, deviennent de simples questions médicales; car, c'est tout-à-fait ainsi que la médecine, nommément la médecine expérimentale, qui, pour arriver à la vérité, n'a aussi d'autre instrument que le scalpel ou les sens, envisage et établit ses grandes questions concernant l'organisation physique ou la vie de l'homme. Aussi, dans la confusion que l'on fait naturellement en France du susdit argument de Voltaire, sur lequel se fondent les philosophes libéraux de ce pays, avec les procédés de simple observation matérielle, que suivent les médecins empiriques de ce même pays, la philosophie, dégradée ainsi, a dû, en France, se constituer dans la médecine. Et en effet, par suite de cette confusion, les médecins que nous venons de nommer, revendiquent sérieusement, sans que l'on puisse toutefois s'empêcher d'en rire, le droit ou la faculté de procréer la vraie philosophie. — La cause de cet abrutissement intellectuel, car ce n'est absolument rien autre, consiste manifestement, d'après tout ce que nous avons déjà reconnu sur les hautes facultés de l'homme, dans l'ignorance profonde et commune où se trouvent, en France, les philosophes et les médecins concernant toute autre voie, rationnelle, spontanée, et supérieure à la voie naturelle des sens, pour arriver à la découverte de la vérité. C'est effectivement dans cette profonde et commune ignorance que ces messieurs se débattent publiquement, avec toute leur gravité doctorale, pour établir la prééminence entre la phrénologie et la psychologie, sans qu'il se trouve personne en France pour les éclairer sur leurs égaremens intellectuels, en leur apprenant que la médecine, à laquelle se rattache la phrénologie, n'a ni ne peut avoir pour objet que les conditions physiques de l'homme, ces conditions purement corporelles qui suivent les lois de l'inertie et du mécanisme de la matière, et que la philosophie, à laquelle se rattache la psychologie, a et doit avoir pour objet les conditions hyperphysiques de l'homme, ces conditions spirituelles ou indépendantes de la matière, qui s'exercent avec une entière spontanéité et qui constituent ainsi la raison, cette essence absolue de l'homme, manifestée par sa virtualité créatrice. — On conçoit facilement combien cette brute confusion du corporel et du spirituel dans l'homme a dû, en France, engendrer de risibles erreurs, d'une part, chez les philosophes libéraux, qui voulaient ainsi transformer l'esprit en matière, et constituer par là une *philosophie positive* ou en quelque sorte *matérielle*, et une *morale physique* dans une *association mécanique* des hommes, et de l'autre part, chez les médecins empiriques, qui, au contraire, voulaient ainsi transformer la matière en esprit, et accomplir par là les hautes obligations de la philosophie, tantôt dans une *physiologie des passions*, tantôt dans une *hygiène morale*, et tantôt dans mille autres folies médicales pareilles (*). Mais, on ne se doute guère que cette risible et stupide confusion du corporel et du spirituel dans l'homme, ou de ses conditions physiques et hyperphysiques, a été, pour le développement de l'esprit révolutionnaire en France, la tâche que la bande mystérieuse a spécialement assignée à un progrès subversif des sciences médicales dans ce pays, en les chargeant, en quelque sorte *ex professo*, de cette brute confusion, pour pouvoir ainsi détruire toutes les hautes attributions de l'être raisonnable. Nous nommons à dessein *stupide* et *brute* cette confusion médicale du spirituel et du corporel dans l'homme, pour montrer qu'elle n'a besoin d'aucun effort intellectuel. Bien au contraire, il faut arriver à une haute culture de l'intelligence pour pouvoir distinguer dans l'homme, avec précision et clarté, ce qu'il

---

(*) A la vérité, il existe bien une réaction réciproque entre l'esprit et le corps ou entre les facultés psychologiques et les fonctions somathologiques de l'homme; mais, cette réaction *sui generis*, qui participe, tour-à-tour, et de la spontanéité des facultés psychologiques et de l'inertie des fonctions somathologiques, dépasse de beaucoup la simple étude médicale de l'organisation physique ou du corps de l'homme. Elle fait l'objet d'une science spéciale, nommée ANTHROPOLOGIE, qui est placée à une distance infinie au-dessus des sciences médicales, parce que, en outre de la connaissance de ces sciences, elle requiert surtout la connaissance de la haute science de la psychologie, qui précisément scrute les facultés spontanées de l'âme humaine, facultés que les médecins ne peuvent encore concevoir, et qu'ils n'ont même pas besoin de connaître pour faire des progrès utiles dans leur art purement physique.

y a en lui de réellement spirituel, comme caractère distinctif de la raison humaine. Bien plus, toute la culture intellectuelle des nations, tous les progrès de la civilisation des peuples, toute l'existence des hommes sur la terre, en un mot, les destinées entières de l'humanité sur ce globe ne sont rien autre que l'élévation du savoir humain à la hauteur où l'homme pourra distinguer, d'une manière positive et didactique, ce qu'il y a en lui de réalité spirituelle, c'est-à-dire ce qu'il y a de spontanéité créatrice dans sa raison. Et alors, certes, nos médecins modernes, pour répondre à l'appel de la bande mystérieuse de France, n'avaient pas besoin de faire des efforts intellectuels pour confondre ce qu'il y a de spirituel avec ce qu'il y a de corporel dans l'homme. Cette confusion était plutôt le résultat naturel et tout simple de la portée actuelle de leur intelligence, portée dans laquelle il leur est encore impossible de concevoir cette haute spontanéité de la raison de l'homme, qui lui donne ses attributions infinies d'une véritable virtualité créatrice. Aussi, devons-nous applaudir à la mesure que le gouvernement français a prise d'exiger que, désormais, les docteurs en médecine soient au moins bacheliers-ès-sciences, pour apprendre à ces prétendus philosophes à scalpel les premiers élémens de la logique, et pour les initier ainsi dans les grandes voies du savoir humain, afin de les empêcher de confondre leurs précaires et purement passives observations et conjectures somathologiques avec les hautes productions spontanées de notre raison, c'est-à-dire avec les créations absolues de la philosophie. — Quoi qu'il en soit de cet égarement intellectuel des philosophes libéraux et des médecins empiriques en France, voyons quelles solutions pourront être données aux susdites trois grandes questions philosophiques du parti du droit humain, par l'application de l'argument de Voltaire ou des encyclopédistes, sur lequel se fonde actuellement ce parti politique, et qui, d'après tout ce que nous venons de dire, est aujourd'hui l'argument commun et de ces philosophes libéraux et de ces médecins empiriques. Mais, pour ne pas nous étendre plus que ne le vaut ce sujet, nous nous bornerons à présenter ici immédiatement ces faciles solutions, telles que les donne l'application de l'argument encyclopédiste dont il s'agit. — Les voici :

Réponse à la 1re question. — L'homme est un être organisé par excellence, en tant qu'il est doué de la parole, qui lui sert, non seulement pour la communication sociale avec d'autres hommes, mais de plus pour l'analyse de sa pensée, et par conséquent pour la perfection de son intelligence.

Réponse à la 2e question. — Les destinées de l'homme sont de jouir, de souffrir, et de mourir.

Réponse à la 3e question. — Pour accomplir ses destinées, l'homme doit, par tous les moyens, se procurer le plus de bien-être, et se soustraire, autant que possible, à tout malaise, surtout et le plus long-temps à la mort.

Voilà donc, d'après la tendance actuelle du parti du droit humain en France, en suivant son argument ANTI-PHILOSOPHIQUE de Voltaire, le sort, plus que méprisable, de l'homme, de cet être éminent pour qui le monde paraît avoir été créé! Et certes, un tel sort, aussi misérable qu'il est indigne, ne mériterait pas les efforts sanguinaires que fait ce parti politique pour le faire obtenir à l'humanité. — A la vérité, dans l'accomplissement de *ses destinées, il est* permis à l'homme, d'après la susdite réponse à la 3ᵉ question, d'user de tous les moyens; de sorte qu'il peut, autant que le lui permettront les autres hommes, se libérer envers eux de toute obligation morale. Il doit même, pour user de toute la force de son esprit, et c'est en cela qu'il sera ESPRIT-FORT, se mettre entièrement hors et au-dessus des lois morales, parce que leur impératif catégorique ou leur nécessité inconditionnelle, étant inintelligible pour l'homme, n'est manifestement qu'une illusion ou une chimère. Et c'est pour cela qu'il doit exclure, de l'autorité politique, toute souveraineté divine, qui attribuerait aux lois morales, déjà illusoires ou chimériques elles-mêmes, une origine plus chimérique encore. — C'est donc là la seule déduction didactique que le parti politique du droit humain puisse donner aujourd'hui d'une telle exclusion de la souveraineté divine dans l'autorité politique, de cette exclusion précisément sur laquelle on veut actuellement fonder le droit public en France.

Mais, tout en faisant jouir l'humanité de ce sort brillant, le parti politique du droit humain doit encore, d'après la première de ses trois réponses susdites, perfectionner l'intelligence et par là même les conditions humaines. — C'est là, sous le nom pompeux de *perfectibilité humaine*, son incessante invocation de la LOI DU PROGRÈS, de cette loi, si magique pour lui, dont il n'a cependant ni ne peut manifestement avoir aucune idée, dans les limites étroites de son argument fondamental de Voltaire ou des encyclopédistes. Et c'est ainsi qu'au milieu de toutes les absurdités auxquelles le conduit cet inepte argument, comme nous venons de le voir, le parti politique du droit humain en France se réfugie ou plutôt se cache dans cette merveilleuse loi du progrès, qui, d'après ce que nous avons déjà remarqué dans la susdite Épître au Roi, devient alors, pour ce parti social, le CRITÉRIUM de toute vérité politique. — Malheureusement, et nous l'avons déjà reconnu avec infaillibilité, il n'existe plus aujourd'hui aucun progrès possible pour l'humanité sur la voie providentielle sur laquelle, jusqu'à ce jour, elle a accompli, dans les quatre périodes précédentes, son entier développement causal ou en quelque sorte mécanique. Son progrès ultérieur et décisif, celui qu'elle doit faire dans la cinquième période où elle entre actuellement, doit être son propre ouvrage, par la création propre du but absolu des êtres raisonnables; et certes, ce n'est pas avec l'argument de Voltaire que le parti politique du droit humain en France parviendra à cette production spontanée, à cette création propre de ses destinées ultérieures. Ce parti politique sera donc forcé, par les inextricables absurdités auxquelles il se trouve conduit avec son actuel argument fondamental, de reconnaître toute l'ineptie et toute la fausseté de cet argument encyclopédiste, que la bande mystérieuse lui avait imposé pour le détourner de sa véritable et salutaire direction. Et alors, s'il résiste à une nouvelle et encore plus périlleuse impulsion de la même bande, il rentrera naturellement dans sa propre et belle direction, dans celle où, d'après sa haute vocation ou mission providentielle, il doit chercher l'ACCOMPLISSEMENT COGNITIF DES VUES PHILOSOPHIQUES DE LA RAISON.

Ensuite, pour ce qui concerne le parti du droit divin, son argument de Pascal ou des jansénistes, tel que nous l'avons également signalé dans le premier chapitre, est que *l'homme, dans son état de péché originel, est incapable de concevoir, hors de la révélation, aucune vérité*, et que *cette incapacité absolue constitue, dans ce monde, son expiation du péché originel*. — Or, en admettant que cet argument soit conforme à la raison, parce que, sans cette condition, il serait déraisonnable et par conséquent absurde en lui-même, tel qu'il l'est effectivement, comme nous allons le voir, il est manifeste qu'étant ainsi un produit ou du moins un aveu de la raison, cet argument formerait une limitation propre de cette haute faculté humaine, de la raison, qui, sans contradiction avec l'argument dont il s'agit, ou plutôt comme postulatum de cet argument, implique une tendance infinie ou illimitée vers la découverte de la vérité. Ainsi, l'argument en question, sur lequel se fonde le parti du droit divin en France, ne serait rien autre qu'une limitation propre de la raison dans son développement infini et illimité, c'est-à-dire une véritable destruction de la raison par elle-même; ce qui est la plus insigne absurdité. Si donc on ne savait pas déjà que c'est la bande invisible de France qui a donné ce drapeau au parti du droit divin, pour le détourner également de sa véritable direction, on serait de nouveau surpris grandement de voir qu'un tel argument serve de base à ce parti du droit divin, qui demande et proclame partout, avec une résignation de martyr, le triomphe de la religion chrétienne, de cette religion supérieure qui ne s'élève au-dessus de toutes les autres religions que par son caractère éminemment rationnel.

Nous ne nous arrêterons pas non plus à réfuter didactiquement l'absurde argument dont il s'agit et qui n'est manifestement que le produit d'un perversif mysticisme, destiné à arrêter les progrès de la raison humaine et, avec eux, le grand et final développement de la religion chrétienne elle-même. Nous nous bornerons aussi à faire remarquer que, d'après la teneur de cet argument, la révélation et la foi seraient ici, à leur tour, non seulement les *garans uniques, mais de plus les seuls créateurs de toute vérité pour l'homme*, et qu'alors, sans pouvoir non plus faire illusion par un cercle vicieux, cet argument lui-même ne saurait également avoir aucune vérité, puisque ni la révélation ni la foi ne pourraient elles-mêmes le constater. Et nous y ajouterons aussi la remarque que, dans une telle limitation absolue de la raison de l'homme, il ne saurait même pas exister de *théologie*, parce que, tout en puisant ses principes dans la révélation, la théologie, pour arriver à établir didactiquement les vérités du christianisme, est forcée de procéder entièrement et uniquement par des voies rationnelles.

Mais, nous confronterons de même, avec le grand but du parti du droit divin, le subversif argument dont il s'agit et que ce parti religieux a pris en France pour principe de son immobilité. — Or, d'après ce que nous avons reconnu généralement, déjà dans le Prodrome du Messianisme, et dans l'Épître au Roi qui est à la tête de la présente Métapolitique, le but principal du parti social du droit divin est l'ACCOMPLISSEMENT SENTIMENTAL DES VUES RELIGIEUSES DE LA FOI. Et, pour peu que l'on ait approfondi la doctrine révélée du christianisme, on sait que ses vues religieuses, en les considérant dans leurs parties constituantes et essentielles, se réduisent aux trois élémens suivans :

1° — *Principe pratique.* = LOI MORALE DU CHRIST (Ne fais pas à autrui ce que tu ne voudrais pas qu'il te fût fait, etc.).

2° — *Principe spéculatif.* = DOGME DU VERBE (Au commencement était le Verbe, et le Verbe était en Dieu, et Dieu était le Verbe, etc.).

3° — *Corollaire théologique.* = VIE ÉTERNELLE (Quiconque n'est pas né de nouveau, par une régénération spirituelle, ne peut point entrer dans le royaume de Dieu, etc.).

Appliquons maintenant, à l'appréciation ou à l'examen de ces trois élémens religieux du christianisme, l'obscur argument de Pascal ou des jansénistes que le parti du droit divin en France considère comme le garant de toute vérité. Et pour ne pas nous étendre ici plus que ne le vaut également ce sujet, nous nous bornerons encore à présenter immédiatement les résultats de l'appréciation que nous voulons connaître, tels que les donne la confrontation de l'argument janséniste dont il s'agit. — Les voici :

1° — S'il était possible de renoncer à l'usage de la raison dans l'application de la loi morale du Christ, comme le demande le perversif argument en question du parti du droit divin en France, cette loi sublime, instituée dans la troisième période, ne serait qu'un simple commandement de Dieu, tel que l'ont été les préceptes moraux dans la première période de l'humanité. Et alors, la présente loi morale, celle qui est donnée dans le Nouveau-Testament, et qui, comme on le voit, laisse explicitement à la raison de l'homme la détermination libre du cas de son application, perdrait ce beau caractère de rationalité, par lequel précisément elle se distingue des simples préceptes moraux (le Décalogue) qui sont donnés dans l'Ancien-Testament. — Et le christianisme se trouverait ainsi, sur cette voie morale, ramené au simple judaïsme.

2° — Si la raison humaine n'est pas admise à l'examen du dogme du Verbe, comme le prétend l'inepte argument qui nous occupe, ce dogme, tout en étant donné par la révélation, demeurerait, pour l'intelligence de l'homme, un véritable non-sens, parceque la raison seule, comme faculté de conditions ou de principes, peut concevoir en Dieu son principe inconditionnel, le verbe, c'est-à-dire sa virtualité créatrice. Bien plus, hors de cette conception rationnelle, le verbe, donné purement et simplement par la révélation, serait une véritable idole, placée à côté et même avant Dieu. Et alors, le christianisme, se trouvant ainsi ramené à l'idolâtrie, serait pire que le judaïsme, dans lequel le principe inconditionnel de Dieu est placé en Dieu lui-même, d'après la fameuse manifestation divine : *Je suis celui qui est.*

3° — Enfin, si la vie éternelle ne peut absolument être obtenue que par la régénération spirituelle de l'homme, comme le dit Jésus-Christ, et si la raison humaine ne peut participer à la connaissance de ces hautes vérités, comme le prétend l'argument expiatoire que nous y appliquons, la vie éternelle, tout en étant ainsi promise par la révélation, ne saurait, d'aucune manière, être obtenue par l'homme; car, l'unique instrument de sa régénération spirituelle est la raison, qui seule, comme condition hyperphysique de son existence, est douée d'une spontanéité créatrice, c'est-à-dire d'une faculté de régénération spirituelle. Bien plus, comme le terme de l'expiation humaine se trouve ainsi, d'après Jésus-Christ, dans la régénération spirituelle de l'homme, il est manifeste que si, par la spontanéité créatrice de sa raison, il ne pouvait lui-même opérer cette régénération, elle ne pourrait se faire autrement que par une véritable métempsycose. Et alors, le christianisme se trouverait de nouveau ramené à l'état des religions grossières du paganisme.

Nous conclurons donc, de cette confrontation de l'argument de Pascal ou des jansénistes avec les trois élémens fondamentaux du christianisme, que cet argument absurde, celui précisément que le parti du droit divin en France prend pour base de son immobilité rationnelle, est, en toute vérité, un argument ANTI-CHRÉTIEN. Et nous comprendrons ainsi comment, par un tel drapeau donné à ce parti religieux, la bande mystérieuse de France est parvenue à le faire sortir des véritables voies du christianisme, et à opérer ainsi, par ce parti lui-même, l'extinction graduelle de la religion chrétienne en France, à côté du développement progressif et correspondant du mépris de cette sainte religion dans le parti politique du droit humain, par le susdit argument anti-religieux de Voltaire ou des encyclopédistes. C'est ainsi, en effet, que, par le concours bizarre et en apparence inexplicable des jansénistes et des encyclopédistes, la bande invisible de France, en luttant, tour à tour, contre le catholicisme et contre le protestantisme, est parvenue, dans ce pays, à éteindre entièrement la vraie religion chrétienne, pour pouvoir y déployer, avec toute son intensité subversive, l'esprit révolutionnaire, qui est la sinistre religion actuelle de ce pays.

Mais, ce qui forme le trait caractéristique du parti social du droit divin que nous examinons ici, c'est cette immobilité rationnelle qui lui est imposée par son mystique argument de Pascal ou des jansénistes, comme nous venons de le voir dans la présente confrontation de cet argument avec les trois élémens fondamentaux du christianisme. — C'est là, sous le nom contemptible de STABILITÉ DE LA RAISON HUMAINE, en opposant ainsi cette immobilité à la loi du progrès du parti philosophique du droit humain, le honteux refuge de ce parti religieux du droit divin, au milieu de toutes les contradictions et impiétés anti-chrétiennes auxquelles le conduit son absurde argument janséniste. Et c'est ainsi que cette prétendue stabilité de notre raison, d'après ce que nous avons également remarqué déjà dans la susdite Épître au Roi, est devenue, pour ce parti social, le CRITÉRIUM de toute vérité, politique et même religieuse. — Heureusement, cette immobilité rationnelle, ou cette exclusion de la raison de l'homme dans toute investigation de la vérité, par laquelle, comme nous venons de le reconnaître, on a été jeté en France hors des voies du christianisme et amené ainsi à l'extinction de la religion chrétienne, est diamétralement opposée à l'esprit de cette haute religion, et même littéralement opposée à l'Écriture-Sainte, sur laquelle se fonde cet esprit supérieur. En effet, le divin fondateur du christianisme nous a promis très expressément la venue du Paraclet, de cet esprit de vérité qui doit nous ENSEIGNER et EXPLIQUER tout ce qu'il nous a dit. Voici ses propres paroles :

« Paracletus autem Spiritus sanctus, quem mittet Pater in nomine meo,
« ille vos DOCEBIT omnia, et SUGGERET vobis omnia quæcumque dixero
« vobis. » (Saint Jean, XIV, 26.)

Et certes, ce n'est point, comme le prétendent les fauteurs de l'argument janséniste, la descente du Saint-Esprit sur les Apôtres, pour leur apporter le don des langues, qui a pu accomplir cette haute et décisive prédiction de Jésus-Christ. Le don des langues et même celui d'une grande et scrupuleuse mémoire, qui ont été nécessaires aux Apôtres pour répandre partout et redire exactement la vie de Jésus-Christ, comme ils l'ont fait dans les Évangiles et dans leurs Actes, ne sont que des facultés en quelque sorte physiques de l'homme. Et c'est la raison elle-même, surtout la RAISON ABSOLUE, dans ses conditions spontanées ou hyperphysiques, qui est nécessaire pour remplir dignement la promesse divine dont il est question, c'est-à-dire pour nous enseigner et pour nous expliquer les paroles du Christ. — Or, nulle part encore cette haute lumière, tout-à-la-fois divine et humaine, la raison absolue, qui, d'après cette annonce même dans l'Ecriture-Sainte, est proprement le véritable Saint-Esprit, n'est descendue sur la terre pour éclairer les hommes conformément à la grande prédiction de Jésus-Christ. En effet, et cela est décisif, cette grande prédiction n'annonce et ne peut annoncer rien moins que l'obtention de la VÉRITÉ ABSOLUE sur la terre, et avec elle la connaissance des DESTINÉES FINALES DE L'HOMME, considéré comme être raisonnable. Et nous le demandons expressément, où est-elle, cette vérité absolue, et quelles sont nos destinées finales ? — Aussi long-temps que personne ne pourra répondre à ces questions décisives pour l'humanité, la grande prédiction de Jésus-Christ de la venue du Paraclet demeurera non-accomplie; et nous serons en droit, ou plutôt nous serons obligés religieusement, en avouant le Christ, d'attendre l'accomplissement de sa promesse, par la production rationnelle de la vérité absolue sur la terre et, avec elle, de la connaissance de nos destinées finales. —Lorsque le parti politique du droit divin en France, et généralement lorsque les différentes Eglises chrétiennes reconnaîtront cette nécessité religieuse (*), et il faut bien qu'on la reconnaisse, pour sortir des contradictions impies dans lesquelles on s'engage de plus en plus, et surtout pour marcher parallèlement aux grands progrès actuels de l'humanité, ce parti religieux s'apercevra de toute la fausseté et de toute la perversion de son prétendu argument fondamental, de celui de Pascal ou des jansénistes, que la bande mystique de France lui a imposé pour le détourner de sa véritable et salutaire direction. Et alors, s'il résiste aussi à une nouvelle et encore plus périlleuse impulsion de la même bande, il rentrera également dans sa propre et belle direction naturelle, dans celle où, d'après sa haute vocation ou mission providentielle, il doit chercher l'ACCOMPLISSEMENT SENTIMENTAL DES VUES RELIGIEUSES DE LA FOI.

Nous sommes encore loin en France de l'époque où ses deux grands partis politiques, du droit humain et du droit divin, retourneront ainsi, par eux-mêmes, à leurs véritables directions respectives, à celles auxquelles nous venons de les ramener. Bien plus, la bande mystérieuse de ce pays a déjà été au-devant de ce retour, en prenant d'avance, et dès ce moment, des mesures propres à l'empêcher. Ainsi, prétextant les contradictions, les exigences, les absurdités, les exclusions, les violences, et surtout les désordres incessans auxquels ces nombreuses anomalies conduisent et conduiront sans fin dans l'un et dans l'autre des deux partis sociaux dont il est question, la bande que nous venons de nommer cherche ouvertement, depuis la révolution de 1830, à persuader à l'autorité politique en France, généralement à tous les hommes d'état, que la répression absolue et systématique de ces deux partis antagonistes, pour arriver insensiblement à leur entière destruction, est l'unique salut possible de l'ordre moral dans ce pays. — C'est cette répression systématique, opérant en principe une véritable destruction de toute vocation ou mission providentielle dans l'homme, qui, sous l'apparence d'une CONCILIATION des deux partis, du droit humain et du droit divin, forme aujourd'hui en France le nouveau système gouvernemental, connu sous le nom de JUSTE-MILIEU politique.

Sans doute, en considérant les susdits prétextes par lesquels la bande invi-

---

(*) Il n'y a plus à craindre qu'au milieu de nos présentes lumières messianiques, un nouveau Manès vienne réclamer le titre de Paraclet. — Il devient actuellement arrêté qu'une doctrine didactique pourra seule réclamer ce haut titre lorsqu'elle apportera réellement la VÉRITÉ ABSOLUE sur la terre, et lorsqu'elle nous fera ainsi connaître positivement nos DESTINÉES FINALES dans ce monde.

sible a fait prévaloir ce nouveau système politique, surtout au milieu des égaremens croissans dans les deux partis, par suite de leurs perversifs argumens fondamentaux, on est porté d'abord à attribuer une très grande sagesse à ce système de juste-milieu. Et l'on n'est point surpris de voir que beaucoup d'hommes probes et éclairés, qui aiment ardemment leur pays, aient été et soient encore séduits par ce système d'une apparente modération politique, qui exclut et repousse toutes ces violences révolutionnaires par lesquelles, dans les deux partis antagonistes, on a si long-temps et si fortement troublé le repos de la France. C'est ainsi, en effet, que s'est formée en France, depuis la révolution de 1830, cette apparente sagesse dans la profession, vraie ou fausse, de la MODÉRATION POLITIQUE, qui, plus ou moins, a forcé tous les hommes politiques de ce pays à se ranger près du CENTRE de son juste-milieu gouvernemental, les uns pour tempérer et les autres pour cacher leurs opinions excentriques, appartenant à l'un ou à l'autre des deux partis politiques EXTRÊMES.

Mais, si l'on considère les atteintes mortelles que cette destruction systématique des deux partis opposés porte aux destinées elles-mêmes de l'humanité, en voyant que, par une telle destruction, si elle pouvait réussir, se trouveraient anéantis tous les germes providentiels du développement de l'espèce humaine, nommément tous les germes de la raison et de la foi, de la cognition et du sentiment, enfin de la philosophie et de la religion, on reconnaît, avec surprise, que ce système de juste-milieu politique, en apparence si plein de sagesse, est une véritable œuvre satanique, par laquelle la bande mystérieuse de France cherche à porter le dernier coup à l'ordre moral dans ce pays. En effet, par une telle destruction systématique des deux grands partis politiques, si ce système répressif de juste-milieu devenait permanent, non seulement ces deux partis opposés ne pourraient retourner à leurs véritables directions respectives, auxquelles nous les avons ramenés plus haut, mais de plus ils cesseraient d'exister par suite de l'extinction graduelle de tous les élémens providentiels du développement progressif de l'humanité, de ces élémens augustes qui forment, dans ces deux partis antagonistes, les véhicules de leur haute et sainte mission divine. Et comme une telle extinction des élémens que le Créateur a mis dans l'homme est IMPOSSIBLE, une effrayante lutte s'engagerait entre le gouvernement, qui voudrait faire prévaloir ce système homicide de juste-milieu, et les deux partis politiques opposés, qui, en se coalisant alors contre leur ennemi commun, useraient de tous les moyens, légaux et autres, pour défendre et pour faire triompher les saints droits de l'humanité. Dans une telle lutte à mort, de nouvelles et interminables révolutions se succéderaient sans cesse, dont la conséquence finale serait dans l'inévitable alternative, ou de la destruction d'un tel pouvoir homicide, ou d'une absolue anarchie, avec ses suites funestes, l'extinction de tous les germes providentiels des destinées humaines, et une nouvelle chute morale de l'homme. — C'est là le sinistre et dernier avenir de la

France, auquel, après tant de mystérieuses manœuvres, pour placer cet illustre pays hors des lois morales, en y dénaturant d'abord et en y détruisant ensuite tous les élémens spontanés dans l'homme, la bande invisible tend aujourd'hui ouvertement.

Par bonheur, ou plutôt par le profond sentiment moral qui distingue la nation française, la séduction momentanée que le mystérieux système du juste-milieu politique a exercée lors de son apparition, et cela par la forme de sagesse et de modération dont il s'était couvert, s'est évanouie insensiblement ou plutôt rapidement, à mesure que ce masque de sagesse et de modération venait à s'écarter et que les intentions subversives de ce système homicide commençaient à se manifester de plus en plus clairement. Et ce qui est décisif dans l'espoir que nous concevons ainsi sur l'impuissance future des manœuvres d'une telle subversion politique, c'est le désaveu actuel et formel de ce système de juste-milieu par le monarque qui préside aujourd'hui aux destinées de la France, et qui lui-même, comme tous les hommes de bien, paraît, à son origine, avoir été séduit par la susdite sagesse apparente de ce mystérieux système. En effet, les dernières résolutions royales prouvent, avec évidence, que Louis-Philippe repousse actuellement avec force, dans sa nouvelle direction gouvernementale, l'insidieux juste-milieu politique, qui paraît avoir si long-temps prévalu dans les autres ministères, sans doute contre la volonté toujours sage de ce monarque, dont la prudence et les hautes lumières sont reconnues universellement. A cet égard, comme à tous les autres, nous sommes convaincus, par les actes authentiques, que le Roi des Français, dans tout son règne, a suivi constamment l'opinion publique de la France, et qu'il se soumet ainsi, peut-être même avec un excès de scrupules, à toute la légalité constitutionnelle de ce pays; au point que, si ses augustes et bienveillantes résolutions ne pouvaient satisfaire tout le monde et tous les partis, la cause n'en serait certainement pas dans la personne même de ce monarque éclairé.

Après avoir déchiré le voile qui a caché si long-temps les influences sataniques et les perturbations révolutionnaires de la bande mystérieuse de la France, de cette bande invisible qui, fondée dans l'origine sur des principes juifs et musulmans(*), comme nous l'avons dit plus haut, cherche en secret à renverser les destinées providentielles de ce pays, nous devrions procéder ici à dévoiler également les menées secrètes de la bande indo-chrétienne de l'Allemagne, que nous avons de même signalée plus haut. — Mais, pour le faire avec une clarté suffisante, il faudrait que nous fissions d'abord connaître la grande révolution philosophique qui s'est opérée en Germanie dans ce dernier demi-siècle, et qui, de la manière que nous l'avons dit au commencement de ce

---

(*) La tendresse constante pour les états musulmans, tendresse qui, en France, se manifeste dans les mesures politiques, ou du moins dans les provocations publiques et secrètes de ces mesures,

chapitre, a provoqué l'établissement ténébreux et l'action obscurante de cette bande indo-chrétienne. Nous le ferons dans une autre partie du Messianisme, surtout pour combler le vide qui, à l'égard de cette révolution philosophique, existe encore en France. Et afin de désabuser ceux qui, par suite de trompeuses apparences, pourraient croire que ce vide est déjà comblé, nous reproduirons ici les paroles que nous avons dites à ce sujet dans un ouvrage scientifique. Les voici : « Il est bien surprenant, pour l'histoire des peuples, que la dernière révolution philosophique de la Germanie, de laquelle dépend le sort actuel de l'humanité, excite si peu d'intérêt en France; et il est encore plus surprenant de voir que les hommes distingués qui parlent en France de ces travaux philosophiques de l'Allemagne, tels que MM. de Gérando, Cousin, Jules Chevalier, Barchoud, Lherminier, et autres écrivains de cette haute portée, prouvent, par chaque ligne de leurs écrits, qu'ils ne comprennent rien, absolument rien d'essentiel, à cette décisive réforme de la philosophie, au point qu'on pourrait croire, si cela n'était pas absurde, qu'ils veulent réellement dérouter la France sur l'existence de ces nouvelles vérités (*). » Nous ajouterons, pour donner la preuve de cette assertion, le long mémoire qui a été produit récemment à la classe des sciences morales et politiques de l'Institut de France, et dans lequel son auteur, M. Galluppi, un philosophe italien et un des membres correspondans de cet Institut, prétend réfuter l'immortel Fichte, tout en demeurant toujours dans les conditions physiques de nos facultés psycologiques, et sans se douter que, pour comprendre le philosophe allemand, il faut précisément se libérer de ces conditions inertes de notre intelligence, et s'élever ainsi au point de vue hyperphysique de la spontanéité absolue de la raison de l'homme, telle que cette spontanéité ou virtualité créatrice se trouve établie sur notre MOI PUR ou indépendant de toute condition physique, sur ce moi absolu qui, pour la première fois, a été signalé aux hommes par Fichte. Aussi, par suite de cette prétendue réfutation, qui a été agréée par l'Institut de France et prônée dans les journaux de ce pays, est-il manifeste que, dans ce corps savant, on ne peut, à l'instar de M. Galluppi,

---

n'aurait-elle pas quelque autre cause que la vraie politique de la France, et surtout est-elle conforme aux progrès rationnels de l'humanité, à ces progrès majeurs et décisifs auxquels nous a conduits le CHRISTIANISME? — Le comble de cette tendresse s'est manifesté récemment dans des écrits publics où l'on proposait à la France, comme modèle de la constitution légale de la propriété immobilière, l'absence de cette propriété parmi les musulmans de l'Égypte et généralement de l'Afrique, à peu près telle qu'elle y a été dans la première période de l'humanité, lorsqu'il n'existait encore aucune véritable détermination juridique parmi les hommes.

(*) Toutefois, nous devons rendre justice à M. Cousin, qui, dans sa dernière dissertation sur la philosophie morale de Kant, qu'il a lue à la classe des sciences morales et politiques de l'Institut, est enfin parvenu à s'apercevoir du véritable principe de cette partie morale de la nouvelle philosophie de l'Allemagne, consistant dans l'IMPÉRATIF DU DEVOIR. — Cet aperçu était possible

concevoir le MOI ABSOLU autrement que comme une HYPOTHÈSE, c'est-à-dire que l'on ne peut encore s'y élever au-dessus de la RÉALITÉ du MOI EMPIRIQUE, qui est impliqué dans nos facultés physiques, et qui, étant donné par l'intime expérience ou par la simple observation de ces facultés, devient la base de nos connaissances psycologiques, auxquelles seules on veut aujourd'hui réduire toute la philosophie dans ce pays.—C'est là positivement la limite précise de l'actuelle intelligence philosophique en France, limite qui, par tout ce que nous avons déjà reconnu dans le Messianisme, suffit pour montrer que l'on n'a pas encore, dans ce pays, la vraie idée de la révolution philosophique de l'Allemagne.—Or, c'est cette haute idée qu'il faudrait avoir pour comprendre ce que nous avons à établir dans la vue de caractériser la bande indo-chrétienne de l'Allemagne, qu'il nous reste à faire connaître. Nous donnerons cette idée ou cette vraie détermination de la grande révolution en question, comme nous venons de l'annoncer, dans une autre partie du Messianisme. Tout ce que nous en dirons ici, pour pouvoir au moins indiquer le trait principal et distinctif de la deuxième bande mystique dont il s'agit, c'est que, voyant le haut et final résultat qui a été produit par cette décisive révolution philosophique, nommément la tendance didactique et bien constatée de la raison humaine vers l'ABSOLU, c'est-à-dire vers le principe inconditionnel de toute réalité, et pressentant que c'est sur cette voie nouvelle que, dans des périodes futures, doit s'opérer la régénération spirituelle de l'humanité, ce terme final de nos augustes destinées, la bande mystérieuse de l'Allemagne, celle qu'il nous reste à caractériser, voudrait arrêter précisément cette INFINIE TENDANCE de la raison de l'homme. Et c'est ainsi qu'au nom de la religion, en abusant de ce nom imposant, elle veut repousser ou du moins proscrire, non-seulement la raison, comme le fait la bande mystérieuse de France, qui n'a pas encore entendu parler de l'absolu, mais la tendance même de notre raison vers ce principe inconditionnel de toute réalité, qui, sous le nom d'ABSOLU, et sous cette détermination philosophique de la raison, n'est au fond rien autre que le VERBE, révélé à l'homme par la religion chrétienne, comme problème de cette

---

en France et aurait dû être fait depuis long-temps, bien avant que nous ne l'ayons provoqué ouvertement dans le premier chapitre du présent ouvrage; car, pour reconnaître cet impératif du devoir, ou cette nécessité obligatoire des lois morales, il suffit d'avoir l'éveil ou la conscience de la RAISON PRATIQUE dans l'homme, éveil qui s'est déjà opéré dans la deuxième période de l'humanité et qui se soutient avec force, et d'une manière distinctive, dans la noble nation française, dont la tendance principale, telle qu'elle a été conservée par l'influence de la bande mystérieuse, est précisément dirigée vers les avantages de cette deuxième période historique. — Mais, pour comprendre la partie essentielle de la nouvelle philosophie germanique, il faut en outre et surtout arriver à l'éveil ou à la conscience de la RAISON SPÉCULATIVE dans l'homme, de ce deuxième et principal élément de la spontanéité ou de la virtualité créatrice qui est inhérente à la raison absolue de l'homme, sur laquelle se fonde cette grande réforme philosophique.

haute détermination rationnelle.—On conçoit par là suffisamment que cette bande mystique de l'Allemagne ne fait que renchérir sur l'opposition à la raison de l'homme, dans laquelle se place la bande pareille de la France, et que l'une et l'autre de ces deux bandes invisibles n'ont d'autre but que celui d'anéantir la philosophie et la religion sur la terre. Mais, on a de la peine à comprendre comment, en se plaçant ainsi en pleine opposition à la raison, et en arborant alors ouvertement le drapeau de la DÉRAISON, car rien autre que la déraison ne saurait être opposé à la raison, ces bandes mystérieuses, sur-tout celle de l'Allemagne, qui, dépassant la bande de la France, plonge entièrement sa face dans la boue, afin d'éviter la lumière religieuse et philosophique de la transformation rationnelle du verbe dans l'absolu, comment, disons-nous, avec un tel drapeau, ces bandes perturbatrices aient pu se produire publiquement sans être conduites et enchaînées dans des maisons de fous(*).—Hélas! cette incompréhensibilité est d'un triste augure pour l'actuelle espèce humaine.

Néanmoins, en terminant ce troisième chapitre, et avec lui cette première partie de la présente Métapolitique, nous devons prévenir, encore une fois et très expressément, que la bande mystérieuse de France, dans laquelle nous avons corporifié la cause du développement de l'esprit révolutionnaire dans ce pays, n'est encore, pour le public, selon notre propre intention, rien de plus qu'une simple HYPOTHÈSE, à la vérité une hypothèse, non-seulement possible, mais de plus très probable déjà. Nous n'y attachons encore aucune autre réalité, puisque, jusqu'à présent, nous nous sommes abstenus d'alléguer des preuves de l'existence effective de cette bande invisible. Nous nous sommes bornés à laisser entrevoir la nécessité infernale d'une telle constitution d'une véritable Anti-Église parmi les hommes. Aussi, laissons-nous libre le public d'attacher à notre hypothèse tel degré de réalité qu'il voudra. Mais, ce qui est certain absolument, c'est l'existence effective et en quelque sorte palpable, tout à la fois, et des EFFETS désastreux du désordre révolutionnaire dans le monde civilisé, surtout en France, et même de la CAUSE extraordinaire ou mystérieuse de ce désordre, de cette cause telle précisément que nous venons de la déterminer sous le nom d'une bande invisible; nom qui, mieux que tout autre, se conciliait pour nous avec les convenances de la production publique de si funestes vérités.

(*) Pour donner une idée de cette démence, surtout dans la bande de l'Allemagne, il suffira de rappeler que l'un des fauteurs de ces doctrines mystiques, le fameux Goerres, a déclaré comme une deuxième chute morale, la réformation religieuse par le protestantisme, cet éveil de notre raison spéculative, par laquelle précisément l'homme a complété sa virtualité créatrice, son verbe, proposé par la religion comme modèle de la perfection humaine.

DEUXIÈME PARTIE.

CONDITIONS ABSOLUES POUR FAIRE CESSER

LE DÉSORDRE RÉVOLUTIONNAIRE.

 Au milieu de ce bouleversement systématique et universel de l'ordre social dans le monde civilisé, que faut-il faire actuellement pour prévenir, s'il est possible, la ruine imminente de l'humanité, cette ruine fatale qui est la conséquence manifeste et inévitable d'un si mystérieux désordre révolutionnaire? — C'est là, avec évidence, la question grave qui se présentera nécessairement à tout homme qui, dans la première partie de cette Métapolitique messianique, aura approfondi les sinistres conditions de l'état actuel des peuples civilisés, sur-tout en ayant égard à cette infernale influence qui par-tout préside déjà à leurs destinées, et qui les détourne ainsi ouvertement de la véritable direction dans leurs progrès respectifs. Et c'est aussi cette question, si décisive pour l'humanité, qui doit être résolue dans la deuxième partie de la présente Métapolitique, dans celle que nous abordons. — On conçoit en outre que, pour donner cette solution, il faudra découvrir les nouveaux buts, nommément les BUTS ABSOLUS que l'humanité doit actuellement se créer elle-même, et les MOYENS ABSOLUS, par lesquels elle parviendra à réaliser ces buts augustes.

 Malheureusement, par les raisons que nous ferons connaître ci-après, nous ne pouvons, dès à présent, donner à cette deuxième partie tout le développement qu'elle requiert et que nous nous sommes proposé de lui donner, conformément à la table des matières qui est à la tête de cet ouvrage. Toutefois, pour ne pas retarder trop long-temps cette solution inattendue, de laquelle dépend désormais le salut de l'humanité, nous allons en présenter ici, autant que nous le pourrons légalement, au moins un aperçu suffisant, tel qu'il résulte déjà de la genèse des destinées humaines, que nous avons fixée plus haut dans notre tableau de la philosophie de l'histoire, comme anticipation sur la Genèse messianique. — Seulement, par les motifs provenant des susdites raisons que nous devons faire connaître ci-après, nous intervertirons l'ordre des deux chapitres de cette deuxième partie de la présente Métapolitique, en traitant, dans le premier, des buts absolus, et dans le second, des moyens absolus, que les États doivent actuellement réaliser pour sortir de leur inextricable désordre révolutionnaire.

CHAPITRE PREMIER.

BUTS ACTUELS ET ABSOLUS DES ÉTATS.

D'après notre tableau génétique de la philosophie de l'histoire, qui doit nous servir ici de guide, l'accomplissement de la cinquième période, dans laquelle nous entrons actuellement, et pour laquelle il s'agit ici de découvrir et de fixer les conditions du nouvel ordre moral des peuples, *consiste dans la* DIRECTION DE L'HUMANITÉ VERS SES DESTINÉES ABSOLUES. Et d'après le même tableau génétique, conformément à ce que nous avons reconnu dans le premier chapitre de la première partie, concernant les trois associations morales qui sont prescrites à l'humanité, la présente direction vers nos destinées absolues ne peut définitivement être réalisée que par une *association messianique* des hommes, constituant leur UNION-ABSOLUE, dont nous avons fixé les caractères dans ce même chapitre de la première partie de cette Métapolitique. — Nous allons donc développer, dans les deux paragraphes suivans, les conditions de cette nouvelle direction de l'humanité, d'abord, d'une manière spéculative, et ensuite, d'une manière pratique, pour établir son application aux États existans, spécialement à la France.

§ I. — CONDITIONS SPÉCULATIVES DE LA NOUVELLE DIRECTION DE L'HUMANITÉ.

D'après ce que nous avons reconnu dans le susdit premier chapitre de la première partie, les caractères de la nouvelle et dernière association morale que les hommes doivent former actuellement, pour accomplir la cinquième période de leur développement, dans laquelle ils entrent depuis la grande révolution française, consistent en ce que, jusqu'à cette époque, pour garantir le libre développement providentiel de l'humanité, il a suffi de RÉALISER LES LOIS MORALES, par les deux associations successives, juridique et éthique, formant l'État et l'Église; et en ce que, depuis la présente époque, lorsque ce développement providentiel se trouve accompli, il faut établir une *connexion causale* entre les lois morales et la fin absolue des êtres raisonnables, c'est-à-dire il faut RÉALISER LE BUT ABSOLU DE LA MORALE, par une dernière association, nommément par l'association messianique, formant l'Union - Absolue. Et c'est ainsi que cette union ou cette nouvelle association morale aura pour objet de DIRIGER L'HUMANITÉ vers ses destinées finales, par la réalisation de la LOI MORALE DU PROGRÈS, qui prescrit, comme devoir suprême de l'homme, la découverte ou la création du VRAI ABSOLU et du BIEN ABSOLU, dans les deux directions antinomiennes et indestructibles, savoir, dans les deux partis sociaux, de la cognition et du sentiment, ou du droit humain et du droit divin, qui se sont actuellement développés dans l'humanité. — D'ailleurs, ces caractères distinctifs de la nouvelle association morale que les hommes doivent former aujourd'hui, pour garantir le salut de l'humanité, se trouvent fixés, avec précision, dans le premier chapitre que nous venons de citer ; de sorte que tout ce que nous dirons ici concernant cette union absolue des hommes, se trouvera naturellement fondé sur les principes moraux, par conséquent impératifs et irréfragables, que nous avons déduits et arrêtés dans ce premier chapitre. Bien plus, en outre de cette déduction ou légitimation philosophique de l'actuelle nécessité impérative de l'Union-Absolue dont il s'agit, nous pouvons et devons ajouter ici, pour cette urgente nécessité, une double déduction ou légitimation religieuse, fondée sur deux considérations distinctes, l'une négative et l'autre positive, que nous allons présenter effectivement.

D'abord, par une simple considération négative, l'existence de la bande mystérieuse que nous venons de dévoiler, et qui s'est constituée, chez toutes les nations, avec les attributions perversives d'une véritable Anti-Église, en exerçant ainsi, dans ce monde, la domination de l'Anti-Christ, contre laquelle l'Église chrétienne a lutté et lutte en vain jusqu'à ce jour, cette seule existence, disons-nous, impose à tous les chrétiens l'obligation religieuse d'une nouvelle association morale, telle que l'Union-Absolue que nous venons de caractériser, pour s'opposer à l'action destructive que cette bande mystérieuse exerce sur l'humanité. Bien plus, la seule hypothèse de l'existence d'une telle bande satanique, hypothèse qu'il faut admettre pour pouvoir expliquer le mystérieux désordre révolutionnaire qui s'est introduit dans le monde civilisé, suffirait pour nous imposer l'obligation religieuse d'une association spéciale qui serait destinée à prévenir et à combattre, à tout risque, l'établissement réel d'une bande si dangereuse ; car, par la dépravation morale qui est inhérente à l'actuelle espèce humaine, comme un témoignage certain de la chute morale dans un monde primitif de péché, le MYSTICISME, c'est-à-dire la confusion du monde présent de salut avec ce monde primitif de péché, confusion sur laquelle se fonderait la bande mystérieuse en question, est, non seulement possible, mais de plus et malheureusement très réel (*). — Ainsi, dans le critique état actuel de l'humanité, qui a lieu dans les deux cas de réalité et d'hypothèse de la bande invisible, et qui nous est prouvé par le mystérieux désordre révolutionnaire où l'on cherche à renverser nos destinées fixées par le Créateur, il est du devoir de tout homme,

---

(*) Il importe que l'on conçoive bien que la chute morale de l'être raisonnable dans un monde primitif de péché, n'est pas une simple révélation religieuse, ni même une simple hypothèse historique, comme le croient quelques hommes superficiels, mais bien un véritable POSTULATUM PHILOSOPHIQUE, attaché, avec une absolue nécessité logique, au fait universel et incontestable de la

comme une véritable obligation religieuse, de s'unir avec les autres hommes pour repousser ces ennemis infernaux du salut de notre espèce humaine.

Ensuite, par une véritable considération positive, le grave et urgent accomplissement de la religion chrétienne, c'est-à-dire l'accomplissement de l'Ancien et du Nouveau Testament par le PARACLÉTISME, dont nous avons entrevu la nécessité dans le Prodrome du Messianisme, et dont nous venons de fixer, dans la première partie de la Métapolitique présente, les conditions didactiques, telles qu'elles résultent de la susdite prédiction de Jésus-Christ concernant la venue du Paraclet, impose à tous les chrétiens l'obligation religieuse d'une nouvelle association morale, celle de notre Union-Absolue, qui soit propre à réaliser cet accomplissement final de la religion, puisque l'ancienne association chrétienne, formant l'Église, n'a pu opérer ce nécessaire et maintenant si indispensable accomplissement religieux. — Bien plus, les conditions didactiques que nous venons de rappeler, comme résultant de la révélation religieuse sur la venue du Paraclet, sont en tout identiques avec les conditions de la loi morale du progrès, sur laquelle se fonde l'établissement philosophique de l'Union-Absolue, tel que nous l'avons fixé dans le susdit premier chapitre de la première partie de cette Métapolitique. En effet, ces conditions didactiques de la promesse de Jésus-Christ, sur la venue du Paraclet, conditions que nous avons déduites plus haut pour réfuter la prétendue stabilité rationnelle du parti politique du droit divin, consiste en ce que cette sainte promesse ne peut annoncer rien moins que l'obtention de la VÉRITÉ ABSOLUE sur la terre et, avec elle, la connaissance des DESTINÉES FINALES de l'homme, c'est-à-dire l'obtention du VRAI ABSOLU et du BIEN ABSOLU par l'humanité ; et ce sont là précisément les deux conditions de la loi morale du progrès, loi qui, pour la direction de l'humanité, prescrit, comme devoir suprême de l'homme, la découverte ou plutôt la création du vrai absolu et du bien absolu sur la terre, dans les directions antinomiennes ou opposées des deux partis politiques, du droit humain et du droit divin.

Ainsi, par toutes les voies impératives pour l'homme, par celles de la philosophie et par celles de la religion, il nous est moralement ordonné aujourd'hui de former, pour la garantie du salut de l'humanité, la nouvelle et dernière association morale, celle dont nous venons de déduire cette nécessité pratique et obligatoire sous le nom d'Union-Absolue. Et pour quiconque pourra reconnaître les présentes conditions impératives, il y aurait de l'indignité à ne pas

---

dépravation morale de l'homme, c'est-à-dire au fait de la préférence qu'il peut donner, malgré sa raison pratique, à la maxime du mal sur celle du bien ; car, par rien autre que par une telle chute morale, cette dépravation ou cette libre préférence de la maxime du mal ne peut absolument pas être conçue par notre raison spéculative. — D'ailleurs, nous avons déjà donné un aperçu de la déduction didactique de cette chute morale au commencement du dernier chapitre de la première partie.

concourir, par tous les moyens, à la réalisation de cette urgente Union-Absolue, en considérant que, d'après de telles conditions, philosophiques et religieuses, cette réalisation est actuellement le DEVOIR SUPRÊME de l'humanité.

Autant que nous pouvons déjà, par les déterminations présentes, distinguer cette nouvelle association morale de l'ancienne association chrétienne qui forme l'Église, il est manifeste que la nouvelle association, l'Union-Absolue, portera principalement, dans ses dépendances religieuses, sur le PARACLÉTISME, considéré comme accomplissement du CHRISTIANISME, d'après les conditions didactiques de la venue du Paraclet, conditions que nous venons de reproduire en dernier lieu. Et pour mieux préciser cette distinction, nous ferons remarquer que, parmi les trois élémens fondamentaux du christianisme, que nous avons allégués plus haut, à l'occasion de l'examen du parti du droit divin en France, le premier de ces élémens, celui de la loi morale du Christ, qui constitue le principe pratique des doctrines chrétiennes, est proprement le véritable principe rationnel du CHRISTIANISME, tel qu'il s'est développé jusqu'à ce jour, et tel qu'il sert de base à l'ancienne association morale, formant l'Église, et les deux derniers de ces élémens, celui du dogme du verbe et celui de la régénération spirituelle de l'homme, qui constituent respectivement le principe spéculatif et le corollaire théologique des doctrines chrétiennes, sont, à leur tour, les véritables principes rationnels du PARACLÉTISME, tel qu'il doit aujourd'hui accomplir le christianisme, et tel qu'il sert de base à la nouvelle association morale, formant l'Union-Absolue. En effet, dans cette direction de l'humanité par l'union absolue des hommes, le dogme du verbe, comme principe spéculatif des doctrines chrétiennes, doit recevoir son EXPLICATION PHILOSOPHIQUE par la solution rationnelle de ce problème révélé du verbe, en découvrant le caractère du principe inconditionnel de toute réalité, c'est-à-dire le caractère de l'ABSOLU, et en créant ainsi, par cette détermination philosophique, le VRAI ABSOLU sur la terre; et la régénération spirituelle de l'homme, comme corollaire théologique des doctrines chrétiennes, doit, à son tour, recevoir son EXPLICATION RELIGIEUSE(*) par la solution également rationnelle de ce problème révélé de la création propre de l'homme, en découvrant le caractère de la connexion causale de la morale avec l'immortalité, c'est-à-dire le caractère de la réalisation du verbe ou de la VIRTUALITÉ CRÉATRICE dans l'homme, et en créant ainsi, par cette nouvelle attribution théologique de la morale, le BIEN ABSOLU sur la terre.

(*) Cette explication religieuse n'est pas encore donnée, ni ne pourrait être donnée par le christianisme, tel qu'il se trouve développé avant la venue du Paraclet; car, sur la demande de Nicodème : *Quomodò possunt hæc fieri?* Jésus a répondu : *Si terrena dixi vobis, et non creditis, quomodò, si dixero vobis cœlestia, credetis?* — Et c'est précisément pour cet accomplissement hyperphysique du christianisme que Jésus nous a promis le Paraclet, qui, lorsqu'il viendra, doit nous ENSEIGNER et EXPLIQUER tout ce que ce divin fondateur du christianisme nous a d'abord fait entrevoir.

Or, dans cette double déduction de la nécessité pratique et obligatoire de l'Union-Absolue, comme dérivant, d'une part, suivant des considérations philosophiques, de la loi morale du progrès, qui lui donne ainsi pour objet l'accomplissement de la philosophie par la réalisation du BUT ABSOLU DE LA MORALE, et comme dérivant, de l'autre part, suivant des considérations religieuses, des deux derniers des trois susdits élémens fondamentaux du christianisme, qui, à leur tour, lui donnent ainsi pour objet l'accomplissement de la religion par la réalisation du PARACLÉTISME, il est manifeste, d'après tout ce que nous savons déjà de ces deux sources ou origines de l'Union-Absolue, qu'elle doit diriger l'humanité vers la découverte progressive du vrai et du bien, pour l'amener finalement à la découverte ou à la création du VRAI ABSOLU et du BIEN ABSOLU, de ces deux termes des destinées de l'homme. Et nous savons de plus, d'après ce que nous avons déjà reconnu dans le Prodrome du Messianisme, qu'aussi long-temps qu'il ne s'agit encore de découvrir rien de plus que les CARACTÈRES EXTÉRIEURS du vrai absolu et du bien absolu, comme cela doit être fait dans l'ère transitive ou dans la cinquième période de l'humanité, pour arriver d'abord à la solution rationnelle de l'antinomie sociale, l'Union-Absolue conduira à la découverte de ces caractères extérieurs dans les deux directions opposées ou antinomiennes des deux partis sociaux, de la cognition et du sentiment, ou du droit humain et du droit divin. — C'est ainsi, en effet, que les susdites directions respectives de ces deux partis se trouveront fixées positivement par l'Union-Absolue, lorsqu'elle assignera, d'une part, la découverte du vrai absolu, dans ses caractères extérieurs, pour terme de la direction du premier de ces partis, qui a pour objet l'*accomplissement cognitif des vues philosophiques de la raison*, et de l'autre part, la découverte du bien absolu, également dans ses caractères extérieurs, pour terme de la direction du deuxième de ces partis, qui a pour objet l'*accomplissement sentimental des vues religieuses de la foi*. Aussi, dans cette limitation de l'action de l'Union-Absolue durant la cinquième période, lorsqu'elle ne conduit encore qu'à la découverte des caractères extérieurs du vrai absolu et du bien absolu, cette Union pourra se produire d'abord sous le nom d'UNION-ANTINOMIENNE, pour ne déployer finalement son véritable nom d'UNION-ABSOLUE que dans l'ère des buts rationnels ou absolus, c'est-à-dire dans la sixième et dans la septième périodes de l'humanité, où elle doit conduire définitivement à la découverte de l'ESSENCE INTIME elle-même du vrai absolu et du bien absolu, d'après ce que nous avons déjà appris dans le Prodrome du Messianisme.

Il ne reste donc qu'à savoir par quels procédés l'Union-Absolue conduira les deux partis politiques, dans leurs directions respectives et opposées, l'un, celui de la cognition ou du droit humain, à la découverte du vrai absolu, et l'autre, celui du sentiment ou du droit divin, à la découverte du bien absolu, du moins dans leurs caractères extérieurs, où, par suite de l'identité qui existe entre le vrai absolu et le bien absolu, ces deux partis antagonistes finiront par se confondre absolument, et où, par conséquent, la périlleuse antinomie sociale, qui, par la lutte de ces deux partis, menace aujourd'hui le monde civilisé de sa destruction, *cessera nécessairement.* — *Or, ce sont ces procédés respectifs de la découverte du vrai absolu et du bien absolu qui forment le véritable objet de la doctrine du Messianisme*, tant dans sa partie exotérique ou publique, que dans sa partie ésotérique ou secrète. Et c'est cette doctrine que nous produisons et produirons successivement, de manière à ce que l'Union-Absolue puisse le plus promptement réaliser les grandes fins de son institution. — Déjà, dans le Prodrome du Messianisme, après avoir arrêté irrévocablement le principe messianique du développement progressif de l'humanité, c'est-à-dire notre LOI MORALE DU PROGRÈS, dans toutes ses hautes déterminations didactiques, et après avoir confié cette loi suprême de nos destinées, comme un dépôt sacré, à l'Union-Absolue, et spécialement à l'Union-Antinomienne qui doit se produire en premier lieu, nous avons fixé, dans un rapide aperçu, les BUTS et les MOYENS de cette première manifestation de l'Union-Absolue, de manière cependant à ce que des hommes éclairés puissent, dès aujourd'hui, quand même ils ne connaîtraient pas encore les récentes lumières philosophiques de l'Allemagne, procéder à la réalisation publique de cette Union messianique, par toutes les manifestations extérieures qui peuvent conduire à l'accomplissement de ses vues salutaires. Bien plus, avant de déployer ces puissans moyens de l'Union-Antinomienne, tels que nous les avons indiqués dans le Prodrome du Messianisme, il faut d'abord établir publiquement, et d'une manière populaire, les buts de cette grande Union; et pour cela, le *Programme de l'Union-Antinomienne*, tel qu'il a été produit déjà dans le *Prospectus du Messianisme*, et tel qu'il se trouve depuis reproduit à la tête des *Bulletins messianiques*, suffit complétement, surtout pour tout ce qui concerne l'organisation sociale ou les nouvelles conditions politiques de la société, par lesquelles seules l'ordre moral peut actuellement être rétabli dans le monde civilisé. En effet, les articles 17, 18, 19 et 20 de ce Programme, ceux que nous avons déjà signalés dans le Prodrome du Messianisme, suffisent pour fixer populairement les grands buts actuels de l'Union-Antinomienne, et pour faire ainsi connaître aux gouvernemens les hautes et salutaires vues de cette nouvelle association morale des hommes, qui dorénavant doit diriger l'humanité, pour la conduire à ses destinées finales sur la terre.

D'ailleurs, la connaissance approfondie de l'actuel désordre révolutionnaire dans le monde civilisé, connaissance que nous venons d'acquérir, avec une certitude absolue, dans la première partie de cette Métapolitique messianique, et la connaissance également approfondie du nouvel ordre moral qu'il faut actuellement donner aux peuples civilisés, pour faire cesser leur destructive antinomie sociale, et pour rétablir une nouvelle et puissante action des lois morales, connaissance que nous avons déjà acquise provisoirement dans le Prodrome du Messianisme, et que nous venons de fonder péremptoirement dans la présente genèse messianique des destinées humaines, telle qu'elle se trouve déduite plus haut dans notre tableau de la philosophie de l'histoire, cette double et infaillible connaissance, disons-nous, que nous possédons déjà d'une manière positive, suffira, dans l'influence publique de l'Union-Antinomienne, si nos contemporains ont encore assez d'énergie morale pour instituer cette haute union, non seulement pour arrêter le périlleux désordre révolutionnaire dans le monde, mais de plus pour y introduire le nouvel ordre moral que le Messianisme a mission d'apporter aux hommes pour assurer le salut de l'humanité. En effet, tous les écarts révolutionnaires, dans tous les partis politiques, et dans toutes les modifications ou nuances de ces partis, sont maintenant dévoilés et mis au jour dans toutes leurs hideuses conceptions et dans toutes leurs perversives intentions; de sorte que l'Union messianique aura ainsi des moyens infaillibles, non seulement pour repousser et pour anéantir ces mystérieux désordres politiques, mais de plus pour ramener à leurs véritables directions respectives les deux grands partis sociaux, de la cognition et du sentiment, ou du droit humain et du droit divin, qui ont la destinée providentielle de servir, dans leur antinomie même, au développement ultérieur et final de l'humanité. Et lorsque l'Union-Antinomienne aura ainsi ramené ces deux partis à leurs véritables directions, à celles que nous avons déjà plusieurs fois indiquées plus haut, elle pourra facilement, d'après notre loi morale du progrès, et spécialement d'après la genèse messianique de la cinquième période, qui est fixée dans notre susdit tableau de la philosophie de l'histoire, signaler les GRANDS BUTS de ces directions providentielles, et nommément, d'une part, le VRAI ABSOLU, comme étant le but de la direction du parti de la cognition ou du droit humain, en tant que la combinaison du devoir, comme rectitude de la volonté, avec la certitude du savoir, combinaison qui forme cette direction, se réalise dans le vrai et finalement dans le vrai absolu, et de l'autre part, le BIEN ABSOLU, comme étant le but de la direction du parti du sentiment ou du droit divin, en tant que la combinaison du précepte moral avec le verbe (en Dieu), comme source des lois morales, combinaison qui forme cette deuxième direction, se réalise, à son tour, dans le bien et finalement dans le bien absolu.

Or, après avoir ainsi fixé la direction et assuré la marche des deux grands partis politiques, l'Union messianique pourra, avec la même facilité, déterminer la vraie organisation sociale ou les vrais principes de l'existence légale et de l'action progressive de ces partis, surtout en ne perdant pas de vue les inflexibles conditions de l'antinomie sociale, telles que nous les avons reconnues dans le Prodrome du Messianisme. — Ainsi, en ayant égard à ce que cette antinomie sociale, cet antagonisme entre les deux partis en question, est un résultat immédiat d'une véritable antinomie dans la raison humaine, comme nous l'avons prouvé dans le Prodrome, on sera fondé à établir finalement, à côté de l'*indestructibilité* et de l'*absolue inconciliabilité* de ces deux partis politiques, la parfaite *égalité* de leurs droits.

C'est donc cette parfaite ÉGALITÉ DES DROITS des deux partis sociaux, de la cognition et du sentiment, ou du droit humain et du droit divin, qui, à côté de leur INCONCILIABILITÉ LÉGALE, forme actuellement les vraies conditions sociales de l'organisation politique des États. — Et c'est cette organisation nouvelle que l'Union-Antinomienne doit chercher à faire prévaloir, plus ou moins, chez tous les peuples du monde civilisé, à mesure qu'ils en sentiront le besoin, afin de les faire sortir du mystérieux désordre révolutionnaire où ils sont plongés, et de les faire entrer dans le nouvel ordre moral où ils pourront accomplir la cinquième, c'est-à-dire la présente période de leur développement progressif.

§ II. — CONDITIONS PRATIQUES DE LA NOUVELLE DIRECTION DE L'HUMANITÉ, DANS LEUR APPLICATION AUX ÉTATS EXISTANS, SURTOUT A LA FRANCE.

La modification politique qui, d'après ce que nous venons d'apprendre dans le paragraphe précédent, doit actuellement être introduite chez tous les peuples du monde civilisé, n'aura pas de grandes difficultés à s'établir chez ceux de ces peuples qui ont déjà de véritables gouvernemens constitutionnels, dans lesquels, suivant ce que nous avons dit de leur formation dans le premier chapitre de la première partie de cette Métapolitique, l'égalité des droits des *deux grands partis sociaux subsiste déjà suffisamment*. Tout ce qu'il faudra y faire, c'est, d'abord, de renoncer à la prétention de concilier ces deux partis politiques; prétention qui, lors de la première manifestation de l'antinomie sociale dans la quatrième période, dut naturellement devenir une des tendances fondamentales des gouvernemens constitutionnels, formés et institués pour satisfaire aux nouvelles exigences de cette antinomie sociale. Et il faudra de plus reconnaître légalement l'absolue inconciliabilité actuelle des deux partis dont il s'agit, afin de les laisser librement, sans aucune influence ni lésion réciproques, se développer séparément dans leurs directions opposées, dans lesquelles l'Union-Antinomienne les conduira à leurs véritables buts respectifs, au vrai absolu et au bien absolu, où l'antagonisme de ces partis cessera de lui-même par cette solution rationnelle et finale de l'actuelle antinomie sociale. — Ainsi, d'après ces considérations, c'est le simple changement de la prétendue conciliabilité des deux partis politiques en une véritable inconciliabilité légale de ces partis, et cela par l'aveu actuel de leur inconciliable antinomie rationnelle, qui formera la facile transition des gouvernemens constitutionnels de la quatrième période aux GOUVERNEMENS ANTINOMIENS de la cinquième période de l'humanité.

Quant à la France, les conditions pour transformer son gouvernement actuel en gouvernement antinomien, afin de rentrer dans la vraie voie du progrès de l'humanité, seront plus difficiles et probablement très graves ; car, dans sa position excentrique au milieu du monde civilisé, en repoussant la souveraineté divine dans l'autorité politique, et en se plaçant ainsi hors des lois morales, cet État ne forme pas encore un véritable gouvernement constitutionnel, dans lequel, d'après ce que nous avons vu dans le susdit premier chapitre de la première partie, les deux élémens fondamentaux et inséparables sont la souveraineté divine et la souveraineté humaine. Aussi, par cette exclusion de la souveraineté divine, les droits politiques du parti du sentiment ou du droit divin, en le considérant comme un parti distinct, se trouvent-ils pour ainsi dire anéantis ; et, ce qui est pis, on est fort éloigné, dans ce pays, d'admettre l'égalité des droits des deux partis, égalité qui est un des élémens fondamentaux des gouvernemens antinomiens. Heureusement, cette exclusion politique du parti du droit divin par le parti du droit humain en France, provoque, dans les convictions et dans les réserves pratiques, une exclusion pareille et réciproque du dernier de ces partis par le premier ; de sorte que, du moins par ce sentiment de haine ou de dédain réciproque, les deux partis politiques en France sont déjà réellement inconciliables, comme le demande le deuxième élément fondamental des gouvernemens antinomiens. Et c'est pourquoi les différens ministères dans ce pays, qui tous visent, avec l'attente d'une espèce de gloire, à la conciliation des deux partis, ont échoué constamment et échoueront toujours dans cette impossible entreprise. — Il ne reste donc proprement, pour arriver au gouvernement antinomien en France, d'autre difficulté que celle d'y obtenir l'établissement légal de la parfaite égalité des droits des deux partis politiques, avec toutes les conditions qui se rattachent à l'existence de ces partis ; et c'est là précisément la grande difficulté qui se présente dans ce pays, et que l'Union messianique aura probablement beaucoup de peine à surmonter. Encore s'il ne s'agissait que de l'exercice extérieur de ces droits en question, en les considérant purement dans leurs conséquences pratiques, la chose ne serait pas impossible ; mais, en considérant ces droits dans leurs principes supérieurs, qui, pour le parti du sentiment ou du droit divin, portent immédiatement sur la haute et inviolable institution de la souveraineté divine dans l'autorité politique, à côté et peut-être même au-dessus de la souveraineté humaine de cette autorité, l'établissement légal de l'égalité en question dans les droits respectifs des deux partis politiques devient, ce nous semble, extrêmement difficile, parce que le retour à la souveraineté divine exigerait l'aveu de l'origine divine des lois morales ; et c'est cet aveu, avec toutes ses sérieuses attributions, qui serait presque impossible en France, au milieu de la susdite extinction universelle du véritable christianisme, par l'influence de la bande mystérieuse de ce pays.

Cependant, sans sortir des limites actuelles du droit public en France, et

bien moins sans recourir aux voies violentes des révolutions, il suffirait du simple exercice d'une auguste initiative du chef du gouvernement, du Roi des Français, pour opérer ce salutaire accomplissement de l'autorité politique par l'aveu public et la formelle adjonction de la souveraineté divine à côté et du moins à l'égal de la souveraineté humaine dans cette autorité. Et alors, la transition du gouvernement actuel au gouvernement antinomien, dont dépend aujourd'hui le salut de la France et celui du monde entier, n'éprouverait aucune difficulté.
— Mais, avant de signaler cette voie salutaire, nous allons, dans le chapitre suivant, établir positivement et bien faire remarquer les limites légales dans lesquelles devra se renfermer et se renfermera constamment l'influence spéculative de la doctrine du Messianisme, et par conséquent l'influence pratique de l'Union-Absolue et de l'Union-Antinomienne, qui seront nécessairement et entièrement fondées sur cette haute et *décisive doctrine de l'humanité.*

Nous terminerons ce paragraphe par un aperçu du caractère antinomien des différentes nations civilisées, pour pouvoir, dès aujourd'hui, prévoir et surtout diriger le mouvement politique de la cinquième période dans laquelle nous entrons, en observant que la marche de cette nouvelle période historique se réglera nécessairement sur le développement progressif de ses deux élémens primordiaux, du VRAI et du BIEN, dont la découverte finale, dans le *vrai absolu* et dans le *bien absolu*, est le but actuel et spontané de l'humanité. — D'ailleurs, la répartition des destinées humaines entre les diverses nations du monde civilisé, répartition qui, d'après ce que nous avons déjà fait remarquer vers la fin du second chapitre de la première partie de cette Métapolitique, doit être actuellement le véritable objet de la DIPLOMATIE, ne saurait être déterminée que par l'influence, plus ou moins grande, dans les caractères nationaux, de ces deux élémens progressifs, du vrai et du bien, dont la découcouverte finale doit opérer l'accomplissement de nos destinées, et dont l'antagonisme actuel constitue la présente antinomie sociale de la cinquième période. Et alors, cette répartition diplomatique des destinées humaines entre les diverses nations ne saurait être faite avec prudence, et surtout avec justice, qu'en se réglant sur le caractère antinomien de ces nations, en tant que ce caractère dépend des deux élémens en question, du vrai et du bien, qui, dans leur dernière réalisation ou création humaine, sont les termes absolus de nos destinées.—Nous allons donc présenter ici un aperçu de ce caractère antinomien, dans peu de mots, mais avec une détermination suffisante, en suivant l'ordre alphabétique du nom des nations qui composent le monde civilisé.

APERÇU DU CARACTÈRE ANTINOMIEN DES NATIONS.

Allemands. = Recherche continue du Vrai et investigation progressive du Bien.
Anglais. = Estimation du Vrai et utilisation du Bien.
Belges. = Besoin du Vrai et considération du Bien.

Danois. = Étude du Vrai et estime du Bien.
Espagnols. = Introduction du Vrai et fanatisme du Bien.
États-Unis d'Amérique. = Tendance au Vrai et exploration du Bien.
Français. = Renaissance du Vrai et enthousiasme pour le Bien.
Grecs. = Retour au Vrai et continuation du Bien.
Hollandais. = Défense du Vrai et soutien du Bien.
Italiens. = Retard du Vrai et conservation du Bien.
Juifs. = Espérance du Vrai et attente du Bien.
Polonais. = Attente du Vrai et espérance du Bien.
Portugais. = Imitation du Vrai et réforme du Bien.
Russes. = Aurore du Vrai et respect du Bien.
Suédois. = Culture du Vrai et pratique du Bien.
Suisses. = Soutien du Vrai et défense du Bien.
Turcs. = Méfiance du Vrai et fatalité du Bien.

CHAPITRE SECOND.

MOYENS ACTUELS ET ABSOLUS DES ÉTATS.

Le but du Messianisme, en considérant cette doctrine dans son influence sur l'humanité, est manifestement la fondation péremptoire de la vérité sur la terre, surtout de la vérité absolue, dans son intime connexion avec les destinées de l'homme. Comme telle, cette doctrine ne peut absolument, dans son influence sociale, porter sur rien autre que sur des LOIS, c'est-à-dire sur des considérations générales qui, même dans leur application purement spéculative, ne doivent distinguer aucun FAIT particulier. — Tels doivent donc être également, dans leur application pratique, le but et les moyens de l'Union-Antinomienne et généralement de l'Union-Absolue. Cette nouvelle et dernière association morale des hommes ne doit ainsi avoir pour objet rien autre que les lois, surtout les LOIS ABSOLUES, d'après lesquelles s'établit toute réalité dans le monde. Aussi, l'unique autorité légale que puisse exercer cette association, se réduit-elle au seul élément de la LÉGISLATIVITÉ, c'est-à-dire de l'aptitude d'une résolution pratique à devenir une loi universelle, comme nous l'avons vu à la fin du premier chapitre de la première partie de cette Métapolitique, surtout dans le tableau systématique des associations humaines, qui termine ce chapitre. En effet, parmi les différentes combinaisons qui existent entre les trois élémens de toute autorité sociale, c'est-à-dire entre les LOIS, la LIBERTÉ et la COERCITION, comme on le voit dans ce tableau systématique, la combinaison élémentaire où n'entre que les *lois seules*, et où sont exclues la *coercition* et même la *liberté*, forme, sous le nom de LÉGISLATIVITÉ, l'autorité messianique de l'Union-Absolue. Ainsi, tout exercice public et toute influence sociale de l'Union-Absolue, pour être fondés légalement sur les principes propres à cette association, doivent se borner à la considération des lois, c'est-à-dire à la seule discussion publique et rationnelle de la législation des peuples, sans s'immiscer en rien dans les faits qui concernent l'exécution ou même l'interprétation quelconque de ces lois ou législations. C'est par cet isolement absolu, en se renfermant dans le seul élément central des lois, que l'autorité de l'Union-Absolue se place, dans une entière indépendance, hors et au-dessus de toutes les autres autorités sociales, puisqu'elle ne représente ainsi, dans l'homme, rien autre que sa RAISON ABSOLUE. Et c'est ainsi qu'elle dépasse même l'autorité éthique de l'Église, qui, tout en n'embrassant que les deux élémens spirituels, les *lois* et la *liberté*, admet, par l'influence du dernier de ces deux élémens, une interprétation libre de la révélation ou de la loi; tandis que, dans l'autorité messianique de l'Union-Absolue, en se renfermant dans le seul élément central des *lois*, c'est-à-dire dans la seule vérité morale et absolue, toute liberté d'interprétation ou d'altération quelconque de cette vérité n'est plus admissible ni même possible, à l'instar de ce qui a lieu dans la production publique des vérités mathématiques, qui sont également infaillibles et par conséquent invariables. Aussi, par suite de cette invariabilité et de cette conviction absolue, si une autorité sociale quelconque pouvait réclamer le titre d'INFAILLIBLE, ce serait sans contredit l'autorité messianique de l'Union-Absolue.

Dans cette limitation ou restriction de l'influence publique de l'Union-Absolue, il est manifeste que cette influence ne peut, en aucun cas, s'étendre sur aucune action pratique ou sur aucun ACTE SOCIAL déterminé, et qu'elle ne peut s'exercer que sur les lois ou CONDITIONS GÉNÉRALES de ces actes; et cela même seulement autant que ces lois ou conditions dépendent de la raison pratique de l'homme, et qu'elles n'impliquent nullement l'action immédiate de sa volonté.—Ainsi, tout mode d'exécution d'une réforme sociale, quelle que puisse être cette réforme, très grande ou très petite, et bien moins toute voie révolutionnaire pour changer l'ordre moral ou politique d'une société, sont entièrement hors des attributions purement rationnelles de l'*Union-Absolue*. Bien plus, même dans l'exercice de ses véritables attributions, telles que nous venons de les déterminer avec précision, en tant qu'elles se réduisent expressément à la simple discussion publique des lois ou de la législation des peuples, l'Union-Absolue doit s'en abstenir aussitôt qu'elle en est prévenue, directement et même indirectement, par l'autorité politique du pays où elle veut établir cette discussion publique, parceque, comme nous allons le voir, cette autorité est souveraine absolument, même dans toute initiative de la législation générale du pays.

Quant à la réalisation de l'Union-Absolue, c'est-à-dire quant à la constitution réelle de cette haute association morale des hommes, par le concours réciproque des individus ou des membres personnels de cette association, il est évident, d'après les conditions que nous venons de fixer pour limiter son action ou son influence sociale, conditions qui réduisent cette influence à la seule voie d'une DISCUSSION PUBLIQUE, il est évident, disons-nous, que l'Union-Absolue ne peut légalement être formée que par une MANIFESTATION PUBLIQUE des personnes qui, comme membres de cette Union, se constituent ainsi pour réaliser cette suprême association morale. Et il est évident de plus que, dans cette manifestation publique, les membres doivent déclarer, non seulement leur nom ou tout autre indice par lequel ils puissent être reconnus, afin d'accepter par là une responsabilité légale de leurs paroles et de leur future influence, mais surtout les principes messianiques sur lesquels se fonde l'Union-Absolue, afin de signaler le haut ordre des vérités au triomphe desquelles ils se dévouent. — On conçoit d'ailleurs que tout homme, quelles que soient sa nationalité et sa religion, a droit de faire cette double déclaration publique et de se constituer ainsi, par cette simple manifestation personnelle, membre de l'Union-Absolue, pour pouvoir ensuite concourir systématiquement à la discussion publique des lois, pratiques et même spéculatives, qui doivent régler les actions morales et les investigations scientifiques des hommes, afin de conduire l'humanité, dans l'une de ses directions, par la découverte progressive du bien, jusqu'au bien absolu, et dans l'autre de ces directions, par la découverte progressive du vrai, jusqu'au vrai absolu. Et l'on conçoit de plus que ce concours systématique et public des membres de l'Union-Absolue, étant fondé sur les principes du Messianisme, par lesquels se trouvent ainsi dévoilées ces hautes et finales destinées de l'homme, et par lesquels seront déduites ultérieurement toutes les vérités absolues, religieuses et philosophiques, et toutes les lois fondamentales, morales et scientifiques, se constituera et se réalisera principalement dans une salutaire DIRECTION DE LA PRESSE ou de toutes productions publiques de l'esprit humain. — Mais, dans aucun cas, cette action publique de l'Union-Absolue ne pourra ni ne devra s'écarter des conditions légales que nous venons de lui prescrire. Ainsi, toutes les assemblées des membres de cette Union, soit pour propager les vérités messianiques par des conférences ou par des enseignemens méthodiques, soit pour aviser aux moyens de rendre plus efficace cette finale association morale des hommes, doivent toujours être publiques, et ne doivent jamais avoir lieu sans une permission, expresse ou du moins tacite, de l'autorité politique du pays où elles se feront. — Une seule exception, une seule absolument, serait ici autorisée par le but même de l'institution de l'Union-Absolue, par ce but auguste qui, comme nous l'avons reconnu plus haut, n'est rien moins que le but absolu de l'existence des lois morales elles-mêmes. Ce cas exceptionnel est celui qui aurait lieu lorsque, dans l'Union-Absolue, on aurait découvert et reconnu positivement des vérités supérieures à la portée actuelle de l'intelligence humaine, c'est-à-dire des vérités destinées aux périodes à venir; vérités qui, par conséquent, ne sauraient être comprises par les contemporains, et qui, étant publiées, se trouveraient ainsi exposées à quelque compromis dans leur dignité et surtout à quelque abus par l'influence des bandes mystérieuses, lesquelles, plus que jamais, travailleront désormais à la destruction de l'humanité. Dans ce cas unique, et dans aucun autre, il serait permis à l'Union-Absolue de conserver SECRÈTEMENT ces vérités supérieures, pour ne les produire qu'en temps opportun; et ce secret ne devrait alors s'étendre absolument à rien autre qu'à cette pure et simple conservation de ce haut ordre de vérités. Aussi, par suite du but auguste qui est attaché à une telle conservation, l'autorité politique ne peut moralement ni ne doit conséquemment l'empêcher par aucune considération, parce que, dans ce seul cas, son droit absolu de disposer de toute action morale des hommes cesse d'être valide, par la raison que le but ne peut jamais, et bien moins dans le cas présent, être subordonné au moyen.

Après avoir ainsi fixé les limites précises de l'influence sociale que l'Union-Absolue peut et doit exercer légalement, et par conséquent les limites de l'influence que peut et doit exercer, dès aujourd'hui, la doctrine du Messianisme, sur laquelle seule se fondera cette grande union morale des hommes, nous allons, sans craindre qu'on interprète mal nos intentions, procéder actuellement à exposer les conditions politiques sous lesquelles le gouvernement actuel de la France, en suivant la loi morale du progrès de l'humanité, pourra être transformé, d'abord en véritable gouvernement constitutionnel, et de là en gouvernement antinomien, par un plein rétablissement de la souveraineté divine dans son autorité politique, à côté et même en quelque sorte au-dessus de l'actuelle souveraineté humaine de cette autorité, afin de faire cesser, dans ce beau pays, son subversif et mystérieux désordre révolutionnaire, et de ramener l'illustre nation française à sa véritable mission providentielle, à celle d'être le garant du salut de l'humanité, que lui prescrit manifestement son noble et exceptionnel enthousiasme général pour le bien.

§ I. — CONDITIONS SPÉCULATIVES DE LA NOUVELLE AUTORITÉ ABSOLUE DANS LES ÉTATS.

Sans aucun préambule, et en nous fondant simplement sur ce que nous avons déjà reconnu dans cette Métapolitique messianique, nous pouvons établir, avec une certitude absolue, que les fameux CONTRATS SOCIAUX, par lesquels on prétend déduire juridiquement l'existence des États, ne sont rien autre qu'une grossière absurdité. En effet, l'institution des États, c'est-à-dire l'association morale et juridique des hommes, qui a pour objet la garantie de la justice par la réalisation des actions morales des hommes, ne peut se faire autrement que par une AUTORITÉ MORALE, hyperphysique ou tout idéale, et supérieure à la simple volonté de l'homme, qui n'est point l'auteur ou le créateur des lois morales, ni par conséquent des relations humaines qui constituent la justice. Aussi, cette autorité morale qui, par l'influence divine, de laquelle seule émanent les lois morales, préside à l'institution des États, implique-t-elle déjà les susdits trois élémens de toute autorité sociale, savoir, les *lois*, nommément les lois morales, la *liberté* et la *coercition;* de sorte que, en vertu du dernier de ces élémens, nul homme ne peut se soustraire à l'obligation morale d'entrer, avec les autres hommes, dans des relations juridiques constituant l'État. Et alors, n'ayant pas le droit ou la faculté morale de se soustraire à cette obligation, et pouvant, en conséquence, être contraint à la remplir, comment, demandons-nous, un membre de l'État pourrait-il stipuler librement un contrat social, pour entrer avec les autres membres de cet État dans des relations juridiques, lesquelles, indépendamment de sa volonté et même indépendamment de sa raison, sont fixées IMPÉRATIVEMENT par les lois morales du monde? — C'est là l'absurdité, et vraiment une grossière absurdité juridique, des prétendus contrats sociaux (*).

Il s'ensuit que l'autorité morale qui, par l'influence divine, c'est-à-dire, dans toute la vérité de l'expression, *par la grâce de Dieu*, préside ainsi à l'institution des États, constitue une véritable SOUVERAINETÉ DIVINE, et par conséquent que, dès l'origine d'un État, et durant toute son existence, cette souveraineté de droit divin est le principe inconditionnel de toute réalité juridique dans cet État, la base absolue et immuable de son existence. Et ce n'est qu'accessoirement, par les considérations que nous avons déduites dans les deux derniers chapitres de la première partie, que la SOUVERAINETÉ HUMAINE ou de droit humain vient se joindre, avec une égalité croissante et de plus en plus parfaite, à la souveraineté divine dans l'autorité politique, lorsque l'humanité parvient à réaliser en elle progressivement, d'abord, l'idée de la spontanéité pratique, et enfin, celle de la spontanéité spéculative de notre raison, comme nous l'avons reconnu dans la première partie de cet ouvrage.

Ainsi, la souveraineté de droit divin, prise pleinement dans toutes ses attri-

---

(*) Aussi, les conséquences que l'on tire immédiatement de ces prétendus contrats sociaux, sont-elles toutes entachées de la même absurdité. — Par exemple, la fameuse prétention immorale d'abolir la peine de mort que Beccaria fondait sur ce que, dans un tel pacte social, aucun des membres contractans n'a le droit de disposer de sa vie, est en contradiction manifeste avec le droit qu'en vertu de ces mêmes pactes sociaux, les gouvernemens auraient de disposer de la vie des citoyens pour la défense de l'État. — On est vraiment surpris de voir qu'une absurdité pareille à celle des prétendus contrats sociaux ait pu prévaloir au milieu du christianisme et dans presque tout le monde civilisé; et on l'est surtout en voyant que cet engouement universel est dû en grande partie au mérite purement littéraire d'un écrivain tel que J.-J. Rousseau, qui notoirement n'avait aucune notion didactique de la philosophie ni même aucune connaissance positive du droit.

butions, subsiste à perpétuité et sans aucune altération dans tout État, non seulement comme partie constituante ou intégrante, mais de plus comme condition absolue, *sine quâ non*, de l'existence elle-même de cet État. Et c'est de cette manière absolue que le chef de l'État, quel qu'il soit, individuel ou collectif, par hérédité ou par élection, dès qu'il est revêtu de l'autorité politique, possède, dans cette autorité même, purement comme telle, et sans aucune autre dérivation, la souveraineté divine, avec toutes ses attributions. De là vient que toute autorité politique, n'importe où elle réside, tire et reçoit, de cette haute origine divine, ses trois qualités distinctives, savoir : 1° le titre de MAJESTÉ, pour désigner, dans son *principe fondamental*, sa suprématie au-dessus de toute action humaine, 2° le droit d'INVIOLABILITÉ, pour garantir, dans son *principe pratique*, son indépendance de toute responsabilité humaine, enfin 3° la faculté d'AUGUSTE, pour établir, dans son *principe spéculatif*, sa libre création morale ou son amplification divine de l'humanité. Aussi, peut-on par là concevoir facilement qu'aucun chef de l'État, quelle que soit la forme du gouvernement, ne peut, dans son autorité, renoncer à la souveraineté divine, ni surtout la désavouer d'une manière quelconque, et qu'au contraire il est obligé moralement, sous une grave responsabilité envers Dieu, de revendiquer et de faire prévaloir, dans tous les exercices de son autorité politique, cette souveraineté de droit divin, comme principe inconditionnel de cette même autorité, et comme base juridique et absolue de l'existence de l'État.

Il n'en est pas de même de la souveraineté de droit humain. — Par suite de sa génération ou de son développement progressif dans l'humanité, correspondant aux progrès de la culture morale et intellectuelle de l'homme, comme nous venons de le dire, cette souveraineté humaine croît de plus en plus; et elle ne peut conséquemment s'établir, dans les diverses périodes de l'espèce humaine, que suivant le degré déterminé du développement spontané des peuples, tel qu'il a lieu dans ces périodes progressives. Ainsi, les droits politiques qui, en vertu de la souveraineté de droit humain, se trouvent attribués aux membres d'un État, et qui, d'après ce que nous avons reconnu plus haut, mesurent le degré de l'influence de ces membres dans la législation de leur État, sont plus ou moins étendus, suivant la culture publique de leur raison dans les différentes périodes du développement de l'humanité. — Or, c'est la détermination précise et publique de ces droits politiques, telle qu'elle a lieu à chaque fois, qui constitue ce que l'on nomme le DROIT PUBLIC d'un État; et c'est ce droit public que l'on écrit et promulgue dans des *chartes*, dans des *bills*, dans des *constitutions*, et dans mille autres documens pareils. — On voit ainsi que le droit public d'un État, comme expression déterminée de l'étendue, plus ou moins grande, de la souveraineté humaine dans cet État, n'est ni ne peut jamais être fixe et invariable, telle que l'est la souveraineté divine, qui, à toutes les époques de l'humanité, subsiste, dans toute sa plénitude et dans toute son étendue, comme un élément absolu et indestructible de l'autorité politique de chaque État. De là vient précisément que le droit public, pour devenir valide, doit être promulgué ou déclaré publiquement, afin que l'on sache quelle en est, à chaque fois, la détermination précise et légale. Et l'on conçoit, par là même, que cette déclaration publique et préalable n'est pas nécessaire pour ce que l'on nomme le DROIT PRIVÉ. En effet, ce droit privé constitue notoirement l'ensemble des relations juridiques entre les membres d'un État; relations qui sont données et fixées à priori par les lois morales elles-mêmes, et qui n'ont ainsi besoin d'aucune promulgation ou déclaration préalable pour être valides légalement. A la vérité, on consigne ces relations juridiques du droit privé dans des *codes*, dans des *réglemens*, et dans d'autres recueils pareils ; mais, c'est uniquement pour établir des règles générales et positives à la fixation de la justice dans des cas particuliers, à mesure que les relations industrielles et les relations morales entre les membres de l'État deviennent de plus en plus compliquées. — Dans tous les cas, et à toutes les époques de l'humanité, la JUSTICE SEULE, telle qu'elle est déterminée à priori par les lois morales, est l'objet des relations juridiques constituant le DROIT PRIVÉ dans un État; tandis que, à chaque époque distincte de l'humanité, le degré de la culture morale et intellectuelle de l'homme, c'est-à-dire le degré du développement de la spontanéité pratique et spéculative de sa raison, en un mot, le degré de la RÉALISATION DU VERBE dans l'homme, est la condition des relations politiques constituant le DROIT PUBLIC dans le même État. Aussi, à ce titre, la souveraineté de droit divin appartient-elle, en quelque sorte, au droit privé, dont elle est le ferme et indestructible garant providentiel; et à ce même titre, la souveraineté de droit humain appartient exclusivement au droit public, dont elle est, à son tour, l'unique objet et la vraie sanction légale, par une telle consécration explicite et manifeste des droits des peuples. Il devient donc déplacé de faire mention, d'aucune manière, de la souveraineté divine dans le droit public d'un État, où il ne s'agit absolument de rien autre que de la souveraineté humaine. Il serait même inutile de mentionner directement la souveraineté divine dans le droit privé de cet État, parce que, comme nous venons de le reconnaître, cette souveraineté de droit divin subsiste, par elle-même, dans sa haute qualité de condition absolue de l'existence de l'État; et parce que, en cette qualité inconditionnelle, elle n'a besoin, ni de déclaration publique, ni même de détermination générale par des règles quelconques. Toutefois, cette souveraineté de droit divin se trouve mentionnée indirectement dans le droit privé, du moins elle devrait *toujours* y être mentionnée ainsi, par les titres des divers codes qui composent ce droit privé; titres qui doivent annoncer que la justice, formant l'objet de ces codes, émane de l'autorité souveraine, et spécialement de la souveraineté divine dans cette autorité, au nom de laquelle la justice est rendue dans l'État.

De ces hautes et précises déterminations politiques résultent, avec une nécessité à la fois spéculative et pratique, trois corollaires majeurs, relatifs aux trois susdites attributions fondamentales de la souveraineté de droit divin, savoir, à son titre de majesté, à son droit d'inviolabilité, et à sa faculté d'auguste; attributions qui, comme nous l'avons vu plus haut, sont inhérentes à cette souveraineté divine. — Nous allons déduire ces trois corollaires dans l'ordre où nous venons de les signaler.

Pour ce qui concerne, en premier lieu, le titre de MAJESTÉ, qui est la qualification du principe fondamental de la souveraineté de droit divin, il est manifeste que, par la raison même que ce titre désigne la suprématie de cette partie principale de la souveraineté dans un État, en plaçant ainsi sa valeur au-dessus de toute valeur attachée aux actions humaines, un RESPECT ILLIMITÉ est dû à l'autorité politique, en vertu précisément de ce principe fondamental et divin de son existence. — La dignité morale de l'homme, qui est aussi une valeur infinie, en tant qu'elle est fondée sur la présence en nous du verbe ou de la virtualité propre à nous faire accomplir ou plutôt à nous faire créer les réalités morales dans le monde, provoque et commande l'ESTIME des autres hommes, lorsqu'elle est méritée; mais, l'autorité politique, comme représentant de la création divine des lois morales elles-mêmes, commande en outre le RESPECT, c'est-à-dire l'estime jointe à la crainte d'une toute-puissante imputation divine. Et c'est par cette raison que les membres d'un État doivent, comme obligation morale, leur SOUMISSION à l'autorité politique, et qu'ils reçoivent, dans cette SUJÉTION MORALE, le titre de SUJETS; titre honorable parce qu'il désigne ainsi leur aveu spontané de la création divine des lois morales, dont l'autorité politique est le représentant sur la terre. — Toutefois, il ne faut pas perdre de vue que ce profond respect n'est dû qu'aux chefs des gouvernemens, à ceux dans qui la suprême autorité politique indique la présence réelle de la souveraineté, et par là même aux hommes qui la représentent immédiatement, tels que les ambassadeurs. Toute autre délégation de l'autorité politique, qui implique toujours et nécessairement une responsabilité humaine de la gestion de cette autorité, ne participe nullement à la haute prérogative de majesté, ni par conséquent au droit d'un respect infini, qui y est attaché et qui n'appartient qu'au seul souverain. — Le comble d'un tel abus de cette exclusive prérogative souveraine serait lorsque, pour profiter de l'ancien préjugé, des hommes qui font partie ou qui ont fait partie des pouvoirs politiques, et que l'on qualifie pour cela du nom d'*hommes d'État* ou de celui d'*hommes politiques*, voudraient s'imaginer et faire accroire que, par cette seule participation à l'autorité politique, en devenant ainsi des *hommes pratiques*, comme ils s'en vantent, ils ont compris et peut-être même résolu le grand problème de la science de l'État, c'est-à-dire le problème des DESTINÉES DE L'HUMANITÉ ; problème auguste que le Messianisme et nommément la présente Métapolitique lègue désormais aux seuls membres de l'Union-Absolue.

Pour ce qui concerne, en deuxième lieu, le droit d'INVIOLABILITÉ, qui est inhérent au principe pratique de la souveraineté, spécialement de sa partie principale ou de la souveraineté de droit divin, ce n'est point une simple mesure politique, destinée à faire éviter le désordre résultant d'une responsabilité humaine du chef de l'État, mesure que l'on n'a pu fonder que sur la FICTION POLITIQUE de ce que ce chef ne peut faire le mal (*The King can do no wrong*), mais bien un droit primordial, un DROIT SACRÉ, inséparable de la souveraineté de droit divin, de cette haute souveraineté qui, par la raison qu'elle représente la création divine des lois morales, est au-dessus de toute responsabilité humaine. Et ce n'est que par une finalité morale du monde que ce droit sacré d'inviolabilité, qui subsiste par lui-même et sans égard à aucune conséquence, devient, par cette garantie de l'indépendance du chef de l'État, un principe téléologique (*) de l'ordre politique. — Toutefois, et on le conçoit facilement, ce droit d'inviolabilité, loin de libérer le chef de l'État de ses obligations juridiques, lui impose au contraire un devoir plus impératif et une plus grave responsabilité divine par rapport à *toutes* ses obligations, surtout par rapport à celles qui concernent les droits de la souveraineté humaine ou nationale, consacrés légalement dans le droit public de l'État, parceque c'est uniquement par les progrès croissans de cette souveraineté nationale que l'humanité peut se rapprocher de plus en plus de ses destinées finales. Ainsi, quelle que soit l'origine du droit public d'un État, et nommément de sa charte, de sa constitution, etc., qu'il soit octroyé par un monarque ou proposé par des citoyens, dès que ce droit existe positivement, c'est-à-dire dès que le chef et les membres de l'État le reconnaissent légalement, son exécution devient obligatoire, autant pour le chef que pour les membres de cet État. Et, par la raison que nous venons d'alléguer en faveur des progrès de la souveraineté nationale, cette obligation réciproque est même tellement impérative que c'est précisément en se fondant sur cette égalité d'obligations réciproques que l'on a été induit dans la grossière erreur de considérer le droit public d'un État comme un *contrat social synallagmatique*, contrat prétendu dont nous avons déjà reconnu plus haut l'insigne absurdité. Aussi, comme on peut le concevoir actuellement, c'est par cette fausse considération que l'on est parvenu, d'abord, à anéantir, tout à la fois, et le respect illimité qui est dû à la souveraineté politique, et l'autorité infinie qui est inhérente à cette

---

(*) Nous avons déjà prévenu ailleurs que les nouvelles écoles philosophiques désignent, par le mot *téléologique*, tout ce qui est conforme aux conditions que l'on nomme *causes finales*, c'est-à-dire à la FINALITÉ (*Zweckmæssigkeit*) du monde.

souveraineté, et ensuite, à amener par là le désordre révolutionnaire qui est maintenant institué, pour ainsi dire d'une manière légale, dans tout le monde civilisé. — La vérité à cet égard, telle qu'elle résulte des principes absolus du Messianisme, principes que nous venons de déduire dans la présente Métapolitique, consiste manifestement dans la nécessité morale à laquelle il faut se soumettre pour éviter, dans une association juridique des hommes, les deux crimes capitaux et opposés que voici : d'une part, la revendication des droits publics des membres d'un État, surtout une prétendue revendication judiciaire, suivie de ses conséquences pénales, telles que la détention, l'exil, la décapitation du chef de l'État, est un crime de LÈSE-DIVINITÉ, qui place hors de la loi, par rapport aux autres nations, celle qui commet ce crime énorme, tendant à renverser la morale et avec elle les destinées de l'homme sur la terre; et de l'autre part, l'atteinte portée au droit public par le chef de l'État, surtout une atteinte manifeste à ce droit humain contre la lettre et l'esprit de la charte ou du document public où il est consacré, est un crime de LÈSE-HUMANITÉ, qui, s'il n'autorise pas d'avance une révolution, l'excuse au moins après coup, lorsque ce crime l'a provoquée. — Telle est l'exacte et précise détermination juridique des conséquences politiques du droit d'inviolabilité dont il s'agit. Et, d'après ce que nous avons reconnu plus haut, on conçoit, avec facilité, que ces conséquences politiques subsistent nécessairement lors même que cette inviolabilité souveraine n'est pas déclarée expressément dans la charte, dans la constitution, ou dans tout autre document du droit public, dans lesquels d'ailleurs, comme nous l'avons déjà fait remarquer, cette déclaration serait véritablement déplacée.

Pour ce qui concerne, en troisième et dernier lieu, la faculté d'AUGUSTE, qui, à son tour, est inhérente au principe spéculatif de la souveraineté, spécialement de la souveraineté de droit divin, elle consiste manifestement dans une libre création morale des conditions supérieures de l'État, c'est-à-dire dans une amplification divine de ces conditions juridiques de l'humanité. En effet, les lois morales reçoivent progressivement des déterminations de plus en plus étendues, correspondant, en principe, au développement progressif de la raison humaine, et par conséquent aux conditions de plus en plus rationnelles des relations sociales; de sorte que, en vertu de sa fonction de représenter et de réaliser la création divine des lois morales, la souveraineté de droit divin a nécessairement l'initiative dans la production et dans l'établissement de nouvelles conditions morales de l'État, au delà de celles qui, à chaque fois, sont reconnues, soit tacitement, soit ouvertement dans le droit public et dans le droit privé de cet État. — Or, c'est cette initiative pour arriver à la réalisation de nouvelles conditions morales dans un État, par lesquelles son droit privé et surtout son droit public reçoivent des extensions ultérieures, conformes au degré actuel du développement de la raison publique chez les peuples, c'est, disons-nous, cette initiative supérieure, appartenant exclusivement au chef de l'État, qui constitue la FACULTÉ AUGUSTE de la souveraineté de droit divin dans cet État. — Il s'ensuit qu'en vertu de cette haute faculté, toute modification, soit du droit privé, civil et pénal, soit du droit public, intérieur et extérieur, appartient exclusivement, du moins dans son initiative, au chef de l'État, par suite de sa souveraineté de droit divin. — Ainsi, d'une part, l'introduction progressive et formelle de toutes les modifications et extensions du droit privé, ainsi que de toutes les attributions de la souveraineté divine, comme unique garant de ce droit privé, doit être opérée par le chef de l'État, en vertu de l'auguste initiative dont il s'agit, lors même que le droit public de cet État serait expressément opposé à cette introduction, parce que, dans ce dernier cas, le droit public, par là même qu'il s'opposerait à la réalisation pleine et entière de la souveraineté divine, serait immoral, et par conséquent invalide, du moins dans ceux de ses articles qui contiendraient cette immorale opposition et qui constitueraient déjà virtuellement le susdit crime de LÈSE-DIVINITÉ. Aussi, nul respect, ni par conséquent aucune foi, fût-elle promise par un serment, ne seraient dus à un tel droit public, par la raison que, non seulement une nation, qui voudrait le faire prévaloir, mais même tous les peuples réunis de la terre ne sauraient s'arroger la faculté juridique de constituer un droit public qui exclurait, en totalité ou en partie, la souveraineté divine, parce que cette exclusion, comme nous l'avons déjà reconnu plus haut avec une certitude absolue, serait le comble de l'immoralité, c'est-à-dire une véritable perversion de la morale. — Et de l'autre part, l'introduction progressive et formelle de toutes les déterminations croissantes de la souveraineté humaine doit également, et à son tour, être opérée par le chef de l'État, en vertu de l'auguste initiative que nous signalons ici, même dans le cas où, par des restrictions quelconques, le droit public existant semblerait s'opposer à cette nécessaire extension morale de la souveraineté nationale ou de droit humain. A cet égard, comme pour l'exécution du droit public existant, le chef de l'État a la susdite obligation impérative dont le désaveu constituerait, de sa part, le crime de LÈSE-HUMANITÉ ; et cela, dans le cas présent, avec autant de gravité de plus que c'est principalement de cette extension continue et croissante de la souveraineté nationale, lorsque le développement rationnel des peuples l'exige, que dépend le progrès réel de l'humanité vers l'accomplissement de ses destinées. Mais, dans ce cas présent de l'extension du droit public, comme dans le susdit cas de l'exécution du droit public existant, le droit d'inviolabilité garantirait le souverain contre toute provocation d'une responsabilité humaine, lorsqu'il ne remplirait pas les hautes et impératives obligations qui lui sont imposées, de par Dieu lui-même, à l'égard de cette extension, comme à l'égard de cette exécution du droit public de l'État. Aussi, dans le cas présent, comme dans le susdit cas de l'exacte exécution du droit public, la transgression souveraine de ces hautes obligations divines, transgression qui, nous le répétons, constituerait le crime de lèse-humanité, n'autoriserait même pas une révolution, quoique, comme nous l'avons déjà *dit*, *elle suffirait légalement pour l'excuser lorsque*, sourd à toutes les réclamations, le chef de l'État forcerait ainsi le peuple à recourir à cette voie violente pour améliorer ses conditions humaines.

Heureusement, par une nouvelle finalité morale dans le monde, cette énorme et absolue inviolabilité du chef de l'État, qui, dans sa double étendue, de l'exécution et de l'extension du droit public et du droit privé, semblerait porter une atteinte à la dignité de l'homme, se trouve modérée ou en quelque sorte contenue par le concours *également obligatoire de deux corps politiques* qui, précisément par leur nécessité morale, servent ainsi à compléter le pouvoir exécutif dans un État, et à limiter, par leur concours indispensable, la trop grande inviolabilité du souverain ou du chef de ce pouvoir exécutif. — Ces deux corps complémentaires sont le MINISTÈRE et le CONSEIL-D'ÉTAT. — Nous allons exposer les principes juridiques sur lesquels s'établit la nécessité morale et par conséquent obligatoire de l'existence et de l'autorité de ces deux corps politiques.

Mais, pour ne pas trop nous étendre ici, nous ferons remarquer que la déduction juridique de ces deux corps complémentaires du pouvoir exécutif, lorsqu'ils sont considérés par rapport à leurs véritables buts, d'après nos principes actuels, est tout-à-fait identique dans tout ce qui concerne les attributions, l'autorité, les droits et les devoirs de ces deux corps politiques; et nous nous bornerons en conséquence à produire simultanément, pour le ministère et pour le conseil-d'état, leur déduction dont il s'agit, en ayant toutefois soin de préciser ce qu'il y aura de distinctif dans nos déterminations par suite des buts hétérogènes de ces deux corps complémentaires. — Or, pour ce qui concerne *cette distinction caractéristique entre le ministère et le conseil-d'état*, elle dérive immédiatement, et tout-à-fait à priori, de ce que nous venons de reconnaître, d'une manière didactique, sur le double exercice de l'autorité souveraine, c'est-à-dire, d'une part, sur l'exercice de cette haute autorité dans l'EXÉCUTION du droit privé et du droit public de l'État, en un mot, dans la *réalisation des lois existantes*, et de l'autre part, sur l'exercice de la même autorité dans l'EXTENSION du droit privé et du droit public de l'État, en un mot, dans la *production des lois nouvelles*. En effet, comme corps complémentaires du pouvoir exécutif, le ministère et le conseil-d'état ne sauraient recevoir aucune autre détermination juridique, ni par conséquent aucune autre mission politique, que celles qui résultent immédiatement et tout-à-fait à priori de la susdite distinction fondamentale du double exercice de l'autorité souveraine. Ainsi, dans cette haute et absolue déduction didactique des deux corps politiques dont il est question, il est manifeste que le ministère doit avoir pour objet *exclusif* la RÉALISATION DES LOIS EXISTANTES, et que le conseil-d'état doit de même avoir pour objet exclusif la PRODUCTION DES LOIS NOUVELLES. — Et l'on conçoit par là avec facilité comment, lorsque l'on confond cette distinction essentielle dans l'exercice de l'autorité souveraine, et par conséquent dans l'accomplissement de ce haut exercice par les institutions complémentaires du ministère et du conseil-d'état, ou bien comment, lorsqu'on charge, par une préférence arbitraire et de pure routine, l'un de ces corps, nommément le ministère, de ces deux fonctions essentiellement distinctes, savoir, de la réalisation et de la production des lois, comme on le fait encore aujourd'hui, on est parvenu à méconnaître la nécessité obligatoire de l'autre de ces corps, c'est-à-dire du conseil-d'état, dont l'influence essentielle et intégrante dans le pouvoir exécutif disparaît alors par ce manque d'une si grave distinction fondamentale.

Abordons maintenant l'exposition des principes juridiques de ces deux corps complémentaires du pouvoir exécutif, en nous bornant ici, comme nous l'avons déjà dit, à la déduction simultanée du ministère et du conseil-d'état, avec la seule variation provenant des buts distincts de ces deux corps politiques. — Et pour nous placer dans une généralité absolue, faisons provisoirement abstraction du but de l'État, et n'envisageons ainsi le pouvoir exécutif, spécialement le ministère et le conseil-d'état, que comme un moyen de l'État, afin de pouvoir appliquer la *déduction* de ces deux *corps*, non seulement aux gouvernemens antinomiens qu'il s'agit d'établir dans la présente période de l'humanité, mais aussi aux gouvernemens constitutionnels qui, *comme acheminement à cette nouvelle période historique*, prévalent encore aujourd'hui dans tous les pays civilisés. — Nous pourrons alors reproduire ici purement et simplement, en l'étendant au conseil-d'état, notre déduction du ministère, celle que nous avons déjà produite, il y a vingt ans, dans un écrit périodique faisant partie du deuxième numéro du *Sphinx*, lorsque nous jugeâmes nécessaire d'arrêter par là l'établissement de l'erreur grave du fameux Benjamin Constant, qui, avec l'aide de ses collaborateurs dans la *Minerve* révolutionnaire, voulait réduire le pouvoir exécutif au seul ministère, et ravir ainsi au souverain toute son autorité. — Voici cette déduction, adaptée aux principes supérieurs sur lesquels, dans la présente Métapolitique, nous avons établi les conditions fondamentales de l'association juridique qui forme l'État.

Il faut, avant tout, fixer l'essence des attributions des deux corps politiques qui nous occupent, pour pouvoir déduire, de cette essence même, les droits et les devoirs attachés à ces attributions. Ainsi, le premier problème qui se présente dans notre question, est :

1° — *Quelle est l'essence des attributions du ministère et du conseil-d'état ?*

Ce problème étant résolu, il est manifeste que, pour pouvoir déduire les droits et les devoirs dont il s'agit, il faut *connaître la nécessité morale* qui est attachée aux attributions des ministres et des conseillers-d'état. Il faut donc découvrir la source légale de l'autorité dont sont revêtus ces hauts fonctionnaires politiques. Ainsi, le second problème qui se présente dans notre question, est :

2° — *Quel est le principe légal de l'autorité du ministère et du conseil-d'état ?*

Ce deuxième problème étant résolu, on peut enfin, sans qu'il soit besoin d'aucun principe ultérieur, procéder à la détermination des droits et des devoirs de ces deux corps politiques, en les déduisant immédiatement de l'essence même de leurs attributions, et du principe légal de l'autorité dont ils sont revêtus. Ainsi, le troisième et dernier problème qui se présente dans notre question, est :

3° — *Quels sont les droits et les devoirs du ministère et du conseil-d'état, résultant de leurs attributions et de leur autorité ?*

Procédons à la solution de ces problèmes, dans l'ordre où nous venons de les établir.

Pour peu qu'on réfléchisse sur la nature du pouvoir exécutif, consistant dans l'ACTION LÉGALE de l'ordre social, on découvre que ce pouvoir remplit, dans la personne universelle à laquelle on peut assimiler un État, la fonction de l'exercice de la VOLONTÉ RAISONNABLE, considérée dans l'homme en général. — Cette détermination de la nature du pouvoir exécutif est trop évidente, trop avérée par les diverses fonctions réelles de ce pouvoir, enfin trop conforme au nom même d'*exécution* qui est attaché à ce pouvoir, pour qu'il puisse rester, à cet égard, la moindre incertitude. — Donc, dans la nécessité logique où nous nous trouvons ici d'analyser le pouvoir exécutif, afin de parvenir à la découverte de ses diverses parties constituantes, formant les attributions essentielles de ce pouvoir, il suffit d'analyser la volonté de l'homme, considérée en général.

Or, trois parties distinctes et essentielles constituent l'exercice de la volonté humaine, savoir : 1° le MOTIF de la volonté ; 2° la détermination de la raison pour le motif, ou la RÉSOLUTION ; et 3° l'accomplissement de la résolution, ou l'ACTION de la volonté. — Cette analyse de la volonté humaine est un fait psychologique, qui nous est donné par l'expérience. — Ainsi, le pouvoir exécutif doit également se composer de trois parties constituantes analogues, distinctes et essentielles, savoir : 1° le développement du motif de l'action politique ; 2° la détermination légale, ou la résolution pour cette action ; et enfin 3° son accomplissement, ou l'action politique proprement dite. Nous nommerons ces trois parties intégrantes du pouvoir exécutif, la première, INITIATIVE de l'action politique, ayant pour objet l'établissement du motif, la seconde, SANCTION de cette action, ayant pour objet la détermination légale ou la résolution, et la troisième, ACCOMPLISSEMENT de la même action politique, ayant pour objet la réalisation ou la production définitive de cette détermination légale.

Ainsi, toutes les fonctions du pouvoir exécutif doivent nécessairement être rangées sous ces TROIS CLASSES. — Une fonction politique qui n'aurait aucun de ces trois caractères, ne saurait être une fonction du pouvoir exécutif. Il s'ensuit que, pour résoudre le premier de nos trois problèmes susdits, nommément pour fixer l'essence des attributions du ministère et du conseil-d'état, il suffit d'assigner quelles sont, parmi les trois classes de fonctions de ce pouvoir, celles qui doivent appartenir respectivement à ces deux corps politiques.

Or, en examinant ces trois classes de fonctions exécutives, on reconnaît, dès l'abord, que la deuxième de ces classes, c'est-à-dire la sanction de l'action politique, ne saurait être séparée de la personne du souverain, parce que c'est précisément dans l'exercice de cette haute sanction que consiste la souveraineté. En poursuivant cet examen, on reconnaît que l'exercice de la première des trois classes de fonctions exécutives, c'est-à-dire l'initiative de l'action politique, ne saurait être séparé de l'exercice de la dernière de ces classes, c'est-à-dire de l'accomplissement de cette action, parce que les motifs qui appartiennent à l'initiative, ne peuvent se manifester que dans les raisons qui sont attachées à l'accomplissement de l'action politique, nommément dans les conditions rationnelles de la réalisation ou de la production définitive de l'ordre social. Mais, rien n'empêche que ces deux classes extrêmes et inséparables, l'initiative et l'accomplissement, ne puissent être séparées de la deuxième classe de ces fonctions, de la sanction exécutive; tout comme, dans l'homme en général, la raison, qui par sa spontanéité produit la résolution, est séparée et en quelque sorte isolée des motifs et des actions de la volonté. Ainsi, le ministère et le conseil-d'état, devant faire partie du pouvoir exécutif, et devant être séparés de la souveraineté elle-même, ne peuvent avoir d'autres attributions respectives que celles qui proviennent des fonctions exécutives de la première et de la troisième classe.

L'essence de ces attributions respectives consiste donc manifestement dans la double détermination suivante. — D'abord, pour ce qui concerne le ministère, qui a pour objet l'EXÉCUTION du droit privé et du droit public de l'État, c'est-à-dire la *réalisation des lois existantes*, l'essence de ses attributions consiste ainsi, 1° dans l'INITIATIVE PÉREMPTOIRE de l'action politique, c'est-à-dire dans la proposition *inconditionnelle* des ordonnances ou dans la *fixation réelle* du motif de cette action; et 2° dans l'ACCOMPLISSEMENT FINAL ou dans la *réalisation définitive* des ordonnances, pour opérer immédiatement l'*exécution* de l'ordre social. Et ensuite, pour ce qui concerne le conseil-d'état, qui a pour objet l'EXTENSION du droit privé et du droit public de l'État, c'est-à-dire la *production des lois nouvelles*, l'essence de ses attributions consiste, à son tour, 1° dans l'INITIATIVE PROVISOIRE de l'action politique, c'est-à-dire dans la proposition *conditionnelle* des lois ou dans la *conception idéale* du motif de cette action; et 2° dans l'ACCOMPLISSEMENT CAUSAL, ou dans la *production* des lois à la *discussion* du pouvoir législatif, pour opérer, par leur adoption dans ce pouvoir, l'exten-

sion de l'ordre social. — Il est manifeste que la différence qui se trouve ainsi, dans la première classe de ces fonctions, entre l'initiative péremptoire du ministère et l'initiative purement provisoire du conseil-d'état, provient de ce que les lois nouvelles qui sont conçues par le conseil-d'état, ne peuvent être proposées à la discussion et à l'adoption par le pouvoir législatif que lorsqu'elles ont reçu la sanction souveraine; sanction qui, en vertu de la susdite faculté auguste du souverain, constitue proprement l'initiative PÉREMPTOIRE dans tout ce qui concerne l'extension de l'ordre social. Et il est manifeste de plus que la différence qui se trouve aussi, dans la dernière classe de ces fonctions, entre l'accomplissement final opéré par le ministère et l'accomplissement purement causal opéré par le *conseil-d'état*, provient, à son tour, de ce que la sanction souveraine ne suffit pas pour rendre valides les lois conçues par le conseil-d'état, et par conséquent de ce que ce conseil exécutif doit en outre provoquer, dans le pouvoir législatif, la discussion et l'adoption de ces lois sanctionnées d'avance par le souverain; adoption qui seule peut les constituer FINALEMENT lois de l'État.

Telle est donc, dans ces déterminations précises des attributions du ministère et du conseil-d'état, la solution complète du premier de nos trois problèmes actuels (*). — Procédons à la solution du second de ces problèmes, où il s'agit de découvrir quel est, pour ces deux corps complémentaires du pouvoir exécutif, le principe légal de leur autorité respective.

Avant tout, observons que l'autorité propre du ministère et du conseil-d'état ne peut provenir que d'une nécessité morale, et par conséquent obligatoire, qui soit attachée à la séparation établie entre les attributions de ces deux corps et les attributions de la souveraineté. Car, la simple délégation de leurs attributions spéciales ne pourrait leur transmettre rien de plus que l'exercice d'une partie de l'autorité souveraine, et non une autorité propre, à laquelle seraient attachés, non seulement des devoirs, mais de plus des droits réels. Sans une nécessité morale de séparer, des attributions du souverain, les attributions des ministres et des conseillers-d'état, ils ne seraient que de simples fonctionnaires publics, recevant une commission du souverain, et n'ayant ainsi qu'envers lui seul une responsabilité des fonctions qu'il leur aurait confiées. Telles sont, par exemple, l'autorité purement déléguée et la responsabilité des préfets ou des gouverneurs, et en général des fonctionnaires publics qui, après les ministres et après les conseillers-d'état, sont chargés de la gestion

---

(*) On peut juger, par cette déduction rigoureuse des attributions du ministère, qu'il ne forme point essentiellement le pouvoir exécutif, comme l'a prétendu Benjamin Constant dans le susdit écrit périodique, intitulé la *Minerve*. — La fonction principale du pouvoir exécutif consiste manifestement dans la SANCTION ou dans la résolution de l'action politique, formant la deuxième classe de fonctions exécutives, c'est-à-dire la classe qui constitue les attributions exclusives du souverain.

du pouvoir exécutif. Pour que ces deux corps, le ministère et le conseil-d'état, puissent acquérir une autorité propre, supérieure à une autorité purement déléguée, et nommément une autorité qui leur donnerait des droits, même envers le souverain, et qui leur imposerait une responsabilité envers la nation, il faudrait que leurs attributions fussent séparées des attributions du souverain, en vertu d'une LOI MORALE qui attacherait une nécessité pratique, une obligation, à cette séparation des fonctions exécutives. — Il faut donc découvrir cette loi morale, laquelle sera manifestement le principe légal de l'autorité en question; principe qui est l'objet de notre deuxième problème.

D'abord, la séparation des attributions du ministère et du conseil-d'état d'avec les attributions du souverain paraît nécessaire pour l'organisation, en quelque sorte matérielle, de l'ordre politique, afin que, par la division du travail, les diverses fonctions exécutives soient remplies avec plus de célérité, et surtout avec plus d'exactitude. On conçoit, en effet, que la distribution des différentes fonctions du pouvoir exécutif, entre diverses personnes, doit en faciliter et surtout améliorer considérablement l'exercice. Mais, *cette nécessité est purement conditionnelle*, purement relative à la difficulté, plus ou moins grande, qu'éprouverait une seule personne, le souverain, d'embrasser l'exercice de toutes les trois classes des attributions exécutives. Car, on peut concevoir également que, par l'introduction d'un ordre parfait, surtout dans de petits États, une seule personne, douée de facultés supérieures, pourrait embrasser l'exercice de toutes ces fonctions exécutives. Bien plus, dans des États non monarchiques, démocratiques ou oligarchiques, dans lesquels le pouvoir exécutif, la souveraineté, appartiendrait à un corps politique composé de plusieurs personnes, la distribution des trois classes de fonctions exécutives pourrait être réalisée dans ce corps souverain, sans qu'il fût nécessaire d'en séparer les attributions appartenant spécialement au ministère et au conseil-d'état. — Ainsi, cette nécessité de séparer les fonctions de ces deux corps complémentaires d'avec celles du souverain, pour en faciliter et améliorer l'exercice, n'est point universelle, absolue, ni par conséquent OBLIGATOIRE MORALEMENT. Il faut donc chercher ailleurs le principe légal de l'autorité du ministère et du conseil-d'état, principe en question qui doit résoudre notre deuxième problème.

L'expérience semble avoir confirmé que la stabilité des États, ou en général l'ordre social, dépend de l'inviolabilité de l'autorité souveraine. C'est un fait que nous pourrions ou plutôt que nous devrions admettre dans le degré actuel de nos lumières, sans qu'il fût nécessaire d'en donner la déduction. Mais, nous avons déjà, dans nos précédens développemens métapolitiques, fixé à priori le principe même de cette inviolabilité politique; et nous pouvons ainsi nous fonder ici sur ce principe téléologique avec une certitude absolue. — Or, l'inviolabilité de la personne sacrée du souverain, qui rend ARBITRAIRE la sanction exécutive, c'est-à-dire la condition de la réalisation des ordonnances et de la production des lois, est, dans toute la force de l'expression, le caractère d'une AUTORITÉ ABSOLUE. Ainsi, cette autorité souveraine absolue est aujourd'hui non pas un palliatif, une digue contre le débordement révolutionnaire, mais bien le résultat le plus positif de l'état actuel de nos lumières.

Mais, cette autorité absolue est manifestement une atteinte morale portée aux membres composant l'État; car, lors même qu'elle ne deviendrait jamais abusive effectivement, elle implique en elle la faculté de devenir abusive, ce qui constitue une véritable ATTEINTE MORALE. — Cet ordre politique immoral ne saurait donc être toléré, s'il n'existait pas un moyen de lever cette immoralité politique, inhérente à l'autorité absolue; et ce moyen doit exister nécessairement, parce que nous ne pouvons supposer que la sagesse de la création ait réduit l'homme, l'être moral, à la nécessité de vivre dans un ordre de choses immoral. — Nous allons en effet découvrir ce moyen décisif, dont nous admirerons en même temps l'extrême simplicité.

En déduisant plus haut les trois classes des attributions du pouvoir exécutif, nous avons reconnu que la première et la troisième de ces classes, qui sont purement accessoires, peuvent être séparées de la seconde, qui a pour objet la sanction exécutive elle-même, et qui forme ainsi la classe principale des fonctions de ce haut pouvoir politique. Or, la première de ces trois classes d'attributions, qui a pour objet l'initiative de l'action, la proposition des ordonnances et des lois, c'est-à-dire la fixation ou la conception des motifs de cette action politique, est manifestement la CONDITION POSITIVE de l'exercice de la seconde classe, de l'exercice de la sanction exécutive, qui, à son tour, est la condition également positive de la réalisation des ordonnances et de la production des lois; car, cette sanction exécutive ne peut s'appliquer, d'une part, qu'à des ordonnances proposées par le ministère, et de l'autre part, qu'à des lois proposées par le conseil-d'état. Donc, si l'on sépare ces deux premières classes d'attributions exécutives, en laissant à la personne du souverain la sanction de l'action politique, comme condition de la réalisation des ordonnances et de la production des lois, sanction qui forme la fonction principale du pouvoir exécutif, et en attribuant au ministère et au conseil-d'état l'initiative de cette action politique, c'est-à-dire la proposition respective des ordonnances et des lois, comme condition de la sanction souveraine, initiative qui n'est qu'une fonction accessoire de ce même pouvoir exécutif, on aura, dans cette simple séparation, le moyen important et décisif qui peut lever l'immoralité politique inhérente à l'autorité souveraine absolue. En effet, tout en laissant l'arbitraire le plus absolu à la sanction de l'action politique, pour constituer et maintenir l'inviolabilité de la personne sacrée du souverain, investie de cette sanction exécutive, si l'on rend le ministère et le conseil-d'état RESPONSABLES de l'initiative de cette action, c'est-à-dire de leur proposition respective des ordonnances et des lois, nulle action politique ne pourra exister sans être comptable à la nation ou aux membres composant l'État ; et cette responsabilité du pouvoir exécutif envers la nation, sans léser en rien l'inviolabilité du souverain, et sans diminuer en rien l'arbitraire de ses résolutions, lèvera complétement l'atteinte morale que porte avec elle cette autorité absolue.

Ainsi, la responsabilité du ministère et du conseil-d'état, fondée EN PRINCIPE sur leur initiative de l'action politique, ou sur leur proposition respective des ordonnances et des lois, devient une NÉCESSITÉ MORALE dans l'ordre social. Et, fondée de cette manière, cette responsabilité ne présente aucune contradiction avec l'inviolabilité du souverain, qui signe les ordonnances et les projets de lois, dont le ministère et le conseil-d'état sont respectivement responsables. Ces ordonnances et ces projets de lois présentent, en effet, le résultat du concours de deux personnes distinctes : l'initiative de cette action politique, c'est-à-dire la proposition de ces ordonnances et de ces projets législatifs, qui est l'œuvre respective du ministère et du conseil-d'état ; et leur sanction exécutive, comme condition de la réalisation de ces ordonnances et de la production de ces projets, qui est l'œuvre du souverain. La première, l'initiative, qui est effectivement la plus susceptible de responsabilité, l'est aussi en réalité ; et c'est là le fondement de la RESPONSABILITÉ du ministère et du conseil-d'état. La seconde, la sanction, qui n'est proprement qu'un choix fait par la raison, est exempte de toute responsabilité ; et c'est là le fondement de l'INVIOLABILITÉ du souverain. Ainsi, toute contradiction disparaît ici ; et, ce qui n'est pas moins important, un sens précis et raisonnable se trouve enfin attaché, d'une part, à la responsabilité du ministère et du conseil-d'état, et de l'autre, à l'inviolabilité du souverain. On ne dira plus, comme on le fait communément, que tout ce qu'il y a de mal dans les actes du gouvernement, doit être attribué aux ministres ou aux conseillers-d'état, et que tout ce qu'il y a de bien dans ces actes, doit être attribué au souverain ; déraison qui ne peut être sauvée, pas même par la bonté morale de l'intention.

Mais, ce qu'il nous importe ici essentiellement de remarquer, c'est que, comme nous l'avons reconnu, la responsabilité du ministère et du conseil-d'état, fondée sur l'initiative de l'action politique, est une nécessité pratique, une obligation morale, et par conséquent JURIDIQUE, dans l'ordre social constituant l'État. — C'est cette nécessité juridique qui donne une autorité propre à ces deux corps complémentaires du pouvoir exécutif, autorité à laquelle se trouvent ainsi attachés des droits et des devoirs tout particuliers. C'est donc dans cette nécessité morale que consiste le PRINCIPE LÉGAL de l'autorité de ces deux corps politiques, principe que nous avions à découvrir pour résoudre le second de nos trois problèmes. — Ainsi, ce deuxième problème se trouve résolu.

Avant de procéder à la solution du dernier de ces problèmes, tâchons d'arrêter le véritable sens de cette nécessaire responsabilité du ministère et du conseil-d'état, qui, d'après ce que nous venons de reconnaître, est fondée sur leur attribution principale, sur l'initiative de l'action politique. — Or, conformément à la déduction que nous venons ainsi d'en donner, cette responsabilité est proprement NATIONALE, c'est-à-dire obligatoire envers l'État ou envers les membres qui le composent; et non purement administrative, c'est-à-dire purement obligatoire envers le souverain ou le chef de l'État. Car, suivant notre déduction, cette haute responsabilité de ces deux corps politiques est nécessaire, précisément pour lever l'atteinte immorale qui est impliquée dans la faculté même d'une autorité suprême inviolable, d'une autorité absolue, en rendant ainsi comptables à la nation tous les actes de cette autorité souveraine.

C'est ici le lieu d'établir une distinction nouvelle entre la première classe des fonctions du pouvoir exécutif et la troisième classe de ces fonctions, qui, l'une et l'autre, forment les attributions spéciales du ministère et du conseil-d'état. — Cette première classe, constituant l'initiative de l'action politique, est proprement celle sur laquelle nous venons de fonder la haute responsabilité de ces deux corps complémentaires, c'est-à-dire leur responsabilité NATIONALE. Et comme telle, cette première classe diffère essentiellement de la troisième classe, de celle qui constitue l'accomplissement de l'action politique, et qui, n'exigeant aucune spontanéité, ne peut provoquer, de la part des ministres et des conseillers-d'état, qu'une responsabilité ADMINISTRATIVE, c'est-à-dire purement obligatoire envers le souverain, qui les charge respectivement, les uns, de la réalisation des ordonnances signées par lui, et les autres, de la production législative des projets de lois également signés par lui. De cette manière, l'autorité du ministère et du conseil-d'état, dans l'accomplissement de l'action politique, c'est-à-dire dans la réalisation des ordonnances et dans la production législative des projets de lois, n'est point une autorité PROPRE, mais purement une autorité TRANSMISE par le souverain. — Il faut donc distinguer soigneusement, dans ces deux corps complémentaires du pouvoir exécutif, d'une part, leur autorité propre, provenant de la nécessité morale, juridique, de leur responsabilité nationale, fondée sur leur attribution spéciale de l'initiative de l'action politique, autorité qui fixe le véritable caractère de MINISTRES et de CONSEILLERS-D'ÉTAT, et de l'autre part, l'autorité transférée à eux par le souverain, pour l'accomplissement de l'action politique, c'est-à-dire pour la réalisation des ordonnances et pour la production législative des projets de lois, autorité qui ne leur impose qu'une responsabilité administrative, et qui ne leur donne alors qu'un caractère de COMMISSAIRES du gouvernement.

Toutefois, il ne faut pas ici perdre de vue la susdite différence qui existe dans l'exercice des attributions respectives du ministère et du conseil-d'état, en tant que le ministère exerce immédiatement une initiative péremptoire et un accomplissement final de l'action politique, tandis que le conseil-d'état n'exerce qu'une initiative provisoire et qu'un accomplissement causal de l'action politique, par les raisons que nous avons alléguées plus haut, en spécifiant ainsi leurs attributions respectives. — Il résulte, en effet, de cette différence caractéristique de ces deux corps politiques, deux modifications majeures dans leurs responsabilités respectives, modifications que voici. — D'une part, la responsabilité nationale du conseil-d'état est purement NÉGATIVE, c'est-à-dire que ce corps ne répond à la nation que de son MANQUE de proposer à la signature du souverain des projets de lois qui seraient nécessaires pour l'extension actuelle du droit privé et surtout du droit public de l'État; parce que ceux des projets de lois qu'il propose effectivement à cette sanction souveraine et qu'il porte, avec cette sanction, à la discussion législative, sont adoptés ou rejetés par le pouvoir législatif, qui assume alors à lui seul toute la responsabilité de l'existence ou de la non-existence de ces lois. De l'autre part, la responsabilité administrative du conseil-d'état est purement MATÉRIELLE, c'est-à-dire que ce corps ne répond au souverain que du manque des SOINS nécessaires pour la présentation et la discussion des projets de lois dans le corps législatif, et nullement du manque des lumières nécessaires pour la conviction de ce haut pouvoir-législateur.

Procédons maintenant à la solution du dernier de nos trois problèmes actuels, de celui où il s'agit enfin de déterminer les droits et les devoirs du ministère et du conseil-d'état. — Cette dernière solution ne présente plus aucune difficulté : elle résulte, comme un simple corollaire, des deux solutions précédentes. Il suffit, en effet, de fixer les circonstances morales, nommément juridiques, qui dérivent des attributions et de l'autorité de ces deux corps complémentaires du pouvoir exécutif; attributions et autorité qui nous sont déjà connues. — Voici ces circonstances résultantes et très simples.

En premier lieu, pour ce qui concerne les DROITS des deux corps politiques dont il s'agit, droits qui sont fondés en principe sur leur autorité propre, telle que nous l'avons déduite plus haut, ils forment, d'après les deux branches distinctes de leurs fonctions, les deux classes suivantes :

1°. — Pour l'initiative de l'action politique, le droit de PROPOSER respectivement toutes les ordonnances et tous les projets de lois, sans aucune exception quelconque; en général, le droit de COMMENCER respectivement toute action politique.

2°. — Pour l'accomplissement de cette action, le droit respectif de RÉALISER toutes les ordonnances et de PRODUIRE toutes les lois, également sans aucune exception quelconque; en général, le droit d'ACHEVER toute action politique.

Les conséquences immédiates, morales ou juridiques, de ces droits, sont :

1°. — Par rapport au droit de l'initiative, l'exclusion de toute autre autorité de la proposition respective des ordonnances et des projets de lois.

2°. — Par rapport au droit de l'accomplissement, l'exclusion de toute autre autorité de la réalisation des ordonnances et de la production des lois.

Seulement dans le cas de rébellion, ces droits respectifs du ministère et du conseil-d'état cessent d'exister. Alors, toutes les fonctions du pouvoir exécutif, toutes les facultés de ce pouvoir retournent à leur origine, à la personne sacrée du souverain, parce que la nécessité morale de séparer les attributions de ces deux corps complémentaires de celles de la souveraineté, n'est que la condition de l'ordre social, et non celle du désordre public. Hors de ce cas unique de rébellion, les droits susdits du ministère et du conseil-d'état subsistent dans toute leur intégrité. Et pour leur donner la réalité ou l'efficacité physique nécessaire, les ministres et les conseillers-d'état en déduisent le DROIT de donner la démission de leurs charges, de manière que le simple acte de cette démission, sans qu'il soit ici besoin de l'agrément ou de l'acceptation du souverain, suffit complétement pour opérer juridiquement, pour légitimer la cessation des fonctions respectives des ministres et conseillers démissionnaires.

En second lieu, pour ce qui concerne les DEVOIRS de ces deux corps politiques, devoirs qui sont attachés en principe à leurs attributions, à celles que nous avons fixées plus haut, ils forment de nouveau, d'après les deux branches distinctes de leurs fonctions, les deux classes également distinctes que voici :

1°. — Pour l'initiative de l'action politique, le devoir de rechercher tous les MOTIFS de cette action, de développer ces motifs et de les déterminer ; le tout uniquement dans la vue du BUT DE L'ÉTAT, fixé, soit par des lois positives, soit par de nouvelles considérations métapolitiques.

2°. — Pour l'accomplissement de l'action politique, le devoir respectif de RÉALISER toutes les ordonnances et de PRODUIRE tous les projets de lois, en répondant à toutes les demandes du souverain qui a signé ces ordonnances et ces projets législatifs ; le tout uniquement dans le sens de la VOLONTÉ DU SOUVERAIN.

Les conséquences immédiates, morales ou juridiques, de ces devoirs, sont :

1°. — Par rapport au devoir de l'initiative, la haute responsabilité du ministère et du conseil-d'état, leur responsabilité NATIONALE ; c'est-à-dire envers les membres composant l'État ; et cela, soit positivement, pour un écart manifeste du but de l'État, explicite ou implicite, soit négativement, pour le manque d'initiative, l'absence de la proposition d'ordonnances ou de projets de lois, toujours en vue du but de l'État, explicite ou implicite.

2°. — Par rapport au devoir de l'accomplissement, la responsabilité inférieure du ministère et du conseil-d'état, leur responsabilité ADMINISTRATIVE, c'est-à-dire envers le souverain, qui, par sa signature, les charge respectivement de la réalisation des ordonnances et de la production des projets de lois ; et cela de nouveau, soit positivement, pour un écart de ces ordres, soit négativement, pour le manque d'accomplissement, l'un et l'autre contre le sens de la volonté du souverain.

Or, la responsabilité supérieure ou nationale de ces deux corps politiques est entièrement du ressort des membres composant l'État. Ainsi, la provocation de cette haute responsabilité et l'accusation des ministres et des conseillers-d'état appartiennent ici exclusivement à la *nation*; toutefois, en suivant les formes fixées par la constitution ou le droit public de l'État. Le souverain ne peut, à cet égard, ni provoquer la responsabilité de ces deux corps, ni établir leur accusation, qu'autant que les délits de cette première *classe* peuvent être considérés *comme* circonstances ou comme suite de l'accomplissement d'une action politique, ordonnée par sa signature. — Au contraire, la responsabilité inférieure ou administrative de ces mêmes corps politiques est entièrement du ressort du souverain, du *chef* de l'État. Ainsi, la provocation de cette responsabilité inférieure et l'accusation des ministres et des conseillers-d'état appartiennent ici exclusivement au souverain. La nation ou les membres de l'État ne peuvent, à cet égard, ni provoquer la *responsabilité de ces corps*, ni établir leur accusation, qu'autant que les délits de cette seconde classe peuvent, à leur tour, être considérés comme circonstances ou comme suite de l'initiative d'une autre action politique.

Quant au jugement de ces deux classes de *délits*, il doit appartenir à un seul corps politique ou judiciaire, pour qu'on puisse RÉUNIR la double accusation, de la part de la nation et de la part du souverain, dans chacune de ces deux classes de délits. — Mais, l'unité introduite ainsi, par *ce corps ou tribunal commun*, dans la double responsabilité du ministère et du conseil-d'état, ne suffit pas encore pour établir un lien, une UNITÉ MORALE parfaite dans les obligations attachées aux fonctions du pouvoir exécutif. Il faut encore réunir cette double responsabilité, ou *les obligations des ministres et des conseillers*, aux obligations attachées à la sanction exécutive, qui est l'attribution du souverain, du chef de l'État. Or, vu l'inviolabilité du souverain, formant l'un de nos principes irrécusables, cette dernière réunion, *ce complément de l'unité morale dans les obligations du pouvoir exécutif*, ne peut être réalisé que dans la personne même du souverain. Pour cette fin, une SURVEILLANCE SUPRÊME du ministère et du conseil-d'état, exercée par le souverain, devient, tout à la fois, et un *devoir* et un *droit*, attachés à la sanction exécutive. Et, pour rendre efficace cette surveillance suprême, dont la nécessité est morale, obligatoire, la nomination et la révocation des ministres et des conseillers-d'état appartiennent DE DROIT à la personne du souverain.

C'est cette surveillance suprême du *ministère et du conseil-d'état*, par laquelle le souverain introduit une UNITÉ ABSOLUE dans toutes les fonctions du pouvoir exécutif, et par laquelle, comme chef de ce pouvoir, il parvient ainsi, non seulement à diriger toutes les affaires de l'État, mais de plus, au moyen de sa sanction exécutive, à les effectuer réellement, c'est, disons-nous, cette haute surveillance souveraine du ministère et du conseil-d'état qui constitue, en toute vérité et en toute évidence, ce que l'on nomme GOUVERNEMENT. —

On peut maintenant voir combien est erronée la prétendue maxime nouvelle, dont on attribue l'invention à M. Thiers, et où l'on veut établir que le *Roi règne et ne gouverne pas;* maxime qui, au fond, n'est rien autre qu'un travestissement de la susdite erreur grossière de Benjamin-Constant, qui, comme nous l'avons déjà dit, voulait réduire le pouvoir exécutif au seul ministère, et ravir ainsi au Roi le droit d'exercer spontanément aucune action politique. — Or, d'après la présente déduction de l'essence juridique du gouvernement, déduction didactique et irrécusable qui, comme toutes celles que nous produisons dans cette Métapolitique messianique, se fonde sur une nécessité morale, impérative ou obligatoire, et par conséquent inévitable, il est manifeste que cette haute direction gouvernementale des affaires de l'État, par leur susdite surveillance suprême, doit s'exercer indépendamment du ministère et du conseil-d'état, c'est-à-dire indépendamment de ces deux corps complémentaires que le gouvernement est précisément destiné à surveiller ainsi en souverain. Donc, dans cette attribution absolue, le gouvernement ne peut se servir, ni du ministère ni du conseil-d'état, pour communiquer avec ces corps eux-mêmes, et surtout pour communiquer avec la nation et les autres corps ou pouvoirs politiques, lorsqu'il le croit nécessaire. En conséquence, le gouvernement doit se composer, non seulement du CABINET du souverain, mais de plus d'une SECRÉTAIRERIE-D'ÉTAT, et d'une CHANCELLERIE-D'ÉTAT, qui sont destinées, la première, à réaliser ces hautes communications du souverain, et la seconde, à légaliser ces ordres suprêmes par l'apposition du sceau de l'État. — Aussi, dans cette organisation propre et dans cette action spontanée du gouvernement, pour rendre efficace et inconditionnelle la susdite surveillance souveraine du ministère et du conseil-d'état, il est manifeste que la nomination et la révocation des ministres et des conseillers, émanant immédiatement du cabinet du souverain, ne doivent être déclarées et légalisées publiquement que par la seule entremise de la secrétairerie et de la chancellerie-d'état, sans qu'il soit, non pas nécessaire, mais même convenable d'y joindre le contre-seing d'un ministre ou d'un conseiller-d'état, parce que ce dernier concours pourrait rendre impossible une absolue indépendance dans la surveillance suprême dont il s'agit. — Pour ce qui concerne enfin les hauts fonctionnaires qui tiennent au cabinet du souverain, spécialement ceux qui composent la secrétairerie et la chancellerie-d'état, et qui sont naturellement nommés et révoqués aussi par le souverain, leur obéissance exclusive aux ordres du chef de l'État doit être garantie par un corps armé, formant la GARDE DU GOUVERNEMENT (une garde royale, impériale, etc.). En conséquence, cette garde, placée dans une entière indépendance par rapport à tous les autres corps et pouvoirs politiques, doit obéir uniquement et immédiatement aux ordres du souverain, dans tout ce qui concerne les fonctions spontanées du gouvernement, surtout celles de la secrétairerie et de la chancellerie-d'état;

fonctions auxquelles, en cas de rébellion, comme nous l'avons déjà dit, retournent toutes les fonctions du ministère et du conseil-d'état. Et pour que cette garde du gouvernement puisse, tout à la fois, et demeurer dans cette indépendance des autres corps politiques, et néanmoins ne pas devenir dangereuse par un trop grand accroissement, elle doit être entretenue aux frais du souverain sur les revenus qui lui sont alloués annuellement par les lois de l'État.

Ici finit la déduction des principes juridiques du pouvoir exécutif, qui, comme nous venons de le reconnaître, se compose du gouvernement et des deux corps complémentaires de ce pouvoir, savoir, du ministère et du conseil-d'état. — Nous nous sommes étendus, dans cette déduction morale, beaucoup plus que nous n'aurons besoin de le faire dans la déduction pareille des autres pouvoirs politiques, parce que, comme cela est notoire, c'est principalement ce pouvoir exécutif qui a été complétement dénaturé par l'esprit révolutionnaire de la France, lorsqu'on lui a enlevé sa base, la souveraineté de droit divin, pour pouvoir le renverser et l'appuyer sur sa cime, sur la souveraineté de droit humain, et pour pouvoir ainsi établir l'État hors de la sphère des lois morales, comme nous l'avons reconnu dans la première partie de cet ouvrage. Aussi, pour quiconque saura approfondir la déduction que nous venons de donner ici du pouvoir exécutif, il sera facile de concevoir, d'une part, que l'actuel désordre révolutionnaire ne se soutient que dans ceux des pays où, après avoir méconnu l'origine divine des lois morales et désavoué par là l'auguste impératif de ces lois, on s'est ainsi écarté des principes absolus, éternels, sur lesquels nous venons de reconstruire péremptoirement le pouvoir exécutif pour les États accomplis, et de l'autre part, comme une conséquence nécessaire, que c'est uniquement par le retour à cet ordre absolu, à cet ordre divin dans le pouvoir exécutif, que l'on parviendra à faire cesser, en quelque sorte légalement, le désordre révolutionnaire qui, par la défiguration actuelle de ce pouvoir, menace le monde civilisé d'une inévitable ruine; cessation qui est le but principal que nous nous sommes proposé dans la deuxième partie de la présente Métapolitique.

Procédons maintenant à la déduction des principes juridiques des autres pouvoirs politiques, pour compléter cette Métapolitique messianique, et pour mieux assurer par là, en ouvrant toutes les voies, le retour à l'ordre social des peuples civilisés, surtout de ceux qui sont plus fortement en imminence du péril par l'esprit révolutionnaire qui les égare. — Mais, bornons-nous, par suite de la susdite raison, à fixer les principes généraux de ces pouvoirs secondaires dans l'État.

Avant tout, pour procéder méthodiquement, reconnaissons les trois modes, les seuls qui soient possibles, pour arriver à la déduction des pouvoirs politiques. — Ce sont : 1° le mode SUBJECTIF, en assimilant l'État à une personne universelle et raisonnable, et en comparant ainsi ses facultés politiques avec les facultés rationnelles de l'homme ; 2° le mode OBJECTIF, en déduisant ces facultés ou pouvoirs politiques des principes fondamentaux de l'État ; et 3° le mode NEUTRE, tout à la fois subjectif et objectif, en suivant la production distincte des pouvoirs politiques dans le développement progressif de l'humanité.

Le premier de ces modes, qui est le seul mode didactique que l'on ait appliqué jusqu'à ce jour, même dans les hautes déductions de la nouvelle philosophie germanique, est un procédé purement PSYCHOLOGIQUE, qui, comme tel, ne peut nous faire connaître que les facultés ou les moyens distincts par lesquels s'exercent les différens pouvoirs politiques, et nullement les buts mêmes de l'existence et de l'action de ces pouvoirs. C'est ainsi qu'en suivant ce procédé psychologique dans notre précédente déduction du pouvoir exécutif, où nous avons effectivement assimilé ce pouvoir à l'action d'une VOLONTÉ RAISONNABLE, nous sommes parvenus à distinguer, avec précision, les différentes attributions de ce pouvoir suprême, tout en y faisant abstraction, d'une manière expresse, non seulement du but spécial du pouvoir exécutif, mais même du but général de l'État. — Le deuxième des trois modes dont il s'agit, mode que l'on n'a pas encore appliqué dans sa pureté, est un véritable procédé PHILOSOPHIQUE, qui doit conduire à une déduction péremptoire des pouvoirs politiques, en faisant connaître, dans leurs principes mêmes, les objets distincts de ces pouvoirs. Mais, pour arriver, par l'application de ce procédé philosophique, à une déduction rigoureuse, absolue même, des différens pouvoirs en question et généralement des différentes parties constituantes d'un État, il faudrait ici suivre la LOI DE CRÉATION elle-même, qui, d'après ce que nous avons déjà annoncé, préside à la génération des parties intégrantes de tous les systèmes de réalités, et par conséquent du système de réalités morales qui forme l'État. Alors, ce deuxième mode serait un véritable procédé MÉTAPOLITIQUE ; et c'est ce procédé supérieur que nous appliquerons effectivement, du moins par une anticipation suffisante sur la PHILOSOPHIE ABSOLUE, qui, dans le développement ultérieur de nos présentes doctrines, fera l'objet principal du Messianisme. — Enfin, le troisième de ces modes, qui forme manifestement un procédé HISTORIQUE, est notoirement celui que suivent, jusqu'à présent, tous les auteurs ou écrivains populaires, les *publicistes*, qui, comme les hommes-d'état susmentionnés, Benjamin-Constant et Thiers, traitent de la politique pratique et ne peuvent, dans ces limites, connaître les pouvoirs ou les parties constituantes de l'État qu'autant qu'ils les trouvent déjà tout réalisés dans les États existans. Pour que ce procédé historique puisse être appliqué avec succès, il faudrait connaître préalablement la vraie PHILOSOPHIE DE L'HISTOIRE ; et c'est à ce titre que nous pourrions déjà l'appliquer utilement ici, après avoir fixé plus haut, dans notre tableau de la genèse des destinées humaines, les vraies conditions de cette haute et décisive philosophie spéciale.

Ainsi, connaissant ces trois modes ou procédés didactiques, par lesquels on peut arriver à la déduction des parties constituantes d'un État, ou du moins à la déduction des pouvoirs politiques dans cet État, il est manifeste, d'après ce que nous venons d'apprendre sur leur respective validité logique, que c'est le procédé philosophique ou métapolitique que nous devons préférer ici. — Néanmoins, pour ne négliger, dans la présente philosophie de la politique, rien de ce qui peut avoir un véritable caractère scientifique, nous donnerons, d'abord, au moins un aperçu de la déduction dont il s'agit, par l'application distincte des deux autres procédés, savoir, du procédé psychologique et du procédé historique. Cet aperçu nous servira d'ailleurs, par l'identité des résultats que nous obtiendrons, à offrir une espèce de vérification de la réalité de ces résultats. — Voici donc ces considérations préliminaires ou accessoires.

En premier lieu, lorsqu'on suit ainsi le susdit procédé psychologique, il est clair que, pour pouvoir assimiler l'État, dans ses fonctions distinctes, à une personne universelle et douée de raison, il suffit de distinguer dans l'homme, comme être raisonnable, ses véritables facultés rationnelles. — Or, ces facultés supérieures de l'homme sont notoirement au nombre de trois, savoir : 1° la RAISON elle-même, comme faculté de principes et de conséquences; 2° le JUGEMENT, comme faculté d'application de ces principes rationnels, c'est-à-dire des conditions générales, à des cas particuliers; et 3° la VOLONTÉ, comme causalité rationnelle, c'est-à-dire comme volition (*Begherungsvermoegen*) qui s'exerce en vue de buts. — Ainsi, en ne considérant que cette généralité psychologique dans les facultés rationnelles de l'homme, on ne saurait, par la présente assimilation de l'État à une personne universelle et raisonnable, découvrir plus de trois pouvoirs politiques essentiellement distincts, savoir : 1° le pouvoir LÉGISLATIF, exerçant la fonction de la raison dans l'établissement des lois; 2° le pouvoir JUDICIAIRE, exerçant la fonction du jugement dans l'application de ces lois à des cas particuliers; et 3° le pouvoir EXÉCUTIF, exerçant la fonction de la volonté ou de la volition raisonnable dans la réalisation et dans la production de ces conditions générales et particulières d'un État. — C'est là effectivement à quoi se réduisent toutes les susdites déductions didactiques des pouvoirs politiques que, depuis Kant, on a obtenues et données dans la nouvelle philosophie germanique. — Mais, si l'on avait distingué, dans la raison de l'homme, en outre de sa fonction purement logique, par laquelle elle crée les principes et assigne leurs conséquences, sa fonction supérieure ou transcendante, par laquelle, en vertu précisément de cette virtualité créatrice, elle tend elle-même à des principes inconditionnels, c'est-à-dire si l'on avait distingué, dans la raison de l'homme, sa TENDANCE VERS L'ABSOLU, dont la même philosophie germanique a si bien reconnu la réalité, on aurait pu, sur cette voie psychologique, découvrir la nécessité d'un quatrième pouvoir politique, qui, par suite de cette assimilation de l'État à un être raisonnable, aurait manifestement la fonction de tendre vers les conditions absolues ou vers le BUT FINAL de l'État, c'est-à-dire vers les DESTINÉES de l'humanité. Ce quatrième pouvoir, déduit ainsi sur la même voie psychologique, formerait donc un véritable POUVOIR-DIRECTEUR; et si l'on ne s'en est pas aperçu dans cette déduction des pouvoirs politiques, telle que nous l'exposons ici, c'est que ce quatrième pouvoir n'est pas encore réalisé positivement dans l'état actuel de la civilisation ou des lumières politiques. Et en effet, comme nous l'avons reconnu plus haut, c'est la doctrine du Messianisme, et nommément la présente Métapolitique, qui, pour la première fois, vient d'assigner formellement les DESTINÉES DE L'HUMANITÉ pour le but final de l'État ou de l'association juridique des hommes. — Cependant, par la force des choses, et sans le savoir, on a dû, dans plusieurs branches administratives, anticiper déjà sur ce pouvoir-directeur dans le développement actuel des gouvernemens constitutionnels. Ainsi, par exemple, le contentieux politique, où il s'agit de statuer sur les conflits ou abus des pouvoirs administratifs, et sur le redressement de ces abus dans la direction du véritable but de l'État, de ce but inconnu mais pressenti déjà, est une véritable anticipation sur les fonctions du pouvoir-directeur que nous venons de signaler; anticipation qui, dans l'absence de ce quatrième pouvoir, a été attribuée en France, et dans d'autres pays, au conseil-d'état, quoique, d'après ce que nous avons reconnu plus haut, les véritables fonctions de ce corps politique, c'est-à-dire l'extension morale de l'État par la production de lois nouvelles, n'aient aucune connexion avec ce contentieux politique, lequel, indépendamment de toutes lois futures, doit, dans l'étendue même des lois existantes, faire l'objet d'un tribunal administratif.

En deuxième lieu, lorsqu'on suit le susdit procédé historique dans la déduction des pouvoirs politiques, il faut, d'après ce que nous avons fait remarquer, s'appuyer immédiatement sur la vraie philosophie de l'histoire, pour pouvoir arriver à des résultats précis, exacts et réels dans leur application positive. Et, dans cette génération historique de l'État, il faut naturellement s'attacher surtout à la période de civilisation dans laquelle l'association juridique des hommes, c'est-à-dire la formation de l'État, était le but dominant de l'humanité; période que nous savons actuellement être celle des Grecs et des Romains, c'est-à-dire la deuxième période historique, qui a duré depuis les temps héroïques jusqu'à la venue du Christ, et dans laquelle précisément s'est développée la conscience de la raison pratique dans l'homme. — Or, suivant notre tableau de la philosophie de l'histoire, les quatre grands élémens qui, sous le nom de MORALE ou de PHILOSOPHIE PRATIQUE, se sont développés dans cette période historique, sont : 1° les LOIS JURIDIQUES, comme expression de l'*universalité* dans la morale; 2° le DÉVOUEMENT, comme manifestation de la *spontanéité pratique* de l'homme; 3° la COERCITION, comme *répression physique* de cette spontanéité pratique; et 4° la LIBERTÉ POLITIQUE, comme *liberté des actions* de l'homme. Ainsi, dans ce développement de la morale publique, les pouvoirs politiques qui se formèrent dès alors, du moins dans leurs conceptions respectives, sont manifestement les quatre pouvoirs suivans : 1° le pouvoir LÉGISLATIF, ayant pour objet la production des *lois juridiques*; 2° le pouvoir-DIRECTEUR, exercé, en partie, par le fameux conseil d'Amphictyons, et principalement par le sacerdoce de cette période, qui, au moyen du *dévouement* à la patrie et aux Dieux de ce temps, excitait la *spontanéité pratique* de l'homme; 3° le pouvoir EXÉCUTIF, ayant pour objet la *coercition légale* des actions humaines; et 4° le pouvoir JUDICIAIRE, qui, par l'application des lois, garantissait la *liberté* de ces actions. — Ainsi, dès alors, quatre pouvoirs politiques se réalisèrent dans l'association juridique des hommes, dans l'État, dont la formation, comme nous venons de le rappeler, fut le but dominant de cette période. Déjà même, dans un sens vague, le pouvoir-directeur, tel que nous l'avons entrevu dans la précédente déduction psychologique, fut conçu réellement à cette époque; pouvoir dont la trace politique s'est depuis perdue insensiblement, et dont l'intention morale se trouve aujourd'hui tout-à-fait pervertie par l'esprit révolutionnaire. En effet, dans la troisième période, ce pouvoir-directeur passa entièrement à l'autorité ecclésiastique du christianisme, où, tout en présidant à la culture religieuse du sentiment de l'homme, il s'opposa à tout progrès dans le développement cognitif de l'humanité; et dans la quatrième période, en se jetant du côté opposé, c'est-à-dire dans la direction cognitive de la liberté de la pensée, ce même pouvoir, usurpé alors par la presse, sous le prétexte de la discussion publique de la vérité, *étouffa* par degrés le sentiment religieux dans l'homme et finit par développer l'esprit révolutionnaire, c'est-à-dire l'esprit de destruction morale dans le monde.

Après ces deux aperçus de la déduction des pouvoirs politiques, résultant de l'application provisoire des deux susdits modes insuffisans, du mode psychologique et du mode historique, procédons enfin à la déduction rigoureuse de ces pouvoirs, par l'application péremptoire du véritable mode philosophique, c'est-à-dire du *mode métapolitique*, fondé sur l'application immédiate de la LOI DE CRÉATION. — Nous parviendrons ainsi, en même temps, à la détermination exacte de tous les pouvoirs politiques, et de plus à la génération à priori de toutes les parties constituantes d'un État. — Mais comme, dans nos productions progressives de la doctrine du Messianisme, nous n'avons pas encore fait connaître, dans toutes ses déterminations didactiques, la loi de création elle-même, nous nous bornerons à produire, sous une forme tabulaire, la présente genèse ou génération à priori des parties constituantes d'un État, telle qu'elle résulte de l'application de cette loi auguste; de la même manière que nous l'avons fait plus haut pour la genèse ou la génération à priori des destinées de l'humanité, formant notre philosophie de l'histoire. — Voici donc le tableau de cette création politique.

PHILOSOPHIE DE LA POLITIQUE.

SYSTÈME DE GÉNÉRATION DES PARTIES CONSTITUANTES DE L'ÉTAT,
D'APRÈS LA LOI DE CRÉATION (*).

A) *Théorie* ou *Autothésie*; ce qu'il y a de donné, dans l'essence morale des hommes, pour leur association juridique.
  a) *Contenu* ou *constitution* de l'État.
    a 2) Partie *élémentaire*. = ÉLÉMENS POLITIQUES (au nombre de sept).
      a 3) Élémens *primitifs*. = CONDITIONS DE L'ÉTAT.
        a 4) Élément *fondamental*; *réaction* morale; *unité* juridique. = SOCIÉTÉ. (I)
        b 4) Élémens *primordiaux*.
          a 5) *Activité* morale; *autorité* juridique. = SOUVERAIN. (II)
          b 5) *Passivité* morale; *soumission* juridique. = SUJETS. (III)
      b 3) Élémens *dérivés*. = ORGANISATION DE L'ÉTAT.
        a 4) Élémens dérivés *immédiats* ou *distincts* :
          a 5) *Autorité organique* dans la société. = GOUVERNEMENT (Cabinet du souverain, Secrétairerie-d'état, Chancellerie-d'état, Conseil des grâces, Officiers de la couronne, etc.). (IV)
          b 5) *Soumission organique* dans la société. = COMMUNES (Mairies, Hôtels-de-ville, Voies-publiques, Écoles, Établissemens de charité, etc.). (V)
        b 4) Élémens dérivés *médiats* ou *transitifs* :
          a 5) Transition du Gouvernement aux Communes; *autorité* faisant fonction de soumission; *soumission* des chefs des pays réunis par conquête ou par fédération. = SUZERAINETÉ. (VI)
          b 5) Transition des Communes au Gouvernement; *soumission* faisant fonction d'autorité; *autorité* des villes, bourgs, villages, etc. = MUNICIPALITÉ. (VII)
    b 2) Partie *systématique*. = CORPS POLITIQUES (au nombre de quatre).
      a 3) *Diversité* dans la réunion systématique des élémens primordiaux.
        a 4) Influence *partielle*.
          a 5) Influence de l'*autorité* dans la soumission; *conditions morales* de la soumission; *lois juridiques*. = CORPS LÉGISLATIF. (I)
            Nota. — Les membres du Corps législatif sont nommés d'après les conditions qui seront indiquées plus bas.
          a 6) Pour la garantie spéciale du *droit divin* de l'autorité politique. = = CHAMBRE DES PAIRS (*House of Lords*, Sénat, etc.).

(*) Pour la lecture de ce système, consultez la note de la page 46, qui est à la tête du tableau de la philosophie de l'histoire. — D'ailleurs, nous le présenterons aussi séparément sous la forme d'un véritable tableau.

b 6) Pour la garantie spéciale du *droit humain* de l'autorité politique. =
= Chambre des députés (*House of Commons*, Tribunat, etc.).
b 5) Influence de la *soumission* dans l'autorité; *conditions morales* de l'autorité; *coercition légale.* = Corps coercitif. (II)
   Nota. — Tous les membres du Corps coercitif sont nommés immédiatement par le Souverain.

  a 6) Pour l'*exécution* de l'ordre politique; pour la *réalisation* des lois existantes. = Ministère.
  b 6) Pour l'*extension* de l'ordre politique; pour la *production* des lois nouvelles. = Conseil-d'état.
b 4) Influence *réciproque* de ces *élémens primordiaux*; *harmonie* systématique entre l'autorité et la soumission; *concours final* ou *direction* des affaires de l'État vers son *but final*, par la juste estimation du *dévouement* nécessaire au salut public. = Directoire ou Corps dirigeant (Pouvoir-directeur). (III)
   Nota. — Tous les membres du Directoire sont nommés par le Souverain sur la présentation du Conseil-d'état.

  a 5) *Unité* dans la direction politique. = Conseil-directeur (présidé par le chef du Directoire).
  b 5) *Variété* dans la direction politique. = Cours-directrices.
    a 6) Influence directrice dans le *temporel*, dans les *actions libres* des hommes; développement progressif de l'association *juridique*. = Cours des progrès de l'État.
     a 7) Par la *rémunération politique*, dans la vue du *but final* de l'État; extension des *droits politiques*; création des *dignités*. = Cour des dignitaires.
      a 8) Rémunération politique pour le *dévouement éthique*; récompense de la *vertu.* = Anoblissement (Ordres d'honneur, titres de noblesse, etc.).
      b 8) Rémunération politique pour le *dévouement messianique*; récompense du *savoir.* = Illustration (Ordres d'esprit, titres de science, etc.).
     b 7) Par l'*imputation politique*, dans la vue des *moyens actuels* de l'État; précision des *devoirs politiques*; conservation des *autorités*. = Cours des justiciers.
      a 8) Imputation politique *par prévention.*
       a 9) Pour le *fond.* = Cour des pétitions.
       b 9) Pour la *forme.* = Cour des comptes.
      b 8) Imputation politique *pour redressement.*
       a 9) Pour le *fond* = Tribunaux politiques.
        a 10) *Conflits et abus* des autorités administratives. = Cours de justice administrative.
         Nota. — Ces cours de justice administrative doivent être réparties dans toutes les préfectures ou gouvernemens, où elles remplaceront les actuels conseils de préfecture,

pour y statuer principalement sur les conflits et sur toutes les relations entre l'administration gouvernementale et l'administration communale.

b 10) *Délits politiques et crimes d'État.* = Cours de haute justice politique :
    a 11) ordinaires,
    b 11) extraordinaires.

b 9) Pour la *forme.* = Cour de cassation.

b 6) Influence directrice dans le *surtemporel*, dans les *pensées spontanées de l'homme.* = Cours des progrès de l'humanité.

  a 7) Dans le *spirituel* ou dans les relations sociales concernant la *pureté des maximes morales;* développement progressif de l'association *éthique.* = Cour des progrès de l'Église.

  b 7) Dans le *rationnel* ou dans les relations sociales concernant les *destinées finales de l'humanité;* développement progressif de l'association *messianique.* = Cour des progrès de l'Union-Absolue.

b 3) *Identité finale* dans la réunion systématique des élémens distincts, de l'autorité organique et de la soumission organique, en vue du but de la société ou de l'élément fondamental; détermination de la *justice* comme garantie de la *liberté des actions* humaines.= Magistrature ou Corps judiciaire. (IV)

Nota. — Tous les membres du Corps judiciaire sont nommés par le Souverain sur la présentation du Ministère.

  a 4) Garantie de la connexion juridique entre le *moi* et le *non-moi*, c'est-à-dire garantie des *droits* qui fixent la *propriété;* et considérée subjectivement, garantie contre l'injustice commise *sans conscience; litige.* = = Justice civile.

  b 4) Garantie de l'obligation juridique du *moi* envers un autre *moi*, c'est-à-dire garantie des *devoirs* qui limitent la *liberté;* et considérée subjectivement, garantie contre l'injustice commise *avec conscience; délit.* = = Justice criminelle.

b) *Forme* ou *relation* des parties constituantes de l'État.
  a 2) Dans la partie *élémentaire;* modes *organiques.*=Forme des organes politiques.
    a 3) Modes organiques *distincts.*
      a 4) Forme du *Gouvernement.*
        a 5) Formes *opposées :*
          a 6) *Individuelle.* = Monarchie (dont la dégénération conduit au *Despotisme*).
          b 6) *Universelle.* = République (dont la dégénération conduit à l'*Anarchie*).
        b 5) Forme *mixte* ou *collective.* = Oligarchie.
      b 4) Forme des *Communes.*
        a 5) Communes *indépendantes.* = Cités (comme celle de Londres).
        b 5) Communes *centralisées.* = Cantons (comme en France).

b 3) Modes organiques *transitifs.*
   a 4) Forme de la *Suzeraineté.* = Aristocratie (dont la dégénération conduit au *Seigneuriage*).
   b 4) Forme de la *Municipalité.* = Démocratie (dont la dégénération conduit à l'*Ochlocratie*).
b 2) Dans la partie *systématique;* modes *réactifs.* = Forme des corps politiques.
   a 3) Modes réactifs des *trois premiers corps,* résultant de la *diversité* dans la réunion systématique des élémens politiques. = Départemens politiques (Modes communs de l'exercice du Corps législatif, du Corps coercitif, et du Corps dirigeant centralisé dans son Conseil-directeur).
     a 4) Départemens de la Guerre : (*)
       a 5) Pour la guerre *terrestre.*
       b 5) Pour la guerre *maritime.*
     b 4) Départemens de la Paix.
       a 5) Départemens des Affaires extérieures :
         a 6) Affaires extérieures *internationales.*
           a 7) Pour les relations *politiques.* = Légations étrangères (Ambassadeurs, Ministres plénipotentiaires et ordinaires, Chargés d'affaires, Secrétaires de légation, etc.).
           b 7) Pour les relations *économiques.* = Consulats (Réglemens commerciaux, Tarifs des douanes, etc.).
         b 6) Affaires extérieures *nationales.*
           a 7) Pour la *gestion politique.*
              a 8) Gestion des pays *soumis.* = Conquêtes.
              b 8) Gestion des pays *réunis.* = Fédérations.
           b 7) Pour la *gestion économique.* = Colonies (Factoreries, Compagnies, etc.).
       b 5) Départemens des Affaires intérieures.
         a 6) Pour l'obtention du *but de l'État.*
           a 7) La sûreté des *buts providentiels* de l'homme.
              a 8) La sûreté *morale,* celle des deux *buts négatifs* de l'humanité.
                 a 9) Sûreté *juridique;* garantie de la *liberté des actions* humaines; justice *sociale.*
                    a 10) Par *prévention.* = Département de la Police.
                    b 10) Pour *redressement.* = Département de la Justice (strictement dite).
                 b 9) Sûreté *éthique;* garantie de la *pureté des maximes morales;* justice *religieuse.* = Département des Cultes (Temples, Séminaires, Couvens, Établissemens de bienfaisance, Retraites, Hôpitaux, etc.).
              b 8) La sûreté *pragmatique,* celle des deux *buts positifs* de l'humanité.
                 a 9) Sûreté *économique;* garantie de l'obtention du *bien-être corporel* de l'homme; justice *industrielle.* = Département de l'In-

---

(*) Nous donnerons séparément le tableau de la Guerre, terrestre et maritime.

MESSIANIQUE. 173

DUSTRIE (Chasse, Pêche, Carrières et Mines, Agriculture, Fabrications, Transports, Commerce, Monnaies, Banques, etc.).
b 9) *Sûreté littéraire;* garantie de l'obtention du *bien-être spirituel* de l'homme; justice *intellectuelle.*
a 10) Pour le développement *élémentaire* de la culture intellectuelle :
a 11) Pour le *bien.* = Département de l'INSTRUCTION (Universités, Facultés, Colléges, Écoles, Gymnases, etc.).
b 11) Pour le *vrai.* = Département des SCIENCES (Corps-savans, Bibliothèques, Cabinets archéologiques, Muséums d'histoire naturelle, Amphithéâtres, Collections, Jardins botaniques, etc.).
b 10) Pour le développement *systématique* de la culture intellectuelle; identité du vrai et du bien dans le *beau.* =
= Département de la LITTÉRATURE et des BEAUX-ARTS (Galeries, Musées des Arts, Théâtres, Conservatoires, etc.).
b 7) La sûreté du *but absolu* de l'homme; sûreté *messianique;* garantie de l'obtention des *destinées finales* de l'humanité; justice *absolue.* =
= Département de l'UNION-ABSOLUE.
b 6) Pour l'obtention des *moyens* de l'État.
a 7) Moyens *moraux; personnes* comme fonctionnaires publics. = Département du PERSONNEL.
a 8) *Instruction* préparatoire. = ÉCOLES POLITIQUES (normales, polytechniques, militaires, juristiques, diplomatiques, linguistiques, etc.).
b 8) *Répartition* définitive. = PLACEMENS POLITIQUES.
b 7) Moyens *pragmatiques.*
a 8) Moyens *économiques.*
a 9) Moyens *industriels.*
a 10) Par exploitation *naturelle;* biens et édifices publics. = Département du DOMAINE.
b 10) Par application de *l'art.*
a 11) *Travaux* publics. = Département des PONTS, CHAUSSÉES-CANAUX, etc.
b 11) *Transports* publics. = Département des COMMUNICATIONS (terrestres et aquatiques).
b 9) Moyens *fiscaux.*
a 10) *Fisc* ou deniers *réels* de l'État. = Département du TRÉSOR.
b 10) *Sources* des deniers de l'État.
a 11) *Impôts* et *Revenus.* = Département des FINANCES.
b 11) *Crédit* public. = Département des FONDS PUBLICS.
b 8) Moyens *littéraires.*
a 9) Pour la *fixation* des idées politiques. = Département de la STATISTIQUE.
b 9) Pour la *publication* des idées politiques. = Département de la NOTIFICATION.

b 3) Modes réactifs du *quatrième corps*, résultant de *l'identité finale* dans la réunion systématique des élémens politiques; modes de la détermination de la *justice* comme garantie de la *liberté des actions* humaines. = DÉPARTEMENS JUDICIAIRES.
  a 4) Pour la garantie des *droits* qui fixent la *propriété*, ou pour la cessation des *litiges*. = Départemens de la JUSTICE CIVILE.
    a 5) Pour le *fond*.
      a 6) Relations *naturelles* de propriété; relations *indépendantes* de l'exercice de tout *art industriel*. = JUSTICE NATURELLE.
        a 7) *Accommodement légal* d'un litige; *compromis*. = JUSTICES DE PAIX.
        b 7) *Solution légale* d'un litige; *jugement*. = TRIBUNAUX CIVILS (de première instance et d'appel).
      b 6) Relations *artificielles* de propriété; relations *dépendantes* de l'exercice d'un *art industriel*. = JUSTICE INDUSTRIELLE.
        a 7) *Accommodement légal* d'un litige; *compromis*. = ARBITRAGES.
        b 7) *Solution légale* d'un litige; *jugement*. = TRIBUNAUX INDUSTRIELS (d'exploitation, d'agriculture, de pêche et chasse, de fabrication, de commerce, etc.).
    b 5) Pour la *forme*. = PROCÉDURE CIVILE (Notaires, Huissiers, Avoués, Agréés, Prud'hommes, Commissaires-priseurs, Gardes, etc.).
  b 4) Pour la garantie des *devoirs* qui limitent la *liberté*, ou pour la satisfaction de la justice atteinte par les *délits*. = Départemens de la JUSTICE CRIMINELLE.
    a 5) Pour le *fond*.
      a 6) Partie *élémentaire*.
        a 7) *Distinction* criminelle.
          a 8) *Prévention* pénale. = POLICE JUDICIAIRE (Parquet, perquisitions judiciaires, arrestations, etc.).
          b 8) *Réparation* pénale. = TRIBUNAUX CRIMINELS (de première instance et d'appel).
        b 7) *Transition* criminelle.
          a 8) Prévention faisant fonction de réparation. = SURVEILLANCE POLITIQUE.
          b 8) Réparation faisant fonction de prévention. = POLICE CORRECTIONNELLE.
      b 6) Partie *systématique*.
        a 7) *Diversité* dans la réunion systématique de la prévention et de la réparation pénales.
          a 8) Influence *partielle*.
            a 9) Influence de la réparation dans la prévention; *mise en justice*. = ACCUSATION CRIMINELLE (Procès-verbaux, Instructions, Mandats d'amener, d'arrêt, etc.).
            b 9) Influence de la prévention dans la réparation; *déduction de la justice*. = DISCUSSION CRIMINELLE (Plaidoyers, Audition des témoins, Preuves légales, Défenseurs, etc.).
          b 8) Influence *réciproque* ou *concours final* entre la prévention et la

MESSIANIQUE.   175

réparation pénales; *circonstances aggravantes* ou *atténuantes*. =
= Présomption criminelle (Récidive, Caractère moral, Occasions, Ivresse, Passions, etc.).

b 7) *Identité finale* dans la réunion systématique de la prévention et de la réparation pénales; *prononcé du jugement.* = Sentence criminelle (Libération, Condamnation, Admonition, etc.).

b 5) Pour la *forme*. = Procédure criminelle (Procureurs souverains, gardes, geôliers, exécuteurs publics, etc.).

B) *Technie* ou *Autogénie;* ce qu'il faut faire pour l'accomplissement de l'association juridique des hommes.
  a) Dans le *contenu* ou dans la *constitution* de l'État.
    a 2) Dans la partie *élémentaire*.
      a 3) Pour les élémens *immédiats* ou *distincts*.
        a 4) Accomplissement du *Gouvernement*. = Administration gouvernementale (Gouverneurs, Préfets, Commissaires, Receveurs, Commandans militaires, etc.).
          Nota. — Tous les membres de cette Administration sont nommés par le Souverain sur la présentation du Ministère.
        b 4) Accomplissement des *Communes*. = Administration communale (Registres civils, Recensemens, Cadastre, Répartition des charges, Police municipale, etc.).
          Nota. — Tous les membres de cette Administration sont nommés par le Souverain sur la présentation des Communes.
      b 3) Pour les élémens *médiats* ou *transitifs*.
        a 4) Accomplissement de la *Suzeraineté* pour la garantie de la souveraineté de *droit divin.* = Privilégiés du Gouvernement.
          Nota. — Ils sont nommés par le Souverain sur la présentation du Conseil-d'état.
          a 5) *Première* classe; *Candidats* de la Chambre des pairs; *éligibles à la Pairie*. = Grands-Officiers.
          b 5) *Seconde* classe; *Électeurs* des membres de la Chambre des pairs. =
          = Garde gouvernementale.
            Nota. — Tout électeur des pairs a ainsi droit de faire partie de la garde gouvernementale.
        b 4) Accomplissement de la *Municipalité* pour la garantie de la souveraineté de *droit humain.* = Privilégiés des Communes.
          Nota. — Ils sont nommés immédiatement par les Communes d'après la loi électorale.
          a 5) *Première* classe; *Candidats* de la Chambre des députés; *éligibles à la Députation*. = Notables.
          b 5) *Seconde* classe; *Électeurs* des membres de la Chambre des députés. = Garde nationale.
            Nota. — Tout électeur des députés a ainsi droit de faire partie de la garde nationale.

b 2) Dans la partie *systématique.*
a 3) Pour l'accomplissement de *l'harmonie* entre les circonstances *juridiques* et leurs conditions *éthiques; raisons suffisantes* pour la détermination de la justice dans sa dépendance des *maximes morales* ou des principes de moralité. = Jury ou Cour canonique.
Nota. — Les membres du Jury ou de cette Cour canonique sont pris, à tour de rôle, sur la liste des Privilégiés des communes, et sont nommés par la susdite Cour des progrès de l'Église.
b 3) Pour l'accomplissement de la *justice* par la fixation du *but final de la morale; réalisation du verbe dans l'homme.* = Loi suprême de l'État.
b) Dans la *forme* ou dans la *relation* des parties constituantes de l'État.
a 2) Dans la partie *élémentaire;* accomplissement des *modes organiques* en vue de l'*uniformité juridique* ou de l'*égalité sociale.* = Hiérarchie politique.
b 2) Dans la partie *systématique;* accomplissement des *modes réactifs* en vue du *but final de l'État.* = Problème universel de l'État.
a 3) *Problème.* = Destinées de l'humanité?
b 3) *Solution.* = Création progressive du vrai absolu et du bien absolu.

Jetons maintenant un coup d'œil rapide sur ces diverses parties constituantes de l'État, afin de pouvoir fixer leurs principes métapolitiques. Et, pour ne pas trop nous étendre ici, bornons-nous à rappeler sommairement celles de ces parties que nous avons déjà examinées plus haut, en ne perdant pas de vue, pour les autres de ces parties constituantes, que l'objet majeur que nous nous proposons dans cet ouvrage, c'est de signaler les vrais principes de la politique, par lesquels on peut et l'on doit actuellement faire cesser le désordre révolutionnaire dans le monde civilisé.

Or, pour ce qui concerne, en premier lieu, les trois élémens primitifs de l'État, savoir, la société, le souverain, et les sujets, nous avons déjà déterminé plus haut, avec des développemens suffisans, leurs principes et leurs conditions générales. Nous ajouterons seulement que la présente association juridique, l'État, qui, d'après ce que nous avons reconnu, forme la base des deux autres associations morales, de l'association éthique et de l'association messianique, prend ici, par cette raison, le nom générique et simple de société. Et nous insisterons sur la nécessité actuelle de repousser toutes ces coupables provocations que l'esprit révolutionnaire ne cesse de reproduire pour former de prétendues associations morales, dont les buts, s'ils ne sont pas ouvertement immoraux, sont pour le moins risibles par l'excès de l'ignorance qui préside à leur invention, en rappelant, avec instance, qu'il n'existe, ni ne peut exister, que trois associations morales, savoir, l'association juridique ou l'État, l'association éthique ou l'Église, et l'association messianique ou l'Union-Absolue, d'après les véritables et uniques buts moraux que nous leur avons assignés plus haut.

Pour ce qui concerne, en deuxième lieu, les quatre élémens organiques de l'État, savoir, le GOUVERNEMENT, les COMMUNES, la SUZERAINETÉ, et les MUNICIPALITÉS, nous les avons de même caractérisés déjà dans nos précédens développemens métapolitiques, surtout dans ce qui constitue le gouvernement, dont il a fallu réhabiliter ici toute l'infinie autorité Quant aux trois autres de ces élémens organiques, ce que nous avons dit plus haut de leur génération historique, comme modification de l'État par l'influence de la religion, telle qu'elle s'est opérée dans la troisième période historique, suffit pour fixer leurs véritables principes. En effet, il résulte de cette modification, d'abord, que, pour établir légalement la dignité morale de l'homme, il faut le considérer comme se soumettant librement aux lois morales dont l'État offre la garantie, soumission libre qui lui donne, dans cet État, et en vertu de ce titre de SUJET, le droit de CITOYEN; et ensuite, que, pour rendre efficace ce DROIT CIVIQUE, pour pouvoir, en cette qualité, entrer en réaction organique avec le gouvernement, il doit former, dans une étendue suffisante à ses intérêts économiques, une ASSOCIATION CIVIQUE, c'est-à-dire une union déterminée à cette fin avec ses concitoyens, union également libre qui constitue la COMMUNE. Et lorsque ces deux élémens universels de l'État, savoir, le gouvernement et les communes, se trouvent ainsi établis, comme formant une autorité organique et une soumission organique, leurs transitions réciproques, telles précisément que nous venons de les fixer dans le tableau précédent, conduisent immédiatement à la détermination juridique de la SUZERAINETÉ et de la MUNICIPALITÉ, comme formant, la première, une autorité faisant fonction de soumission, et la seconde, une soumission faisant fonction d'autorité.

Pour ce qui concerne, en troisième lieu, les quatre corps ou pouvoirs politiques, savoir, le corps LÉGISLATIF, le corps COERCITIF, le corps DIRIGEANT, et le corps JUDICIAIRE, nous avons déjà déterminé suffisamment les parties constituantes des deux premiers de ces pouvoirs, nommément celles du pouvoir législatif dans le premier chapitre de la première partie de cet ouvrage, et celles du pouvoir coercitif dans le paragraphe présent, où nous avons vu comment, dans son union avec le gouvernement, ce deuxième pouvoir concourt à la formation du véritable POUVOIR EXÉCUTIF. Nous pouvons donc nous dispenser ici d'entrer, à leur égard, dans des développemens ultérieurs. Seulement, pour ce qui regarde le premier de ces pouvoirs, nous insisterons avec instance sur le sens précis que l'on doit ainsi attribuer à la chambre des pairs, comme ayant, pour objet unique ou du moins pour objet principal, la garantie législative de la souveraineté de DROIT DIVIN. Toute autre destination que l'on voudrait donner à cette haute chambre législative, serait, à côté de la chambre des députés, non seulement une superfluité ou une coopération inutile, mais de plus un contrôle nuisible et dangereux. Et c'est ainsi qu'en France, où l'on voudrait exclure la souveraineté divine de l'autorité politique, et où l'on a néanmoins établi deux chambres législatives, pour imiter les gouvernemens constitutionnels de l'Europe, la chambre des pairs est devenue un rouage politique extrêmement embarrassant, pour ne pas dire absurde, dont on ne sait que faire réellement. Pour se tirer de cet embarras, l'expédient auquel on voudrait actuellement recourir en donnant à cette haute chambre la destination spéciale de servir à la CONSERVATION de l'État, conduirait à un grossier non-sens; car, la production des lois nouvelles, qui est l'objet essentiel et inaltérable des deux chambres législatives, forme une véritable EXTENSION et non une simple CONSERVATION de l'État; conservation qui d'ailleurs deviendrait criminelle dans tous les cas, soit qu'elle s'opposât à un juste et exigible progrès national, soit qu'elle s'opposât à la restauration et au développement de la souveraineté divine dans l'autorité politique, comme nous l'avons reconnu plus haut. — Quant aux deux derniers pouvoirs politiques, savoir, le corps dirigeant et le corps judiciaire, nous allons présenter quelques développemens pour mieux préciser ou plutôt pour mieux faire connaître la détermination juridique que nous venons d'en donner dans le tableau précédent.

D'abord, le corps dirigeant, d'après cette détermination à priori, a pour objet l'HARMONIE ou l'ÉQUILIBRE qu'il faut introduire entre les deux élémens primordiaux de l'État, entre l'autorité et la soumission politiques. Or, cet équilibre ne peut manifestement s'établir que dans la vue du but final de l'État. Il faut donc, pour parvenir à cette harmonie ou à cet équilibre légal, qui devient ainsi une obligation morale et par conséquent juridique, donner à toutes les affaires de l'État une DIRECTION positive et bien déterminée vers son but final. C'est ainsi que ce troisième pouvoir politique prend le nom de DIRECTOIRE ou de CORPS-DIRIGEANT, et qu'il reçoit, pour l'objet spécial de son action, la tâche morale d'imprimer à toutes les affaires politiques cette direction légale vers le BUT FINAL de l'État. — Mais, ce but absolu, qui dépend nécessairement des destinées finales de l'humanité, ne peut réellement être découvert et déterminé que par l'Union-Absolue, qui, d'après ce que nous avons reconnu plus haut, a pour objet la direction de l'humanité vers l'accomplissement de ses DESTINÉES FINALES. C'est ainsi que, dans la nouvelle période des peuples, il s'établit entre le troisième pouvoir politique dont il s'agit, et généralement entre l'État et l'Union-Absolue, une CONNEXION RATIONNELLE, tout à la fois morale et idéale, conforme à cette nouvelle et dernière association morale, à l'association messianique que les hommes doivent former actuellement, pour compléter les deux associations morales existantes, juridique et éthique, l'État et l'Église. Et c'est cette connexion rationnelle qui doit opérer, dans la présente période historique, une modification ultérieure de l'État, et nommément la légalisation des droits messianiques des peuples et par-là même l'établissement légal des gouvernemens antinomiens, c'est-à-dire une modification analogue à celle que nous avons vue plus haut comme ayant été opérée par l'influence religieuse ou par la CONNEXION SPIRITUELLE entre l'État et l'Église, et comme ayant produit alors la légalisation des droits civiques des peuples et par là même l'établissement légal des gouvernemens représentatifs de cette époque antérieure. Bien plus, et généralement dans tous les cas, lors même que le but final de l'État ne serait pas encore dévoilé par l'Union-Absolue, comme il l'est déjà effectivement dans la présente doctrine du Messianisme, où nous avons positivement appris à connaître les destinées de l'homme et par conséquent le but final en question, le corps-dirigeant devrait, par un simple pressentiment de ce but absolu, imprimer à toutes les affaires politiques, sinon une direction déterminée, qu'il ne saurait fixer lui-même, du moins une tendance, plus ou moins claire, vers ce but final de l'État; et cela en provoquant et en utilisant surtout le DÉVOUEMENT des hommes à leurs conditions hyperphysiques, dévouement qui, par une nécessaire finalité dans le monde moral, doit les conduire vers leurs destinées absolues et par là vers le but absolu de l'État. En effet, un tel dévouement aux conditions hyperphysiques de l'humanité, en le considérant comme exercé dans les relations juridiques des hommes, n'est rien moins qu'une anticipation sur leurs relations éthiques ou même sur leurs relations messianiques, c'est-à-dire sur la réalisation de la pureté des maximes morales, qui fait l'objet de l'Église, ou même sur la réalisation des destinées de l'humanité, qui fait l'objet de l'Union-Absolue; réalisations qui, l'une après l'autre, conduisent directement au but final de l'État. Il importera donc essentiellement au corps-dirigeant que nous signalons, de protéger et même de faire cultiver ou du moins d'encourager ce double et haut dévouement moral, surtout parmi les fonctionnaires publics. Et c'est à cette fin que, dans le tableau métapolitique que nous venons de tracer d'après la loi de création, les fonctions de ce corps-dirigeant portent principalement sur le double dévouement moral dont il s'agit, sur le dévouement éthique et sur le dévouement messianique, en distinguant désormais, dans l'État même, en outre des relations TEMPORELLES et SPIRITUELLES, qui appartiennent respectivement aux associations juridique et éthique, à l'État et à l'Église, les relations RATIONNELLES, qui appartiendront dorénavant à l'association messianique, à l'Union-Absolue. Aussi, avant même que le corps-dirigeant soit ouvertement et légalement réalisé, le double dévouement moral que nous venons de lui assigner pour sa direction, surtout le dévouement éthique, entre et s'établit de tout temps dans la constitution de l'État, comme nous l'avons vu dans notre tableau de la philosophie de l'histoire, où ce dernier dévouement moral figure parmi les élémens historiques de la formation de l'État, déjà dans la deuxième période de l'humanité. Et comme tel, ce DÉVOUEMENT MORAL, qui, dès lors, porte le nom d'HONNEUR, est devenu inséparable de chacun des trois autres de ces élémens historiques qui entrent dans la formation de l'État, savoir, des LOIS JURIDIQUES, de la COERCITION, et de la LIBERTÉ POLITIQUE; de sorte que, dans le tableau systématique des associations humaines, que nous avons produit à la fin du premier chapitre de la première partie de cet ouvrage, en nous réglant sur toute les combinaisons possibles des trois élémens que nous venons de rappeler, il faut y joindre partout leur inséparable élément, l'honneur ou le dévouement moral, pour compléter ce tableau par rapport à tous les quatre élémens historiques de la formation de l'État, tels qu'ils se sont développés dans la deuxième période. — En revenant ici à notre présente déduction du corps-dirigeant, déduction que nous croyons maintenant suffisante pour caractériser ce nouveau et indispensable corps politique, nous ne nous arrêterons plus à faire apprécier, en détail, la précision juridique que reçoivent ainsi, d'après notre présent tableau de la philosophie de la politique, les buts spéciaux des différentes cours de justiciers, qui font partie de ce même corps-dirigeant, et qui, jusqu'à ce jour, se trouvent avec confusion, souvent avec contradiction, attribuées ou réunies aux autres corps politiques. Mais, nous devons encore faire remarquer ici que la rémunération politique pour le dévouement messianique ou pour les progrès du savoir, qui fait également partie des fonctions du corps-dirigeant, ne concerne nullement les progrès des sciences expérimentales, dont la valeur est purement industrielle, et dont la récompense, proportionnée à leur utilité économique, ne saurait être que pécuniaire, parce que ces progrès empiriques n'ont pas besoin de spontanéité intellectuelle ou de génie, et qu'ils n'exigent que le labeur. Cette rémunération spéciale pour le dévouement messianique ne peut concerner que les progrès absolus du savoir à priori, scientifique et philosophique, qui seuls peuvent conduire à la découverte progressive du vrai et du bien, jusqu'à la découverte finale du vrai absolu et du bien absolu, constituant les destinées de l'humanité (*).

Ensuite, le corps judiciaire, d'après sa détermination à priori dans notre présent tableau de la philosophie de la politique, a pour objet, dans leur réu-

---

(*) Pour ce qui concerne les sciences, nous avons déjà dit que le savoir absolu, à priori, n'existe que dans les sciences MATHÉMATIQUES et dans les sciences MORALES, qui ont respectivement, pour critériums de leurs vérités, les premières, l'ÉVIDENCE INTUITIVE, constituant la condition d'une absolue *certitude spéculative*, et les secondes, l'IMPÉRATIF ACTIF, constituant la condition d'une absolue *certitude pratique*; et comme telles, ces deux classes supérieures de sciences sont un véritable don du Créateur pour guider l'homme dans ses recherches progressives du vrai et du bien. Quant à la philosophie, pour devenir absolue, il faut que tout y soit CRÉATION et par conséquent à priori, parce qu'elle a précisément pour objet les PRINCIPES CRÉATEURS de l'univers; principes qui, par cela même, ne se trouvent pas parmi les RÉALITÉS CRÉÉES, lesquelles seules, comme telles, se présentent immédiatement au savoir de l'homme, et ne forment ainsi, dans leurs diverses branches, qu'autant d'objets distincts des sciences, et non de la philosophie. — Ce sont donc, d'une part, cette haute philosophie créatrice, et de l'autre, ces deux classes supérieures de sciences, nommément les sciences mathématiques et les sciences morales, qui seules peuvent, à priori, conduire au savoir absolu, et qui, par conséquent, peuvent seules, dans leurs difficiles et improductives recherches, constituer un véritable dévouement messianique au salut de l'humanité.

nion systématique, l'*identification finale* des élémens distincts de l'État, de l'autorité organique et de la soumission organique, c'est-à-dire la détermination de la JUSTICE, comme garantie des ACTIONS LIBRES des hommes. Et comme tel, ce quatrième corps politique, d'après le même tableau métapolitique, partage ses fonctions entre la garantie des DROITS qui fixent la PROPRIÉTÉ, et la garantie des DEVOIRS qui limitent la LIBERTÉ, c'est-à-dire entre la JUSTICE CIVILE et la JUSTICE CRIMINELLE. Il nous importe donc ici, pour pouvoir caractériser, dans leur essence, ces fonctions distinctes du corps judiciaire, de remonter jusqu'aux principes absolus de la justice civile et de la justice criminelle, c'est-à-dire jusqu'aux principes inconditionnels du DROIT DE PROPRIÉTÉ et du DROIT DE PÉNALITÉ. — Nous allons le faire en peu de mots, autant qu'il nous devient ici nécessaire d'anticiper sur la philosophie du droit, et cela en établissant d'abord, comme un principe absolu, conformément à ce que nous avons déjà laissé entrevoir plus haut, que la condition générale de l'existence des DROITS et des DEVOIRS entre les hommes consiste dans leur qualité hyperphysique d'ÊTRES RAISONNABLES, c'est-à-dire dans la présence en eux d'une RAISON PRATIQUE, douée d'une entière SPONTANÉITÉ, et établie sur une base ou sur un *substratum inconditionnel*, qui est notre MOI ABSOLU. En effet, dans cette haute qualité, les actions libres des hommes, pour pouvoir subsister conjointement et simultanément, sans rien perdre de leur caractéristique spontanéité, doivent être soumises à des lois également spontanées, c'est-à-dire à des lois avouées par cette même raison pratique qui, dans l'homme, est le principe de toute action libre ou spontanée ; et une telle SOUMISSION PROPRE des actions humaines devient manifestement la condition de l'existence des DROITS et des DEVOIRS entre les hommes. Or, ces lois spontanées de nos actions, qui nous imposent ainsi librement des devoirs et qui nous donnent alors en retour des droits, ce sont là précisément les LOIS MORALES, qui, conçues par le Créateur dans l'ordre de l'univers, nous sont d'abord révélées dans l'intimité de notre SENTIMENT, où elles se manifestent avec leur caractère auguste d'un IMPÉRATIF DE SOUMISSION, et nous deviennent ensuite propres par l'aveu de notre raison pratique, lorsque nous reconnaissons, par notre COGNITION, leur caractère sublime d'une inconditionnelle LÉGISLATIVITÉ, c'est-à-dire d'une aptitude absolue de pareilles actions à devenir des lois universelles. Et quand on considère alors que cet ordre spontané, dont nous acquerrons ainsi la conscience dans le monde moral, ne peut s'établir en nous sur notre moi empirique ou sur les conditions physiques de notre existence, conditions qui, comme telles, ont nécessairement le caractère d'inertie, on reconnaît que cet ordre supérieur doit avoir en nous une base ou un *substratum* inconditionnel, c'est-à-dire notre MOI ABSOLU, sur lequel, comme indépendant de nos conditions physiques, repose effectivement la RÉALITÉ de cet ORDRE MORAL dans l'univers.

En partant de cette haute déduction des droits et des devoirs entre les hommes, nous pourrons maintenant, avec facilité, reconnaître, d'une part, le principe des droits qui fixent la propriété, et de l'autre, le principe des devoirs qui limitent la liberté, c'est-à-dire les principes en question du DROIT DE PROPRIÉTÉ et du DROIT DE PÉNALITÉ, d'après lesquels se règlent respectivement la justice civile et la justice criminelle, que nous devons ici fonder moralement. — Nous allons y procéder.

D'abord, pour arriver à une telle déduction morale de la justice civile, il suffit maintenant de remarquer, d'après ce que nous avons également laissé déjà entrevoir plus haut, que la CONNEXION ORIGINELLE entre le MOI spontané ou hyperphysique d'un homme et une chose ou généralement un objet quelconque parmi ceux qui constituent son NON-MOI inerte ou physique, connexion opérée par sa raison pratique, en vue ou dans le but de l'exercice physique de sa spontanéité, est une action morale, et nommément une action juridique, un DROIT, puisqu'elle se range immédiatement sous le caractère de législativité des actions morales, par la raison que, sans une telle connexion hyperphysique, l'exercice de la spontanéité humaine dans le monde physique serait impossible. Or, c'est là manifestement, dans son origine absolue, le PRINCIPE PREMIER du droit de propriété dont il est ici question. — Mais, ce mode primitif de l'acquisition de la propriété, mode qui a lieu par le FAIT MÊME (*ex facto*) de la prise de possession d'une chose physique ou inerte, n'est pas le seul mode possible d'acquérir la propriété. En effet, par une libre et spontanée résolution de sa raison pratique, un homme peut renoncer, gratuitement ou en vue de quelque bien, à ce droit originaire de propriété, c'est-à-dire à une telle possession juridique et primitive d'une chose physique ou inerte, et cela en faveur d'un autre homme, qui accepte cette CESSION DE PROPRIÉTÉ. Ce deuxième mode d'acquisition de la propriété, qui de nouveau se range sous le caractère de législativité des actions morales, puisque, sans une telle cession d'une propriété originaire, l'exercice physique de la spontanéité humaine serait limité et ne saurait devenir universel, ce deuxième mode, disons-nous, qui forme ainsi une *action également morale*, une nouvelle action juridique, un NOUVEAU DROIT, et qui, par là même, constitue un PRINCIPE SECONDAIRE du droit de propriété, a lieu manifestement par une convention réciproque, c'est-à-dire par un PACTE ou CONTRAT (*ex pacto*) où l'on stipule cette transmission libre de la possession d'une chose physique ou inerte. — Il faut ici remarquer que, sous le nom de *chose physique ou inerte*, sous lequel on transmet ainsi la propriété, on doit embrasser, non seulement les objets indépendans de ce qui constitue le corps ou l'organisation physique de l'homme, mais de plus l'exercice des forces physiques, naturelles ou artificielles, de l'homme même qui opère cette transmission; car, ces forces physiques sont sa propriété originaire, en vertu du premier mode d'acquisition de la propriété; et de plus, comme telles, elles peuvent, sans aucune lésion morale, c'est-à-dire

sans aucune contravention au susdit caractère de législativité des actions morales, etre mises à la disposition d'un autre homme. — Mais, dans l'un et dans l'autre des deux modes d'acquisition de la propriété, modes que nous venons de déduire, il faut que l'objet acquis soit toujours, et en toute vérité, une telle chose physique ou inerte, qui, pour cela même, est nommée simplement CHOSE en fait de droit, c'est-à-dire il faut que cet objet ne soit nullement quelque attribution hyperphysique ou spontanée de l'homme, qui rentrerait dans sa PERSONNALITÉ, et qui, sans une lésion manifeste du MOI ABSOLU de cet homme, ne saurait devenir la propriété d'un autre homme, par la raison qu'une telle acquisition, dans les deux modes précédens, même dans le second, par un consentement réciproque, serait en contradiction manifeste avec le caractère auguste de législativité des actions morales, en ce qu'elle rendrait impossible l'exercice physique et intégral de la spontanéité de tous les hommes. Seulement dans des cas exceptionnels, dépendant des conditions physiques de l'actuelle organisation humaine, la disposition libre des attributions personnelles, c'est-à-dire des attributions hyperphysiques et spontanées, même de la raison pratique d'un homme, par un autre homme, serait permise moralement, si cette disposition se revêtait alors du caractère de législativité des actions morales, par la raison que, dans de tels cas, le but du Créateur dans l'organisation actuelle et physique de l'homme ne pourrait être atteint par aucun autre moyen. — Ces cas exceptionnels, s'ils existaient réellement, offriraient donc un troisième mode d'acquisition de la propriété, et nommément un MODE IDÉAL, en ce que l'objet acquis et possédé ainsi, serait manifestement un être idéal, c'est-à-dire une attribution hyperphysique et spontanée d'un autre homme. Et ce troisième mode, qui constituerait ainsi un PRINCIPE EXCEPTIONNEL du droit de propriété, aurait lieu manifestement par une autorisation spéciale du Créateur, c'est-à-dire par une expresse et extraordinaire LOI MORALE (*ex lege*). Or, ces cas exceptionnels existent en toute réalité et forment notoirement les cas dans lesquels la soumission ou du moins l'abandon de la volonté d'un être raisonnable à la disposition d'un autre être raisonnable deviennent nécessaires pour l'accomplissement du but du Créateur dans leur organisation physique, tels que sont, entre autres, les cas de la minorité des enfans, de la curatelle des interdits, de la dépendance des domestiques du chef de la famille, de la communauté absolue entre le mari et la femme, enfin de la soumission politique des membres d'un État à l'autorité du souverain (*).
— Il existe donc, d'après cette haute et absolue déduction du droit de propriété, trois modes distincts de l'acquisition de ce droit, et nommément deux MODES RÉELS, par le fait (*ex facto*) et par une convention (*ex pacto*), où la

---

(*) On voit par là que l'autorité attachée à la souveraineté de droit divin constitue une véritable PROPRIÉTÉ IDÉALE, concédée ainsi par le Créateur au chef de l'État, et par conséquent que

propriété acquise est toujours une véritable *chose physique et inerte*, et un MODE IDÉAL, par une loi morale (*ex lege*), où la propriété acquise est une *attribution personnelle et spontanée*. Et par là même, il existe ainsi trois PRINCIPES PROGRESSIFS du droit de propriété, savoir, le principe PREMIER (*ex facto*), le principe SECONDAIRE (*ex pacto*), et le principe EXCEPTIONNEL (*ex lege*). — Or, pour en revenir maintenant de ces déductions juridiques à nos présentes considérations politiques de la justice civile, il est manifeste que toutes les déterminations de cette branche de la justice générale doivent se régler d'après les trois modes ou principes progressifs du droit de propriété, tels que nous venons de les déduire moralement. Ainsi, dans les codes de la justice civile, tout doit être rapporté à ces trois chefs fondamentaux de division juridique. Et ce qui est encore plus important que ne l'est même cette méthodique classification à priori, c'est que l'esprit du code civil doit, dans *toutes ses parties*, se régler d'après l'origine hyperphysique des trois modes ou principes progressifs du droit de propriété, dont il s'agit. Ainsi, en considérant, d'une part, que la base ou le *substratum* de ce droit est le MOI ABSOLU de l'homme, substratum qui, comme hyperphysique, est indépendant des conditions du temps, et de l'autre part, que, dans les deux premiers modes d'acquisition, l'objet possédé est une chose physique, inerte, et, comme telle, invariable par elle-même, on comprendra que, dans ces deux modes réels, le droit de propriété est ÉTERNEL, et par conséquent que sa transmission par HÉRÉDITÉ est, non seulement valide, mais de plus arbitraire, c'est-à-dire que le testateur peut en disposer librement, sous les conditions de la présence entière de sa raison. Et l'on comprendra de plus que, par suite de cette seule et haute origine hyperphysique, le droit de propriété, dans tous les trois modes, est INVIOLABLE, c'est-à-dire indestructible moralement, sous toute condition et pour tout pouvoir humain. Il s'ensuit que l'existence même de l'État, qui a précisément pour objet, du moins en partie, la garantie du droit de propriété, est subordonnée à l'absolue inviolabilité de ce droit; de sorte que, lors même que l'État cesserait d'exister ou qu'il ne pourrait exister en conservant ce droit sacré, il faudrait renoncer à l'État et laisser provisoirement subsister le droit de propriété (*).

---

cette souveraineté de droit divin appartient proprement au DROIT PRIVÉ, comme nous l'avons déjà fait remarquer plus haut. — Avant cette nouvelle détermination métapolitique de la vraie place juridique de la souveraineté divine, nous avons, en suivant d'abord l'usage, classé cette souveraineté sous le titre de droit public dans le tableau de la modification des États par l'Église, qui fut le résultat politique de la troisième période historique; tableau que nous avons produit dans la première partie de l'ouvrage présent. On devra maintenant rectifier cette classification, en y rangeant les modifications *juridiques* sous les titres de *droit civil* et de *droit politique*.

(*) Ces hautes vérités métapolitiques sur le droit de propriété ont été produites, en partie et comme résultats, déjà dans l'*Introduction au Sphinx*, nommément aux n°° 19 à 24 de son appen-

Ensuite, pour arriver à une déduction pareille de la justice criminelle, en partant toujours de la précédente déduction générale des droits et des devoirs entre les hommes, il suffit de nouveau de remarquer que, dans tous les cas où il se présente à l'homme une obligation juridique de son MOI envers le MOI d'un autre homme, c'est-à-dire un devoir qui limite la liberté de son action, le non-accomplissement de cette obligation ou de ce devoir, dans le degré précisément où il s'écarte du caractère de législativité des actions morales, constitue un DÉLIT, dont la gravité est proportionnée à l'étendue même de cet écart. Or, en traduisant ou en transformant ce caractère didactique de législativité des actions morales dans sa formule populaire qui nous a été donnée par le christianisme, c'est-à-dire dans la formule ou loi chrétienne positive : *Fais à autrui ce que tu voudrais qu'il te fût fait*, on reconnaîtra que, dans sa conscience, l'homme qui commet un délit, provoque moralement une réaction physique proportionnée à la gravité de ce délit. Ainsi, l'autorité politique, qui représente la création divine des lois morales, et qui, par là même, se trouve chargée de réaliser leurs conséquences physiques, reçoit l'obligation juridique d'appliquer à tout homme qui commet un délit, cette réaction physique que, dans son intention morale, il provoque alors lui-même, c'est-à-dire que cette autorité reçoit, d'une manière inévitable, et avec son inflexible impératif, le DEVOIR DE PUNIR le délit, dans la proportion du degré de sa gravité. — C'est donc là l'origine hyperphysique du DROIT DE PÉNALITÉ, que nous nous sommes proposé de déduire ou de fonder moralement ; et dans cette déduction, nous découvrons en même temps la RÈGLE GÉNÉRALE de la qualité et de l'étendue de la punition. — Cette règle, d'après sa détermination présente, est manifestement la fameuse LOI DU TALION ; loi qui est reconnue universellement dans le monde chrétien, mais dont on n'a pu, jusqu'à ce jour, donner une déduction rigoureuse. On voit maintenant, dans la déduction présente, que cette loi du talion dérive immédiatement de la susdite loi chrétienne et, en principe, du caractère didactique de législativité des actions morales. Et l'on comprendra ainsi que les hommes qui ne s'élèvent pas à la hauteur de la morale chrétienne, tels que les juifs, les brames, et les musulmans, ne peuvent se soumettre volontairement ou moralement à l'application

---

dice concernant la France ; et comme telles, ces vérités étaient connues de M. Bergasse, lorsqu'il provoqua l'attention publique sur une indemnité légale des émigrés français. Malheureusement, M. de Martignac, qui a été chargé de produire à la chambre des députés la loi pour cette indemnité, ne paraissait pas connaître ces vérités absolues ; et la loi qui en est résultée, se trouva ainsi dépourvue d'une véritable et indestructible base juridique.

Ce que nous venons de dire concernant l'illégalité de toute CONFISCATION politique, s'applique directement à l'illégalité de toute EXPROPRIATION forcée. — Dans un seul cas, dans celui où la sûreté de l'État en dépendrait immédiatement, l'expropriation forcée serait légale, parce que, sans cette expropriation, la propriété risquerait alors de périr elle-même avec l'État qui la protége.

de cette loi du talion ; ce qui déjà les prive de l'un des élémens qui forment le droit politique de participer à la gestion des affaires publiques dans les États chrétiens. Mais, ce qui les prive de plus de l'élément principal de ce droit, c'est l'absence en eux de la révélation du dogme chrétien du verbe, qui, d'après ce que nous avons reconnu plus haut, peut seul, dans sa solution, conduire à l'éveil de la spontanéité spéculative de notre raison, par lequel, dans la quatrième période historique, on a pu concevoir la souveraineté de droit humain, et acquérir ainsi le droit politique de participer à la législation de l'État. Les hommes étrangers au christianisme ne peuvent donc moralement prétendre aux DROITS POLITIQUES dans les modernes et véritables États constitutionnels, quoiqu'ils puissent incontestablement y jouir de tous les DROITS CIVIQUES. — Une autre conséquence, également grave, que nous devons tirer de notre présente déduction du droit de pénalité, c'est que l'exercice de ce droit est une véritable obligation juridique, un devoir, pour l'autorité politique, et que l'application de ce droit ou l'exécution de ce devoir doit se faire uniquement pour la SATISFACTION MORALE de la justice éternelle, et nullement pour la FINALITÉ POLITIQUE de prévenir les délits futurs par la punition des délits présens; finalité qui, en outre de ce qu'elle ne se réalise nullement, comme le prouve l'expérience, est en elle-même éminemment immorale, parce que nul homme ne doit, dans aucun cas, servir de moyen aux buts ni même à la moralité des autres hommes. — On comprendra maintenant combien sont erronés, dans leurs principes, ces fameux SYSTÈMES PÉNITENCIAIRES dont on fait aujourd'hui tant de bruit, et où l'on se propose d'améliorer la moralité des hommes détenus pour des punitions légales. Sans doute, vous avez le droit de punir le délit, et de condamner les coupables à des travaux forcés, avec une rigueur plus ou moins grande, suivant la loi du talion ; vous en avez même une obligation morale, juridique, un devoir sacré, dont vous êtes responsables envers Dieu et envers l'humanité tout entière. Mais, vous n'avez pas le droit, à titre de punition, de porter atteinte à la MAXIME MORALE des détenus par punition, dans le but plausible d'améliorer cette maxime ou d'améliorer ainsi leur moralité. Ce droit, s'il y a lieu de l'exercer, appartient exclusivement à l'Église, et nullement à l'État. — Il ne nous reste ici, pour compléter la présente déduction du droit de pénalité, qu'à établir à priori et conformément aux principes de cette haute déduction métapolitique, une distinction méthodique des différentes classes de délits; distinction qui ne présente plus aucune difficulté après ce que nous avons reconnu sur les élémens, physiques et hyperphysiques, des différentes classes de propriétés dans la précédente déduction des principes de la justice civile. En effet, il en résulte immédiatement, d'une part, que toute atteinte portée aux choses physiques ou inertes, par laquelle se trouve empêchée la libre disposition de ces choses pour ceux qui en sont les propriétaires, constitue un *délit réel*, et de l'autre part, que toute atteinte portée aux attributions hyperphysiques ou spontanées, qui appartiennent à la personnalité d'un homme, constitue un *délit personnel;* de sorte que, par suite de cette simple opposition des conditions physiques et hyperphysiques dans les susdits élémens de la propriété, il s'établit immédiatement deux classes générales de délits, savoir, les DÉLITS RÉELS et les DÉLITS PERSONNELS. Et, considérant en outre que, dans la dernière de ces deux *classes de délits*, l'atteinte portée aux attributions hyperphysiques ou personnelles d'un homme peut, sous les conditions générales du caractère de législativité des actions morales, être exercée, non seulement par un autre homme, mais de plus par l'homme même qui subit cette atteinte, on reconnaîtra en même temps que cette classe générale de délits personnels se subdivise en deux classes distinctes, savoir, les *délits extérieurs* et les *délits propres*. — Il existe donc, d'après cette déduction métapolitique, trois classes spéciales et distinctes de délits, savoir, la classe des DÉLITS RÉELS, et les deux classes des DÉLITS PERSONNELS, formant, l'une, la classe des DÉLITS EXTÉRIEURS, et l'autre, la classe des DÉLITS PROPRES. — Cette classification à priori nous conduit ici à une comparaison fort remarquable, consistant en ce que les trois célèbres formules d'Ulpien, dont on s'est servi constamment et à tort pour la classification générale des droits et des devoirs juridiques, s'adaptent bien plus exactement à notre présente classification spéciale des délits. En effet, par cette comparaison, on trouve facilement l'identité ou du moins l'analogie que voici :

 1ère Classe. — Délits RÉELS. = *Suum cuique tribue!*
 2ème Classe. — Délits PERSONNELS EXTÉRIEURS. = *Neminem læde!*
 3ème Classe. — Délits PERSONNELS PROPRES. = *Honestè vive!*

Quoi qu'il en soit de cette comparaison, pour en revenir, maintenant de ces déductions juridiques à nos présentes considérations politiques de la justice criminelle, il est de nouveau manifeste que toutes les déterminations de cette justice spéciale doivent se régler d'après les hautes conditions morales que nous venons de lui assigner; et cela, non seulement pour la classification méthodique *des délits dans le code pénal*, mais surtout pour l'esprit de ce code dans tout ce qui concerne le droit ou plutôt le devoir de pénalité, qui est attaché, d'une manière inflexible, à l'autorité politique. Ainsi, entre autres, la fameuse peine de mort, dont on voudrait aujourd'hui faire méconnaître la nécessité morale, en n'envisageant que la finalité dans la punition, et en prétextant une fausse philanthropie, est manifestement, d'après les hautes considérations présentes, si bien précisées par la sainte loi du talion, une des plus graves obligations morales de l'autorité politique; obligation par laquelle cette autorité, si elle s'en écartait, deviendrait responsable du sang versé impunément, c'est-à-dire responsable de cette IMPUNITÉ CAPITALE, qui demeurerait ainsi une tache ineffaçable à la nation et un cri éternel de vengeance, reproduit par l'humanité entière.

Pour ce qui concerne, en quatrième lieu, la forme ou la relation des parties constituantes de l'État, ce que nous en avons dit, dans le tableau de la philosophie de la politique, *suffit manifestement pour faire connaître cette forme ou cette relation dans tout ce qui se rapporte ainsi aux* PRINCIPES *mêmes des différens modes de l'exercice des fonctions politiques*. Nous ajouterons seulement que la combinaison de ces différens modes est *tout-à-fait* CONTINGENTE, et par conséquent permise moralement, d'après les CONDITIONS ANTHROPOLOGIQUES des peuples qui forment des États distincts. Tout ce qu'il y a de moralement NÉCESSAIRE dans ces différens modes de l'exercice des fonctions politiques, c'est la conservation des principes sur lesquels, dans le présent tableau métapolitique, ils se trouvent établis à priori par la loi de création. Or, autant que cela est conforme aux susdites conditions anthropologiques, cette conservation des principes s'introduit d'elle-même à la suite d'une longue et sage gestion des différentes branches des affaires politiques. — Nous pourrions donc nous dispenser ici d'ajouter des développemens ultérieurs concernant la forme ou la relation de ces différentes parties constituantes de l'État. Toutefois, en ayant égard à l'objet principal de cet ouvrage, c'est-à-dire aux moyens moraux par lesquels seuls on pourra faire cesser l'actuel désordre révolutionnaire dans le monde civilisé, nous devons joindre quelques explications concernant le mode de l'exercice de la souveraineté dans les MONARCHIES; mode dont l'esprit révolutionnaire cherche aujourd'hui à saper les fondemens, pour amener, avec plus de rapidité, l'anarchie universelle, qui est son véritable but.

Pour cela, nous remarquerons d'abord qu'à la vérité ce mode de gestion de la souveraineté n'est pas absolument nécessaire d'après des lois morales, mais que, dans les grands États, suivant les conditions anthropologiques des peuples, l'expérience a fait reconnaître que la plus grande stabilité de l'ordre social, sans arrêter les progrès de l'humanité, se trouve obtenue dans les MONARCHIES, surtout dans les MONARCHIES HÉRÉDITAIRES. Nous allons donc fixer les principes juridiques et spéciaux de ces modes de l'exercice de la souveraineté. — A cette fin, observons qu'en vertu du troisième mode d'acquisition de la propriété, qui a lieu par une LOI MORALE (*ex lege*), et qui forme le principe exceptionnel du droit de propriété, le monarque, comme souverain, possède à la vérité la soumission politique des membres de l'État à titre d'une véritable propriété, et nommément à titre d'une PROPRIÉTÉ IDÉALE, qui précisément lui donne son droit d'INVIOLABILITÉ politique, mais que, comme toutes les propriétés idéales, qui constituent cette troisième classe de propriétés, elle n'est point HÉRÉDITAIRE par elle-même. Ainsi, la souveraineté divine du monarque, comme propriété idéale, appartient bien au droit privé, conformément à ce que nous avons déjà remarqué plus haut; mais, l'hérédité dans la succession des monarques, n'est point un droit immédiat ou naturel, comme le sont ceux qui constituent le droit privé. Cette hérédité, et par là même tout autre mode de succession de la souveraineté, ne peut donc s'établir que comme une partie constituante du droit public d'un État ; et il nous reste à reconnaître les conditions morales sous lesquelles peut s'établir ainsi la succession personnelle de la souveraineté dans le droit public des États. — Pour y parvenir, il suffit ici de résumer méthodiquement nos principes métapolitiques concernant l'origine de la propriété ; et l'on reconnaîtra facilement, l'un après l'autre, les résultats suivans. D'abord, l'EXISTENCE de la souveraineté, considérée purement comme telle, surtout dans son principe fondamental, comme souveraineté divine, et comme propriété idéale de la soumission politique dans l'État, s'établit *naturellement dans le droit privé*, en vertu du troisième mode d'acquisition de la propriété, c'est-à-dire par une loi morale (*ex lege*), ainsi que nous venons déjà de le reconnaître préalablement. Ensuite, la PERSONNIFICATION de la souveraineté, à laquelle appartient manifestement le mode ou la loi de succession dont il est question, ne peut, à cause de son extrême gravité, et surtout à cause de sa réaction immédiate avec les personnes qui sont investies de la souveraineté dans les autres États du monde politique, ne peut, disons-nous, s'établir moralement dans le droit public que par le CONCOURS de tous les souverains qui, dans leur réaction juridique et immédiate, forment ainsi le MONDE POLITIQUE. Enfin, et toujours à l'aide de ces principes métapolitiques concernant l'origine de la propriété, on reconnaîtra en même temps que c'est UNIQUEMENT par ce concours de l'autorité du monde politique, considérée comme représentant supérieur de la *création divine des lois morales*, que, dans des circonstances données, en vertu d'une nouvelle et SUPRÊME AUTORISATION du Créateur (*ex lege suprema*), la propriété idéale de la souveraineté peut, en faveur de la stabilité de l'ordre moral, être revêtue du droit exceptionnel de transmission PAR HÉRÉDITÉ ou PAR TOUT AUTRE MODE de succession. — Ainsi, deux conditions essentielles sont indispensables et sont requises moralement pour l'établissement juridique de la personnification souveraine et de sa succession dans un État, savoir, l'AVEU NATIONAL et la RECONNAISSANCE ÉTRANGÈRE, celle des souverains du monde politique. Seulement alors, sous ces deux conditions juridiques et indispensables, la souveraineté personnifiée dans un État, par une loi quelconque de succession, devient LÉGITIME et demeure INVIOLABLE pour toutes les nations. — Il s'ensuit immédiatement que lorsque, après une révolution ou après une conquête absolue d'une nation, le trône devient vacant, le rétablissement de la personnification souveraine ne peut s'y faire moralement que sous les deux conditions juridiques que nous venons de lui assigner, savoir, par un formel aveu national et par une formelle reconnaissance étrangère. Et il s'ensuit en outre que les princes qui, dans de pareilles circonstances, perdent, par la force, leurs droits effectifs à la souveraineté, demeurent PRÉTENDANS RÉELS au trône, si la nation n'a pas désavoué formellement la loi de leur succession, ou du moins PRÉTENDANS PRÉSOMPTIFS, si ce désaveu ne peut alors être constaté authentiquement. Mais, dès que le trône se trouve de nouveau occupé réellement, sous les deux conditions juridiques qui rendent légitime cette occupation, les droits des prétendans n'ont aucune valeur; et leurs agressions quelconques, tendant à renverser l'ordre actuel, doivent être taxées de RÉBELLION.

Pour ce qui concerne, *en cinquième et dernier lieu*, *l'accomplissement technique de l'État*, tel que nous l'avons établi dans notre tableau de la philosophie de la politique, nous pourrions de nouveau, après tout ce qui, à cet égard, se trouve dit et précisé dans ce tableau métapolitique, nous dispenser d'entrer dans des explications ultérieures. Mais, pour le but spécial de cet ouvrage, ayant à signaler les conditions morales desquelles dépend actuellement la cessation du désordre révolutionnaire dans le monde, nous joindrons quelques considérations complémentaires pour mieux caractériser celles de ces parties techniques de l'État qui sont plus intimement liées à ce désordre révolutionnaire, si funeste aux peuples civilisés. Et dans cette vue, il nous importe ici de dire encore quelques mots concernant la succession dans la PAIRIE, la validité juridique du JURY, et le véritable aspect moderne de la HIÉRARCHIE POLITIQUE. — Nous allons les dire.

D'abord, pour ce qui concerne la pairie, dans sa haute destination de servir à la garantie de la souveraineté divine par la législation, dans cette seule et grande destination qui puisse lui être assignée, d'après ce que nous avons reconnu plus haut, il est manifeste que les SENTIMENS les plus NOBLES doivent, dans leur intime connexion avec les sentimens RELIGIEUX, présider à toutes les résolutions de cette branche supérieure du corps législatif. Et alors, le choix des membres de la pairie doit être déterminé principalement d'après la considération de la présence de ces hauts sentimens. Ainsi, les premiers candidats à la pairie ne peuvent être que des grands-officiers de l'État, nommés par le souverain parmi les hommes qui, par leur dévouement au salut public, ont donné des preuves de l'élévation de leurs sentimens, comme cela est présumé dans notre tableau métapolitique. Et par conséquent, tous les membres du haut clergé chrétien, les évêques et les archevêques, sont de fait et de droit candidats à la pairie, c'est-à-dire grands-officiers de l'État. — Mais, ce premier choix, par sa condition même, peut souvent être très limité. Il faut donc pouvoir y suppléer par un moyen plus étendu, qui, sans léser personne par l'injustice du choix, puisse, du moins en partie, remplir la haute condition de noblesse des sentimens, de laquelle doit dépendre la succession des membres dans cette première chambre du corps législatif. Et ce moyen se présente naturellement dans l'HÉRÉDITÉ DE LA PAIRIE; non dans une hérédité PERPÉTUELLE, qui serait, tout à la fois, et contraire à la justice, et contraire au but même que l'on veut ainsi atteindre, par la raison que nous dirons ci-après à l'égard de la noblesse héréditaire; mais par une hérédité D'UNE SEULE PROGÉNITURE, par laquelle on peut, tout à la fois, et rehausser le dévouement de la pairie à la souveraineté, et préparer dans l'héritier, par l'éducation et par l'exemple, des sentimens dignes de son père. — Toutefois, pour éviter l'immoralité qui serait attachée à une succession immédiate aux fonctions de la pairie par droit d'héritage, il faut bien remarquer que cette succession ne saurait s'étendre légalement au delà de la simple CANDIDATURE à la pairie, c'est-à-dire au delà du simple rang des GRANDS-OFFICIERS de l'État, parmi lesquels les ÉLECTEURS de la pairie, tous membres de droit de la GARDE GOUVERNEMENTALE, choisissent définitivement les membres effectifs de cette haute chambre du corps législatif.

Ensuite, pour ce qui concerne le jury, qui trouve aujourd'hui une si grande protection dans l'esprit révolutionnaire, on conçoit facilement que cette protection lui vient des deux causes suivantes : 1° l'ANÉANTISSEMENT que, par le fait même de son actuelle institution, ce tribunal de conscience tend à opérer de toute INFLUENCE DIVINE ou ecclésiastique dans l'estimation de la moralité d'un homme, c'est-à-dire dans le jugement porté sur sa MAXIME MORALE; et 2° l'IMPUNITÉ qui en résulte lorsque les juges et les coupables sont confondus dans une démoralisation universelle, nommément dans une DÉMORALISATION POLITIQUE, qui exclut la souveraineté divine de la garantie de la morale, et lorsque, dans une telle confusion, les juges sont dispensés de tenir compte des PREUVES MATÉRIELLES du délit. — Il faut bien que cet anéantissement de l'influence divine et cette impunité qui en résulte, aient de grands charmes pour les révolutionnaires, puisque, en dépit de leur prétention de relever la dignité de l'homme, personne parmi eux, ni aucun de leurs protégés, n'ont pu ou n'ont voulu apercevoir que l'institution du jury, dans l'état purement physique auquel on voudrait la réduire, loin de garantir la dignité morale de l'homme, en serait au contraire une véritable dégradation; car, autant il est noble pour l'homme de se soumettre à la juridiction politique, c'est-à-dire au droit coercitif des autres hommes de juger ses ACTIONS MATÉRIELLES, autant il est insultant à la dignité de l'homme de donner à d'autres hommes un tel droit coercitif de juger sa MAXIME MORALE. — Pour éviter cette dangereuse et manifeste dégradation morale, à laquelle l'esprit révolutionnaire voudrait ainsi entraîner l'humanité, en couvrant du saint voile de la justice l'impunité du crime (*), le moyen très simple est de ramener l'institution du jury, comme cour canonique, dans une dépendance divine, sans la rattacher immédiatement à l'Église, et en la mettant uniquement sous

---

(*) Dans le *Journal de Paris* (n° 3026) du 29 février 1836, on annonce une condamnation à dix ans de simple réclusion pour VIOL commis par un FILS sur sa MÈRE. — Le jury a déclaré l'accusé *coupable de viol avec des circonstances atténuantes.* — Et le journaliste dit : « Si l'histoire recueille un jour cet arrêt, elle en conclura que les mœurs de notre époque ont dû être bien scandaleusement dépravées, puisque douze principaux habitants du pays (St-G... B...), appelés à apprécier un crime qui n'a peut-être pas d'exemple, ont pu trouver ce crime digne de leur indulgence. » (Extrait du *Chercheur de Bourganeuf.*)

l'influence du corps-dirigeant, comme la loi de *création* l'établit dans notre tableau de la philosophie de la politique.

Enfin, pour ce qui concerne la hiérarchie politique, qui, d'après ce même tableau, a pour objet l'uniformité juridique ou l'ÉGALITÉ SOCIALE des membres d'un État, il est manifeste que cette égalité politique, qui, sans contredit, est l'aveu juridique de la dignité morale de l'homme, ne saurait exister dans rien autre que dans le LIBRE ET ÉGAL ACCÈS des hommes à toutes les conditions qui peuvent conduire à toutes les supériorités humaines, morales et intellectuelles. En effet, l'existence de ces *supériorités propres* est, non seulement un fait, avéré par une *journalière expérience*, mais de plus une NÉCESSITÉ MORALE dans l'homme, afin que, par le développement successif de sa raison pratique et de sa raison spéculative, c'est-à-dire par la découverte et par la réalisation progressives du bien et du vrai sur la terre, il puisse, en partant de son état de nature, ou de son animalité primitive, se rapprocher de plus en plus de ses augustes destinées comme être raisonnable, et acquérir par là les hautes qualités de sa caractéristique SPONTANÉITÉ, pratique et spéculative, qui seules, comme mesure de ce caractère hyperphysique, constituent la GRANDEUR HUMAINE. Ainsi, nier ces qualités distinctives entre les hommes, ou nier leur grandeur propre et progressive comme êtres spontanés et inconditionnels, ce serait un mensonge indigne, qui saperait les fondemens mêmes de l'humanité, et qui, au lieu d'amener l'égalité sociale, ne ferait qu'opérer un stupide nivellement révolutionnaire des hommes ; nivellement que la bande mystérieuse pouvait seule concevoir et exécuter en France pour arriver plus rapidement à la démoralisation universelle de ce pays, et de là, par l'influence de la propagande, à la destruction progressive et inévitable de l'humanité entière. Mais, en avouant ces supériorités distinctives entre les hommes, et en les reconnaissant alors d'une manière juridique, ce qui, par la haute destination de ces supériorités, devient une obligation morale dans l'État, et par conséquent un devoir fondamental de l'autorité politique, tout homme, en vertu de sa seule spontanéité créatrice, doit avoir légalement un LIBRE ACCÈS à toutes les conditions qui conduisent à de telles supériorités humaines, et par là même à toutes les dignités et à toutes les distinctions sociales ou politiques, lesquelles ne peuvent être moralement que le partage ou la récompense de ces supériorités de l'homme. C'est donc là, et uniquement là, le véritable droit de l'ÉGALITÉ SOCIALE, ou de l'uniformité juridique entre les membres d'un État; droit sacré de la garantie duquel dépend manifestement le salut de l'humanité. — On conçoit ainsi combien est juste, de la part des peuples, parmi lesquels se distingue ici glorieusement la nation française, leur instante prétention à l'égalité sociale. Et l'on conçoit en même temps combien est immorale et destructive pour l'humanité toute institution politique qui, dans le sens où nous venons de déterminer l'égalité sociale, porte une atteinte, directe ou indirecte, à ce droit sacré. Or, telle est manifestement l'institution de la NOBLESSE HÉRÉDITAIRE. — Pour en reconnaître toute l'immoralité, il suffit de remarquer que les véritables supériorités humaines, morales et intellectuelles, telles que nous venons de les reconnaître, sont entièrement SPONTANÉES, et que c'est précisément parce qu'elles sont des qualités distinctives de la spontanéité créatrice dans l'homme, et non les résultats ou les qualités de quelque mécanisme inerte ou naturel, qu'elles constituent la GRANDEUR HUMAINE; car, on comprendra alors immédiatement que les prétendues qualités distinctives qui nous viendraient par la simple naissance, et qui, par conséquent, ne seraient que les résultats du mécanisme inerte de notre organisation physique, ne sauraient avoir rien de spontané, ni par conséquent rien qui soit auguste et grand pour un être raisonnable. Vouloir donc attacher à ces qualités brutes ou inertes qui nous viennent par la naissance, une distinction juridique de supériorité humaine, c'est une indigne perversion de tout ce qu'il y a de spontané ou de créateur, et par conséquent de véritablement grand dans l'homme, c'est-à-dire une substitution de ce qu'il y a de vil et de néant à la place de ce qu'il y a d'auguste et d'éternel dans l'être raisonnable. Et lorsque cette immorale distinction politique s'étend jusqu'à désavouer la véritable grandeur humaine, en fermant, pour les supériorités spontanées et créatrices dans l'homme, tout accès aux dignités sociales et aux hautes fonctions politiques, et en n'ouvrant cet accès qu'aux misérables qualités inertes que nous recevons de la naissance, une telle subversion de l'ordre moral devient RÉVOLTANTE, et finit, tôt ou tard, par pousser les peuples aux excès révolutionnaires dont la France, si longuement et si profondément outragée par cette immorale préférence, nous a donné récemment le terrible et malheureusement excusable exemple. Nous disons *excusable*; car, il n'y a rien de plus destructif pour l'humanité que cette prétention, soi-disant juridique et légale, de préférer le néant dans l'homme à son éternelle réalité, et d'effacer ainsi toute supériorité humaine sur la terre et, avec elle, les destinées absolues des êtres raisonnables. Aussi, devons-nous l'avouer, c'est sur cette juste et sainte indignation des peuples que l'esprit révolutionnaire, qui s'est actuellement emparé du monde civilisé, fonde principalement ses prétendus droits, en colorant ou en masquant ainsi, par l'attaque de la noblesse héréditaire, ses véritables projets, ceux de la subversion finale de l'ordre moral sur la terre. Car, les peuples n'en veulent réellement ni aux trônes ni aux autels, dont ils sentent la nécessité morale et dont ils entrevoient l'autorité divine; c'est à l'outrageante noblesse héréditaire qu'ils vouent leur haine, en commençant à ressentir profondément toute l'indignité morale de cette subversive institution politique. Mais, les mystérieux fauteurs de l'esprit révolutionnaire, en dénaturant l'apparente protection que les trônes et les autels sont forcés d'accorder à cette institution, ont donné le change aux peuples et sont ainsi parvenus à diriger leur haine contre les rois et les prêtres, pour frapper directement à ces bases humaines de la moralité. Il suffit donc d'éclairer les peuples sur ce dangereux change, et de leur apprendre que l'objet de leur juste indignation ne mérite plus aujourd'hui que leur pitié, comme nous allons le prouver en montrant que l'institution de la noblesse héréditaire est encore plus ABSURDE dans ses fins qu'elle n'est IMMORALE dans ses moyens, parce que, non seulement elle manque tout-à-fait son but, mais de plus elle arrive à un but diamétralement opposé et entièrement destructif pour elle-même. En effet, tout le monde sait que, dans son origine, la noblesse héréditaire était destinée à récompenser les grands services rendus à l'État, d'abord, dans la personne même qui les a rendus, et ensuite, dans toute la succession de sa progéniture, *en se proposant ainsi de faire une chose agréable et honorable à ce chef d'une distincte famille nobiliaire*. Eh bien, qu'en serait-il si, par cette institution de l'hérédité d'un grand nom primitif, on avait rendu, à l'homme qui le portait, un mauvais service, en condamnant ainsi ses héritiers à une inévitable dégénération, morale et intellectuelle? Or, c'est là effectivement, dans cette fatale dégénération, le résultat actuel de l'absurde institution de la noblesse héréditaire. Car, l'homme qui, par sa simple naissance, a le droit de se considérer comme un homme supérieur, ne peut concevoir que, pour avoir réellement une supériorité humaine, il faille l'acquérir par le développement de sa propre spontanéité créatrice, dans laquelle seule consiste toute grandeur humaine; de sorte qu'en négligeant ainsi ce développement de sa spontanéité, par laquelle l'homme se distingue de la brute, il s'abrutit naturellement, de plus en plus, à mesure que, par une telle succession héréditaire, les membres de cette soi-disant noblesse s'éloignent davantage du chef de leur famille. Il se trouve donc, et c'est là une vérité anthropologique irrécusable, qui d'ailleurs est confirmée par l'expérience, que ce que l'on nomme NOBLESSE DU SANG, n'est malheureusement rien autre qu'une DÉGÉNÉRATION DU SANG, et par conséquent que les membres des familles nobles par héritage sont frappés progressivement d'une accablante inertie dans toutes leurs facultés spontanées, morales et intellectuelles, de manière que la mesure de cet abrutissement progressif consiste précisément dans l'ancienneté de leurs maisons ou dans l'étendue de leurs arbres généalogiques. Sans doute, de nombreuses et honorables exceptions se rencontrent *tous les jours*; et l'auteur du Messianisme peut lui-même affirmer ici que, dans ses relations personnelles, il a rencontré souvent, parmi les nobles dont il s'agit, des hommes très distingués. Mais, la règle anthropologique que nous venons d'établir, est irréfragable, puisqu'elle résulte, par une simple antithèse, de la condition absolue qui est requise pour l'élévation divine de l'humanité, c'est-à-dire de la condition qui consiste dans le développement progressif de nos facultés créatrices ou spontanées, nommément de la raison pratique et de la raison spéculative, dont la libération finale de nos conditions physiques ou inertes doit amener en nous la réalisation du verbe, pour nous faire ainsi accomplir, par *nous-mêmes*, *notre « CRÉATION A L'INSTAR DE DIEU, »* comme l'appelle l'Écriture-Sainte. Et l'on conçoit, par conséquent, que ce développement progressif des facultés spontanées de l'homme, par lequel il se libère de plus en plus de ses conditions physiques, de ces conditions inertes qui précisément lui viennent de sa naissance, constitue seul un véritable ENNOBLISSEMENT DU SANG dans son actuelle organisation physique; ennoblissement en vertu duquel les peuples sauvages se transforment en peuples civilisés, par ce seul développement progressif de leurs facultés spontanées ou créatrices, c'est-à-dire de leur raison pratique et de leur raison spéculative, à côté d'une croissante libération propre de leurs conditions physiques ou inertes. — Lorsque les hommes comprendront ces vérités, et pour y parvenir on n'a pas besoin de faire des révolutions, il ne sera plus nécessaire d'abolir la NOBLESSE HÉRÉDITAIRE, parce qu'aucun de ses membres ne voudra alors s'en prévaloir, de crainte de s'exposer à la risée ou à la pitié publiques. Il n'existera alors qu'une NOBLESSE A VIE, décernée à l'homme même qui l'aura méritée; à peu près comme l'est provisoirement, du moins dans l'intention du fondateur, la NOUVELLE NOBLESSE instituée par Napoléon, noblesse que l'on doit ainsi considérer comme une TRANSITION à ce prochain avenir de l'humanité.

Nous terminerons ce paragraphe en rappelant que le présent système de philosophie de la politique, tel que nous venons de le développer dans notre tableau métapolitique, est établi sur l'application immédiate de la LOI DE CRÉATION à la génération des réalités morales qui constituent l'État ou l'association juridique des hommes, et par conséquent que, sous de telles conditions, ce système de vérités politiques est revêtu du caractère de certitude absolue, comme on le comprendra lorsque la *loi de création*, qui a ainsi engendré ce système de vérités, sera connue dans tous ses principes inconditionnels. — Pour se former une idée de cette loi créatrice, le lecteur doit approfondir ce que nous en avons dit, dans le Prodrome du Messianisme, à la fin de la deuxième partie, où nous avons présenté une préalable garantie scientifique de cette haute doctrine, dans une complète réforme des mathématiques, opérée précisément par l'application de la loi de création dont il s'agit (*). — Indépendamment de cette idée, le lecteur y apprendra qu'en vertu de cette même loi créatrice, il existe, dans tous les systèmes de réalités, spéculatives et pra-

---

(*) Les personnes qui sont versées dans les sciences mathématiques, pourront déjà, par la comparaison de nos tableaux de la philosophie de l'Algorithmie et de la philosophie de la Géométrie, avec nos présens tableaux de la philosophie de la Politique et de la philosophie de l'Histoire, se former une idée au moins de la FORME de la loi de création, en attendant que nous fassions connaître l'ESSENCE même de cette loi auguste, et surtout ses PRINCIPES ABSOLUS, d'après lesquels, dans son application, s'engendrent les différens systèmes de réalités qui constituent les objets distincts des différentes sciences, et même les différens systèmes de leurs principes créateurs qui constituent les objets distincts des différentes branches de la philosophie.

tiques, qui font les objets distincts des sciences et de la philosophie, ou généralement les objets distincts du savoir humain, il existe, disons-nous, une fondamentale TRICHOTOMIE CRÉATRICE à laquelle se rattachent toutes les parties constituantes de ces systèmes de réalités distinctes. Et il découvrira facilement que, dans le présent système de réalités politiques, tel que nous venons de le fixer dans notre tableau métapolitique, cette trichotomie créatrice *consiste* dans les trois parties fondamentales que voici.

1°. — LA LOI SUPRÊME DE L'ÉTAT, qui, dans l'accomplissement de la *justice* par la fixation du *but final* de la morale, a pour objet la *réalisation du verbe dans l'homme*, c'est-à-dire le développement progressif de ses *facultés spontanées* ou *créatrices*, nommément de sa raison pratique et de sa raison spéculative, dans leur haute tendance vers l'absolu ou vers le principe inconditionnel de toute *réalité*.

2°. — LE PROBLÈME UNIVERSEL DE L'ÉTAT, qui, en vue du *but final* de cette association juridique des hommes, a pour objet l'accomplissement des *destinées finales de l'humanité* par la création progressive du *vrai* et du *bien*, jusqu'à la découverte finale du *vrai absolu* et du *bien absolu*.

3°. — LE CONCOURS TÉLÉOLOGIQUE ou l'*harmonie* systématique entre les élémens hétérogènes de l'État, entre l'autorité politique et la soumission politique; harmonie qui doit être réalisée par le *corps-dirigeant* ou par un nouveau pouvoir politique, en imprimant aux affaires de l'État une *direction* constante vers son *but final*, tel que nous venons de le fixer, et en s'acheminant d'avance dans cette direction par la juste estimation de *tout dévouement* au salut public.

Ce sont là les nouvelles lois sociales, formant TROIS LOIS MESSIANIQUES, que la présente philosophie de la politique apporte au monde, non seulement pour fonder péremptoirement la science de l'État, mais de plus pour l'accomplir définitivement. — Et ce sont ainsi ces trois nouvelles lois sociales que, dans ce moment si critique pour l'humanité, l'auteur du Messianisme lègue à ses contemporains pour leur indiquer la vraie direction qu'ils doivent donner à leur juste et malheureusement si violente tendance universelle à régénérer le monde politique. — C'est à eux à choisir entre les lois destructives que leur prescrit l'esprit révolutionnaire, en leur promettant, sous l'égide de ces lois indignes, opposées aux lois morales, le honteux accomplissement de leurs conditions inertes et de leurs destinées périssables, et les présentes lois créatrices que leur dévoile le Messianisme, en leur promettant à son tour, sous l'égide de ces lois salutaires, fondées sur les lois morales, le glorieux accomplissement de leurs conditions spontanées et de leurs destinées éternelles. — Nous sommes convaincus que si la nouvelle génération, surtout la jeunesse, si ardente aujourd'hui dans les voies iniques où la conduit l'esprit révolutionnaire, pouvait comprendre ou du moins pressentir les hautes vérités que nous découvrons, le salut de l'humanité serait infaillible. Et c'est là la tâche qu'en premier lieu doit s'imposer l'Union-Absolue, si nos contemporains ont encore assez d'énergie et de grandeur véritable pour constituer et réaliser cette décisive et dernière association morale des hommes, qui doit les conduire à leurs destinées finales sur la terre.

Malheureusement, et nous devons l'avouer, la démoralisation universelle, opérée par les doctrines révolutionnaires, est déjà tellement avancée que nous doutons de la force de la vérité sur l'esprit de nos contemporains. Plus d'un parmi eux, surtout les hommes supérieurs, de crainte de se discréditer dans leur commune exploitation révolutionnaire de l'humanité, n'oseront même pas prononcer le nom de MESSIANISME ! Et alors, pendant long-temps encore, avant la catastrophe finale, nous verrons renouveler, surtout dans les journaux et dans les écrits politiques, le risible scandale de discussions sérieuses sur les nuances des OPINIONS de quelques individus, déclarés et constitués hommes d'état, qui, au milieu de l'ignorance universelle, imposent légalement, et tour à tour, leurs prétendues vues sociales aux chefs des États, et qui gouvernent ainsi les peuples, sans se douter, ni eux-mêmes, ni personne autre, qu'ils n'ont aucune idée du véritable objet de la politique.

§ II. — Conditions pratiques de la nouvelle autorité absolue dans les États, surtout dans leur application a la France.

Suivant la disposition didactique de cet ouvrage, nous devions, dans ce paragraphe, appliquer les nouvelles lois que nous venons de dévoiler, aux conditions actuelles des États existans, surtout aux critiques conditions de la France, pour montrer que, sans recourir aux voies violentes des révolutions, on peut, par des procédés rationnels et graduels, arriver à la réalisation d'un nouvel et indestructible ordre moral dans le monde politique, et faire ainsi cesser le désordre révolutionnaire qui menace les peuples civilisés d'une sinistre et inévitable catastrophe. — Malheureusement, par les raisons que nous avons annoncées au commencement de la deuxième partie de cet ouvrage, et que nous dirons à l'instant, nous devons aujourd'hui, en publiant cette philosophie de la politique parmi les Français, nous imposer un profond silence à l'égard de ce nouvel ordre moral, par lequel seul le monde civilisé, et surtout la France, pourront échapper à l'imminent danger auquel les expose leur invincible esprit révolutionnaire. Nous le devons pour donner ainsi nous-mêmes le premier exemple de la soumission qui est due à l'autorité politique, d'après les conditions ou les limites que nous avons fixées plus haut pour toute influence publique de l'Union-Absolue, et par là même pour toute influence des doctrines messianiques sur lesquelles doit être fondée cette haute et dernière association morale des hommes.

Il est à regretter que, par ces raisons, sans doute bien innocentes, nous soyons ainsi réduits au silence sur ce qui devait former, tout à la fois, et le véritable fruit de nos travaux et de leurs résultats, tels qu'ils sont consignés dans cet ouvrage, et le critérium positif, en quelque sorte matériel, de la vérité irréfragable qui est attachée à ces résultats. — Nous disons que cette vérité est irréfragable, parce qu'elle est fondée manifestement sur les PRINCIPES ABSOLUS que nous venons d'établir dans la présente philosophie de la politique. Et pour que l'on comprenne que ce n'est pas là une vaine assertion, nous devons enfin dire formellement en quoi consiste, comme doctrine nouvelle, cette philosophie de la politique, constituant la présente MÉTAPOLITIQUE MESSIANIQUE. — A cette fin, il suffira de faire remarquer préalablement que ce que l'on désigne aujourd'hui du nom de POLITIQUE, concerne bien les relations sociales des peuples, en tant que ces relations dépendent des actions plus ou moins libres des hommes, et qu'elles constituent ainsi, du moins dans leur forme, de véritables relations juridiques, mais que, dans cette désignation générale par le nom de politique, on n'entend expressément rien autre que les relations CONTINGENTES et par conséquent VARIABLES chez les différens peuples, suivant leurs circonstances passagères, surtout suivant leurs diverses conditions anthropologiques. On comprendra alors facilement que ces systèmes contingens de politique, qui varient chez les différens peuples et à des époques différentes du même peuple, et qui ne résultent, en quelque sorte, que des combinaisons arbitraires des besoins de ces peuples ou des opinions, souvent erronées, des hommes qui les gouvernent, doivent avoir quelque base immuable, quelques PRINCIPES FONDAMENTAUX ET INVARIABLES, sur lesquels peut s'établir cette incessante variation ou ce perpétuel jeu des combinaisons politiques dans les relations sociales; parce que, sans une telle base immuable, de pareilles combinaisons arbitraires aboutiraient nécessairement à une entière et chaotique confusion des relations sociales, comme elles paraissent déjà y aboutir effectivement chez tous les peuples *révolutionnaires*, chez lesquels, à l'instar de la France, on a renversé ou du moins méconnu cette base indispensable à la conservation de leurs arbitraires combinaisons politiques. — Or, ce sont ces principes fondamentaux et invariables, sur lesquels doivent s'établir, comme sur leur base éternelle, toutes les combinaisons politiques dans les relations sociales des peuples, quelles que soient d'ailleurs, dans l'espace et dans le temps, les circonstances variables et les conditions anthropologiques de ces peuples, ce sont, disons-nous, ces principes fondamentaux et inconditionnels qui constituent l'objet de la MÉTAPOLITIQUE, en la considérant ainsi comme législatrice ou comme philosophie de la politique. Et ce sont effectivement ces PRINCIPES ABSOLUS des relations politiques des peuples, ou de l'association juridique des hommes, que nous avons produits dans cet ouvrage, en les y développant à priori, dans leur ensemble systématique, par la loi de création elle-même. — Il faut ici remarquer que ces principes immuables de la politique ou de la science de l'Etat, que nous venons de fixer dans la présente Métapolitique, doivent, comme inconditionnels, être revêtus du caractère d'une certitude absolue, ou, pour trancher le mot, du caractère d'infaillibilité. Et c'est là réellement leur caractère distinctif, en ce que, comme nous l'avons déjà observé plusieurs fois, tous les principes pratiques du Messianisme, et par conséquent tous les principes de la Métapolitique messianique, sont autant de véritables LOIS MORALES, étant tous revêtus, d'abord, dans notre sentiment, du caractère subjectif d'un IMPÉRATIF DE SOUMISSION, et ensuite, dans notre cognition, du caractère objectif d'une LÉGISLATIVITÉ UNIVERSELLE. Aussi, est-ce à ce titre de certitude absolue que nous sommes fondés à déclarer IRRÉFRAGABLES toutes nos déductions et tous leurs résultats, comme nous venons de les déclarer plus haut. En effet, il ne faudrait ainsi rien moins que renverser les lois morales dans le monde pour pouvoir atténuer la vérité de nos présentes déductions métapolitiques. — Bien plus, en outre de cette garantie absolue et indestructible de nos principes pratiques, nous avons, pour compléter le présent système de métapolitique, fixé et joint à ce système inconditionnel le BUT ABSOLU de l'association juridique des hommes ou de leurs relations politiques, consistant dans les DESTINÉES FINALES des êtres raisonnables, afin de pouvoir, en vue de ce but auguste, imprimer une direction infaillible à toutes les déterminations systématiques de ces relations sociales qui font l'objet de la politique. Et c'est à ce nouveau titre, c'est-à-dire par cet accomplissement absolu de la science de l'État, en vue des destinées finales de l'humanité, que notre présente doctrine sociale, déjà infaillible par ses principes, devient de plus infaillible par son but, et constitue ainsi une véritable MÉTAPOLITIQUE MESSIANIQUE.

On conçoit par là que, dans cette haute et complète doctrine morale, doivent se trouver naturellement tous les élémens nécessaires pour pouvoir déduire, de la charte actuelle de la France, et des autres chartes constitutionnelles des États existans, les moyens légaux de sortir du désordre révolutionnaire qui menace les États civilisés d'une imminente ruine, et d'arriver graduellement, sans recourir aux voies violentes des révolutions, à l'immuable stabilité gouvernementale et à la haute civilisation qui, d'après ce que nous avons reconnu, seront le nouveau partage des peuples dans la cinquième et critique période où entre actuellement l'humanité, pour opérer la solution rationnelle de son indestructible antinomie sociale. — Aussi, comme nous l'avons déjà dit, en nous restreignant ici principalement à la France, devions-nous, dans le paragraphe présent, donner cette positive déduction des moyens légaux par lesquels, dans sa crise actuelle, cet illustre État peut réellement, en suivant la seule voie de la raison, accomplir aujourd'hui sa salutaire et glorieuse régénération, pour laquelle il lutte en vain depuis un demi-siècle. Mais, par les raisons que nous avons mentionnées, et que nous allons dire enfin, nous devons, dans les limites que nous nous sommes prescrites au commencement de ce chapitre, nous imposer un entier silence à cet égard, comme nous l'avons annoncé en commençant ce dernier paragraphe. — Voici ces raisons.

Dans le Programme de l'Union-Antinomienne, qui, en 1831, fut annexé au Prospectus du Messianisme, nous avons dit quelques mots concernant les difficultés que, depuis 1818, c'est-à-dire depuis la publication du *Sphinx*, nous avons rencontrées successivement sur la voie ordinaire de la production en France des nouvelles vérités morales qui sont dévoilées par le Messianisme. Aujourd'hui, dans les développemens de la présente Métapolitique, le public peut apprendre quelles sont les causes mystérieuses qui, en faisant naître ces difficultés progressives, s'opposent si fortement, dans ce pays, à la production de toutes vérités supérieures, philosophiques et religieuses, propres à éclairer la nation et à repousser ainsi l'esprit révolutionnaire qui veut la dominer. Déjà même, en produisant le Prodrome du Messianisme, nous laissâmes entrevoir ces causes dans la déclaration de l'auteur, qui est à la tête de ce Prodrome. Et depuis long-temps, nommément depuis l'époque du fameux scandale de Oui ou Non (*), qui avait trahi la découverte des vérités messianiques, et qui nous avait révélé formellement l'existence des causes mystérieuses que nous signalons aujourd'hui, nous devions désespérer de la possibilité de produire la vérité en France, par la raison que la VÉRITÉ SEULE peut prévenir la sinistre catastrophe qui, à l'aide de l'esprit révolutionnaire de ce pays, se prépare, dans ces mêmes antres ténébreux, par la démoralisation et par l'abrutissement systématiques du monde civilisé. Aussi, fallait-il de graves circonstances publiques pour nous déterminer à essayer de produire en France, à plusieurs reprises, les vérités messianiques dont nous venons enfin de tracer, dans le présent ouvrage, un aperçu positif par la constitution absolue de l'État. — C'est ainsi qu'après de longues hésitations, douze ans après l'annonce de cette doctrine nouvelle dans le *Sphinx*, nous publiâmes, pour en faire sentir le besoin, le *Problème fondamental de la politique moderne*, lorsque, sans pouvoir nous tromper, nous prévîmes la révolution de 1830; révolution que l'auteur du Messianisme prédit expressément au général Bourmont, avant son départ pour la conquête d'Alger. Et immédiatement après cette révolution de 1830, en prévoyant les périlleuses émeutes qui la suivirent, nous abordâmes la publication de la doctrine même du Messianisme (**),

---

(*) En rappelant ce scandale, dont on peut maintenant concevoir l'origine mystérieuse, nous devons ici, pour le triomphe du Messianisme, faire remarquer que la fameuse déclaration de Oui ou Non, par laquelle l'auteur de cette doctrine absolue laissa à la conscience d'un riche disciple, qui niait publiquement ses obligations, la faculté de se libérer ainsi, par un seul mot, d'une dette considérable, contractée spontanément pour une longue et haute instruction, et constatée légalement par des actes et par des lettres de change, est un de ces FAITS MORAUX qu'aucun de ses contemporains, sans exception, ne serait peut-être capable de produire. — Arrière donc la calomnie!

(**) Le Prospectus, le Prodrome, et le Bulletin du Messianisme.

dans l'espérance de trouver alors, au milieu de si graves dangers, quelque intérêt pour la vérité, et de pouvoir ainsi prévenir les sinistres conséquences progressives de cette révolution, telles que nous les avons signalées dans l'introduction à la première partie de l'ouvrage présent, comme ayant été prédites à plusieurs hommes d'état, entre autres à M. Mignet, l'ami de M. Thiers. Enfin, après neuf ans d'une nouvelle interruption, et toujours par suite de la même cause, celle de l'indifférence générale en France pour la vérité, lorsque la lutte actuelle de la chambre des députés, pour sa prérogative parlementaire, fut engagée de manière à laisser apercevoir clairement les susdites conséquences progressives de la révolution, nous commençâmes, le 4 avril 1839, le jour de l'ouverture de la session législative, qui provoqua les troubles du mois de mai de cette année, la publication de la présente Métapolitique, en y manifestant sans détour, dans l'Épître au Roi, qui est à la tête de cet ouvrage, la crainte de ce que le temps, pour produire la vérité en France, n'était peut-être pas encore venu; crainte qui était fondée en nous sur le pénible pressentiment de ce que ce temps opportun n'arriverait que lorsque, par de nouvelles et plus terribles commotions politiques, les Français reconnaîtraient eux-mêmes la funeste erreur de leur mystérieux entraînement révolutionnaire, et concevraient alors un auguste intérêt pour la vérité. Et en effet, après la publication de quelques livraisons de cet ouvrage, nous fûmes malheureusement à même de nous confirmer dans notre crainte et de reconnaître positivement que, depuis la chute de l'empire de Napoléon, les hommes les plus distingués de ce pays, en rentrant dans leurs divers erremens révolutionnaires, ne peuvent plus apercevoir rien au delà de l'horizon borné des différens partis dans lesquels ils se sont rétablis de nouveau, de ces partis politiques dont nous avons reconnu plus haut, pour chacune de leurs sophistiques nuances, la fausse et dangereuse tendance actuelle. — Sous l'empire de Napoléon, aucun de ces partis ne pouvait prétendre à une suprématie exclusive; et alors, les hommes qui, plus ou moins, s'y rangeaient respectivement, étaient forcés de porter leur raison au delà des limites étroites de leurs propres partis sociaux, et ils pouvaient ainsi concevoir la vérité dans toute son étendue. Mais aujourd'hui, comme avant l'empire de Napoléon, sous la prétendue égide d'une absolue liberté, où tous les partis politiques, surtout les partis révolutionnaires, ont le droit de se considérer comme vrais exclusivement, les hommes, quelque distingués qu'ils soient, qui se rangent dans ces partis, croient y trouver la VÉRITÉ ABSOLUE; et, dans cette ignorance, aussi périlleuse qu'elle est excusable, ils haussent l'épaule de pitié à l'apparence même d'un doute sur leur profond aveuglement. — Quel est alors le moyen rationnel d'éclairer de tels hommes, qui d'ailleurs, à tous autres égards, sont si éminemment civilisés? — Aucun; et ce serait même compromettre la vérité que de la leur présenter. L'expérience seule, à la suite de nouveaux et plus terribles bouleversemens politiques, comme nous venons de le dire, pourra faire jour à la production de la vérité au milieu de ces effrayantes et fatales ténèbres. — Cependant, s'il est absolument impossible d'exercer aucune action sur la raison de ces hommes qui se renferment ainsi dans leurs partis respectifs, il restait encore à essayer s'il n'y avait pas moyen d'introduire la vérité en France par l'esprit pur de sa nouvelle génération. Et ce fut à cette fin que, durant la publication progressive de la présente Métapolitique, l'auteur du Messianisme se détermina à soumettre au ministre de l'intérieur la pétition suivante :

« Monsieur le Ministre,

« De nouvelles et funestes atteintes à la monarchie française seraient d'une trop haute gravité pour que la moindre probabilité n'excusât, non seulement ma propre crainte, mais de plus la liberté que je prends ici de la manifester à Votre Excellence. Et que serait-ce si, par une connaissance approfondie des causes premières, je pouvais affirmer, avec une conviction absolue, que l'avenir de la France est couvert d'un sombre voile ?. »

« En effet, dans les feuilles ci-jointes, formant les premières livraisons d'un ouvrage que je publie dans ce moment, il est établi, j'ose même dire prouvé irrécusablement que les conditions actuelles du gouvernement français, en tant qu'elles n'admettent que la souveraineté du peuple, sont HORS DES LOIS MORALES. Et alors, je suis fondé en raison, et peut-être en droit, à déclarer que la stabilité de ce gouvernement, dans ses conditions actuelles, ne repose pas sur des bases immuables. »

« Si vous pouviez, Monsieur le Ministre, vous placer un instant hors de la sphère de vos propres opinions, vous pourriez vous-même partager mes craintes, en daignant parcourir, avec quelque attention, les feuilles sinistres qui sont devant vous. Et si vos hautes occupations vous permettaient d'approfondir les principes nouveaux qui y sont signalés, vous pourriez de plus vous convaincre que leur portée est telle que le salut actuel de la France ne peut être assuré par rien autre que par ces PRINCIPES ABSOLUS. »

« Mais seul, et avec ce seul livre, je ne saurais parvenir à réaliser de si grands principes, surtout au milieu des positions inexpugnables qui sont déjà prises pour amener la ruine de la monarchie française et, avec elle, la ruine de la France elle-même. — Contre de telles trames systématiques, et déjà si puissantes, il faudrait opposer une invincible action morale et également systématique. Il faudrait, dans cette vue nouvelle, qui est diamétralement opposée à celle que l'on poursuit aujourd'hui en France, exciter l'enthousiasme de la jeunesse et de toute la génération nouvelle. — Or, un seul moyen, absolument un seul, peut opérer un tel miracle ; et ce moyen est manifestement la production publique et systématique de la VÉRITÉ, surtout de la VÉRITÉ ABSOLUE, pour anéantir l'ERREUR qui plane sur la France. — C'est là précisément ce que la nouvelle doctrine, celle du Messianisme, que la Providence vient ici de révéler aux hommes, est propre à faire, si elle est secondée par une puissante *assistance du gouvernement français.* »

« Beaucoup d'hommes viennent auprès de moi pour me demander et pour recevoir les explications de cette doctrine nouvelle. Et tous, ils me témoignent hautement leur vif desir de la voir établie en France pour prévenir, comme ils le disent, l'imminente ruine de cet ancien et illustre État. »

« A mon humble avis, leurs vœux ne sauraient être réalisés que par l'établissement public en France d'une haute et exceptionnelle école philosophique, où serait professée cette nouvelle doctrine morale, et où seraient ainsi formés des hommes propres à résister, par la science, au torrent révolutionnaire qui va immanquablement engloutir tout dans ce pays. En effet, parmi ces hommes, il s'en trouverait bientôt un nombre suffisant pour pouvoir réprimer, d'une part, dans leurs repaires secrets, les auteurs de ces continuelles et scandaleuses révolutions, et de l'autre part, devant le public, les ignares propagations de ces funestes désordres politiques. Bientôt, il s'établirait ainsi, avec ces hommes nouveaux, un ou plusieurs journaux messianiques qui seraient propres, non seulement à rétablir l'ordre dans le monde civilisé, mais de plus à poser des bases immuables et des jalons assurés pour conduire les peuples vers les hautes destinées qu'ils pressentent si vivement aujourd'hui, et qu'ils chercheront à atteindre, à défaut d'une doctrine salutaire, par les plus violens bouleversemens politiques. Il faut en effet savoir que l'humanité n'est point destinée à remplir uniquement ses fonctions physiques sur la terre, et que, dans sa haute vocation providentielle, lorsqu'elle commence à ressentir ses destinées absolues, elle renverse toutes les barrières pour arriver à ses fins augustes. »

« C'est cet humble avis que j'ai l'honneur de soumettre ici à Votre Excellence. — Et pour compléter les données sur lesquelles je me fonde dans cette pétition, je vous prie, Monsieur le Ministre, de comparer l'état actuel de la France avec l'état anarchique de l'empire romain immédiatement avant la venue du Christ. Puisse la France, éclairée par une si grande analogie, éviter une nouvelle irruption des barbares; et puisse-t-elle au moins, comme l'empire romain, être préparée à cette invasion par une nouvelle doctrine morale qui subjuguerait ses vainqueurs sauvages! »

« En attendant votre *bienveillante réponse*, Monsieur le Ministre, je publierai la suite de l'ouvrage présent. — Dans le cas où, contre toute attente, ces vues ne seraient pas agréées par le gouvernement, je suspendrais de nouveau et pour toujours la publication du Messianisme en France, pour donner l'exemple de la soumission à l'autorité politique; soumission qui est un des principaux dogmes de cette doctrine absolue. »

« J'ai l'honneur d'être, Monsieur le Ministre, de Votre Excellence le très humble et très obéissant serviteur, »

« Paris, le 3o juin 1839. *Signé* : HOËNÉ WRONSKI. »

M. le comte Duchâtel, alors ministre de l'intérieur, n'a donné aucune réponse à cette pétition. — Mais, par une précaution indispensable, l'auteur du Messianisme, dans sa grave *mission*, a dû porter au pied du trône la même demande, en y joignant, pour le Roi, l'humble supplique que voici :

Sire ;

« Le périlleux destin actuel de la France réclame sérieusement votre auguste sollicitude. — Il est encore au pouvoir de Votre Majesté d'en changer les funestes arrêts ! »

« L'illustre nation dont le Ciel vous a confié le gouvernement, Sire, succombe sous l'influence d'une énorme et fatale erreur. — Et par conséquent, rien autre que la découverte de la vérité ne peut, dans son rapide entraînement, la sauver aujourd'hui. »

« La Providence vous envoie, Sire, cette vérité absolue, philosophique, politique, morale et religieuse. — C'est cette même vérité que Dieu a promise aux hommes sous le nom de MESSIANISME. »

« De grâce, Sire, suspendez un instant le cours des idées connues. — Lisez et prononcez ! »

« Je suis, avec le plus profond respect, Sire, de Votre Majesté le très humble et très obéissant serviteur, »

« Paris, le 3 août 1839. *Signé* : HOËNÉ WRONSKI. »

A cette supplique étaient jointes, en outre de la susdite pétition au ministre, les trois premières livraisons de l'ouvrage présent (jusqu'à la page 72), et le tableau de la philosophie de l'histoire, portant, à cause de l'époque actuelle, le titre de *Sinistres destinées de la France*. — Voici la réponse qui, de la Maison du Roi, fut envoyée à l'auteur :

« Le Chef du secrétariat a l'honneur d'informer Monsieur Wronski que la proposition qu'il a soumise au Roi de la création d'une école philosophique, et de son cours de Messianisme, a été transmise à Monsieur le Ministre de l'Instruction publique, *comme objet rentrant dans ses attributions*. »

« Maison du Roi (4594). Carrousel, 6 août 1839. »

Sur cette réponse, l'auteur du Messianisme prit la liberté d'adresser, au Chef du secrétariat du Cabinet du Roi, la lettre suivante :

« MONSIEUR,

« De sinistres raisons d'État, bien plus, de funestes raisons sociales qui peuvent décider du sort de l'humanité, et qui ne sont point des raisons personnelles, m'ont imposé le devoir de porter au pied du trône mes deux suppliques, datées du 30 juin et du 3 du présent mois. — Vos graves et nombreuses occupations, peut-être aussi l'habitude dans cette sorte d'affaires, paraissent vous avoir empêché de distinguer, dans mes suppliques, les hauts motifs que je viens de rappeler. En effet, à la date du 6, vous m'avez fait l'honneur de m'annoncer que ma demande a été renvoyée au ministre de l'instruction publique, « comme objet rentrant dans ses attributions. » Et certes, ce ministre n'a aucun pouvoir quelconque de réaliser l'objet purement royal de mes suppliques. »

« S'il ne s'agissait que d'intérêts personnels, ou si même, malgré l'infinie gravité des hauts intérêts en question, vous m'aviez annoncé, Monsieur, que c'est par ordre de Sa Majesté que mes suppliques ont été renvoyées au ministre de l'instruction publique, j'aurais senti la convenance de ne plus les reproduire dans le Cabinet du Roi. Mais, en me conformant au sens de mes productions publiques, j'ai pris et je devais prendre l'engagement formel de cesser la publication en France de la nouvelle doctrine morale, objet de mes suppliques, si je pouvais supposer, même par le silence du Gouvernement, que cette doctrine n'a pas l'aveu du Chef de l'État. Vous ne voudriez donc pas, Monsieur, assumer la responsabilité de la nécessité morale où je me trouverais de cesser la production de la vérité en France ; et vous daignerez, je n'en doute pas, excuser la liberté que je prends de vous prier, en opposition à votre première décision, de soumettre au Roi lui-même mes humbles et graves suppliques. »

« Et pour vous épargner la peine de les relire avec toute l'attention qu'elles méritent peut-être, permettez-moi, Monsieur, d'en résumer ici les points principaux. »

« D'abord, pour ce qui concerne le motif de ces suppliques, il consiste, comme je le dis au commencement de cette lettre, dans des raisons sinistres pour la France et funestes pour l'humanité, nommément dans la DÉCOUVERTE POSITIVE de l'effrayante vérité de ce que, par sa législation actuelle, fruit mystérieux de ses longues et sanglantes révolutions, la France, en détruisant, avec acharnement, la SOUVERAINETÉ DIVINE, dans l'autorité du Chef de l'État, s'est placée, sous une forme prétendue légale, HORS DES LOIS MORALES, et qu'elle ouvre ainsi, par cette intentionnelle destruction de la morale, une nouvelle et subversive époque pour l'humanité, celle d'une inévitable et entière ruine du monde civilisé. »

« Cette vérité positive est démontrée d'une manière irréfragable, dans les productions publiques que j'ai pris la liberté de soumettre à Sa Majesté. — Dérivant de la haute et auguste origine des lois morales, cette grave et sinistre vérité est aussi infaillible que la vérité de la morale elle-même. En effet, ce n'est point par des considérations spéciales et propres à quelque parti politique, ni même par le saint aveu de la religion, mais bien par une déduction didactique et purement rationnelle, fondée sur l'INFLEXIBLE IMPÉRATIF des lois morales, que cette terrible vérité que je dévoile au Roi, se trouve ainsi établie avec infaillibilité. »

« D'ailleurs, le croissant désordre révolutionnaire de la France, sous lequel succombent successivement et sans cesse les plus nobles efforts des Chefs de son gouvernement, démontre assez cette mystérieuse origine anti-morale du mal dans ce pays. — Pour en alléguer un seul exemple, je prendrai la liberté de demander quelle autre origine peut-on concevoir pour expliquer l'audace des hommes qui, après avoir tenté de renverser l'État et après avoir égorgé les gardiens de la sûreté publique, viennent, en plein tribunal, disputer aux juges le droit de les juger? »

« Mais, pour bien résumer et préciser ce haut motif de mes suppliques, je dois faire observer expressément que je n'ai point la prétention inconvenante de proposer au Gouvernement de nouveaux plans de politique. — Sans doute, la nouvelle doctrine prouve que, dans la crise actuelle du monde civilisé, il ne saurait y avoir un système rationnel et permanent de politique avant la découverte des DESTINÉES FINALES DE L'HUMANITÉ, découverte qui seule peut aujourd'hui indiquer la vraie direction des peuples. Mais, tout en dévoilant, dans mes ouvrages, ces destinées absolues et inconnues jusqu'à ce jour, je ne me permets point, je le répète, d'indiquer au Roi aucun plan de gouvernement. Je me borne, et je le déclare expressément, à découvrir à la France la vérité de ce que, par sa législation actuelle, en détruisant la SOUVERAINETÉ DIVINE dans l'autorité du Chef de l'État, elle s'est placée HORS DES LOIS MORALES. — C'est là la seule chose que je révèle ici au Gouvernement français, et la seule vérité fondamentale que je revendique ici pour la gloire de la nouvelle doctrine morale du Messianisme. »

« Ensuite, pour ce qui concerne les moyens de parer au funeste effet de ce sinistre motif de mes suppliques, ils consistent tout simplement à produire en France la vérité, surtout la VÉRITÉ ABSOLUE, seule propre à délivrer ce pays de l'erreur fatale qui le domine aujourd'hui d'une manière invincible. — Et c'est uniquement pour répandre cette vérité absolue, surtout dans son application morale, que je me permets d'indiquer au Gouvernement quelques moyens, plus ou moins efficaces, d'extension et de publication. »

« Vous voyez, Monsieur, que cette production de nouvelles vérités en France ne rentre pas dans les attributions du ministère de l'instruction publique ; attributions qui ne s'étendent ni ne peuvent s'étendre que sur l'enseignement des VÉRITÉS CONNUES, parce que l'Université n'a aucun moyen de juger de la valeur des VÉRITÉS NOUVELLES. Bien plus, il se pourrait que ce que l'Université enseigne aujourd'hui sous le nom de PHILOSOPHIE, se trouvât en opposition avec les vérités qu'il faut actuellement répandre en France pour sauver ce pays de son excentrique position hors des lois morales. »

« Comme affaire administrative, la production des vérités absolues, qui fait l'objet de mes suppliques, ne peut être rangée, ce me semble, que sous la catégorie de la SURETÉ PUBLIQUE, puisqu'il s'agit réellement de sauver la France, dans toute la force de cette expression; et cela en la prémunissant surtout contre la transmission aux générations futures des actuelles idées erronées qui dominent la nation. C'est en considérant ainsi l'objet de mes suppliques que, pour me conformer aux usages, je les ai rédigées sous la forme de pétition au ministre de l'intérieur. Mais, dans le vrai sens politique, surtout d'après le droit public actuel de la France, une affaire de ce haut ordre, qui concerne le développement moral de la nation, ne peut, sans un cercle logique vicieux, être décidée par la nation, ni par conséquent par les ministres qui ont ou prétendent avoir une responsabilité nationale. C'est au Roi seul qu'en vertu précisément de son INVIOLABILITÉ constitutionnelle, appartient l'initiative et la décision de toute haute affaire, qui, comme celle-ci, déborde la sphère actuelle de la constitution, parce que, sans cette faculté royale, une telle inviolabilité serait juridiquement absurde, et la nation serait réduite à demeurer perpétuellement dans les limites étroites des prévisions de sa charte ; de sorte que nul développement moral, qui dépasserait ces limites, ne serait possible LÉGALEMENT pour l'illustre nation française. C'est surtout dans le cas présent que, pour franchir les limites subversives de la charte, qui excluent la SOUVERAINETÉ DIVINE de l'autorité du Monarque, et qui placent ainsi la France HORS DES LOIS MORALES, que le Roi a le droit, j'oserai même dire le devoir suprême de sauver la nation de la ruine inévitable à laquelle elle s'est exposée par une telle législation. Aussi, est-ce au Roi seul que la postérité, et surtout Dieu, demanderont compte de l'usage de cette haute et auguste faculté exceptionnelle, que nul pouvoir humain, quand même il émanerait de toutes les nations réunies, ne peut aliéner de la personne du Chef de l'État. »

« Je suis, avec la plus haute considération, Monsieur, votre très humble et très obéissant serviteur, »

« Paris, le 21 août 1839. *Signé* : HOËNÉ WRONSKI. »

A cette lettre, l'auteur reçut la réponse que voici :

« MONSIEUR,

« Veuillez avoir la bonté de passer au bureau des pétitions de la Maison du Roi, place du Carrousel, le jour qui vous sera agréable, de une heure à deux heures. »

« Maison du Roi. Carrousel, le 24 août 1839. »

Conformément à cette invitation, l'auteur du Messianisme se rendit au bureau indiqué, où, avec une aimable franchise, on lui fit savoir formellement que les différentes pièces qu'il avait adressées au Roi, ne pouvaient être mises sous les yeux de Sa Majesté. — Et ce fut là que finit forcément cette grave affaire.

Nous sommes convaincus que ce rejet de nos suppliques s'est ainsi opéré entièrement hors de la connaissance et de la volonté personnelle du Roi. Mais, comme il n'existe aucun autre moyen légal de faire parvenir nos suppliques à la personne de Sa Majesté, nous sommes forcés de considérer leur rejet actuel comme étant équivalent pour nous à celui qui aurait été fait par le Roi lui-même, sauf à en faire retomber la responsabilité, s'il y a lieu, sur ceux qui ont ainsi exercé l'autorité royale. — Alors, le résultat des démarches faites par l'auteur du Messianisme auprès du gouvernement français, nommément auprès du Ministère et auprès du Roi, consiste manifestement en ce que la production en France des vérités morales dont il s'agit, n'a AUCUN INTÉRÊT pour ce gouvernement. Et par conséquent, l'application de ces vérités aux destinées de la France, pour accomplir sa régénération politique, pour laquelle elle lutte en vain depuis si long-temps, ne saurait non plus INTÉRESSER ce formidable gouvernement ; de sorte que, dans ses résultats, cette application messianique, quelque éloignée qu'elle soit des voies violentes des révolutions, et quelque conforme qu'elle puisse être à la charte actuelle de la France, serait pour le moins une œuvre inutile, et pourrait même contrarier les vues du gouvernement français, en s'établissant ainsi EN DEHORS DE L'INTÉRÊT de ce gouvernement. Nous devions donc, en nous renfermant dans les limites que nous nous sommes prescrites nous-mêmes, pour ne rien faire qui ne soit autorisé, directement ou du moins indirectement, par le gouvernement du pays où nous produisons les vérités messianiques, nous devions, disons-nous, dans les circonstances présentes, nous abstenir de l'application de ces hautes vérités morales à l'état critique de la France, de cette application précisément que, suivant notre premier plan, nous nous proposions de faire ici pour indiquer les voies salutaires par lesquelles on pourra enfin opérer la régénération politique de cet illustre État et entrer ainsi, avec gloire, dans la nouvelle période de civilisation que la grande révolution de la France, surtout sous l'empire de Napoléon, avait ouverte à l'humanité. — Ce sont là manifestement les raisons qui, d'après ce que nous avons déjà annoncé plusieurs fois, nous ont empêchés de donner au paragraphe présent sa véritable exécution, conformément à la disposition didactique de cet ouvrage ; et ce sont aussi ces raisons qui, d'après ce que nous avons annoncé au commencement de sa deuxième partie, nous ont forcés de changer le plan méthodique et de retarder, jusqu'à ce jour, la publication finale de cette Métapolitique messianique.

Malheureusement, cette issue des démarches de l'auteur auprès du gouvernement français, en nous imposant le silence sur la régénération politique de ce pays, laisserait en quelque sorte incomplet le système didactique de la présente Métapolitique, en ce qu'il y manquerait une APPLICATION PRATIQUE et positive de cette haute doctrine morale. — Nous ne craignons pas que cette fâcheuse issue puisse en rien porter atteinte à la VÉRITÉ ELLE-MÊME de la doctrine messianique, parce que nous ne pouvons pas perdre de vue ce que nous avons arrêté plus haut, au commencement de ce dernier paragraphe, sur la nature spéciale de cette doctrine absolue, en y faisant connaître en quoi consiste réellement la Métapolitique messianique, autant par ses principes inconditionnels que par le but auguste qu'elle découvre pour l'humanité. Comme telle, cette grande doctrine est à l'abri de toute critique, excepté de celle qui pourrait, sur une voie didactique, atteindre l'un ou l'autre, les principes absolus ou le but final de l'humanité, formant les conditions scientifiques de la présente philosophie de la politique. Et c'est ainsi que toute considération étrangère à cette voie didactique, surtout une pure considération pratique, ne saurait avoir aucune influence critique sur la VÉRITÉ ELLE-MÊME de la doctrine messianique. Nous en concluons donc, pour notre cas présent, que le rejet des pétitions de l'auteur par le gouvernement français ne peut, en aucune manière, porter atteinte à cette doctrine elle-même, parce que, comme nous venons de le reconnaître en général, un gouvernement quelconque, fût-il plus éclairé que le gouvernement français, ce qui est impossible, ne saurait, par sa seule autorité politique, prononcer sur la VALEUR DIDACTIQUE de la vérité d'une doctrine politique, quelle qu'elle soit, lorsque, par ses principes et par son but, cette doctrine dépasse la sphère des idées connues et pratiquées dans ce gouvernement. La seule chose qu'un gouvernement quelconque peut juger péremptoirement, c'est la moralité de toute doctrine politique; et à cet égard, nous pensons que la doctrine messianique se présente avec une supériorité incomparable à côté de toute autre doctrine politique existante, parce que, comme nous l'avons déjà fait remarquer plusieurs fois, elle constitue proprement un système rigoureux de PURES LOIS MORALES, fixées constamment par leurs augustes caractères, subjectif et objectif, d'un impératif de soumission et d'une législativité universelle. Bien plus, pour ce qui concerne cette moralité, dans l'hypothèse que nous avons adoptée plus haut pour l'explication de l'actuel désordre révolutionnaire du monde civilisé, en attribuant cet inexplicable désordre à l'action occulte d'une bande mystérieuse, nous craignons que, précisément à cause de l'extrême rigueur morale qui caractérise la métapolitique messianique, nos contemporains et surtout la postérité, si elle en a connaissance, n'attribuent aussi à l'influence de cette bande le rejet de nos pétitions par le gouvernement français. Et nous devons ainsi nous-mêmes rassurer, et nos contemporains et la postérité, sur cette fausse supposition, en déclarant, d'une manière expresse, que nous sommes convaincus qu'une telle influence mystérieuse n'a point eu lieu dans le cas présent. — Il ne nous appartient pas de scruter et encore moins d'expliquer les causes du rejet de nos pétitions; causes qui sans doute, comme nous l'avons déjà dit, sont très innocentes. Mais, nous avons le droit ou plutôt l'obligation morale, pour le salut de la vérité, de constater, comme nous venons de le faire, que ces causes, quelles qu'elles soient, ne peuvent porter aucune atteinte à la vérité elle-même de notre présente doctrine morale. — Le seul désavantage qui puisse en résulter pour une telle doctrine absolue, c'est, comme nous venons aussi de le dire, l'impossibilité légale où, par suite de cet événement, nous nous trouvons de compléter le système didactique de cette haute doctrine, d'après notre premier plan méthodique, par une APPLICATION PRATIQUE à la régénération future de la France.

Nous sommes donc forcés, pour donner cet accomplissement indispensable au système didactique de notre philosophie de la politique, de présenter une application pratique de ce système de vérités à un FAIT HISTORIQUE qui soit assez récent pour qu'il puisse, comme la future régénération politique de la France, qu'il nous est défendu d'aborder ici, se rattacher aux vues et aux destinées actuelles de l'humanité. Et ce fait, nous ne saurions le trouver nulle part ailleurs que dans l'EMPIRE DE NAPOLÉON. — Nous sommes donc forcés, disons-nous, pour pouvoir accomplir notre doctrine messianique, et pour sauver ainsi le compromis que la vérité subirait par ce défaut d'un ensemble systématique, de présenter ici une application de cette haute doctrine à l'explication de l'empire de Napoléon, dont le phénomène extraordinaire et surtout le rapide établissement, au milieu du monde civilisé, sont demeurés inconcevables et hors de toute explication possible par les lumières actuelles de l'humanité. — Ce n'est pas sans une grande et très pénible contrainte personnelle que nous abordons cette haute explication historique des vues secrètes de Napoléon, parce que, parmi tant d'intérêts personnels qui ont été froissés par la puissante action de ce réformateur, et parmi tant d'opinions contradictoires qui se sont établies sur cette insaisissable réforme, au sein même de ses propres partisans, nous craignons de choquer beaucoup de sentimens profonds et beaucoup de convictions arrêtées, par le fait même de cette explication, en dévoilant le secret politique de ce grand homme; secret qui cependant ne pouvait être pénétré autrement que par les lumières présentes du messianisme, c'est-à-dire par la décisive découverte des destinées elles-mêmes de l'humanité. Aussi, pour éviter une si pénible contrainte, avions-nous voulu, dans la première disposition méthodique de cet ouvrage, renoncer à donner cette grave explication des plans de réforme conçus par Napoléon; et c'est dans cette vue que, vers la fin du deuxième chapitre de la première partie, avant d'avoir été forcés de changer cette disposition méthodique, nous avons exprimé nos regrets de ce que ces plans de Napoléon, fruit de tant de sang versé, soient perdus à jamais pour la France et pour l'humanité. Tout ce qui pouvait nous consoler dans ces regrets, c'est que, par le développement progressif de la doctrine du messianisme, on serait parvenu immanquablement, sans notre propre assistance, sinon à la découverte de ces plans mêmes de Napoléon, du moins à leur réalisation prochaine, comme étant inévitable dans la nouvelle marche de l'humanité vers ses augustes destinées finales sur la terre. Enfin, forcés aujourd'hui d'aborder nous-mêmes cette tâche pénible, nous nous consolons par l'espérance de ce que, en dévoilant les grandes vues de Napoléon sur la réforme politique des peuples, nous pourrons, sans anticiper sur les vues actuelles de l'autorité existante, laisser entrevoir, par cette application positive du messianisme, la voie sur laquelle seule pourra être opérée la régénération future de la France, régénération qu'il ne nous est plus permis de signaler ici ouvertement. Mais, pour accomplir cette grande tâche, et pour déduire, en faveur de la vérité résultant du secret que nous avons à dévoiler, une conviction entière, tirée de tous les actes et gestes de Napoléon, il faudra un ouvrage assez volumineux pour que l'espace qui nous reste dans cette Métapolitique, ne puisse le contenir complétement. Nous nous bornerons donc ici à donner une INTRODUCTION à cet ouvrage, que nous intitulerons naturellement SECRET POLITIQUE DE NAPOLÉON, et que nous publierons immédiatement après celui-ci, comme un supplément à la métapolitique messianique. Toutefois, nous donnerons à la présente introduction une étendue suffisante pour pouvoir établir, avec certitude, les TRAITS PRINCIPAUX du secret napoléonien qu'il s'agit de découvrir, afin que l'on puisse, dès aujourd'hui, en suivant les traits caractéristiques de cette grande réforme, tracer la vraie marche des peuples civilisés pour les faire arriver à la régénération politique et universelle qu'ils doivent opérer dans la nouvelle période de l'humanité. — Voici cette introduction.

SECRET POLITIQUE DE NAPOLÉON.

Dans sa Philosophie de l'histoire, le célèbre F. Schlegel, en parlant de Napoléon (leçon XVIII), dit que la vraie biographie de cet homme extraordinaire, c'est-à-dire l'intime compréhension et la loi supérieure de ses vues, en quelque sorte la clef théologique de sa vie, paraissent encore dépasser les moyens d'appréciation de notre siècle. Mais, c'est uniquement comme fondateur d'une fausse et illusoire restauration de l'ordre public que cet historien considère ainsi Napoléon et ses mystérieuses maximes, en déclarant que le Ciel ne permet de pareils excès que dans des temps de grands comptes à rendre et de terribles épreuves à subir avant la dernière et décisive lutte de l'humanité. En effet, d'après ce savant professeur d'histoire, qui, dans ses leçons publiques, résumait et cherchait à fonder les opinions politiques de la cour de Vienne, ou plutôt celles des princes de la Sainte-Alliance, Napoléon était un épouvantable fléau de Dieu, qui n'usa de la formidable toute-puissance qui lui avait été confiée, dans quatre fois sept années (*), que pour bouleverser l'ordre moral dans le monde; et cela par suite du principe néga-

---

(*) Par une remarquable combinaison heptamérique, qui semble accuser la source où cet historien allemand puisait ses informations, il dit que sept années furent accordées à Napoléon pour l'accroissement de sa puissance, que quatorze ans le monde fut mis dans ses mains, et que sept années lui furent encore laissées pour la réflexion solitaire, dont il employa la première à porter de nouveau le trouble dans le monde.

tif et unique de ce que l'ESPRIT RELIGIEUX, qui préside aux destinées des peuples, ne s'était pas révélé en lui.

Au contraire, lorsque récemment parut le livre intitulé *Idées napoléoniennes*, dans lequel, avec raison, on faisait valoir, en faveur de ce chef du nouvel empire, sa haute tendance vers le triomphe de la liberté et du PRINCIPE DÉ-MOCRATIQUE, presque tous les journaux de France, on pourrait même dire, presque tous les hommes qui y marquent aujourd'hui, se levèrent simultanément pour repousser cette prétention. On oublia même, dans cette répugnance générale et simultanée, les égards qui, de la part des Français, sont dus à cet homme extraordinaire, du moins pour les victoires et pour leurs trophées dont il illustra et enrichit ce pays. Et cet oubli fut porté jusqu'à l'insulte de l'illustre maison d'Autriche, en comparant, dans ce manque d'égards, l'archiduchesse Marie-Louise à ces esclaves que les héros du paganisme mettaient dans leur lit par le droit du sabre.

Ainsi, d'une part, l'Europe entière dénie à Napoléon le PRINCIPE RELIGIEUX, et le considère, par là même, non seulement comme ennemi de la souveraineté divine dans l'autorité politique, mais de plus comme un propagateur sauvage et sanguinaire de la liberté révolutionnaire de la France, et comme un audacieux suppôt de la hideuse consécration légale de cette liberté par la prétendue souveraineté humaine de l'autorité politique. Et de l'autre part, la France, presque tout entière, dénie à Napoléon le PRINCIPE DÉMOCRATIQUE, et le considère, à son tour, non seulement comme ennemi de la liberté et par conséquent de la souveraineté nationale, mais de plus comme un restaurateur ambitieux et sanguinaire du despotisme, et comme un suppôt hypocrite de l'exécrable sanction religieuse de ce despotisme par la prétendue souveraineté divine de l'autorité politique. — Certes, et nous devons en convenir, les uns et les autres, l'Europe et la France, paraissent ici les juges naturels de cette double accusation.

Il s'ensuit donc, d'après ce double arrêt, en apparence aussi légitime qu'il est contradictoire, que, dans sa dévastation du monde, Napoléon n'aurait été qu'un nouvel Attila, fléchissant, tour à tour, devant toutes les convenances sociales, et n'usant de toutes les supériorités morales, déjà développées dans l'humanité, que pour arriver à son but ambitieux d'une vague et indéterminée domination universelle. En effet, nous ne sommes plus aux temps d'Alexandre-le-Grand, où, durant toute cette période de l'humanité, le sacrifice de la vie, surtout pour le triomphe de la justice, c'est-à-dire pour les intérêts temporels de l'homme physique, était la plus haute grandeur humaine : à l'époque où nous vivons, et où des intérêts supérieurs, nommément l'immortalité, c'est-à-dire les intérêts éternels de l'être raisonnable, se révèlent à l'humanité, les exploits militaires, fussent-ils plus grands que ceux de Napoléon, ne seraient que du brigandage, lorsqu'aucun de ces intérêts majeurs n'en formerait le véritable motif, et surtout lorsque leur motif ostensible serait entièrement opposé à ces nouveaux et grands intérêts des êtres raisonnables. Et alors, les éclatantes victoires que cet homme étonnant a remportées à la tête des armées françaises, ne seraient qu'un sanglant et éternel opprobre pour la France, parce qu'elle aurait participé, avec enthousiasme, à cette destruction barbare de la haute civilisation européenne. Et les nombreux guerriers qui, dans ces vastes périls, ont si bien mérité le noble signe de l'honneur, institué par leur chef, devraient arracher de leur poitrine ce signe glorieux, et cacher leur visage cicatrisé, pour ne pas s'exposer à la honte d'avoir servi de vils instrumens aux projets sauvages de cet ambitieux spoliateur des États. Son nom devrait être effacé de toutes les lois et de toutes les institutions, pour qu'elles ne fussent pas souillées par le souvenir de leur impure origine. Enfin, la famille et tous les adhérens de Napoléon, de cet homme qui se serait ainsi trempé dans des flots de sang versé hors des voies morales, devraient, la tête voilée, s'enfuir loin des regards des hommes pour ne pas insulter, par leur présence, l'humanité si profondément outragée par leur terrible chef.

Or, en vérité, pourquoi tout cela n'arrive-t-il pas réellement? — Parce que, sans pouvoir l'expliquer, tout le monde porte, au fond de l'âme, un vague pressentiment d'une insaisissable grandeur qui, plus encore que la gloire militaire, forme l'auréole de l'empire de Napoléon. — C'est là précisément le profond secret de ce miraculeux empire et des grandes réformes politiques qu'il portait dans son sein. Aussi, comme l'a dit l'historien allemand, dans le susdit passage cité, « l'intime compréhension et la loi supérieure des vues de Napoléon, en quelque sorte la clef de la révélation de sa vie, paraissent encore dépasser les moyens d'appréciation de notre siècle. » — Et pourquoi les lumières de notre siècle ne suffisent-elles pas pour pénétrer dans ce sanctuaire des vues secrètes de Napoléon? — Parce que tout simplement son génie s'est élevé au delà des régions où brillent ces lumières de notre siècle, et parce que les réformes sociales qui ont été conçues par ce génie supérieur, dépassent nécessairement la sphère des combinaisons politiques que l'on peut faire avec les idées connues. On conçoit alors qu'il est impossible pour nos hommes d'état et pour nos historiens, qui restent naturellement dans cette sphère des idées connues, de concevoir rien, et surtout rien de grand, aux hautes vues régénératrices de Napoléon. Ainsi, les uns, qui ne voient de salut que dans la souveraineté de droit humain, prétendent que le but final de ce monarque était de réaliser, dans le monde, l'établissement de la liberté des peuples par le déploiement d'une puissante coercition et d'une irrésistible action physique de l'autorité politique; ce qui est une contradiction, parce que la liberté n'admet le despotisme, ni pour sa conservation, ni même pour son établissement. Au contraire, les autres, qui se révoltent à toute idée religieuse, surtout à celle de la souveraineté de droit divin, prétendent, tour à tour, tantôt, pour blâmer ce grand homme, qu'il a voulu consolider son despotisme par l'assistance hypocrite des prêtres, et tantôt, pour le plaindre, qu'il a compromis la liberté et, avec elle, sa propre puissance, par ce recours rétrograde à l'assistance fanatique de la religion. Aussi, au milieu de ces diverses opinions sur les vues et sur l'empire de Napoléon, il ne peut naturellement s'établir aucune opinion qui soit stable et générale; et par conséquent, il ne saurait réellement se former un véritable parti politique concernant les vues napoléoniennes sur le gouvernement et sur la réforme sociale. L'expérience prouve cette impossibilité. En effet, comme cela est notoire, aucun journal napoléonien n'a pu se soutenir en France par le simple concours du parti ou des partisans de ce grand guerrier-législateur. D'ailleurs, d'après ce que nous avons reconnu plus haut sur la supériorité de son génie, on conçoit même à priori que, puisque les réformes napoléoniennes n'ont pas été réalisées définitivement, *il est impossible de s'en faire une idée exacte, à moins de s'élever aux régions nouvelles où se soutenait ce génie supérieur; et certes, cette élévation ne saurait être générale, parce qu'alors Napoléon ne serait pas un homme extraordinaire.*

Malheureusement, *cette absence d'un véritable parti napoléonien, provenant de l'impossibilité où se trouvent encore les hommes de concevoir, avec leurs lumières actuelles, le génie providentiel de ce puissant réformateur,* porte un préjudice notable, tout à la fois, et à la conservation de la gloire nationale que le grand homme a répandue sur la France, et aux progrès des réformes sociales qui, sans contredit, pourraient être dirigées par l'influence d'un parti propre à rappeler, comme modèle, l'ordre immuable de son merveilleux empire. — Pour ne parler ici que de la gloire nationale qui rejaillit sur la France par les hauts faits de Napoléon, il n'est que trop manifeste que cette gloire décline tous les jours, et que bientôt, si on ne lui découvrait une base éternelle, il n'en serait plus question que dans quelques livres d'histoire; au point que, jugés alors par l'intelligence des historiens de la révolution, ces glorieux faits de Napoléon ne parviendraient à la postérité qu'à côté des faits infamans de Robespierre et des autres personnages de ce genre qui ont figuré dans la révolution française. Quand même on graverait les éclatantes actions de cet illustre et incomparable chef de l'empire français, non seulement sur la colonne de la place Vendôme, mais de plus sur le temple de gloire de la place de la Madeleine, et sur mille autres massifs plus solides encore, le temps renverserait tous ces monumens; et ces actions, si grandes et si profondes dans leur sens secret, si elles n'avaient pas d'autre base, n'iraient point à la postérité la plus reculée. — Et cependant, le cœur de tous les Français tressaille encore au seul nom de Napoléon!

Quel est donc ce grand secret qu'on ne peut découvrir, et qui néanmoins, pour tous ceux qui ont été témoins des hauts faits de Napoléon, a un charme si profond et si puissant? — Nous allons le dévoiler.

La première manifestation publique des sentimens de Napoléon pour la France fut dans l'opposition qu'il témoigna en Corse, lors de l'insurrection de Paoli, en s'écriant à plusieurs reprises : *Nous ne serons donc plus Français?* — Et ces sentimens patriotiques, qu'il conserva toute sa vie, malgré une apparente ingratitude publique, lui servirent de véhicule pour identifier ses vues avec les destinées de la France.

Ainsi, élevé au milieu de l'enthousiasme révolutionnaire pour la liberté, et combattant pour elle, il dut naturellement, avec la haute intensité de sa vie, exalter en lui cet enthousiasme général de la France. Et lorsque le destin l'avait appelé, d'une part, dans le sein de la république, à protéger la liberté en repoussant la contre-révolution, et par lui-même (au 13 vendémiaire), et par sa puissante influence (au 18 fructidor), et de l'autre part, hors de la république, à faire triompher la liberté par ses victoires en Italie, et surtout à la faire reconnaître comme souveraine par le traité de Campo-Formio, Napoléon dut nécessairement, en outre de son premier enthousiasme, développer en lui la conviction immuable que la LIBERTÉ DES PEUPLES était la base et devait être le but de toute son existence politique. Aussi, ne put-il, jusqu'à son dernier soupir, oublier et encore moins récuser ni cette base solide ni ce but élevé de sa vie politique, quelques modifications que dussent recevoir en lui, par de nouvelles circonstances, ces premières impressions et surtout ces premières et inaltérables convictions.

Au milieu de ce développement progressif de ses sentimens et de ses convictions, tout à la fois, et patriotiques et révolutionnaires, rien ne peut mieux caractériser les maximes immuables de Napoléon que ce qu'il a dicté lui-même (dans le *Mémorial de Sainte-Hélène*) sur les réflexions qui le décidèrent au 13 vendémiaire. Voici ses paroles : « Si la Convention succombe, que deviennent les grandes vérités de notre révolution? Nos nombreuses victoires, notre sang si souvent versé ne sont plus que des actions honteuses. L'étranger, que nous avons tant vaincu, triomphe et nous accable de son mépris..... Les hommes que nous avons chassés, reparaissent au milieu d'un entourage insolent, nous reprochent nos crimes, exercent leur vengeance, et nous gouvernent en ilotes par la main de l'étranger. Ainsi, la défaite de la Convention ceindrait le front de l'étranger, et scellerait la honte et l'esclavage de la patrie. » — De même, lors du 18 fructidor, les proclamations de l'armée d'Italie, que Napoléon envoya au Directoire par le général Augereau, en soutenant ainsi ce gouvernement républicain, au lieu de le renverser, comme il aurait pu le faire dès alors, montrent, avec évidence, les sentimens et les convictions de ce vainqueur d'Arcole et de Rivoli, de ce chef d'une armée dévouée et prête à tout entreprendre avec lui. Dans ces proclamations, l'état-major disait : « C'est avec indignation que nous avons vu les intrigues du royalisme menacer la liberté. Nous avons juré, par les mânes des héros morts pour la patrie, guerre implacable à la royauté et aux royalistes. » Et les soldats de l'armée d'Italie ajoutaient : « Tremblez, royalistes, de l'Adige à la Seine il n'y a qu'un pas. Tremblez ! vos iniquités sont comptées, et le prix en est au bout de nos baïonnettes. » Napoléon lui-même, deux mois auparavant (le 22 juillet 1797), en écrivant au Directoire, disait : « Les étrangers ne peuvent plus croire à la stabilité de notre gouvernement, lorsqu'ils savent que tous les émigrés, que tous les prêtres rentrent, et lorsqu'ils voient, dans l'esprit qui anime les hommes influens dans les conseils, l'envie de perdre le gouvernement et la RÉPUBLIQUE. » — Enfin, rien ne peut mieux faire connaître ses intentions d'alors, son patriotisme, et son dévouement républicain, que les paroles par lesquelles, entre autres motifs du traité de Campo-Formio, adressés au Directoire, il allègue celui-ci : « Il ne me reste plus qu'à rentrer dans la foule, reprendre le soc de Cincinnatus, et donner l'exemple du respect pour les magistrats et de l'aversion pour le RÉGIME MILITAIRE qui a détruit tant de républiques et perdu plusieurs États. »

Cette dernière insinuation, par laquelle le héros d'Italie voulait vaincre la répugnance du Directoire pour le traité de Campo-Formio, fut probablement, dans les vues confuses et ombrageuses de ce gouvernement républicain, un des motifs de l'expédition d'Égypte, qui, à côté d'autres avantages possibles, dut avoir celui d'éloigner de la France Napoléon et ses braves. Mais, l'Égypte ne fut réellement qu'un glorieux épisode dans la vie de Napoléon, où il ressentit néanmoins, et plus d'une fois, sa haute mission providentielle, celle d'accomplir ou du moins d'indiquer les véritables destinées, présentes et même futures, de son illustre patrie, de la France. Nous y reviendrons. — Ce fut le 18 brumaire, cette journée mystérieuse où il avait été appelé précisément par les hommes qui l'ont perdu ensuite, lorsqu'il ne voulut plus suivre leurs suggestions, ce fut, disons-nous, cette journée décisive qui devint pour Napoléon la TRANSITION à un nouvel ordre d'idées.

Jusqu'à cette époque, dans ses commandemens des armées, où tout fléchissait sous la rigueur de la discipline militaire, il n'avait pas eu l'occasion de méditer mûrement sur l'autorité politique. Depuis le 18 brumaire, surtout depuis le consulat à vie, Napoléon comprit que l'AUTORITÉ POLITIQUE était une condition d'ordre social tout-à-fait différente de tout ce qu'il avait connu jusqu'à ce temps, et même une condition entièrement inconnue, dont il fallait découvrir le principe. Et cependant, aucun des régimes antérieurs, de ceux de la république, n'était propre à lui apprendre rien qui pût le conduire à la solution de ce difficile problème. Au contraire, le DÉSORDRE, qui fut le caractère dominant et distinctif de tous ces régimes républicains, ne put que lui faire reconnaître que, sur cette voie, l'urgent problème qu'il conçut alors, était absolument insoluble. — Comme chef d'armée, il avait acquis la conscience que l'ordre n'est possible que par l'exercice d'une autorité absolue ;

et certes, ce n'était pas là l'autorité que, sous les conditions de la souveraineté nationale et de la liberté transformée ainsi en licence, il pouvait maintenant exercer en France comme chef de l'État. Il comprit sans doute, quoique vaguement, que, parmi les trois élémens qui entrent dans la constitution de toute autorité humaine, savoir, les LOIS, la LIBERTÉ, et la COERCITION, tels que nous les avons signalés dans notre tableau des associations humaines, le premier et le dernier, les lois et la coercition, concourent seuls à la formation de la discipline ou de l'autorité militaire, et que c'est par l'adjonction du deuxième de ces élémens, c'est-à-dire de la liberté, que se distingue essentiellement, de cette exceptionnelle autorité militaire, la vraie autorité politique, constituée ainsi par le concours systématique de tous les trois élémens de l'autorité humaine Et il put alors comprendre, sans difficulté, comment, par l'introduction de ce deuxième élément, qui, en lui-même, tend à la licence et par conséquent à l'anarchie, il était impossible que l'autorité politique, résultant ainsi de la réunion systématique de tous ces trois élémens, fût comparable en force à l'autorité absolue qui, dans la discipline militaire, exclut cet élément anarchique, la liberté, et n'admet que les deux élémens d'ordre, les lois et la coercition. Il ne restait donc qu'à savoir si, par une PONDÉRATION convenable de ces trois élémens, l'autorité politique ne pouvait acquérir la force qui lui manquait pour être, dans son genre, comparable à l'autorité militaire; et certes, avec sa haute sagacité, Napoléon a dû s'apercevoir que c'est précisément cette problématique pondération qui a été la grande œuvre de tous les précédens régimes révolutionnaires, et surtout l'objet de leurs essais sanguinaires. Et il dut ainsi reconnaître que l'anarchie de ces régimes, du Directoire, de la Convention, et des deux Assemblées qui les ont précédés, ne provenait de rien autre que du seul fait de leur ignorance sur l'autorité politique, lorsqu'ils supposaient que, par la seule pondération des trois élémens insuffisans pour l'ordre, il fût possible de déduire l'existence de l'ordre. Car, comme nous venons de le remarquer, Napoléon, en sa qualité de chef d'armée, savait très bien qu'une autorité absolue, et par conséquent un ordre véritable et permanent, ne sont possibles que par le seul concours des deux élémens homogènes, des lois et de la coercition, et que l'adjonction de l'élément hétérogène, de la liberté, devait nécessairement atténuer la force de l'autorité au point de la rendre impraticable, quelles que fussent la combinaison et la pondération de ces élémens. Il comprit alors que, pour donner à l'autorité politique toute la force dont elle a besoin pour pouvoir réaliser l'ordre dans l'État, il fallait, en outre du DÉVOUEMENT ou du PATRIOTISME, qui d'ailleurs n'est pas un élément ordinaire, c'est-à-dire disponible constamment, et dont on avait même abusé déjà par l'enthousiasme révolutionnaire, il fallait, ce disait-il, de deux choses l'une, ou adjoindre encore un nouvel élément d'autorité, ou bien donner à l'un ou à tous les deux élémens homogènes, aux lois et à la coercition, une supériorité de force propre à rétablir l'équilibre dérangé par l'introduction indispensable, dans l'autorité politique, de l'élément hétérogène, de la liberté. Or, d'une part, il est impossible de découvrir aucun élément d'autorité humaine autre que ceux que nous venons de signaler; et de l'autre part, parmi les deux élémens homogènes, les lois et la coercition, l'amplification ou le rehaussement quelconque de la force du dernier serait une véritable répression ou destruction de la liberté, ce qui est également impossible. Il ne restait donc à faire, pour balancer l'influence anarchique de la liberté, rien autre qu'à donner aux lois une force supérieure à celle qu'elles avaient dans les nouveaux régimes républicains de la France, où elles n'étaient, jusqu'alors, rien autre qu'un simple OUVRAGE DES HOMMES. Et à ce terme des réflexions auxquelles Napoléon fut ainsi poussé par l'urgence de sa position, on conçoit que sa haute intelligence et sa piété incontestable, jointes à l'exemple que lui offrait la stabilité des États chrétiens, durent lui faire reconnaître que la qualité qui manquait aux lois de la république, était la QUALITÉ DIVINE, en tant que les lois politiques doivent être des LOIS MORALES, dont la création appartient à Dieu. Et par une conséquence immédiate, ce grand homme comprit facilement que, dans cet ordre de choses, qui est absolu, et par lequel seul peut s'établir l'ordre social, l'autorité politique, qui est ainsi destinée à réaliser sur la terre les lois morales, n'est rien moins que la REPRÉSENTATION DE LEUR CRÉATION DIVINE. Il reconnut alors qu'avec une telle autorité, qui surpassait même en force l'autorité militaire, il pouvait réaliser l'ordre social, en dépit de l'action ou du moins de la tendance anarchique de la LIBERTÉ, qui était un des élémens essentiels de la société, et surtout celui de ces élémens duquel dépendait actuellement la régénération des peuples. Ainsi, dans cette position nécessaire et inévitable, où l'on ne pouvait ni écarter ni restreindre en rien la liberté, qui d'ailleurs, comme nous l'avons reconnu plus haut, était la base de toute l'existence politique de Napoléon, ce grand capitaine, en devenant tout-à-coup, par cette solution du problème de l'autorité politique, grand homme d'état et potentat religieux, comprit que la stabilité et même la simple existence de l'ordre social ne sont possibles par aucun autre moyen que par l'influence ou plutôt par l'introduction formelle du CARACTÈRE DIVIN dans l'autorité politique, non seulement comme une de ses conditions accessoires, mais comme la CONDITION ESSENTIELLE et FONDAMENTALE de cette autorité. Et ce fut alors qu'en distinguant ainsi, dans l'autorité politique, la souveraineté nationale ou de droit humain, qui est la garantie de la liberté des peuples, et la souveraineté morale ou de droit divin, qui est la garantie de l'ordre social, Napoléon résolut d'instituer en France cette haute autorité politique, par laquelle seul cet illustre État, sa patrie, pouvait tout à la fois, et accomplir sa propre et si glorieuse régénération politique, et servir d'exemple au monde civilisé pour une pareille régénération de toute l'humanité, en méritant par là, aux yeux de la postérité, le nom de GRANDE NATION qu'il avait donné aux Français. — Tels furent les sentimens nobles et les vues éclairées qui, jointes à l'exemple de la stabilité de l'ordre social dans la forme monarchique des grands États existans, portèrent Napoléon, non par une vaine ambition personnelle, mais par une auguste ambition nationale, à se constituer EMPEREUR DES FRANÇAIS, avec le consentement exprès de la nation, manifesté par plus de trois millions de votans ostensibles. Et pour déclarer en même temps la double et haute attribution qu'il attachait à cette nouvelle autorité politique, il joignit à son titre impérial la formule notariale : PAR LA GRACE DE DIEU ET PAR LES CONSTITUTIONS DE L'EMPIRE ; formule qui indiquait, d'une manière juridique, la double origine, divine et humaine, de laquelle il faisait dériver son autorité souveraine, comme représentant la création divine des lois morales destinées à la direction de l'humanité.

Cette déduction historique, et en quelque sorte biographique, des idées et des faits caractéristiques de Napoléon s'établit évidemment par elle-même, et se trouve d'ailleurs constatée par la parfaite conformité de ses résultats avec les vérités messianiques qui, dans l'ouvrage présent, sont dévoilées sur la constitution absolue de l'autorité politique. — A côté de la profonde intelligence de Napoléon, et des circonstances du commandement des armées, dans lesquelles il avait été placé, rien ne peut mieux que son incontestable piété garantir la vérité de cette déduction progressive de ses idées politiques. Nous nous bornerons à en alléguer ici quelques preuves. — Lors des négociations pour le concordat, Napoléon, encore premier consul, en se promenant un soir dans le parc de la Malmaison avec un conseiller-d'état, lui disait : « J'étais ici dimanche dernier, me promenant dans cette solitude, dans ce silence de la nature. Le son de la cloche de Ruel vint tout-à-coup frapper mon oreille. Je fus ému ; tant est forte la puissance des premières habitudes et de l'éducation ! Je me dis alors : Quelle impression cela ne doit-il pas faire sur les hommes simples et crédules ! Que vos philosophes, que vos idéologues répondent à cela ! Il faut une religion au peuple. » — Dans un discours adressé aux curés de la ville de Milan (le 5 juin 1800), Napoléon disait : « Nulle société ne peut exister sans morale ; et il n'y a pas de bonne morale sans religion : il n'y a donc que la religion qui donne à l'État un appui ferme et durable. Une société sans religion est comme un vaisseau sans boussole : un vaisseau dans cet état ne peut ni s'assurer de sa route ni espérer d'entrer au port ; une société sans religion, toujours agitée, perpétuellement ébranlée par le choc des passions les plus violentes, éprouve en elle-même toutes les fureurs d'une guerre intestine qui la précipite dans un abîme de maux, et qui, tôt ou tard, entraîne infailliblement sa ruine. ». — Enfin, poussé par le besoin universel de la conviction religieuse, qui a donné naissance au protestantisme, et qui aujourd'hui, plus que jamais, se révèle à l'homme, comme être raisonnable, avec toute la force qu'il trouve actuellement dans la conscience de la spontanéité créatrice de sa raison, Napoléon, dont le génie devançait les progrès de l'humanité, dut nécessairement, et plus que tout le monde, chercher à remplacer, par une conviction rationnelle, la simple foi religieuse, dont l'insuffisance actuelle est reconnue et avouée dans le monde civilisé. Néanmoins, dans son impuissance philosophique d'arriver à cette conviction rationnelle, ce grand homme ne put visiblement se détacher tout-à-fait de la foi religieuse, de cette première base sentimentale sur laquelle repose, pour l'homme, l'auguste problème de l'existence de Dieu. Voici, à cet égard, ses propres paroles : « J'ai eu besoin de croire, j'ai cru ; mais ma croyance s'est trouvée heurtée, incertaine, dès que j'ai su, dès que j'ai raisonné ; et cela m'est arrivé d'aussi bonne heure qu'à treize ans. Peut-être croirai-je de nouveau aveuglément, Dieu le veuille ! Je n'y résiste assurément pas, je ne demande pas mieux; je conçois que ce doit être un grand et vrai bonheur. — Toutefois, dans les grandes tempêtes, dans les suggestions accidentelles de l'immoralité même, l'absence de cette foi religieuse, je l'affirme, ne m'a jamais influencé en aucune manière, et je n'ai jamais douté de Dieu ; car, si ma raison n'eût pas suffi pour le comprendre, mon intérieur ne l'adoptait pas moins. Mes nerfs étaient en sympathie avec ce sentiment. » (*Mémorial de Sainte-Hélène.*)

Ainsi, par cette influence successive de la liberté et de la religion, c'est-à-dire par ce double concours des circonstances politiques de la vie de Napoléon, cet homme du destin fut amené, tour à tour, à développer en lui, d'abord, avant le 18 brumaire, non seulement un profond sentiment de la LIBERTÉ, mais de plus une conviction irréfragable de la dignité humaine dans le PRINCIPE DÉMOCRATIQUE, comme base, tout à la fois, et de la liberté des peuples, et de sa propre existence politique, ensuite, depuis le 18 brumaire, non seulement la conscience du besoin universel de la MORALE, mais de plus la conviction également irréfragable de la nécessité légale du PRINCIPE RELIGIEUX, comme base, tout à la fois, et de l'ordre social, par la transformation des lois politiques en lois morales, et de l'autorité souveraine, par sa représentation terrestre de la création divine des lois morales. Et ce fut sur cette voie du destin que Napoléon, en répondant en tout à cet appel céleste et à cette mission providentielle, institua, pour la régénération de la France, comme aurore et comme modèle de la régénération de l'humanité, son miraculeux EMPIRE FRANÇAIS, destiné, dès son origine, au triomphe définitif de ces deux grands principes sociaux, du principe religieux et du principe démocratique, ainsi qu'il le déclara immédiatement, dans la détermination juridique de la double origine de son autorité souveraine, par la susdite formule notariale : *Empereur des Français, par la grâce de Dieu et par les constitutions de l'Empire.* — Donc, en vérité, dans ce moderne empire, furent introduites, pour la première fois, avec une parfaite et distincte égalité juridique, d'une part, la souveraineté de droit humain, comme garantie de la liberté des peuples, et comme principe politique du parti social de la cognition ou de cette souveraineté nationale, c'est-à-dire comme principe démocratique de ce parti cognitif, et de l'autre part, la souveraineté de droit divin, comme garantie de l'autorité du gouvernement, et comme principe politique du parti social du sentiment ou de cette souveraineté morale, c'est-à-dire comme principe religieux de ce parti sentimental. Et par une telle anticipation sur l'urgent avenir de l'humanité, le génie de Napoléon, en instituant ainsi légalement cette DISTINCTE ÉGALITÉ DES DROITS des deux partis politiques qui se partagent aujourd'hui le monde civilisé, ouvrit positivement et salutairement, comme réformateur politique, la *cinquième et nouvelle période de l'humanité, dans laquelle, comme nous* l'avons reconnu plus haut, et dans la philosophie de l'histoire et dans le premier chapitre de la deuxième partie de l'ouvrage présent, l'une des conditions sociales de l'organisation politique des États, par leur transformation des gouvernemens constitutionnels en gouvernemens antinomiens, consiste précisément dans cette distincte égalité des droits des deux partis sociaux, de la cognition et du sentiment, ou du droit humain et du droit divin. — Tel est donc, dans ses ÉLÉMENS FONDAMENTAUX, le secret politique de Napoléon, qui est demeuré inconnu jusqu'à ce jour, et que nous nous sommes proposé de dévoiler au monde. — Avant d'en découvrir ici la suite et le complément décisif, dans la RÉUNION SYSTÉMATIQUE de ces élémens, confirmons, par des faits précis et positifs, l'existence de ces deux élémens fondamentaux, sur lesquels, dans ce profond secret de Napoléon, repose ainsi sa grande réforme politique.

Pour ce qui concerne, d'une part, la LIBERTÉ DES PEUPLES, qui est garantie par la souveraineté de droit humain, et qui, comme principe démocratique, fait l'objet du parti social de la cognition ou de cette souveraineté nationale, rien ne peut mieux constater ce premier élément du secret politique de Napoléon que les paroles qu'il a prononcées, dans une des conversations à Sainte-Hélène, en parlant de la contre-révolution en France. Voici ces paroles décisives : « La contre-révolution, même en la laissant aller, doit inévitablement se noyer d'elle-même dans la révolution. Il suffit maintenant de l'atmosphère des jeunes idées pour étouffer les vieux féodalistes; car rien ne saurait désormais détruire ou effacer les grands principes de notre révolution. Ces grandes et belles vérités doivent demeurer à jamais, tant nous les avons entrelacées de lustre, de monumens, de prodiges; nous en avons noyé les premières souillures dans des flots de gloire; elles sont désormais immortelles! Sorties de la tribune française, cimentées du sang des batailles, décorées des lauriers de la victoire, saluées des acclamations des peuples, sanctionnées par les traités, les alliances des souverains, devenues familières aux oreilles comme à la bouche des rois, elles ne sauraient plus rétrograder!!! Elles vivent dans la Grande-Bretagne, elles éclairent l'Amérique, elles sont NATIONALISÉES en France : voilà le trépied d'où jaillira la lumière du monde! Elles le régiront, elles seront la foi, la religion, la morale de tous les peuples : et cette ère mémorable se rattachera, quoi qu'on ait voulu dire, à ma personne, parce qu'après tout, j'en ait fait briller le flambeau, consacré les principes, et qu'aujourd'hui la persécution achève de m'en rendre le MESSIE. Amis et ennemis, tous m'en diront le premier soldat, le grand représentant. Aussi, même quand je ne serai plus, je demeurerai encore, pour les peuples, l'étoile de leurs droits, de leurs efforts, de leurs espérances, et mon nom sera leur devise et leur cri de guerre. » — Si l'on pouvait douter de la sincérité de ces paroles, les faits, et des faits immenses seraient là pour les constater. Ainsi, dans l'intérieur de la France, trois fois la contre-révolution a cherché à renverser la révolution et, avec elle, la liberté des peuples; et à chaque fois, le 13 vendémiaire, le 18 fructidor, et le 18 brumaire (*), Napoléon a sauvé la révolution et la liberté des peuples. Et hors de la France, ses victoires seules, et rien autre, ont fait respecter, sinon la révolution, du moins le saint objet de cette révolution, la libération des peuples; au point que, lors même de la chute fatale de ce messie de la liberté, par le seul respect universel qu'il avait inspiré, un simulacre de cette liberté des peuples fut imposé aux Bourbons, par les armées étrangères, comme condition de la nouvelle royauté.

Pour ce qui concerne, de l'autre part, l'AUTORITÉ DU GOUVERNEMENT, qui est garantie par la souveraineté de droit divin, et qui, comme principe religieux, fait l'objet du parti du sentiment ou de cette souveraineté morale, rien ne peut, à son tour, constater mieux ce deuxième élément du secret politique de Napoléon que la note qu'il fit insérer dans le *Moniteur* du 14 décembre 1808. La voici : « Plusieurs de nos journaux ont imprimé que S. M. l'impératrice, dans sa réponse à la députation du corps législatif, avait dit qu'elle était bien aise de voir que le premier sentiment de l'empereur avait été pour le corps législatif qui représente la nation. — S. M. l'impératrice n'a point dit cela : elle connaît trop bien nos constitutions; elle sait trop bien que le premier représentant de la nation, c'est l'empereur; car, TOUT POUVOIR VIENT DE DIEU ET DE LA NATION. » — Personne ne peut douter que cette note ne soit de l'empereur lui-même; car, à cette époque, qui aurait osé parler ainsi, dans le *Moniteur*, du droit public de la France, sans le consentement exprès de ce monarque, et surtout qui aurait osé donner ainsi à l'impératrice une leçon publique de ce droit constitutionnel ? — Au reste, le fait immense du cou-

---

(*) On a su depuis qu'à cette époque, le directeur Barras traitait, au prix de quelques millions, pour rétablir Louis XVIII.

ronnement de Napoléon par le Pape atteste incontestablement ce deuxième élément de son secret politique, c'est-à-dire l'ORIGINE DIVINE qu'il attachait à son autorité souveraine; car, depuis le milieu du cinquième siècle, où elle fut instituée, cette solennité est reconnue universellement comme étant l'expression formelle de l'aveu public que fait ainsi le chef de l'État de recevoir de Dieu son autorité souveraine. D'ailleurs, c'est aussi le sens que l'empereur lui-même y attachait expressément. En effet, parmi les opinions de Napoléon, publiées par Pelet de la Lozère, on lit celle qu'il manifesta à l'égard du lieu le plus favorable pour son couronnement, et qui fixe clairement le sens qu'il y attachait. Voici ses paroles : « On a songé au Champ-de-Mars, par réminiscence de la fédération, mais les temps sont bien changés : le peuple alors était souverain, tout devait se faire devant lui ; gardons-nous de lui donner à penser qu'il en est toujours ainsi... On a parlé de célébrer la cérémonie dans l'église des Invalides, à cause des souvenirs guerriers qui s'y rattachent; mais, celle de Notre-Dame vaudra mieux; elle est plus vaste, elle a aussi ses souvenirs qui parlent davantage à l'imagination ; elle donnera à la solennité un CARACTÈRE PLUS AUGUSTE. » — Bien plus, cette solennité du sacre impérial, par la modification que Napoléon y a introduite, en recevant la couronne, dans le sanctuaire de Dieu, de l'autorité religieuse du Pape, qui venait de la consacrer, et en se la posant néanmoins lui-même sur la tête, est l'expression manifeste des deux élémens du grand secret que nous dévoilons, c'est-à-dire l'expression corporelle de l'ORIGINE DIVINE et de l'APPLICATION HUMAINE de son autorité souveraine. En effet, dans la note du *Moniteur* que nous venons de citer, Napoléon se déclare premier REPRÉSENTANT DE LA NATION, et c'est à ce titre que, pour constater en lui la souveraineté nationale ou de droit humain, il se couronna lui-même; mais, conformément à ses réflexions susdites, qui l'ont amené à reconnaître l'essence de l'autorité politique, il devait se considérer en même temps comme REPRÉSENTANT DE LA CRÉATION DIVINE DES LOIS MORALES, et c'est à ce deuxième titre que, pour constater en lui la souveraineté morale ou de droit divin, il reçut la couronne, consacrée par le Pape, de l'autel même et en présence de Dieu.

Tels sont donc, nous le répétons, les deux élémens fondamentaux, l'origine divine et l'application humaine de la souveraineté dans l'ordre social, nommément la souveraineté morale ou de droit divin et la souveraineté nationale ou de droit humain, qui, en entrant, avec une égale prépondérance, dans la constitution systématique de l'autorité politique, forment les DEUX ÉLÉMENS FONDAMENTAUX, le principe religieux et le principe démocratique, dans la mystérieuse autorité impériale de Napoléon, c'est-à-dire dans le secret de sa réformation politique de la France; secret que le monde a méconnu jusqu'à ce jour, et dont la non-révélation publique a été la cause de toutes ces opinions insuffisantes, inexactes, et même contradictoires que l'on a manifestées sur ce puissant *réformateur*. — Mais, il nous reste à dévoiler le complément de ce grand secret qui, jusque là, par ce *simple* concours de deux élémens hétérogènes dans l'autorité politique, n'est encore, comme nous l'avons annoncé plus haut, que l'origine ou la base de ce système providentiel de régénération de l'humanité. Il nous reste, en effet, à découvrir la RÉUNION SYSTÉMATIQUE de ces deux élémens fondamentaux, pour pouvoir reconnaître la *constitution* elle-même de cette nouvelle autorité politique par laquelle Napoléon, dans ses hautes prévisions de nos destinées, s'était ainsi proposé de réformer le monde moral. Et l'on conçoit facilement que c'est là, tout à la fois, et la partie principale, et le nœud décisif de ce profond et providentiel secret napoléonien. — Nous allons en tracer les traits caractéristiques.

Lors de la formation des gouvernemens constitutionnels, dans la quatrième période de l'humanité, qui a été terminée par la révolution française, la souveraineté nationale ou de droit humain fut, à la vérité, aperçue et introduite dans l'autorité politique des États protestans, par suite de l'éveil de la spontanéité spéculative dans la raison de l'homme, ainsi que nous l'avons reconnu, en détail et avec certitude, dans toute l'étendue de l'ouvrage présent. Bien plus, c'est précisément par cette introduction de la souveraineté de droit humain dans l'autorité politique que se sont formés, dans cette dernière période historique, les *gouvernemens constitutionnels*, qui, d'après ce que nous avons reconnu *également*, consistent dans la combinaison de cette nouvelle souveraineté nationale ou de droit humain avec l'ancienne souveraineté morale ou de droit divin. Aussi, les deux partis sociaux, les torics et les whigs, l'aristocratie et la démocratie, qui revendiquaient respectivement les prérogatives de ces deux souverainetés, en se fondant, le premier, sur une croyance sentimentale, et le second, sur une conviction cognitive, se sont-ils établis légalement dès alors, avec une parfaite égalité de leurs droits politiques. Mais, dans leurs tendances respectives, quelque opposées qu'en fussent les directions, ces deux partis sociaux ne prétendaient pas encore à leur exclusion réciproque dans l'autorité politique, et encore moins à leur anéantissement réciproque dans l'ordre social. Et par conséquent, leur RÉUNION SYSTÉMATIQUE dans la constitution de l'autorité politique ne pouvait être fondée que sur une problématique conciliation légale de ces deux partis sociaux. — De cette manière, l'ÉGALITÉ DES DROITS et la CONCILIATION LÉGALE de ces deux partis politiques, du sentiment et de la cognition, ou du droit divin et du droit humain, furent les deux caractères distinctifs des gouvernemens constitutionnels dans la quatrième période de l'humanité, comme nous l'avons déjà reconnu positivement dans cet ouvrage. — Mais, depuis la révolution française, lorsque les deux partis politiques qui revendiquaient ainsi les prérogatives respectives de la souveraineté morale ou divine et de la souveraineté nationale ou humaine, s'étaient développés suffisamment, dans leurs tendances opposées, pour pouvoir reconnaître, avec clarté, l'ANTINOMIE SOCIALE qui est impliquée dans la raison temporelle de l'homme, et qui est le principe fatal de leur ANTAGONISME SOCIAL, lorsque, disons-nous, dans cette nouvelle période de l'humanité, les deux partis politiques, par suite de leur développement, conçurent ainsi, l'un et l'autre, l'idée extrême de leur exclusion réciproque dans l'autorité politique, et même l'idée destructive de leur anéantissement réciproque dans l'ordre social, comme cela est arrivé effectivement depuis la révolution française, leur conciliation légale, qui, dans la période précédente, avait été un des caractères distinctifs des gouvernemens constitutionnels, n'était plus possible, ni logiquement ni même moralement. Et cette fatale impossibilité, qui est le mystérieux aliment de l'esprit révolutionnaire de notre époque, subsiste notoirement et malheureusement jusqu'à ce jour. Ce n'est donc que dans un avenir, plus ou moins éloigné, que les deux partis politiques, en reconnaissant en outre, dans la susdite antinomie sociale de la raison humaine, leur origine rationnelle et par conséquent leur égale validité morale, pourront comprendre qu'ils sont, tout à la fois, et égaux en droits dans l'ordre social, et néanmoins indestructibles dans leurs tendances réciproques et diamétralement opposées. Et alors, dans les gouvernemens qui, avec ces progrès des peuples vers nos destinées finales, devront s'établir dans cette nouvelle période historique, et qui formeront ainsi des *gouvernemens antinomiens*, les deux caractères distinctifs de leur nouvelle organisation seront, en définitive, l'ÉGALITÉ DES DROITS et l'INCONCILIABILITÉ LÉGALE des deux partis politiques qui se seront ainsi développés dans le monde civilisé, comme nous l'avons de même reconnu déjà dans cet ouvrage. Mais alors aussi, leur RÉUNION SYSTÉMATIQUE dans la constitution de l'autorité politique ne pourra être fondée que sur cette inconciliabilité légale des deux partis dont il s'agit. Et une telle réunion systématique de deux élémens hétérogènes et inconciliables, c'est-à-dire de la souveraineté morale ou de droit divin et de la souveraineté nationale ou de droit humain, ne pourra évidemment être réalisée que par un jeu libre de chacun de ces élémens dans une COMMUNE raison humaine, avec laquelle ils se seront IDENTIFIÉS; tout-à-fait de la même manière que le sont le MOI ACTIF ou cognitif et le MOI PASSIF ou sentimental dans le MOI ABSOLU de l'homme.

Or, c'est cet avenir des peuples que Napoléon, avec son génie providentiel, a prévu et a cherché à réaliser dans sa réformation politique de la France, comme introduction à la réforme pareille du monde civilisé. — En effet, la souveraineté nationale ou humaine et la souveraineté morale ou divine, et par là même leurs respectifs partis sociaux, furent saisis, par ce réformateur, dans leur absolue indépendance politique, et furent ainsi introduits dans son nouvel empire, tout à la fois, et avec une parfaite égalité de droits, et avec une complète inconciliabilité légale, comme le prouve notre précédente déduction historique de l'un et de l'autre de ces deux élémens fondamentaux qui entrent dans le secret politique de cet inexplicable empire, c'est-à-dire notre précédente déduction biographique du développement successif du principe démocratique et du principe religieux dans les sentimens et dans les convictions de cet homme extraordinaire. Bien plus, la RÉUNION SYSTÉMATIQUE de ces deux élémens hétérogènes, dans la constitution de son autorité politique, fut opérée précisément par leur identification réciproque dans la raison commune de sa propre personnification souveraine, c'est-à-dire précisément de la seule manière que, d'après ce que nous venons de reconnaître, cette réunion systématique pourra être opérée dans la formation des gouvernemens antinomiens qui seront établis dans la nouvelle période de l'humanité. Et ce qui est très remarquable, c'est que cette identification réciproque, dans sa personnalité souveraine, des deux souverainetés hétérogènes, morale et nationale, ou divine et humaine, dont la lutte ou l'antagonisme social venait de s'établir dans le monde civilisé, fut opérée dans l'esprit de Napoléon, non par la force des choses ou par un vague entraînement des circonstances politiques dans lesquelles il s'était trouvé, mais par une conscience claire de cette identification personnelle, comme le prouve la suite de la note insérée dans le *Moniteur* du 14 décembre 1808, que nous avons déjà citée plus haut, et dans laquelle ce monarque, en se déclarant formellement le premier et unique représentant de la nation, identifie ainsi, dans sa personne, la souveraineté nationale ou de droit humain, qui lui venait de cette exclusive représentation nationale, avec la souveraineté morale ou de droit divin, qui lui venait immédiatement, comme empereur, de son autorité politique, considérée comme représentation de la création divine des lois morales. Voici cette suite de la note du *Moniteur* : « S'il y avait, dans nos constitutions, un corps représentant la nation, ce corps serait souverain, les autres corps ne seraient rien, et ses volontés seraient tout. — La Convention, même l'Assemblée législative, ont été représentans. Telles étaient nos constitutions alors. Aussi, le président disputa-t-il le fauteuil au roi, se fondant sur le principe que le président de l'assemblée de la nation était avant les autorités de la nation. Nos malheurs sont venus en partie de cette exagération d'idées. Ce serait une prétention chimérique et même criminelle, que de vouloir représenter la nation avant l'empereur.... Tout rentrerait dans le désordre, si d'autres idées constitutionnelles venaient pervertir les idées de nos constitutions monarchiques. »

C'est donc cette IDENTIFICATION de la souveraineté nationale ou de droit humain avec la souveraineté morale ou de droit divin, dans la PERSONNIFICATION SOUVERAINE de l'empereur, qui constitue positivement la RÉUNION SYSTÉMATIQUE des deux élémens hétérogènes que, dans la première partie du secret politique de ce réformateur, nous avons reconnus comme étant les deux élémens fondamentaux de l'autorité politique instituée par Napoléon. Et par *conséquent*, c'est l'UNITÉ RATIONNELLE dans cette DOUBLE PERSONNIFICATION SOUVERAINE, divine et humaine, morale et nationale, qui, comme une nécessaire création ternaire de tout système de réalité, constitue manifestement la deuxième partie ou le complément de ce grand secret napoléonien que nous dévoilons.

Nous venons ainsi de déchirer complétement le voile qui, jusqu'à ce jour, a couvert les principes de l'insaisissable autorité politique de Napoléon, de cette autorité inconcevable qui, présidant aux destinées du nouvel empire de ce réformateur moderne, fut propre à lui faire entreprendre et à lui faire exécuter de si rapides et de si vastes modifications sociales. — En résumant ici la présente détermination de cette merveilleuse autorité impériale, nous trouverons facilement que, d'après le haut ordre d'idées politiques, qui constitue le grand secret napoléonien que nous venons de dévoiler, les deux souverainetés, de droit divin et de droit humain, morale et nationale, sont absolument INSÉPARABLES dans la personnification de l'autorité politique, parce que, en vue des destinées finales de l'humanité, telles que nous les avons fixées dans cet ouvrage, l'une et l'autre de ces souverainetés, en les considérant dans la solution finale de l'antinomie sociale, constituent IDENTIQUEMENT une et même autorité. — Il ne nous reste ainsi qu'à déduire, de ces principes secrets de l'autorité de Napoléon, les grands phénomènes politiques de son miraculeux empire et des vastes réformations politiques que ce fécond empire portait dans son sein. Nous allons le faire, autant que nous le permettront les limites que l'espace nous prescrit dans cette introduction.

Avant tout, observons que, par cette constitution de l'autorité politique, l'empire français formait déjà un véritable GOUVERNEMENT ANTINOMIEN, tel que le seront ceux qui, d'après ce que nous avons reconnu plus haut, doivent se former dans la nouvelle période de l'humanité. Car, les deux caractères distinctifs de ces nouveaux gouvernemens sont l'ÉGALITÉ DES DROITS des deux partis politiques, de la souveraineté divine ou morale et de la souveraineté humaine ou nationale, et l'INCONCILIABILITÉ LÉGALE de ces deux partis sociaux, du sentiment et de la cognition ; et tels étaient réellement, d'après la susdite constitution de l'autorité politique, les deux caractères distinctifs de l'empire de Napoléon, comme nous venons de le démontrer. — Or, dans l'action de cet empire antinomien, en nous fondant sur tout ce que nous avons déjà reconnu dans l'ouvrage présent, il est manifeste que la souveraineté morale ou de droit divin s'exerce principalement sur l'État lui-même, c'est-à-dire sur les citoyens ou sur les membres qui le composent, et cela en vue de produire l'ordre intérieur dans cette association juridique des hommes ; et au contraire, il est également manifeste que la souveraineté nationale ou de droit humain s'exerce principalement sur les autres États, c'est-à-dire sur les nations qui les composent, et cela en vue de produire l'ordre extérieur dans cette association politique des peuples. Toutefois, les *conditions morales de ces exercices respectifs des deux souverainetés hétérogènes consistent manifestement dans leurs limitations réciproques.* Ainsi, la souveraineté morale ou divine ne peut s'exercer, en vue de l'ordre *intérieur* de l'État, que dans les limites qui lui sont prescrites par la souveraineté nationale ou humaine, c'est-à-dire par le droit public de cet État ; et la souveraineté nationale ou humaine ne peut, à son *tour*, s'exercer, en vue de l'ordre extérieur des États, que dans les limites qui lui sont prescrites par la souveraineté morale ou divine, c'est-à-dire par le droit des gens. Seulement dans *deux cas exceptionnels*, dans celui d'un désordre révolutionnaire à l'intérieur, et dans celui d'une guerre de principes à l'extérieur, ces conditions morales des exercices respectifs de la souveraineté divine, dans l'intérieur, et de la souveraineté humaine, dans l'extérieur, peuvent être suspendus, plus ou moins, par la seule volonté du chef de l'État, en vertu de sa faculté auguste de toute initiative morale, de cette faculté suprême que nous avons expressément reconnue et déduite plus haut. — Et tel fut effectivement, dans le nouvel empire français, le double exercice de l'autorité politique de Napoléon, nommément l'exercice de la souveraineté morale ou divine dans l'intérieur, et l'exercice de la souveraineté nationale ou humaine dans l'extérieur de la France; l'un et l'autre sous leurs respectives conditions morales, que leur prescrivent les limitations réciproques de ces deux souverainetés hétérogènes, et cela autant que le lui permettaient, d'une part, l'esprit révolutionnaire dans l'intérieur de la France, et de l'autre part, l'esprit des principes politiques hors de la France. — En voici un aperçu.

Dans l'intérieur de la France, l'exercice principal de la souveraineté morale ou de droit divin, par la *rigueur* duquel l'ordre social fut tout-à-coup réalisé, au milieu des violentes fermentations et agitations de l'esprit révolutionnaire de ce pays, et surtout au milieu de la profonde démoralisation universelle, cet exercice principal, disons-nous, aussi imposant par sa bannière religieuse que formidable par l'énergie du caractère de Napoléon, fut établi sur les trois attributions fondamentales de la souveraineté divine, savoir, sur la MAJESTÉ de la couronne, sur l'INVIOLABILITÉ de l'empereur, et sur l'INITIATIVE AUGUSTE du souverain dans la réforme morale de la nation, c'est-à-dire dans la production des lois nouvelles; et *cela en tout* conformément à ces mêmes trois attributions souveraines que, par nos procédés didactiques et à priori, nous avons signalées et déduites dans le paragraphe précédent de cet ouvrage. — Ainsi, la couronne fut entourée de toutes les institutions et de toutes les pompes qui, depuis quatorze siècles, étaient devenues en France les expressions matérielles des conditions morales sous lesquelles doit s'établir, de la part des sujets, le RESPECT indéfini qui est dû au souverain, d'après ce que nous avons reconnu à l'endroit que nous venons de citer. L'inviolabilité de l'empereur, comme chef de l'autorité souveraine, était absolue; et elle excluait ainsi, de la part de tous les corps politiques, même de la part du sénat (*), la moindre apparence d'un contrôle quelconque de cette autorité suprême; comme cela doit être moralement, d'après les raisons que nous avons alléguées au même endroit cité. Enfin, l'initiative auguste dans la création des lois, cette condition de la possibilité même de tout progrès légal des nations ou de toute régénération morale des peuples, fut exercée par Napoléon avec le concours systématique de son haut conseil-d'état; et cela de même en pleine conformité morale avec ce qui doit être, d'après les raisons que nous avons alléguées également, et à l'endroit que nous venons de citer, et, dans le même paragraphe, à l'endroit où nous avons donné la déduction juridique des attributions respectives du ministère et du conseil-d'état (**). — Mais, cet énergique et imposant exercice de la souveraineté morale ou de droit divin, dans l'empire de Napoléon, devait, suivant ses constitutions, se faire entièrement sous les conditions morales qui lui étaient prescrites par l'influence de la souveraineté de droit humain, de cette souveraineté nationale qui était également réalisée dans l'autorité politique de ce moderne empire. En effet, le susdit exercice principal de la souveraineté divine se faisait constamment, ou du moins devait se faire constamment dans les limites qui, pour la garantie de la liberté nationale, lui étaient imposées par les attributions fondamentales de la souveraineté humaine, savoir, par les droits NATURELS, par les droits CIVIQUES, et par les droits POLITIQUES du peuple, tels que nous les avons fixés et déduits dans le présent ouvrage, et tels qu'ils étaient déclarés formellement dans le droit public de la France, c'est-à-dire dans les constitutions de l'empire français. Ainsi, pour ce qui concerne les droits naturels, il est notoire, d'une part, que, dans le code civil, le droit de propriété fut établi, dans toutes ses branches, sur une échelle large et libérale, autant que les connaissances philosophiques sur le droit civil l'ont permis à cette époque, et de l'autre part, que, dans le code pénal, le droit de pénalité fut également établi, dans toutes ses branches, avec une profonde moralité, autant que l'ont aussi permis alors les connaissances philosophiques sur le droit criminel. Pour ce qui concerne les droits civiques, toutes les attributions communales et municipales, telles que nous les avons déterminées et déduites dans notre tableau de la philosophie de la politique, ont été consacrées et légalisées dans les constitutions de l'empire, autant du moins que l'ont per-

---

(*) Voici, d'après Pelet de la Lozère, ce que l'empereur disait du sénat : « Le sénat se trompe s'il croit avoir un caractère national et représentatif; ce n'est qu'une autorité constituée qui émane du gouvernement comme les autres. »

(**) On sait que les discussions dans ce grand conseil-d'état étaient entièrement libres; de manière que, plusieurs fois, l'empereur y a cédé à la majorité des voix. Un exemple remarquable de la parfaite légalité de ces délibérations, c'est celle où M. Muraire combattit Napoléon et rallia, contre lui, toutes les voix du conseil, et où l'empereur céda en protestant de sa conviction contraire à cette résolution.

mis, à cette époque, l'absence de la vraie philosophie de la politique, et par conséquent l'ignorance où l'on était encore sur la nécessité juridique du corps-dirigeant, de ce nouveau corps politique, destiné à introduire l'harmonie entre l'autorité et la soumission, suivant ce que, pour réaliser cette indispensable harmonie, nous avons reconnu et fixé dans cet ouvrage. Enfin, pour ce qui concerne les droits politiques, dans leur forme et dans leur contenu, tous ces droits, tels que nous les avons également déterminés et déduits dans notre tableau de la philosophie de la politique, ont été garantis par les constitutions de ce même empire, autant du moins qu'on pouvait les reconnaître à cette époque, lorsque le but final de l'État, en vue des destinées de l'humanité, n'était pas encore connu. Ainsi, dans la forme, l'égalité sociale de *tous les citoyens* ou leur uniformité juridique devant la loi, et dans le contenu, toutes les sûretés politiques, telles que la sûreté juridique ou sociale, la sûreté éthique ou religieuse, la sûreté économique ou industrielle, la sûreté littéraire ou intellectuelle, enfin et principalement la sûreté absolue ou législative, par la participation à la législation de l'État, toutes ces garanties, disons-nous, qui complètent la liberté des peuples, ont été accordées largement par les constitutions de l'empire napoléonien.

Dans l'extérieur de la France, l'exercice principal de la souveraineté nationale ou de droit humain, par la force duquel Napoléon a dominé l'Europe, au milieu de sa toute-puissante civilisation, et surtout au milieu de ses éclatantes lumières actuelles, cet exercice principal, disons-nous, aussi imposant par la bannière de la liberté que formidable par l'héroïsme des armées françaises, fut établi, dans sa tendance finale, sur le nouveau postulatum diplomatique de l'inviolabilité ou de l'indépendance politique des NATIONS DISTINCTES, sur ce postulatum que, dans la première partie de cet ouvrage, nous avons reconnu comme inhérent à l'objet absolu et encore inconnu de la diplomatie, c'est-à-dire à la RÉPARTITION DES DESTINÉES DU MONDE entre les divers États existans; car, même avant d'arriver à cette problématique répartition, dont le principe juridique nous est dévoilé par l'existence même des destinées de l'humanité, il faut reconnaître que son admission, comme postulatum juridique, nous est commandée par la finalité providentielle dans le partage des hommes en NATIONS DISTINCTES. — Et ce fut ainsi que, par cet exercice extérieur de sa puissante souveraineté nationale, Napoléon anticipa, comme réformateur, sur la nouvelle période vers laquelle l'humanité se dirige actuellement. En effet, si l'on fait abstraction des guerres continues qu'il était forcé de soutenir, pour pouvoir exercer, par des répressions opportunes et par des agressions préventives, une réaction permanente et propre à repousser les périlleuses atteintes que les puissances européennes, surtout l'Angleterre, ne cessaient de projeter et de reproduire contre la France et principalement contre lui-même, et si l'on n'examine que la tendance pacifique des vues de ce grand homme sur l'avenir du monde civilisé, on conçoit facilement, et même à priori, par tout ce que nous savons déjà de ses sentimens libéraux et de ses convictions démocratiques, que l'unique et le véritable objet de son action pacifique sur l'avenir moral du monde, en exerçant ainsi à l'extérieur de la France sa puissante souveraineté nationale ou de droit humain, était nécessairement celui de consolider, par la LIBERTÉ DES PEUPLES, les NATIONALITÉS DISTINCTES qui composent le monde civilisé. Et c'est là précisément, comme nous venons de le signaler, le postulatum diplomatique qui doit s'établir dans la nouvelle période de l'humanité; postulatum que Napoléon, comme réformateur du monde, devait ainsi pressentir naturellement. Il nous en a révélé lui-même le secret dans ce qu'il a déclaré, d'après le *Mémorial de Sainte-Hélène*, sur son plan final d'AGGLOMÉRATION DES PEUPLES; agglomération qui, précisément dans le sens de Napoléon, n'est autre chose que le susdit postulatum diplomatique de la nouvelle période humanitaire, c'est-à-dire la susdite consolidation légale des diverses nationalités par la liberté des peuples qui constituent ces nationalités distinctes. Voici ses paroles : « Une de mes plus grandes pensées a été l'agglomération, la concentration des MÊMES PEUPLES GÉOGRAPHIQUES qu'ont dissous, morcelés, les révolutions et la politique. Ainsi, l'on compte en Europe, bien qu'épars, plus de trente millions de Français, quinze millions d'Espagnols, quinze millions d'Italiens, trente millions d'Allemands : j'eusse voulu faire de chacun de ces peuples un seul et même corps de nation. C'est avec un tel cortége qu'il eût été beau de s'avancer dans la postérité et la bénédiction des siècles. Je me sentais digne de cette gloire..... L'agglomération des trente ou quarante millions de Français était faite et parfaite; celle des quinze millions d'Espagnols l'était à-peu-près aussi. Rien n'étant plus commun que de convertir l'accident en principe, comme je n'ai point soumis les Espagnols, on raisonnera désormais comme s'ils eussent été insoumettables; mais le fait est qu'ils ont été soumis, et qu'au moment même où ils m'ont échappé, les cortès de Cadix traitaient secrètement avec nous. — Aussi, ce n'est pas leur résistance, ni les efforts des Anglais qui les ont délivrés, mais bien mes fautes et mes revers lointains; celle surtout de m'être transporté avec toutes mes forces à mille lieues d'eux, et d'y avoir péri; car personne ne saurait nier que si, lors de mon entrée dans ce pays, l'Autriche, en ne me déclarant pas la guerre, m'eût laissé quatre mois de séjour de plus en Espagne, tout y eût été terminé; le gouvernement espagnol allait se consolider, les esprits se fussent calmés, les divers partis se seraient ralliés; trois ou quatre ans eussent amené chez eux une paix profonde, une prospérité brillante, une nation compacte, et j'aurais mérité d'eux; je leur eusse épargné l'affreuse tyrannie qui les foule, les terribles agitations qui les attendent. — Quant aux quinze millions d'Italiens, l'agglomération était déjà fort avancée : il ne fallait plus que vieillir, et chaque jour mûrissait chez eux l'unité de principes et de législation, celle de penser et de sentir, ce ciment assuré, infaillible, des agglomérations humaines. La réunion du Piémont à la France, celle de Parme, de la Toscane, de Rome, n'avaient été que temporaires dans ma pensée, et n'avaient d'autre but que de surveiller, garantir et avancer l'éducation nationale des Italiens. Et voyez si je jugeais bien, et quel est l'empire des lois communes! Les parties qui nous avaient été réunies, bien que cette réunion pût paraître de notre part l'injure de l'envahissement, et en dépit de tout leur patriotisme italien, ces mêmes parties ont été précisément celles qui, de beaucoup, nous sont demeurées les plus attachées. Aujourd'hui qu'elles sont rendues à elles-mêmes, elles se croient envahies, déshéritées, et elles le sont!...... Tout le midi de l'Europe eût donc bientôt été compacte de localités, de vues, d'opinions, de sentimens et d'intérêts. Dans cet état de choses, que nous eût fait le poids de toutes les nations du Nord? Quels efforts humains ne fussent pas venus se briser contre une telle barrière?..... L'agglomération des Allemands demandait plus de lenteur, aussi n'avais-je fait que simplifier leur monstrueuse complication; non qu'ils ne fussent préparés pour la concentralisation : ils l'étaient trop au contraire, ils eussent pu réagir aveuglément sur nous avant de nous comprendre. Comment est-il arrivé qu'aucun prince allemand n'ait jugé les dispositions de sa nation, ou n'ait pas su en profiter? Assurément, si le Ciel m'eût fait naître prince allemand, au travers des nombreuses crises de nos jours, j'eusse gouverné infailliblement les trente millions d'Allemands réunis; et pour ce que je crois connaître d'eux, je pense encore, que si une fois ils m'eussent élu et proclamé, ils ne m'auraient jamais abandonné, et je ne serais pas ici..... Quoi qu'il en soit, cette agglomération arrivera tôt ou tard par la force des choses; l'impulsion est donnée, et je ne pense pas qu'après ma chute et la disparition de mon système, il y ait en Europe d'autre grand équilibre possible que l'agglomération et la confédération des grands peuples. Le premier souverain qui, au milieu de la première grande mêlée, embrassera de bonne foi la cause des peuples, se trouvera à la tête de toute l'Europe, et pourra tenter tout ce qu'il voudra..... » — Tout cela répond merveilleusement à notre susdit postulatum diplomatique qui doit s'établir dans la nouvelle période dans laquelle entre aujourd'hui l'humanité. On se demandera seulement pourquoi Napoléon ne parle-t-il pas aussi d'une pareille agglomération des peuples slavons, surtout de l'illustre NATION POLONAISE, qui, par son sublime héroïsme et par sa profonde piété, parvint, sous la conduite de Sobieski, à sauver pour toujours l'Europe, c'est-à-dire la chrétienté et sa haute civilisation, de l'impie et perpétuel asservissement que lui préparait l'islamisme? Nous le dirons dans l'ouvrage même dont nous ne présentons ici que l'introduction. — Mais, ce brillant avenir des peuples civilisés, que Napoléon voulait produire par l'héroïque et imposant exercice extérieur de sa souveraineté nationale ou de droit humain, et qui aurait ainsi consolidé à jamais la liberté de ces peuples, devait néanmoins, par tout ce que nous savons éga-

lement de ses sentimens pieux et de ses convictions religieuses, être subordonné aux conditions morales qui lui étaient prescrites par l'influence de la souveraineté de droit divin, de cette souveraineté morale qui se trouvait de même réalisée dans l'autorité politique de ce réformateur. Malheureusement, ces conditions morales, qui, suivant ce que nous avons dit dans la première partie de l'ouvrage présent, forment aujourd'hui, sous le nom de JUSTICE ABSOLUE, cette vague et indéterminée justice internationale que la Sainte-Alliance s'est depuis proposé d'atteindre, demeuraient encore inconnues pour Napoléon, comme elles l'ont été pour cette Sainte-Alliance, et comme elles le sont jusqu'à ce jour pour tout le monde; et ce grand homme ne put ainsi manifester, à cet égard, rien de plus qu'une simple formalité, sous le nom indéterminé d'une FÉDÉRATION entre les susdites agglomérations nationales, consolidées par la liberté de ces peuples distincts. Il ne put, en effet, dans ce qui touche au fond de cette grande question, déterminer l'autorité politique elle-même qui doit présider à cette fédération, autrement que par une simple analogie de cette autorité problématique avec celle du Congrès américain ou avec celle du conseil des Amphictyons. Voici, dans la déclaration que nous venons de citer, ses propres paroles sur ce grave sujet : « Après cette simplification sommaire, opérée par l'agglomération des peuples, il eût été plus possible de se livrer à la chimère du beau idéal de la civilisation; c'est dans cet état de choses qu'on eût trouvé plus de chances d'amener partout l'unité des codes, celle des principes, des opinions, des sentimens, des vues et des intérêts. Alors, peut-être, à la faveur des lumières universellement répandues, devenait-il permis de rêver, pour la grande famille européenne, l'application du Congrès américain ou celle des Amphictyons de la Grèce; et quelle perspective alors de force, de grandeur, de jouissance, de prospérité! Quel grand et magnifique spectacle! »
— Toutefois, à côté de cette manifeste indétermination des idées de Napoléon sur la véritable autorité morale qui doit présider aux relations internationales, un profond pressentiment de cette autorité, nommément des susdites conditions morales qui, par l'influence de la souveraineté de droit divin, doivent régler les relations des États indépendans, l'a constamment empêché de suivre les suggestions que plusieurs de ses puissans conseillers ne cessaient de lui faire valoir, et qui toutes, par leur but infernal, décelaient manifestement leur mystérieuse origine dans la bande invisible que nous avons signalée dans la première partie de cet ouvrage. Pour bien apprécier ce grave pressentiment moral de Napoléon, il faut ici déduire et fixer la nouvelle règle diplomatique d'après laquelle, conformément à l'autorité divine dont il est question, s'établiront à l'avenir, dans la nouvelle période, en outre de l'agglomération physique des peuples, les conditions morales de leur indépendance nationale. Et pour cela, il suffit de remarquer que, conformément à ce que nous avons dit à l'endroit cité, le véritable objet de la diplomatie, cet objet absolu qui doit

présider aux progrès ultérieurs de l'humanité, consiste dans la RÉPARTITION
DES DESTINÉES HUMAINES entre les divers États existans ; car on comprendra facilement, aujourd'hui où ces DESTINÉES sont déjà dévoilées par le Messianisme,
et où nous savons ainsi que le véritable PROGRÈS de l'humanité, vers l'accomplissement de ses destinées, consiste dans la découverte progressive du VRAI
et du BIEN, jusqu'à la découverte finale du VRAI ABSOLU et du BIEN ABSOLU sur
la terre, on comprendra facilement, disons-nous, que la règle de la juste répartition de ces destinées des êtres raisonnables, formant l'objet absolu de la nouvelle et véritable diplomatie, se réalise dans l'étendue des progrès respectifs
de la PHILOSOPHIE et de la RELIGION, qui président notoirement à ces créations
successives, nommément la philosophie à la création du vrai, et la religion à
la création du bien; de sorte que la règle de la justice absolue dans l'appréciation des titres à l'indépendance des États ou des nations distinctes, agglomérées par la liberté des peuples, consiste nécessairement dans l'étendue de leurs
respectifs progrès, philosophiques et religieux, c'est-à-dire dans l'étendue de
leur culture respective, intellectuelle et morale. Et cette règle de la juste répartition internationale des destinées humaines constituera manifestement un
véritable ÉQUILIBRE MORAL entre les États existans, par opposition au simple
ÉQUILIBRE PHYSIQUE entre ces mêmes États, lorsque, par le susdit postulatum
juridique de cette répartition internationale, on ne tient encore compte que de
leur agglomération nationale, c'est-à-dire de la consolidation, en quelque sorte
physique, des diverses nationalités par la liberté des peuples. — Or, comme
nous venons de le voir, Napoléon avait compris parfaitement ce nouvel équilibre physique entre les États, dans sa grande pensée de l'agglomération nationale par la liberté des peuples; et, comme nous venons de l'annoncer, il
eut de plus un profond pressentiment du nouvel équilibre moral entre les
États, pour lequel nous venons de dévoiler la règle ou la loi, consistant dans
l'étendue de la culture, intellectuelle et morale, des diverses nations, c'est-à-dire dans l'étendue de leurs respectifs progrès, philosophiques et religieux. —
Tous les actes diplomatiques de Napoléon, si l'on y fait abstraction des circonstances urgentes de sa hostile position dans le monde politique, attestent,
en effet, le profond pressentiment que ce réformateur avait du nouvel équilibre moral des nations, en outre de leur équilibre physique par l'agglomération des peuples. Nous nous bornerons à rappeler ici ce que nous avons déjà
dit, dans la première partie de cet ouvrage, concernant le rejet que Napoléon
fit du plan de Talleyrand, lorsque, après la bataille d'Austerlitz, ce mystérieux
diplomate lui proposa de refouler l'Autriche vers les confins de l'Asie, et de
ne pas tenir compte de la Prusse qui, d'après ce diplomate, n'était qu'une
puissance secondaire. Le vainqueur d'Austerlitz, comprenant que le rôle diplomatique de l'Autriche, placée vers le centre de l'Europe civilisée, était la protection armée du catholicisme, et par conséquent du parti social du sentiment

ou de la souveraineté de droit divin, et que le rôle diplomatique de la Prusse, placée à côté de l'Autriche, était la protection armée du protestantisme, et par conséquent du parti social de la cognition ou de la souveraineté de droit humain, et pressentant que c'était là, dans cette opposition religieuse, la principale répartition du progrès actuel de nos destinées finales, repoussa le plan insidieux de Talleyrand, et conserva cette antinomie religieuse comme condition de l'actuel équilibre moral des nations civilisées. Même après les batailles d'Iéna et de Wagram, il ne cessa de conserver cet équilibre moral de l'Europe. Bien plus, ayant pu, dès alors, dès le traité de Presbourg, apprécier les vues perversives de son grand diplomate, Napoléon s'en est défié depuis ce moment; et persistant à respecter les susdites conditions morales de l'indépendance nationale des États, il écarta habilement tous les projets de Talleyrand, jusqu'à l'époque du traité de Tilsit, où ce dernier, en apercevant enfin son impuissance de diriger l'empereur dans les relations extérieures, cessa de lui-même ses fonctions de ministre pour pouvoir désormais, sous d'autres fonctions, tramer la ruine de ce réformateur, puisqu'il ne voulait pas suivre les mystérieuses directions de la bande invisible qui, au 18 brumaire, l'avait appelé au pouvoir par l'organe de Siéyes et de ce même Talleyrand.

Mais, dira-t-on, ce double et puissant exercice des deux souverainetés, nommément de la souveraineté morale ou divine dans les relations intérieures de la France, et de la souveraineté nationale ou humaine dans les relations extérieures de ce pays, n'était point, en faveur de Napoléon, tempéré ainsi par les CONDITIONS MORALES que ces deux souverainetés s'imposent respectivement par leur limitation réciproque. — Non, sans doute; et nous en avons déjà dit plus haut les raisons générales, consistant en ce que, dans les deux cas exceptionnels, savoir, dans celui d'un désordre révolutionnaire à l'intérieur, et dans celui d'une guerre de principes à l'extérieur, ces conditions morales peuvent être suspendues, plus ou moins, par la seule volonté du chef de l'État, en vertu de sa faculté auguste de toute initiative morale, de laquelle dépend, en principe, toute régénération possible d'une nation ou du monde politique.

C'est ainsi que, dans l'intérieur de la France, l'empereur fut forcé, pour pouvoir vaincre l'influence incessante de l'esprit révolutionnaire, de déployer une véritable autorité dictatoriale, résultant de la combinaison de sa double souveraineté, morale et nationale, et telle qu'elle doit s'établir dans le cas du désordre intérieur de l'État. En effet, comme nous l'avons reconnu dans le paragraphe précédent, en y donnant la déduction juridique des fonctions du ministère et du conseil-d'état, toutes les autorités constituées, et par conséquent leurs responsabilités respectives, spécialement celles des ministres et des conseillers-d'état, cessent au milieu des fermentations et des agitations de l'esprit révolutionnaire, et retournent alors à la source dont elles sont émanées, c'est-à-dire à la double autorité souveraine du chef de l'État. Napoléon avait donc le droit, en sa qualité d'empereur, de comprimer ainsi, par un pouvoir dictatorial, ces incessantes fermentations et agitations révolutionnaires en France. Et pour nous convaincre qu'il n'a pas outre-passé la nécessité de ce recours à la dictature, il nous suffira de nous rappeler la double et honteuse explosion que fit l'esprit révolutionnaire, si fortement et si moralement comprimé, lorsque Napoléon cessa de régner, et lorsque, sous la protection des armées étrangères, cet esprit de révolte put manifester hautement sa profonde aversion pour l'admirable ordre politique que ce grand empereur sut réaliser et maintenir en France. Encore aujourd'hui, lorsque parut le livre des *Idées napoléoniennes*, qui cependant faisait valoir la liberté et le principe démocratique, un violent frémissement de ce même esprit révolutionnaire retentit de toute part et prouva que, dans l'actuelle démoralisation universelle, ou plutôt dans l'actuelle ignorance universelle sur l'autorité politique, la sublime réforme gouvernementale qu'opéra Napoléon, n'est ni ne peut encore être comprise en France. — Nous ne nous arrêterons pas ici à réfuter les clameurs brutales de ces prétendus apôtres de la liberté, aujourd'hui surtout que nous avons déjà dévoilé la *source immonde* de cette mystérieuse propagande ; et encore moins nous arrêterons-nous ici à relever les stupides objections de ces risibles réformateurs d'un soi-disant ÉTAT SOCIAL, de ces réformateurs *également mystérieux* que nous avons signalés, sous les noms de physiocrates et de hiérocrates, dans la première partie de cet ouvrage. Nous nous bornerons à montrer, par un seul fait décisif, que, si l'on fait abstraction des vues morales ou immorales de ces doctrines révolutionnaires, elles ne sont toutes rien autre que le fruit d'une profonde ignorance sur les véritables destinées de l'homme, considéré comme ÊTRE RAISONNABLE. Et pour cela, nous engageons les fauteurs de ces doctrines à approfondir ce que, dans le paragraphe précédent, nous avons dévoilé sur l'institution de la noblesse héréditaire, sur cette institution qu'ils reprochent si fortement à Napoléon d'avoir renouvelée de nos jours. Ils y apprendront, dans leur propre intérêt d'égalité sociale, que le seul moyen moral de faire cesser cette institution, si injurieuse à l'humanité, consiste dans la découverte des lumières philosophiques qui, en éclairant l'homme sur ses véritables destinées, lui montreront la dégradation réelle qui est inhérente à une telle descendance nobiliaire ; et ils apprendront de plus que, dans l'absence de ces hautes lumières philosophiques, de celles que nous y découvrons, l'unique moyen politique de les remplacer provisoirement consiste à opérer une TRANSITION à cet état futur par l'institution d'une nouvelle noblesse héréditaire qui, avec l'importance des services personnels, rendus récemment, ferait disparaître insensiblement l'importance douteuse qui, dans l'ancienne noblesse, ne s'attache plus qu'à la simple naissance. Et telle fut, en effet, l'intention de Napoléon.

Et dans l'extérieur de la France, c'est encore ainsi que ce grand homme fut forcé, pour vaincre l'influence incessante des anciens principes féodalistes du monde politique, de déployer également une véritable domination universelle sur l'Europe, pour pouvoir arriver, par cette domination provisoire, à la réforme politique qui, d'après ce que nous avons reconnu plus haut, était, comme il l'appelait lui-même, sa GRANDE PENSÉE. — D'ailleurs, sans recourir à ce but sublime pour légitimer la domination extérieure de Napoléon, il suffit de remarquer que, par suite de l'opposition manifeste entre les anciens principes féodalistes de l'Europe et les principes libéraux de la France, ces principes nouveaux que son chef auguste représentait si dignement, il n'y eut, dans toute la durée de l'empire napoléonien, en fait de relations extérieures, rien autre qu'un permanent ÉTAT DE GUERRE, suspendu par quelques trèves, destinées uniquement à la réparation des forces et à la préparation à des luttes nouvelles, de plus en plus acharnées. Ce n'était, en effet, qu'une longue guerre à mort, ayant pour objet, de la part de l'Europe, surtout par l'influence de l'Angleterre, l'anéantissement de la puissante domination et surtout du nouveau système politique de Napoléon; comme le prouve, avec évidence, l'issue de cette guerre funeste, dans laquelle, après des succès prodigieux, par lesquels la France tint en respect l'Europe entière, l'empereur et son grand système politique succombèrent enfin sous le poids immense du monde révolté contre sa propre régénération. Il avait donc le droit, pour sa légitime défense, d'user de tous les moyens hostiles pour repousser, non seulement toutes les agressions ouvertes auxquelles il se trouvait exposé successivement, mais aussi toutes les atteintes que, dans l'ombre, on ne cessait de tramer contre lui. — Et si l'on considère, en outre, le but majestueux de sa grande réforme politique, tel que nous le dévoilons aujourd'hui, on reconnaîtra que, dans ses relations extérieures, Napoléon avait, non pas seulement le droit, mais plutôt l'obligation morale de se servir, à outrance, des moyens inépuisables que le Ciel lui avait confiés pour accomplir les grandes destinées du monde, pour lesquelles, dans cette vue, il fut choisi par la Providence. Et alors, si l'on peut ici lui faire un reproche, c'est plutôt celui de n'avoir pas agi en tout avec une énergie conforme à sa haute vocation, et d'avoir ainsi risqué de compromettre les destinées du monde par une trop scrupuleuse sujétion à d'arbitraires convenances internationales. En effet, par excès d'une chevaleresque loyauté, Napoléon n'avait pas compris que même le droit des gens n'a de valeur obligatoire que dans des situations ordinaires du monde politique, et nullement dans la situation extraordinaire où il était appelé par le Très-Haut pour réformer ce monde et pour lui donner ainsi un nouveau droit des gens. D'ailleurs, il devait se rappeler que, même d'après le droit international reconnu et pratiqué, existe la règle positive qu'au milieu des armes les lois se taisent, *Inter arma silent leges*, et par conséquent que, pour exercer sa chevaleresque loyauté, il suffisait qu'il se soumît à la vraie loi chevaleresque, la seule qui subsiste dans l'état de guerre, c'est-à-dire à la loi prescrivant de sacrifier tout ce qui, sans préjudicier à l'honneur, peut contribuer à faire cesser cet état hostile entre des êtres raisonnables ; et certes, personne mieux que Napoléon ne s'est constamment soumis à cette loi impérieuse et imprescriptible. — Ce grand réformateur négligea ainsi d'user des droits exceptionnels que lui donnait sa haute mission providentielle. Il n'en usa qu'une seule fois, lorsqu'il était encore premier consul ; même alors, a-t-il fallu qu'il fût menacé sérieusement par la continuelle reproduction des tentatives d'assassinat, suscitées contre lui de Londres, au moyen de conspirations royalistes, répandues à Paris, dans l'intérieur et autour de la France, et qu'on lui eût persuadé que le duc d'Enghien devait incessamment se mettre à la tête de ces conspirations. Et dans ce seul cas exceptionnel, Napoléon ne se départit point de sa loyauté chevaleresque ; car, comme il l'a déclaré lui-même, il n'aurait pu se résoudre à ordonner l'exécution de ce jeune et valeureux prince. C'est aujourd'hui un fait historique incontestable que c'est à l'insu de Napoléon, par les menées de Talleyrand, dont on devine facilement les vues mystérieuses, que le duc de Rovigo précipita l'exécution, qui, d'après la déclaration formelle du général Hullin, n'était ni commandée ni nécessaire. Il est déplorable que ce premier et unique usage de la puissance exceptionnelle de Napoléon n'ait amené qu'un CRIME INUTILE, comme il l'a qualifié lui-même lorsque le duc de Rovigo vint lui annoncer cette exécrable exécution et lorsque, surpris d'une si inconcevable précipitation, il s'est écrié : « Il y a là quelque chose qui me surpasse. » — Dans mille autres circonstances, où il n'y aurait point eu de crimes à commettre, comme après les batailles d'Austerlitz, d'Iéna, de Wagram, Napoléon, loin de mériter le blâme d'avoir excédé sa domination extérieure, mérite plutôt celui d'avoir oublié qu'il était chargé des destinées du monde, et qu'il devait leur sacrifier toutes les conventions artificielles de la société qu'il avait mission de réformer.

Ainsi, à l'intérieur comme à l'extérieur de la France, Napoléon eut le droit de suspendre provisoirement l'influence des conditions morales qui, dans les circonstances ordinaires et pacifiques, résultent de la limitation réciproque des deux souverainetés, divine et humaine, qui entraient dans la constitution de son autorité impériale ; de ces deux souverainetés qui devaient s'exercer principalement, l'une, dépendant du droit divin, dans l'intérieur, et l'autre, dépendant du droit humain, dans l'extérieur de l'État. — Bien plus, comme nous venons de le reconnaître, ce réformateur *n'usa même pas de cette double autorité* avec toute la liberté que lui laissait sa haute mission, ou plutôt dans toute l'étendue de l'obligation morale que lui prescrivait cette mission providentielle. La preuve de cette réserve, peut-être imputable aux yeux du Créateur, consiste manifestement en ce que, avec ses moyens immenses et son génie supérieur, il succomba lui et son grand système politique, et qu'il ne laissa ainsi à la postérité qu'un secret impénétrable de sa miraculeuse apparition dans le monde. Peut-être n'était-il pas en son pouvoir de faire davantage. Et nous devons le supposer en pensant qu'il avait une pleine conscience de son but providentiel, et qu'il n'était pas homme à reculer devant la difficulté des moyens. En effet, pour ce qui concerne ce grand but et les difficultés en quelque sorte insurmontables de ces moyens, il les connaissait très bien. Voici ce qu'il en a dit lui-même dans le *Mémorial de Sainte-Hélène :* « J'ai refermé le gouffre anarchique. J'ai dessouillé la révolution, ennobli les peuples et raffermi les rois. J'ai excité toutes les émulations, récompensé tous les mérites, et reculé les limites de la gloire !... Et puis, sur quoi pourrait-on m'attaquer qu'un historien ne puisse me défendre? Seraient-ce mes intentions? mais il est en fond pour m'absoudre. Mon despotisme? mais il démontrera que la dictature était de toute nécessité. Dira-t-on que j'ai gêné la liberté? mais il prouvera que la licence, l'anarchie, les grands désordres étaient encore au seuil de la porte. M'accusera-t-on d'avoir trop aimé la guerre? mais il montrera que j'ai toujours été attaqué. D'avoir voulu la monarchie universelle? mais il fera voir qu'elle ne fut que l'œuvre fortuite des circonstances, que ce furent nos ennemis eux-mêmes qui m'y conduisirent pas à pas. Enfin sera-ce mon ambition? Ah! sans doute, il m'en trouvera, et beaucoup; mais de la plus grande et de la plus haute qui fut peut-être jamais! Celle d'établir, de consacrer enfin l'empire de la raison, et le plein exercice, l'entière puissance de toutes les facultés humaines! Et ici l'historien peut-être se trouvera réduit à devoir regretter qu'une telle ambition n'ait pas été accomplie, satisfaite! »

Quelles sont donc les causes qui ont pu renverser une telle puissance et surtout la réforme providentielle qui en a été incontestablement le véritable objet? — Nous le savons; et nous allons le dire encore. — D'ailleurs, en suivant une simple règle étiologique, on peut facilement, par la qualité de l'effet, discerner la nature de la cause. Et certes, jamais un effet n'eut une qualité providentielle plus manifeste que celui dont il s'agit.

La cause de cet effet, c'est-à-dire la cause de la chute de Napoléon et de son système providentiel de réformation politique du monde, ne peut donc se trouver dans rien autre que dans quelque trame infernale; car, nous avons démontré à satiété que le système napoléonien n'a été qu'une continuelle anticipation sur la nouvelle période des peuples, c'est-à-dire sur la cinquième période historique dans laquelle nous entrons actuellement, pour pouvoir, sous des gouvernemens antinomiens, accomplir nos progrès par la révélation des DESTINÉES FINALES des êtres raisonnables, et par la fixation, pour l'humanité, d'un but absolu, conforme à ces destinées augustes de l'espèce humaine. — Or, la démonstration de cette tendance ou plutôt de cette anticipation du système napoléonien sur la nouvelle période de l'humanité, est irrécusable; et par conséquent, le caractère providentiel de ce système politique est également irréfragable. Et alors, rien autre qu'une trame infernale n'a pu le renverser.

— Nous sommes donc forcés, encore ici, de recourir à notre susdite hypothèse de l'existence effective d'une bande invisible qui, remplissant déjà les fonctions de l'Anti-Christ, par l'institution mystérieuse d'une véritable Anti-Église, a présidé au développement progressif de l'esprit révolutionnaire en France, et a ainsi amené toutes les hideuses conséquences du désordre révolutionnaire dans le monde. Et nous pourrions, encore ici, alléguer des preuves positives de l'action de cette bande sur la chute de Napoléon, des preuves beaucoup plus convaincantes que ne le sont nos précédentes allusions à des influences mystérieuses, et même plus fortes que celles que nous fournirait la conspiration des Philadelphes, dans laquelle, à ce que l'on dit, on comptait des maréchaux de France. Mais, nous nous abstenons à dessein d'alléguer ces preuves, comme nous l'avons fait, dans la première partie de cet ouvrage, lorsque nous avons postulé cette bande invisible pour l'explication générale du désordre révolutionnaire dans le monde. Nous nous en abstenons à dessein, disons-nous, parce que, suivant le proverbe vulgaire que *tout mauvais cas est reniable*, le premier mystique intéressé, et même le premier sot, qui ne comprendrait rien à cette grande question, pourraient contester nos preuves. Nous nous contenterons d'avoir établi, dans cet ouvrage, tout à la fois, et la possibilité, et même la nécessité de cette perturbation morale dans l'actuelle espèce humaine, et surtout de l'avoir établi sur la base réelle et inébranlable de la raison même de l'existence du MYSTICISME, c'est-à-dire sur la CONFUSION RÉELLE du monde primitif de péché avec le monde actuel de salut; confusion qui engendre, au milieu de notre monde d'une raison spontanée et créatrice de notre salut, cette inerte et anti-rationnelle monstruosité infernale de notre destruction. Cette base, nous le répétons, est inébranlable; et nous défions ici à dessein tout homme capable de s'élever aux régions hyperphysiques de cette grave question, d'ébranler en rien cette base immuable, quand même il reconnaîtrait d'ailleurs l'existence de cette bande infernale. — Pour les hommes vulgaires, nous nous sommes bornés, dans la première partie de cet ouvrage, à ne faire considérer ce phénomène mystérieux que comme une hypothèse, la seule propre à expliquer raisonnablement l'actuel désordre révolutionnaire du monde civilisé; mais pour les hommes supérieurs, qui pourront approfondir les vérités messianiques, nous présentons ce monstrueux phénomène comme une réalité effective, inévitable, ayant le plein caractère d'une certitude assertorique; et encore une fois, c'est pour la leur faire bien reconnaître que nous venons de les défier d'ébranler en rien la base sur laquelle, avec une certitude apodictique, *nous avons consolidé ce débris infernal du monde primitif de péché, vivant au milieu du monde actuel de salut.* — Le voile est donc déchiré complètement; et désormais, les hommes qui s'élèveront à ces régions hyperphysiques, pourront, dans toutes les ramifications sociales, suivre les pas invisibles de cette bande mystérieuse et cachée jusqu'à ce jour, de cette bande infernale qui s'introduit partout, même dans les systèmes les plus opposés, pour semer partout le désordre, empêcher les progrès de la raison, et amener ainsi une nouvelle chute et la destruction de l'humanité.

Nous savons bien que beaucoup d'hommes raisonnables, et même très distingués, qui sont trop habitués aux régions physiques du monde terrestre, avec lesquelles ils sont pour ainsi dire identifiés, auront de la peine à comprendre ces réalités infernales qui, venant de régions supérieures, influent si violemment sur les destinées du monde actuel. Napoléon lui-même, à qui des rapports réitérés et très circonstanciés avaient appris à connaître l'existence et la nature des diverses sociétés secrètes de l'Europe, ne pouvait se résoudre à croire qu'il pût exister des associations d'hommes qui n'auraient d'autre but que la DESTRUCTION DU VRAI ET DU BIEN sur la terre. Dans un de ces rapports, en lui apprenant que ces associations infernales ont poussé partout d'innombrables ramifications, et qu'elles ont ainsi pénétré aux premiers postes dans toutes les institutions sociales, on lui faisait, sans doute pour l'effrayer, la confidence que voici : « Ils sont partout, dans les clubs et dans les conseils, dans l'administration et dans l'armée. Il y en a au parlement d'Angleterre, dans le Congrès américain, au Vatican, à l'Escurial, et jusque dans le sérail de Constantinople. Les rois sommeillent sur le trône; et quand même ils se réveilleraient....! Il est trop tard ! » — Napoléon ne voulut pas y croire; et il a péri.

Ces hommes raisonnables et distingués, qui ne peuvent concevoir des influences surnaturelles, et dans la classe desquels se rangeait ici Napoléon, croient pouvoir expliquer tout, même des phénomènes hyperphysiques, tels que ceux dont il est ici question, par des causes purement naturelles. Ils manquent alors à l'un ou à l'autre, à une juste appréciation de ces phénomènes, ou à une juste application de la susdite règle étiologique qui demande que les causes soient homogènes avec les effets. — Or, il est manifeste qu'un phénomène tel que la démoralisation universelle qui résulte de l'action et de la propagation systématique de l'esprit révolutionnaire, et qui aboutit au désaveu prétenduement légal des lois morales, tel que l'est en France le désaveu de la souveraineté morale ou de droit divin, n'est point un phénomène ordinaire dans la création de l'univers, parce qu'alors cette création divine porterait en elle-même sa propre destruction. Et il est également manifeste que l'anéantissement d'un système providentiel de réforme morale du monde, tel que le fut incontestablement celui de Napoléon, ne saurait non plus être un simple phénomène ordinaire de la création progressive de l'univers, parce qu'alors aucun progrès dans cette création divine ne serait possible. Il faut donc, d'après notre règle étiologique, à ces phénomènes extraordinaires, considérés comme effets qui sapent les fondemens de la création et qui en empêchent l'accomplissement, assigner des causes également extraordinaires, c'est-à-dire une action infernale, celle QUI A CRÉÉ LE MAL dans le monde, et qui, par conséquent, s'exerce constamment à détruire les vues providentielles et les destinées finales de la création. Et c'est précisément cette action infernale que nous avons assignée, dans la bande invisible, comme cause mystérieuse du désordre révolutionnaire du monde, surtout de la démoralisation universelle, et que nous assignons de plus, dans la même bande, comme cause unique de la chute de Napoléon et de son système providentiel de réforme morale, en ayant démontré d'ailleurs, par des procédés didactiques et rigoureux, l'existence réelle de cette bande, jusque dans son origine hyperphysique de la CRÉATION DU MAL, et cela avec une certitude absolue et égale à celle que nous mettons à la démonstration de toutes les autres réalités morales qui existent dans l'univers.

Mais, quand même Napoléon eût reconnu cette influence mystérieuse de la bande invisible, il n'aurait pu, dira-t-on, s'opposer à son action destructive, puisque, d'après le susdit rapport cité, il est trop tard pour les rois de s'éveiller maintenant. — Oui, nous en convenons, Napoléon aurait succombé également; car, nous le reconnaissons aussi, il est trop tard pour les rois de s'éveiller aujourd'hui de leur longue léthargie. Tout est fini pour eux; leur prestige est détruit. La bande, pour arracher au monde sa dernière égide, les lois morales, a fait distiller, goutte à goutte, la haine de la royauté dans le cœur des peuples, par les mille ramifications de sa féconde et vitale propagande. Et c'est surtout la haine contre Napoléon, contre ce puissant restaurateur de la souveraineté divine, et par conséquent des lois morales, que cette infernale bande a cherché à exciter universellement, sous le prétexte de son prétendu despotisme impérial. Aussi, la chose la plus infructueuse que l'on puisse entreprendre aujourd'hui, serait sans contredit le rétablissement de l'empire de Napoléon, quand même on pourrait lui rendre tout le prestige de la victoire, prestige qui n'est pas non plus possible aujourd'hui.

Ce qui manquait à Napoléon pour l'accomplissement de ses hautes destinées, ce sont les grandes lumières que répand actuellement le Messianisme, surtout leur concentration en faisceau dans l'Union-Absolue, qui, par la puissance infinie de ces vérités inattendues, aurait pu facilement vaincre l'influence infernale de la bande mystérieuse, qu'elle aurait connue mieux que cette bande ne se connaît elle-même. Cette nouvelle union ou association morale des hommes aurait, tout aussi facilement, extirpé du cœur des peuples le venin que la bande y avait fait pénétrer si profondément; et elle aurait ainsi réhabilité, non seulement la valeur impérative des lois morales, mais de plus leur qualité divine, pour servir de base à la grande restauration de l'autorité politique, que Napoléon voulait opérer par l'identification rationnelle de la souveraineté morale ou divine avec la souveraineté nationale ou humaine. — Encore aujourd'hui, il ne reste aux rois, pour ne pas succomber dans la lutte infernale où ils sont engagés, aucune autre ressource que celle de la rapide extension des présentes lumières messianiques, surtout de leur puissante concentration dans une nouvelle et dernière association morale des hommes, formant une Union-Absolue, et ayant pour objet la direction des peuples vers leurs destinées finales. Et c'est précisément dans cette haute direction, éclairée par les présentes vérités absolues, que l'humanité pourra, sans inquiétude ultérieure, arriver à l'avenir moral si profondément pressenti et si vivement tenté par Napoléon.

Mais si, dans leur léthargie, les rois ne ressentent pas encore leur péril imminent, c'est aux peuples à procéder eux-mêmes à la nouvelle association morale à laquelle ils sont appelés aujourd'hui pour leur propre salut; car, ils sont tout aussi compromis que les rois dans l'abîme révolutionnaire où ils sont jetés par la bande. — Toutefois, et nous devons en prévenir dès ce moment, la tâche n'est pas aussi facile qu'elle est urgente et indispensable. Il faut acquérir des lumières nouvelles et salutaires pour chasser les sinistres et périlleuses erreurs qui dominent aujourd'hui les peuples. Il faut renoncer à l'appréciation absolue et à la poursuite exclusive de l'intérêt terrestre. Il faut réhabiliter l'autorité de la morale, en ressentant l'obligation impérative du devoir, et en reconnaissant l'origine divine des lois morales. Il faut scruter cette origine divine pour pouvoir reproduire, par notre propre raison, ces augustes lois spontanées de notre liberté. Et il faut ainsi, par l'exercice de cette spontanéité pratique de la raison humaine, porter l'homme à réaliser le verbe en lui-même. Il faut enfin, par un égal et correspondant exercice de la spontanéité spéculative de sa raison, faire éveiller dans l'homme la conscience de son moi absolu. Il faut surtout, après avoir relevé l'homme de la fange où l'a jeté la bande révolutionnaire, et après l'avoir ainsi purifié par les nouvelles attributions, morales et intellectuelles, que nous venons de signaler, il faut, disons-nous, le porter aux régions absolues où il pourra enfin contempler, avec une entière réalité, son infini et inconditionnel Créateur, et ses propres et glorieuses destinées finales. — Mais, comme on le conçoit bien, ce n'est pas par le seul retour à la foi religieuse que doivent être opérés ces nouveaux progrès de l'humanité; retour qui d'ailleurs, sans une puissante garantie rationnelle, est impossible aujourd'hui. C'est en partant des problèmes augustes du Verbe, de l'existence de Dieu, de l'immortalité de l'homme comme être raisonnable, de sa régénération spirituelle, de ces grands problèmes qui précisément nous ont été révélés par la foi religieuse dont le simple retour devient ainsi insuffisant aujourd'hui, c'est, disons-nous, en partant de ces problèmes décisifs pour l'humanité, et en procédant aujourd'hui à leur solution rationnelle et rigoureuse, que nous pourrons opérer les progrès que nous venons de signaler comme conditions de la nouvelle période à laquelle les peuples sont appelés actuellement. — Ce n'est, en effet, qu'alors et sous de telles conditions qu'il sera possible de réaliser définitivement le haut avenir moral que Napoléon nous a laissé entrevoir dans son providentiel entraînement.

On peut ici, en scrutant ces graves et indispensables conditions, surtout dans leur haute déduction messianique, telle que nous l'avons déjà donnée dans la présente philosophie de la politique, on peut, disons-nous, comprendre maintenant que le système politique de Napoléon, qui postule manifestement toutes ces conditions, morales et intellectuelles, pratiques et spéculatives, ne pouvait se soutenir et devait succomber au milieu de la démoralisation et de l'ignorance que l'esprit révolutionnaire fait aujourd'hui prédominer dans le monde civilisé. Et l'on comprendra en même temps que ce serait la chose la plus déraisonnable de vouloir, dans cet état d'ignorance et de démoralisation universelle, tenter le rétablissement de l'empire de Napoléon. Bien plus, nous osons le dire, ce serait une entreprise criminelle, surtout si elle était tentée par des voies illégales ou par des voies révolutionnaires, parce que, en outre de cette coupable illégalité, elle compromettrait criminellement le majestueux exemple qui, dans la propre réalisation napoléonienne de ce système providentiel, plane sur nos têtes, porté sur les ailes protectrices de l'aigle impériale, rayonnant de tous ses prestiges, pour nous montrer sans cesse cette TERRE PROMISE de notre actuelle et indispensable culture morale et intellectuelle. — C'est donc à cette haute culture, pratique et spéculative, religieuse et philosophique, c'est-à-dire à ce nouveau et décisif progrès de l'humanité, que nous devons nous appliquer exclusivement si nous voulons réaliser le grand système napoléonien, pour arriver au brillant avenir moral dont ce miraculeux système nous offre actuellement la GARANTIE PROVIDENTIELLE. Et c'est aussi là l'unique et la noble tâche que nous osons ici léguer à l'auguste famille de Napoléon et à tous les illustres adhérens de ce grand homme, qui, sur cette voie légale, éclairée et progressive, deviendra incontestablement le nouveau et le dernier réformateur du monde.

En effet, par tout ce que nous a déjà appris la doctrine du messianisme, nous savons que la marche actuelle de l'humanité, vers la cinquième et décisive période de son développement, est déjà irrévocablement commencée; et par suite de ce que nous a appris spécialement le tableau de la philosophie de l'histoire, nous savons de plus que, dans cette critique période, deux voies opposées sont également ouvertes au choix de la spontanéité créatrice de l'homme : l'une FUNESTE, où l'entraîne l'esprit révolutionnaire de la France, en désavouant l'autorité des lois morales, et surtout leur origine divine, par le désaveu de la souveraineté morale ou de droit divin; et l'autre SALUTAIRE, où l'appelle l'esprit providentiel de la création, en lui faisant avouer, par sa propre raison, l'autorité des lois morales et leur origine divine, pour pouvoir joindre, dans l'autorité politique, la souveraineté morale ou divine à la souveraineté nationale ou humaine. Or, c'est manifestement sur la deuxième de ces voies que Napoléon a ouvert la nouvelle et salutaire marche de l'humanité, en la détournant subitement, et par une espèce de miracle, de la voie funeste dans laquelle, depuis la révolution de la France, elle fut si violemment et si criminellement précipitée, et dans laquelle, hélas, depuis la chute de Napoléon, elle se trouve rejetée de nouveau, sinon avec la même ardeur impudente, du moins avec une plus profonde hypocrisie de modération. — Il importe donc au SALUT DE L'HUMANITÉ que, par le développement et par l'extension des nouvelles lumières messianiques, les peuples soient éclairés sur toutes ces graves circonstances, afin de pouvoir les détourner pour toujours de la funeste et sinistre voie révolutionnaire dans laquelle la bande infernale les retient si violemment, et afin de les ramener dans la salutaire et auguste voie napoléonienne dans laquelle, comme nous venons de le prouver, ils doivent arriver à ce haut avenir moral qui formera la nouvelle et si décisive période de notre espèce humaine. C'est donc ce salut de l'humanité que nous léguons ici à la famille et aux adhérens de Napoléon, surtout à l'Union-Absolue qui doit s'établir actuellement, pour repousser l'influence mystérieuse de la bande infernale, et pour diriger enfin les peuples et les rois, sur la voie napoléonienne, vers l'accomplissement des destinées des êtres raisonnables.

Malheureusement pour la France, et précisément par l'influence de la bande, tout savoir philosophique est aujourd'hui anéanti dans ce pays, comme nous l'avons démontré dans la première partie de cette philosophie de la politique. Et alors, les hautes lumières dont il s'agit, ne sauraient, par elles-mêmes, y pénétrer assez tôt pour qu'il fût encore temps d'arrêter la nation dans sa violente impulsion révolutionnaire, et de la ramener alors sur la voie napoléonienne de salut. Bien plus, et par une conséquence naturelle, les connaissances politiques, dans tout ce qui concerne la partie morale de la science de l'État, sont tout-à-fait fautives en France; et il ne reste ainsi aucun espoir d'une issue heureuse par les propres efforts de cette illustre nation. Déjà, avec sa vaste et positive intelligence, Napoléon lui-même s'était aperçu de cette ignorance politique. Voici ce qu'il écrivait en 1797 au ministre des relations extérieures : « Malgré notre orgueil, nos mille et une brochures, nos harangues à perte de vue et très bavardes, nous sommes très ignorans dans la science politique morale. Nous n'avons pas encore défini ce que l'on entend par pouvoir exécutif, législatif et judiciaire….. » Et depuis cette époque, hélas, aucune lumière nouvelle n'est venue dissiper en France cette profonde ignorance politique, comme on peut s'en convaincre en étudiant la présente philosophie de la politique. — Ce qu'il y a de plus sinistre dans cette absence universelle de tout savoir sur les lois sociales, surtout dans leur partie morale et divine, c'est que, depuis long-temps, il ne se manifeste même aucune véritable tendance philosophique, qui puisse nous faire espérer qu'il se trouvera en France au moins un petit nombre d'hommes capables de s'intéresser aux grandes vérités morales desquelles dépend actuellement le salut de la nation. De long-temps encore, nous le craignons, on ne verra, dans ce pays, se former l'Union-Absolue qui doit diriger les peuples vers les destinées de leur création. Et certes, c'est à la France que, par son dévouement héroïque au salut de l'humanité, devrait appartenir plus spécialement cette haute direction des peuples.

Mais heureusement pour l'Europe, et par conséquent pour la France aussi, et pour toute l'humanité en général, par une de ces dispositions providentielles qui répartissent entre les nations les nobles charges ou fonctions de coopérer au salut commun, de nouvelles lumières philosophiques naissaient et se répandaient hors de la France, durant le temps fatal où, par l'influence de l'esprit révolutionnaire, les anciennes lumières et tout véritable savoir philosophique disparaissaient dans ce pays. Ainsi, précisément au moment où la Providence fit sortir, du désordre révolutionnaire de la France, le système politique de Napoléon, comme modèle de la réformation morale du monde, elle fit opérer en Germanie une réforme philosophique du savoir humain, propre à fournir à l'humanité les lumières nécessaires pour expliquer cet impénétrable système napoléonien et pour servir à réaliser cette décisive réforme morale dont l'empire de Napoléon nous offre ainsi la garantie providentielle. En effet, c'est de cette réforme philosophique en Germanie qu'est sortie, comme dernier fruit, la doctrine du messianisme que nous produisons actuellement en France, et qui, dans ses vérités absolues, possède avec conscience la force rationnelle et invincible, non seulement pour expliquer le profond secret providentiel de Napoléon, mais de plus pour réaliser définitivement cet insaisissable avenir moral du monde.

C'est donc au gouvernement français qu'il appartient maintenant de jeter le pont *sur le précipice qui se trouve encore entre l'avenir moral qui nous est promis par le système politique de Napoléon, et les nouvelles vérités philosophiques qui doivent réaliser ce système providentiel.* —Aucun État plus que la France ne peut avoir intérêt à cette auguste réalisation des destinées du monde; car, c'est là aujourd'hui l'unique et immense gloire de la France. Personne surtout plus que le gouvernement français ne peut avoir intérêt à une telle réalisation purement rationnelle de cet INÉVITABLE système politique du monde; car, dans la présente Métapolitique messianique, il est prouvé, et nous pouvons dire avec infaillibilité, que ce système napoléonien n'est rien autre qu'une anticipation providentielle sur la nouvelle période des peuples, dans laquelle aucune force humaine, ni même infernale, ne saurait plus empêcher l'humanité d'entrer victorieusement. Et alors, une transition rationnelle et légale est sans doute préférable à un violent entraînement révolutionnaire des peuples vers ces saintes destinées. — Quant à l'illustre famille de Napoléon, nous sommes convaincus que lorsqu'elle connaîtra, par la présente révélation de ce secret providentiel, la haute mission de son chef immortel, comme RÉFORMATEUR DU MONDE, elle n'aura d'autre intérêt que celui qui est inhérent à l'accomplissement d'une si auguste mission par les seuls moyens par lesquels on peut la réaliser, c'est-à-dire par le développement des grandes lumières philosophiques qui sont les conditions indispensables d'un si majestueux avenir moral du monde. Et quelle plus grande gloire pourrait-elle, cette famille providentielle, concevoir aujourd'hui! Quelle est, en effet, la valeur qu'on peut attacher à la possession d'un trône dans l'ère critique où se trouve maintenant l'humanité, dans cette ère où il n'existe aucun but providentiel, autre que le but impénétrable de Napoléon, ni aucune autorité politique qui soit assez puissante pour accomplir un but quelconque? N'est-ce pas plutôt un immense et périlleux sacrifice que la possession actuelle d'une couronne, lorsque la Providence, en se retirant, abandonne l'humanité à ses propres forces, et lorsqu'il n'existe encore aucune lumière pour la guider au milieu de si profondes et infinies ténèbres? Et, sous de si critiques conditions humanitaires, l'auguste famille napoléonienne pourrait-elle, aujourd'hui qu'elle est éclairée sur ses destinées providentielles, opter entre la présente possession physique et précaire d'un seul trône, et la future possession morale et perpétuelle de tous les trônes de l'univers!

C'est donc à Louis-Philippe, à ce monarque unissant à une haute sagacité une prudence consommée, qu'appartient aujourd'hui, comme au chef actuel et légal de la France, la mission d'accomplir les destinées glorieuses que la Providence elle-même a assignées à la grande nation dans son système adoptif de Napoléon. — Mais, par les raisons que nous avons alléguées plus haut, il ne nous est pas permis de nous occuper ici de ces CONSIDÉRATIONS LÉGALES concernant l'avenir de la France. — Tout ce que nous pouvons ajouter à nos présentes CONSIDÉRATIONS HISTORIQUES, desquelles résulte cette mission légale de Louis-Philippe, comme actuel Roi des Français, c'est une rapide indication des moyens philosophiques par lesquels, même indépendamment du but napoléonien, la France pourra éviter ses incessantes convulsions révolutionnaires.

Or, en observant que la tourmente politique de la France vient uniquement de l'extrême antinomie ou de la lutte à mort entre ses deux grands partis ou principes politiques, du droit divin et du droit humain, on comprendra facilement que les moyens philosophiques pour faire cesser cette tourmente, ne sauraient être autres que ceux que nous avons déduits et établis dans la première partie de cette Métapolitique messianique, en y montrant, avec évidence, tout ce qu'il a de faussé et de perverti, par l'influence de la bande mystérieuse, dans les hautes directions providentielles de ces deux partis politiques et dans toutes leurs combinaisons ou nuances sociales. Ce sont donc ces victorieux et puissans moyens philosophiques que nous recommandons, sinon au gouvernement français, à qui nous n'avons plus aucun droit de soumettre de pareilles indications, du moins à quelques hommes supérieurs qui, dans ce pays, jadis si éclairé, pourraient s'élever aux régions des vérités absolues, et qui, contre toute attente, pourraient, tôt ou tard, réaliser parmi eux l'Union-

Absolue, cette finale association morale des hommes à laquelle les peuples sont appelés aujourd'hui. C'est donc, et nous le répétons expressément, à cette future Union-Absolue en France que nous léguons et recommandons spécialement les moyens philosophiques que nous venons de rappeler et par lesquels seuls, nous l'affirmons avec des preuves irréfragables, on pourra désormais éviter ou du moins tempérer les convulsions révolutionnaires de cet illustre pays. — Il ne nous reste ici qu'à indiquer les FORMULES POPULAIRES par lesquelles, vis-à-vis le public, sans entrer dans des déductions métaphysiques, cette future Union-Absolue pourra repousser les écarts extrêmes et erronés des deux partis politiques, surtout l'écart le plus périlleux aujourd'hui, celui du parti de la cognition ou de la souveraineté nationale, consistant dans la prétendue supériorité de l'esprit humain à ne pas s'élever au-dessus de la fange du MATÉRIALISME, dans laquelle demeurent ainsi plongés tous les prétendus esprits supérieurs de la France. Et pour cela, surtout pour cette fausse et risible prétention à l'esprit-fort, il suffira à la future Union-Absolue de suivre à la lettre et de traduire, d'une manière populaire, les considérations didactiques qui, à l'égard de cette grossière idée du matérialisme, sont produites, dans la présente Métapolitique (page 114 à 119), avec le but de dévoiler l'insigne erreur dans laquelle tombent ainsi les philosophes empiriques et les médecins expérimentalistes en France. La seule explication que nous devons y ajouter ici, c'est un rapide développement du principe fondamental de ces considérations messianiques qui, s'il en était besoin réellement, formeraient la vraie et absolue réfutation du matérialisme, de cette dégoûtante crasse de l'esprit humain, qu'on voudrait faire valoir, dans ce pays, comme le caractère distinctif de la supériorité du génie de l'homme.

Or, ce principe consiste visiblement dans la distinction précise des facultés physiques et des facultés hyperphysiques de l'homme; distinction qui est un FAIT IRRÉCUSABLE et qui n'échappe qu'à l'homme brut, tel que l'est naturellement un philosophe empirique ou un médecin expérimentaliste, lorsqu'ils nient ce fait et lorsque, par conséquent, les dernières de ces facultés ne se sont pas encore développées chez eux avec une suffisante conscience propre. Mais, pour caractériser, d'une manière didactique, cette décisive distinction des conditions physiques et hyperphysiques dans l'homme, nous voyons, dans les considérations messianiques dont il s'agit (en haut de la page 116), « que les premières, les conditions physiques ou purement corporelles, suivent les lois de l'INERTIE ou du mécanisme de la matière, et que les secondes, les conditions hyperphysiques, spirituelles, ou indépendantes de la matière, s'exercent avec une entière SPONTANÉITÉ et constituent ainsi la raison, cette essence absolue de l'homme, manifestée par sa virtualité créatrice. » — Il suffit donc de rendre populaire cette haute manifestation de notre essence absolue, de notre RAISON, dans sa distinctive et caractéristique VIRTUALITÉ CRÉATRICE. Et c'est ce que l'Union-Absolue pourra faire également, et même avec beaucoup de facilité, à l'aide de tout ce que nous avons déjà appris dans cette Métapolitique messianique. En effet, nous y avons vu que la raison, cette essence hyperphysique de l'homme, se manifeste ainsi, par sa virtualité créatrice, dans deux degrés consécutifs, d'abord, comme RAISON PRATIQUE, telle que l'humanité l'a développée, avec une entière conscience, dans la deuxième période historique, et ensuite, comme RAISON SPÉCULATIVE, telle qu'elle l'a développée, avec la même conscience, dans la quatrième période; et nous y avons vu, en même temps, les caractères distinctifs de cette double manifestation de notre raison, de cette réalité absolue de l'homme qui, par sa spontanéité, est, non seulement indépendante du mécanisme de la matière, mais de plus entièrement hétérogène avec la caractéristique inertie de cette dernière. Et alors, d'après ces considérations, l'Union-Absolue doit enseigner au public, d'une part, que la raison pratique donne à l'homme l'IMPÉRATIF DU DEVOIR, cette obligation NÉCESSAIRE et hyperphysique qui se distingue essentiellement de la propension purement CONTINGENTE, instinctive ou physique, de nos penchans corporels; et de l'autre part, que la raison spéculative, même avant son réveil dans notre conscience, tel qu'il eut lieu dans la quatrième période, donne à l'homme l'ÉVIDENCE MATHÉMATIQUE, cette certitude NÉCESSAIRE et hyperphysique qui, à son tour, se distingue essentiellement des sensations purement CONTINGENTES, organiques ou physiques, dans nos connaissances empiriques, acquises par le mécanisme (cause et effet) des sens ou de l'expérience. Et d'après ces mêmes considérations, l'Union-Absolue doit surtout enseigner, d'une part, que la raison pratique donne à l'homme, non-seulement son impératif du devoir, mais aussi une VIRTUALITÉ PRATIQUE, propre à lui faire accomplir, par la CRÉATION DU BIEN, cet impératif ou cette obligation hyperphysique, indépendante de tout intérêt terrestre, comme le prouvent, d'abord, de nombreux et éclatans faits historiques, et de plus irréfragablement, la conscience intime de tout homme, où il sent la présence effective de cette puissante et invincible virtualité pratique; et elle doit ainsi enseigner, de l'autre part, que la raison spéculative donne à l'homme, non-seulement son évidence mathématique, mais aussi une VIRTUALITÉ SPÉCULATIVE, propre à lui faire réaliser, par la CRÉATION DU VRAI, cette évidence ou cette certitude hyperphysique, indépendante de toute expérience ou de toute connaissance acquise par les sens, comme le prouvent, entre autres, la découverte des quantités irrationnelles et transcendantes, que l'on ne peut concevoir que par la réalisation rationnelle de l'idée de l'infini, laquelle dépasse l'expérience et tout ce qu'il y a de physique ou matériel dans le monde, et la singulière découverte des quantités idéales (improprement dites *imaginaires*), qui n'admettent aucune réalisation quelconque dans le monde physique ou matériel, ni par conséquent aucune prise quelconque par l'expérience, et qui néanmoins constituent une féconde et inévitable réalité hyperphysique pour l'homme (*). — Bien plus, après l'éveil de la raison spéculative dans notre conscience, tel qu'il eut lieu dans la quatrième période historique, par suite du développement du protestantisme, le caractère distinctif de ce progrès supérieur de l'humanité fut l'exercice de la SPONTANÉITÉ SPÉCULATIVE de notre raison, par lequel l'homme a pu déjà anticiper sur la réalisation du VERBE en lui-même, et par lequel il a pu ainsi reconnaître, d'une manière didactique et irréfragable, la nécessité de l'existence de l'ABSOLU, qu'il cherche à découvrir et à réaliser actuellement. — Or, une telle idée positive et inconditionnelle de l'absolu, qui porte sur le principe même de toute réalité, dépasse, dans cette portée infinie, non-seulement les réalités physiques, mais même les susdites réalités hyperphysiques que nous venons de reconnaître dans l'impératif du devoir et dans l'évidence mathématique, puisqu'elle a pour objet l'origine même de toutes ces réalités du monde. Et comme telle, cette idée de l'absolu, c'est-à-dire cette idée du principe inconditionnel de toute réalité, telle qu'elle est actuellement présente dans l'homme, à son entrée dans la cinquième période, accuse en lui, de la manière la plus manifeste, non seulement une simple réalité hyperphysique, qui dépasserait déjà sa réalité physique ou matérielle, mais de plus une véritable VIRTUALITÉ CRÉATRICE, qui porte l'homme au delà de toute réalité, et qui, par conséquent, lui révèle son infinie faculté de pouvoir créer sa propre réalité, c'est-à-dire son IMMORTALITÉ; faculté qui certes est au-dessus ou hors de toutes conditions physiques ou matérielles.

En fixant ainsi, d'une manière positive, la distinction précise des conditions physiques et des conditions hyperphysiques dans l'intelligence de l'homme, l'Union-Absolue aura, avec une certitude de fait et irrécusable, le principe absolu, et par conséquent infaillible, sur lequel se fondent, non seulement la réfutation messianique du matérialisme, dans le parti de la cognition ou du droit humain, mais de plus et immédiatement la réfutation pareille de la prétendue immobilité de la raison humaine, qui, à son tour, forme l'écart erroné et le plus périlleux du parti du sentiment ou du droit divin. — Et alors, avec

---

(*) D'après ces considérations, il n'existe encore, à proprement parler, de VÉRITABLE SCIENCE qu'en morale, et en mathématiques; et par conséquent, c'est à leurs conditions respectives, à celles que nous venons d'indiquer, qu'il faut ramener toutes nos connaissances, pratiques et spéculatives, pour leur donner un caractère scientifique. — Ainsi, dans les soi-disant sciences morales ou pratiques, il faut ramener leurs lois fondamentales à des IMPÉRATIFS MORAUX, pour qu'elles puissent devenir de véritables sciences, et dans les soi-disant sciences physiques ou spéculatives, il faut ramener leurs lois fondamentales à des DÉTERMINATIONS MATHÉMATIQUES, pour qu'elles puissent de même devenir de véritables sciences. — Hors de ces conditions, toutes les prétendues sciences, pratiques et spéculatives, ou morales et physiques, ne sont que des RECUEILS DE FAITS, qui n'ont rien de scientifique, et qui ne sont encore que des DONNÉES pour des sciences à venir. Même leurs inductions respectives, par lesquelles elles cherchent à s'élever à la connaissance des LOIS, du moins des lois présomptives, n'ont de valeur logique qu'autant que le degré de vérité dans ces inductions est déterminé rigoureusement par le calcul mathématique de leur PROBABILITÉ.

ce principe positif et en quelque sorte palpable, l'Union-Absolue pourra approfondir mieux nos susdites considérations didactiques et surtout les traduire, d'une manière populaire, pour avoir des formules à l'usage des gens du monde ou des hommes qui ne sauraient suivre des déductions métaphysiques, si toutefois, parmi ces gens ou ces hommes, dans leur caractéristique indifférence actuelle pour la vérité, elle en trouve qui puissent la comprendre, même sous cet aspect purement populaire.

Cependant, il n'est pas absolument nécessaire que tout le monde se pénètre immédiatement de ces nouvelles et décisives vérités philosophiques. Peut-être même est-il utile que, par leur extrême élévation, elles ne soient pas à la portée de tout le monde, pour éviter ces ineptes discussions qui, n'ayant aucun principe inconditionnel, cessent aujourd'hui d'avoir un sens raisonnable à côté de ces vérités absolues. Et à ce titre, les vérités messianiques auront l'avantage de pouvoir, avec plus de justesse, adopter l'inscription connue :

Ignavum, fucos, pecus a præsepibus arcent.

Il suffira, en attendant, que des hommes supérieurs, qui se sentiront capables de pénétrer dans ces régions intellectuelles, pour former la définitive association morale qui, sous le nom d'Union-Absolue, doit désormais diriger les peuples vers l'accomplissement de leurs destinées, cultivent et comprennent ces vérités nouvelles, dans toute la profondeur de leurs principes absolus et dans toute l'élévation de leurs fins augustes. Le reste, c'est-à-dire le peuple, y viendra ensuite insensiblement et de lui-même.

D'ailleurs, par la susdite préparation providentielle, l'Allemagne philosophique est là pour prendre ces nouvelles et dernières vérités sous sa puissante sauvegarde. — Sans doute, la présente doctrine du messianisme s'élève infiniment au-dessus de la récente et si décisive réforme philosophique de l'Allemagne, en tant qu'elle donne la SOLUTION DÉFINITIVE elle-même de tous les GRANDS PROBLÈMES que cette réforme était parvenue à proposer formellement et inévitablement à la raison de l'homme. Mais, les philosophes qui ont conçu, compris et posé ces décisifs problèmes de l'humanité, seront incontestablement *plus aptes à comprendre leur solution actuelle, également formelle et inévitable,* que ne le seront les philosophes étrangers à l'Allemagne, qui ne se doutent même pas encore de l'existence de ces problèmes de l'humanité. — Et alors, nous admirerions ici le singulier pressentiment de Napoléon, par lequel, en accordant une honorable préférence à la nation germanique, comme nous l'avons vu plus haut dans son plan sur l'agglomération des peuples, il aurait prévu en quelque sorte que ce serait cette nation philosophique qui s'identifierait le plus rapidement avec sa haute mission providentielle.

Nous devons donc, en faveur de la future Union-Absolue qui se formera ainsi en Allemagne, tracer au moins un rapide aperçu de la transition didactique ou plutôt de la marche méthodique et opposée qu'ont suivie et que suivent encore, d'abord, dans le dernier demi-siècle, la nouvelle philosophie germanique, qui a posé rationnellement les problèmes de l'humanité, et ensuite aujourd'hui, la présente philosophie messianique, qui donne, tout aussi rationnellement, la solution de ces augustes problèmes. — D'ailleurs, cet aperçu servira en même temps pour les autres pays, surtout pour la France, afin que les philosophes de ces pays, étrangers à l'Allemagne, puissent se former une idée exacte des lumières immenses et inextinguibles qui sont déjà au pouvoir de l'humanité, et qui, avec leur éclatant progrès, éclairent l'avenir moral du monde, pour lequel, comme nous l'avons reconnu plus haut, le système politique de Napoléon nous offre la garantie providentielle. — Et pour le faire, avec précision et avec certitude, nous devons tracer immédiatement, d'après la loi de création, le PROCÉDÉ GÉNÉTIQUE suivant lequel s'est ainsi développée en Allemagne cette philosophie transcendante qui est enfin parvenue à fixer les grandes questions des êtres raisonnables. Mais, comme nous l'avons déjà motivé ailleurs, nous ne pouvons encore, avant d'avoir fait connaître la déduction didactique de la LOI DE CRÉATION, présenter rien de plus qu'un tableau génétique des différens résultats que l'on a obtenus par ce dernier et décisif développement du savoir humain. Nous nous bornerons même à ne présenter ici que les parties principales de ce tableau, c'est-à-dire celles dont l'intelligence est nécessaire pour pouvoir s'élever à la connaissance du Messianisme; et nous renverrons, pour les parties accessoires, à notre *Apodictique messianique*, où sera donnée complètement l'histoire génétique de la philosophie, de laquelle nous extrayons ici, par anticipation, les résultats majeurs que voici.

HISTOIRE GÉNÉTIQUE
DE LA RÉFORME DE LA PHILOSOPHIE EN ALLEMAGNE
(D'APRÈS LA LOI DE CRÉATION).

A) *Théorie* ou *Autothésie*; ce qu'il y avait de *donné* dans la raison de l'homme pour l'*établissement* de la philosophie.
  a) *Contenu* ou *constitution* philosophique.
    a 2) Partie *élémentaire*. = ÉLÉMENS PHILOSOPHIQUES (au nombre de sept).
      a 3) Élémens primitifs. = CONDITIONS DE LA PHILOSOPHIE.
        a 4) Élément *fondamental*; fixation de la *réalité* par la synthèse du *savoir* et de l'*être*, considérés comme les *deux élémens hétérogènes* du monde. = PHILOSOPHIE TRANSCENDANTALE DE KANT. (I)
      b 4) Élémens *primordiaux* :
        a 5) Considération inconditionnelle de l'être *à l'instar du savoir*; manifestation ou *conscience du Moi* dans notre savoir ou dans la représentation du *Non-Moi*; *anthropothésie* ou établissement de l'*humanité*. = PHILOSOPHIE COGNITIVE DE REINHOLD. (II)
        b 5) Considération inconditionnelle du savoir *à l'instar de l'être*; manifestation ou *représentation du Non-Moi* dans notre être ou dans la conscience du Moi; *théothésie* ou établissement de la *divinité*. = PHILOSOPHIE SENTIMENTALE DE JACOBI. (III)

b 3) Élémens *dérivés*. = Organisation de la philosophie.
  a 4) Élémens dérivés *immédiats* ou *distincts* :
    a 5) Considération inconditionnelle de l'être *comme savoir*; développement de la conscience du *Moi-créateur* dans notre *savoir absolu*, considéré comme *ipséité* ou comme condition *d'individualité*; *polythéisme rationnel* ou plutôt *autothéisme*; divinité dans l'homme, c'est-à-dire *réalité humaine*. = Philosophie idéalistique de Fichté. (IV)
    b 5) Considération inconditionnelle du savoir *comme être*; développement de la représentation du *Non-Moi créateur* dans notre *être absolu*, considéré comme *altéréité* ou comme condition *d'universalité*; *panthéisme rationnel* ou plutôt *hétérothéisme*; divinité hors de l'homme, c'est-à-dire *réalité divine*. = Philosophie réalistique de Spinoza (opérée par une anticipation transcendante sur la présente réforme philosophique en Germanie. (V)
  b 4) Élémens dérivés *médiats* ou *transitifs* :
    a 5) *Transition du Moi créateur au Non-Moi créateur*; *réalité humaine* devenant *réalité divine*; *rationalité créatrice*; Moi créateur faisant fonction du Non-Moi créateur, *potentialité du savoir* dans l'homme. = = Philosophie logologique de Bardili. (VI)
    b 5) *Transition du Non-Moi créateur au Moi créateur*; *réalité divine* devenant réalité humaine; *virtualité créatrice*; Non-Moi créateur faisant fonction du Moi créateur, *potentialité de l'être* dans l'homme. = Philosophie ontologique de Bouterweck. (VII)
b 2) Partie *systématique*. = Systèmes philosophiques (au nombre de quatre).
  a 3) *Diversité* dans la réunion systématique des élémens primordiaux, du Moi et du Non-Moi, ou *diversité* dans l'union systématique du savoir et de l'être.
  a 4) *Influence partielle* de l'un dans l'autre de ces deux élémens primordiaux. = Systèmes discursifs ou conceptionnels.
    a 5) Influence du *Moi* dans le *Non-Moi*, ou du *savoir* dans l'être; *archisavoir* (idée) comme impliquant l'être; principe rationnel de l'enthymème *Cogito ergo sum* de Descartes et de Leibnitz; réalisme *idéalistique*; synthèse du Moi et du Non-Moi *opérée par le Moi*; *polyenthéisme* ou *pluralité* dans l'absolu. = Système logologique de Hegel. (I)
    b 5) Influence du *Non-Moi* dans le *Moi*, ou de l'*être* dans le savoir; *archiêtre* (existence) comme impliquant le savoir; principe rationnel de l'enthymème *Sum ergo cogito* de Bacon et de Locke; idéalisme *réalistique*; synthèse du Non-Moi et du Moi *opérée par le Non-Moi*; *panenthéisme* ou *universalité* dans l'absolu. = Système ontologique de Krause. (II)
  b 4) *Influence réciproque* de l'un dans l'autre de ces deux élémens primordiaux; *harmonie systématique* entre le Moi et le Non-Moi, ou harmonie dans la *réaction réciproque* entre le savoir et l'être; *archi-savoir* et *archi-être* comme s'impliquant réciproquement l'un et l'autre; synthèse du Moi et du Non-Moi opérée par leur *concours final* et réciproque; réalisme et idéalisme *conjoints* ou simultanés; *duoenthéisme* ou *dualité* dans l'absolu. = Système compréhensif ou réflectif de la philosophie chré-

TIENNE (essayé par les diverses *philosophies de la religion* qui ont été produites par suite de cette réforme philosophique en Germanie, surtout parmi les *universalistes* allemands dans leur retour au catholicisme à Vienne). (III)

Nota. — C'est par l'abus de cette haute tendance religieuse, en remplaçant, comme *raisons suffisantes*, la compréhension par l'imagination, et la réflexion par la contemplation, que se sont formés en Germanie les différens SYSTÈMES MYSTIQUES DE RELIGIOSITÉ, tels que le sont ceux de F. Schlegel, de Baader, de Goerres, etc., qui ont donné naissance à l'actuel mysticisme indo-chrétien de l'Allemagne.

b 2) *Identité* dans la réunion systématique des deux élémens distincts, du Moi créateur et du Non-Moi créateur, ou *identité* dans l'union finale du savoir absolu et de l'être absolu, en considérant cette identité comme CARACTÈRE de l'*absolu* ou du *principe inconditionnel* de toute réalité; *monoenthéisme* ou *unité* dans l'absolu. = SYSTÈME POTENTIEL OU INTUITIF DE SCHELLING. (IV)

b) *Forme* ou *relation* des parties constituantes de la philosophie; *éclectisme transcendant et transcendantal.* = (Voyez l'*Apodictique messianique.*)

B) *Technie* ou *Autogénie*; ce qu'il a fallu faire pour accomplir ainsi la philosophie. = (Voyez l'*Apodictique messianique.*)

Telle fut donc la marche génétique par laquelle, en suivant la loi de création, sans même s'en douter, on est parvenu en Allemagne, par cette dernière réforme du savoir humain, à accomplir la philosophie dans les régions chrématiques des réalités où elle s'était trouvée jusqu'alors. C'est ainsi, en effet, que Kant, cet autre génie providentiel, partant des deux élémens hétérogènes de toute réalité, de l'ÊTRE (*das Seyn*) et du SAVOIR (*das Wissen*), dont la conscience philosophique s'était développée à son époque, ouvrit la marche nouvelle et décisive de la philosophie par sa SYNTHÈSE TRANSCENDANTALE de ces deux élémens de l'univers; synthèse par laquelle se manifesta bientôt et clairement l'existence didactique d'un problème de l'ABSOLU. Et c'est en cherchant à résoudre ou du moins à déterminer positivement cet auguste problème de l'humanité, que, sur la voie génétique que nous venons de tracer, les philosophes allemands sont parvenus, dans l'accomplissement final de cette recherche par l'immortel Schelling, à découvrir, d'une manière formelle, les CARACTÈRES chrématiques de l'absolu, de Dieu, consistant dans l'IDENTITÉ PRIMITIVE de l'être et du savoir; ou de ce qu'il y a de réel et d'idéal dans le monde, c'est-à-dire dans l'IDENTITÉ PRIMORDIALE du Non-Moi et du Moi, ou de ce qu'il y a d'objectif et de subjectif dans la raison de l'homme.

Ainsi, par cette réforme définitive du savoir humain, la philosophie est enfin parvenue à fixer les CARACTÈRES EXTÉRIEURS de l'absolu, de ce principe inconditionnel de toute réalité, et à poser formellement, dans ces caractères didactiques, le PROBLÈME de l'absolu, de Dieu. — Il ne reste donc à l'humanité, pour accomplir la création du VRAI ABSOLU sur la terre, qu'à découvrir l'ESSENCE INTIME de ce principe inconditionnel, et de déduire, de cette essence absolue, la création entière de l'univers, en suivant, dans cette création progressive, la marche génétique qu'elle a suivie elle-même en vertu de sa propre loi, c'est-à-dire en vertu de la LOI DE CRÉATION qui, comme la création elle-même, résulte immédiatement de l'essence intime de l'absolu. Et c'est là la tâche actuelle du MESSIANISME, dans sa partie spéculative, constituant enfin la PHILOSOPHIE ABSOLUE. — Il s'ensuit que, jusqu'à ce jour, la philosophie, et nommément la philosophie chrématique, en se tenant dans le monde conditionnel des RÉALITÉS CRÉÉES, où toute CHOSE ($χρῆμα$) est donnée, n'a pu que suivre une marche *régressive*, en remontant successivement, de ces réalités, à leurs principes de plus en plus élevés, jusqu'à leur principe inconditionnel, c'est-à-dire jusqu'à l'ABSOLU, à DIEU, auquel, comme nous venons de le voir, elle est parvenue effectivement dans sa dernière réforme en Germanie; tandis que, depuis ce moment, la philosophie, et nommément la philosophie achrématique, en découvrant l'essence de l'absolu, et en se plaçant ainsi au delà des choses créées, dans le monde inconditionnel des PRINCIPES CRÉATEURS, suivra une marche *progressive*, en descendant de ce principe absolu ou inconditionnel à toutes les réalités créées, jusqu'à leur dernier terme, c'est-à-dire jusqu'à l'ÊTRE RAISONNABLE, à l'HOMME, qui couronne la création.

Mais, arrivée ainsi à la création de l'homme, la PHILOSOPHIE SPÉCULATIVE, formant notre PHILOSOPHIE ABSOLUE, se trouve arrêtée tout-à-coup, parce que, en outre des qualités physiques, comme créature appartenant au monde créé, l'homme, comme être raisonnable, possède des qualités hyperphysiques, nommément une spontanéité et même une virtualité créatrice, qui le détachent de ce monde créé et qui, à l'instar de l'absolu ou du principe inconditionnel duquel sont ainsi dérivées toutes les réalités existantes, le placent au rang d'un NOUVEAU CRÉATEUR, destiné à produire une création spéciale, indépendante de celle du monde créé, et par conséquent indépendante, du moins dans ses buts, de la loi de création suivant laquelle, dans ce monde, se sont développées toutes les réalités existantes. — Or, c'est cette création spéciale, formant la fonction auguste de l'homme, et ayant pour but l'accomplissement de la création divine du monde, qui devient alors l'objet de la PHILOSOPHIE PRATIQUE, constituant la partie essentielle du MESSIANISME, en ce qu'elle requiert la connaissance des DESTINÉES FINALES des êtres raisonnables; destinées qui instituent la LOI DU PROGRÈS, d'après laquelle, et indépendamment de la loi de création, s'opère ainsi cette spéciale et complémentaire création humaine. Seulement, dans sa réalisation physique, sous les conditions du monde créé qu'elle doit accomplir, cette création humaine rentre nécessairement sous l'influence inévitable de la loi de création; comme on en voit un exemple dans notre philosophie de l'histoire, formant une partie de cette nouvelle philosophie pratique, où les BUTS ABSOLUS du développement progressif de l'humanité, par lesquels l'être raisonnable parvient ainsi à créer lui-même sa PROPRE

IMMORTALITÉ, sont fixés par la LOI DU PROGRÈS, mais où les MOYENS de réaliser ce développement dans le monde actuel ou créé, sont soumis nécessairement à la LOI DE CRÉATION.

Il s'ensuit que la nouvelle philosophie pratique, telle qu'elle s'établit aujourd'hui dans la doctrine du messianisme, embrasse deux objets essentiellement distincts, savoir, d'une part, les lois qui, par la création divine du monde, sont prescrites à l'action libre ou spontanée de l'homme, et qui constituent notoirement les LOIS MORALES, destinées à l'établissement d'un ordre libre et spontané parmi les hommes, en leur qualité de CRÉATURES, et de l'autre part, les lois qui, pour l'accomplissement humain de la création divine, sont fixées par l'homme lui-même, et qui constituent ainsi les LOIS MESSIANIQUES, destinées à l'établissement et à l'obtention des buts absolus des êtres raisonnables, de ces buts augustes que l'homme seul, en sa qualité de NOUVEAU CRÉATEUR, peut s'établir et doit atteindre pour la création du BIEN ABSOLU sur la terre. — Ainsi, dans ce haut et final ordre de création qui concerne l'homme, et qui est à la fois divin et humain, il existe proprement, pour les êtres raisonnables qui doivent réaliser cette fin auguste, deux conditions distinctes de leurs actions libres ou spontanées, savoir, la MORALITÉ, comme création divine, dépendant des lois morales qui régissent l'homme en sa qualité de créature, et la MESSIANITÉ, comme création humaine, dépendant des lois messianiques que l'homme se fixe lui-même en sa qualité de créateur de ses propres buts absolus. Et il est manifeste, par la rapide déduction que nous venons d'en donner, que la messianité forme le véritable BUT de la moralité, et qu'elle constitue ainsi, dans sa signification logique, le PRINCIPE SPÉCULATIF par lequel la moralité recevra enfin sa FONDATION RATIONNELLE.

L'espace et même l'objet spécial de cet ouvrage ne nous permettent pas d'entrer ici dans des développemens ultérieurs sur ces deux conditions de la création finale des êtres raisonnables, dont la première, la moralité, est la seule qui, jusqu'à ce jour, ait été reconnue et déterminée d'une manière didactique. Tout ce que nous devons ajouter ici pour la direction provisoire de l'Union-Absolue qui pourra s'établir en Allemagne, c'est de prévenir que, par suite de la DÉSUNION entre Dieu et l'Homme, qui, depuis la création de l'idée absolue du MAL par des êtres raisonnables, règne actuellement dans le monde, la religion peut seule guider l'homme dans le développement de sa messianité, pour le conduire à la création du BIEN ABSOLU sur la terre; car, l'INDIVIDUALITÉ de la dépravation morale dont se trouve ainsi atteinte l'actuelle espèce humaine, n'est qu'un FAIT, que la révélation intime ou religieuse peut seule nous faire connaître, puisque la philosophie n'étend ses vues et ne porte ses créations que sur l'UNIVERSALITÉ ou sur les LOIS qui la constituent. Mais, pour pouvoir remplir cette haute fonction, la religion, et nommément l'Ancien et le Nouveau Testament, doivent recevoir leur dernier accomplissement par le PARACLÉTISME MESSIANIQUE, qui, comme RELIGION ABSOLUE, formera, dans la nouvelle philosophie pratique, la dernière partie du Messianisme. — Il est sans doute superflu de prévenir ici également que, dans cette partie de la philosophie pratique, la réforme philosophique de l'Allemagne, dont nous venons de tracer le développement génétique, ne s'est pas encore élevée à ces hautes considérations de la MESSIANITÉ de l'homme, et que, dans tous les essais qu'elle a produits sur la philosophie de la religion, tels que nous les avons signalés dans le susdit tableau génétique, elle n'a nulle part dépassé les simples considérations de la MORALITÉ.

Or, c'est précisément de cette haute et encore inconnue messianité de l'homme, formant le caractère distinctif de la virtualité créatrice dans l'être raisonnable, et donnant par là même à l'homme une réalité absolue et une dignité infinie, dans l'auguste fonction de sa CRÉATION PROPRE, qui constitue ainsi, par la production réelle et spontanée de son IMMORTALITÉ, le grand et majestueux but final de la création de l'univers, c'est, disons-nous, de cette haute messianité humaine, servant enfin de base ou de fondement rationnel à la moralité de l'homme, que dépend manifestement, dans notre ère critique, le progrès ultérieur et définitif de l'humanité, tel que nous l'avons tracé dans le tableau de la philosophie de l'histoire. Et par conséquent, c'est de cette même messianité humaine que dépend aujourd'hui le prochain AVENIR MORAL qui, d'après cette philosophie de l'histoire, formera la CINQUIÈME PÉRIODE de nos progrès, dans laquelle, d'après la présente philosophie de la politique, les peuples civilisés entrent actuellement, et dans laquelle, comme nous venons de le prouver, Napoléon, en suivant son propre exemple du pont d'Arcole, a planté bien en avant le drapeau providentiel et appelle après lui l'humanité tout entière.

Sous de tels auspices, c'est-à-dire avec de pareilles lumières, qu'aucune force, ni humaine, ni même infernale, ne saurait plus éteindre, l'avenir moral, pour la réalisation duquel l'empire de Napoléon nous donne ainsi la garantie providentielle, devient inévitable. Aussi, *non seulement l'auguste famille et la classe glorieuse des adhérens de ce monarque, mais l'humanité tout entière, peuvent-elles se réjouir aujourd'hui*, en reconnaissant, par tout ce que nous venons d'apprendre, que l'accomplissement de nos hautes et prochaines destinées, si bien prévues et si puissamment déclarées par ce réformateur moderne, est enfin infaillible désormais. En effet, tous les grands principes, spéculatifs et pratiques, sur lesquels se fondera ce nouveau développement de l'humanité, dans la cinquième période où elle entre avec tant de violence, sont déjà déterminés positivement, comme nous venons de le reconnaître; et de plus, la réalisation universelle de ces principes, sous la protection des gouvernemens antinomiens qui doivent s'établir dans cette nouvelle période, est de même garantie déjà positivement par le prodigieux succès de l'empire napoléonien. — Il ne restera donc qu'à procéder, sur cette voie salutaire et infaillible, à l'accomplissement progressif des hautes réalités qui sont l'objet de cette nouvelle période humanitaire, en répandant, dans le monde civilisé, parmi tous les peuples et dans toutes leurs classes, les vérités absolues que nous venons de signaler et qui, dans cette période, doivent devenir la nouvelle et sublime attribution de l'homme, comme être raisonnable. — Autant que nous le prévoyons, par comparaison avec les périodes précédentes, l'accomplissement de la nouvelle période, de celle qui formera ainsi l'ÈRE NAPOLÉONIENNE, et qui était aussi critique qu'elle sera décisive, exigera de cinq à sept siècles, suivant que l'Union-Absolue sera réalisée plus ou moins rapidement. Mais, dans tous les cas, son accomplissement est désormais infaillible.

Pour mieux nous convaincre de cet inévitable avenir du monde, il suffit de mettre en opposition, avec les moyens puissans, politiques et philosophiques, qui se trouvent ainsi préparés par la Providence en vue de l'accomplissement de la cinquième période dont il s'agit, les moyens précaires, également politiques et philosophiques, dont la bande invisible pourra disposer désormais pour empêcher cet accomplissement. — Nous allons le faire en peu de mots.

D'abord, pour ce qui concerne les moyens politiques de la bande, nous avons vu, dans la première partie de cet ouvrage, que, par rapport aux relations intérieures des États, ces moyens se réduisent à faire prévaloir, dans une fausse et infernale direction, *les deux élémens des gouvernemens constitutionnels*, la souveraineté nationale ou de droit humain, et la souveraineté morale ou de droit divin, en les établissant, tour à tour, avec une prépondérance exclusive, de manière à les faire servir à leur propre destruction réciproque, ou bien en les faisant réprimer tous les deux par l'autorité politique, de manière à opérer leur anéantissement commun. Ce sont là, en effet, les trois phases politiques des révolutions que la France vient de subir dans le dernier demi-siècle, savoir, la RÉPUBLIQUE, la RESTAURATION, et le JUSTE-MILIEU, repoussé actuellement par Louis-Philippe, comme nous l'avons prouvé dans la première partie que nous venons de citer. Et nous avons vu, dans cette même première partie de l'ouvrage présent, quelles sont, tout à la fois, et la fausse politique et la profonde immoralité qui sont inhérentes à ces trois phases révolutionnaires de la France. — Nous sommes donc fondés à supposer qu'étant éclairés sur ces graves et sinistres erreurs, ou plutôt sur ces perversions, surtout par leur hideux contraste avec l'éclatante vérité du gouvernement antinomien de Napoléon, tel que nous venons de le dévoiler, comme consistant dans la finale réunion systématique des deux souverainetés, divine et humaine, c'est-à-dire dans l'IDENTIFICATION RATIONNELLE DES DEUX PERSONNIFICATIONS SOUVERAINES, morale et nationale, aucun des gouvernemens civilisés ne se laissera plus abuser par ces mystérieux entraînemens, pour suivre la voie funeste dans laquelle la bande invisible a jeté tous les gouvernemens révolutionnaires de la France. Et nous pouvons espérer qu'à l'avenir le gouvernement français et tous les gouvernemens du monde civilisé, principalement les grandes puissances de d'Europe, la Russie, l'Autriche, etc., surtout la Prusse, lorsqu'ils seront suffisamment éclairés par les vérités que nous dévoilons, suivront immanquablement la voie salutaire que l'empire de Napoléon leur indique positivement pour s'avancer dans la nouvelle période de l'humanité, d'après ce que nous avons signalé dans notre tableau de la philosophie de l'histoire. — De plus, par rapport aux relations extérieures des États, nous verrons, dans l'ouvrage même pour lequel nous donnons la présente introduction, le contraste également hideux entre les moyens indignes et précaires que la bande fait valoir aujourd'hui, en voulant, par l'établissement et par l'émulation croissante de trois grands empires musulmans, rétablir l'ancienne puissance mahométane, en vue de la destruction future du christianisme, et les moyens nobles et puissans qui, d'après ce que nous avons également fixé dans notre tableau de la philosophie de l'histoire, résultent de la MIGRATION GÉOGÉNIQUE de la civilisation dans le retour actuel des peuples vers l'Orient; retour pour lequel Napoléon, afin d'épuiser pour ainsi dire sa mission providentielle, a de même indiqué la voie à la France dans sa glorieuse expédition d'Égypte.

Ensuite, pour ce qui concerne les moyens philosophiques de la bande, nous avons vu en outre, dans la première partie de cet ouvrage, qu'ils se réduisent, principalement, aux deux ineptes argumens de Voltaire et de Pascal, c'est-à-dire des encyclopédistes et des jansénistes, qui président en France à la direction, intellectuelle et morale, des deux grands partis politiques, du droit humain et du droit divin, et accessoirement, aux risibles argumentations des physiocrates et des hiérocrates, qui, dans le même pays, forment les superfétations complémentaires de ces deux grands et distincts partis sociaux. Et nous y avons vu, en même temps, combien sont erronées et perversives, d'une part, la LOGOMACHIE PHILOSOPHIQUE qui en résulte et que la bande invisible fait valoir en France, depuis les encyclopédistes, pour y étouffer toute tendance absolue dans la philosophie, et de l'autre part, la GNOSIMACHIE RELIGIEUSE qui en résulte, à son tour, et que la même bande fait valoir dans ce pays, depuis les jansénistes, pour étouffer toute tendance rationnelle dans la religion (*). — Or, ces pauvres argumens et leurs perversives conséquences, que peuvent-ils aujourd'hui contre les immenses lumières, philosophiques et religieuses, que nous venons de signaler comme étant déjà pleinement au pouvoir de l'humanité, depuis la réforme philosophique de l'Allemagne et son accomplissement par le Messianisme ? — Nous sommes donc également fondés à supposer que rien ne pourra dorénavant s'opposer à l'Union-Absolue lors-

---

(*) Ce sont cette logomachie philosophique et cette gnosimachie religieuse que Napoléon désignait par les noms d'IDÉOLOGIE et de RÊVERIE, et contre lesquelles, dans son juste pressentiment, il avait une si profonde aversion. — On profita de cette aversion pour lui faire accroire, par des moyens indignes, dont nous parlerons peut-être un jour, que les travaux philosophiques de l'Allemagne n'étaient non plus rien autre que cette idéologie révolutionnaire de la France; et il fut d'autant plus disposé à le croire que, par suite de l'appel public de Fichte et de l'action secrète de la Ligue de la Vertu, la nation germanique se leva en masse pour repousser les armées françaises, à cette époque où l'on ne pouvait encore deviner la mission providentielle de leur Chef.

que, en éclairant les peuples par ces lumières nouvelles, elle entreprendra de les détourner de la voie funeste où les a jetés l'esprit révolutionnaire, et de les *conduire dans la voie salutaire qui a été signalée et ouverte par Napoléon pour y appeler l'humanité à l'accomplissement de ses destinées ultérieures.*

Nous pouvons donc affirmer que cette ère napoléonienne, qui formera la cinquième période des peuples, dans son issue heureuse sur la VOIE SALUTAIRE, s'accomplira infailliblement, surtout en considérant le présent contraste de cette voie salutaire avec la VOIE FUNESTE dans laquelle l'esprit révolutionnaire était parvenu à précipiter les peuples, pour opérer la perdition de l'humanité dans cette critique période, conformément à ce que, par la déduction génétique de notre philosophie de l'histoire, nous avons établi, d'une manière irréfragable, concernant ces deux voies fatales du développement actuel de notre espèce humaine, entachée d'une originelle dépravation. — Nous devons donc distinguer, dans cette cinquième période historique, l'ÈRE RÉVOLUTIONNAIRE, composée de ses trois phases susdites, la république, la restauration, et le juste-milieu, où les peuples ont été entraînés dans la *voie funeste* de cette critique période, et l'ÈRE NAPOLÉONIENNE, où ils ont été détournés de cette voie et où ils seront enfin conduits dans la *voie salutaire* de cette nouvelle et décisive période de leurs progrès. Et nous sommes ainsi fondés à proclamer Napoléon, *tout à la fois, comme un* NOUVEAU SAUVEUR *et comme un* DERNIER RÉFORMATEUR *de l'humanité.*

A ces titres, le nom de Napoléon se place à côté des noms immortels qui sont inscrits sur les drapeaux providentiels des réformateurs des quatre périodes précédentes, à côté de ces noms éternels que nous avons rappelés dans la première partie de cet ouvrage, en y signalant ces périodes antérieures des peuples. Et alors, on concevra facilement que la mission divine de cet homme extraordinaire devait finir comme elle a fini, par une tombe isolée au milieu de l'Océan, afin de servir de point de mire général à toute l'humanité. Aussi, en voyant aujourd'hui rapporter, parmi les peuples civilisés, les dépouilles sacrées de ce nouveau réformateur du monde, nous ne connaissons aucun lieu, pas même Saint-Denis, qui soit assez auguste pour les recevoir, si ce n'est le Vatican à Rome, qui seul pourrait offrir un asile digne de ce puissant restaurateur des lois morales et de l'autorité divine sur la terre (*).

FIN.

(*) Pour mieux préciser cette haute position de Napoléon, nous allons en résumer les titres dans le tableau suivant que nous joignons ici par anticipation sur la GENÈSE MESSIANIQUE.

TABLEAU GÉNÉTIQUE
DE LA FORMATION PROGRESSIVE DES GOUVERNEMENS DANS LES DIFFÉRENTES PÉRIODES HISTORIQUES

(D'APRÈS LA LOI DE CRÉATION).

A) *Théorie* ou *Autothésie*; ce qu'il y a de *donné* dans les conditions humaines pour l'*établissement* de l'autorité politique.
  a) *Contenu* ou *constitution* des gouvernemens.
    a 2) Partie *élémentaire*. = ÉLÉMENS D'AUTORITÉ POLITIQUE (au nombre de sept).
      a 3) ÉLÉMENS *primitifs*. = CONDITIONS DES GOUVERNEMENS (Développées dans les *temps des traditions*).
        a 4) Élément *fondamental*; garantie de l'ordre des *actions* humaines par sa fondation générale sur le *droit naturel*; autorité *légale* ou souveraineté *rationnelle*. = LOIS SOCIALES (Chez les races primitives du *Centre*, allégorisées par *Sem*; association patriarcale de *famille*). (I)
          a 5) Préparation *philosophique*. = MELCHISEDECH?
          b 5) Préparation *sociale*. = ABRAHAM?
        b 4) Élémens *primordiaux* :
          a 5) Garantie de l'ordre social par sa fondation spéciale sur la *direction divine*; autorité *morale* ou souveraineté de *droit divin*. = LOIS MORALES (Chez les races primitives du *Sud*, allégorisées par *Cham*). (II)
          b 5) Garantie de l'ordre social par sa fondation spéciale sur les *fins humaines*; autorité *nationale* ou souveraineté de *droit humain*. = LOIS PRAGMATIQUES (Chez les races primitives du *Nord*, allégorisées par *Japhet*). (III)
      b 3) Élémens *dérivés*. = ORGANISATIONS DES GOUVERNEMENS (Opérées dans les *temps historiques*).
        a 4) Élémens dérivés *immédiats* ou *distincts* :
          a 5) Autorité *légale* combinée avec la souveraineté *morale* ou de *droit divin*; association *sentimentale*; développement du *droit privé* (famille et propriété). = GOUVERNEMENT THÉOCRATIQUE, ROYAL OU MONARCHIQUE (Dans la *première période* historique). (IV)
            a 6) Formation *philosophique*. = BUDDHA.
            b 6) Formation *sociale*. = MOÏSE.
          b 5) Autorité *légale* combinée avec la souveraineté *nationale* ou de *droit humain*; association *juridique*; développement du *droit public* (liberté et esclavage). = GOUVERNEMENT ARISTODÉMOCRATIQUE, POPULAIRE OU POLYARCHIQUE (Dans la *deuxième période* historique). (V)
            a 6) Réforme *philosophique*. = SOCRATE.
            b 6) Réforme *sociale*. = LYCURGUE et ALEXANDRE-LE-GRAND.
        b 4) Élémens dérivés *médiats* ou *transitifs* :
          a 5) Transition du *gouvernement théocratique* ou *monarchique* au gouvernement aristodémocratique ou polyarchique; *matérialisation* des conditions morales de l'homme; association par *castes*. = GOUVERNEMENT SACERDOTAL OU DES PRÊTRES. (VI)
          Nota. — Formations sociales dans l'*Orient*, surtout en Asie, dans l'Inde, etc.
          b 5) Transition du *gouvernement aristodémocratique* ou *polyarchique* au gouvernement théocratique ou monarchique; *moralisation* des conditions matérielles de l'homme; association par *tribus*. = GOUVERNEMENT MONDAIN OU DES JUGES. (VII)
          Nota. — Formations sociales dans l'*Occident*, surtout en Amérique, au Pérou, etc.
    b 2) Partie *systématique*. = SYSTÈMES D'AUTORITÉ POLITIQUE (au nombre de quatre).
      a 3) *Diversité* dans la réunion systématique des deux élémens primordiaux, de la souveraineté morale ou divine et de la souveraineté nationale ou humaine.

a 4) Influence *partielle* de l'un dans l'autre de ces deux élémens primordiaux d'autorité politique; association *éthique* (règne de *Dieu*); égalité devant Dieu (dignité *religieuse* de l'homme); développement des *droits civiques* (Communes municipales). = GOUVERNEMENT REPRÉSENTATIF (Dans la troisième *période* historique).
  a 5) *Institution* chrétienne.
    a 6) Réforme *philosophique*. = JÉSUS-CHRIST.
    b 6) Réforme *sociale*. = CONSTANTIN-LE-GRAND.
  b 5) *Modification* chrétienne.
    a 6) Influence partielle de la souveraineté *morale* ou *divine* dans la souveraineté nationale ou humaine; juridiction *canonique*; ordres religieux (moines); garantie des conditions de la *vie éternelle*, dépendant de la religion ou de l'*Église*. = DÉVELOPPEMENT SPIRITUEL OU HIÉROCRATIQUE DU GOUVERNEMENT REPRÉSENTATIF (Surtout vers la *première moitié* de la troisième période). (I)
    Nota. — Le maximum de cette autorité spirituelle, exercée en vertu des *décrétales*, fut sous le pape GRÉGOIRE VII (Hildebrand).
    b 6) Influence partielle de la souveraineté *nationale* ou *humaine* dans la souveraineté morale ou divine; juridiction *féodale*; classes suzeraines (noblesse); garantie des conditions de la *vie terrestre*, dépendant du sol ou de la *Glèbe*. = DÉVELOPPEMENT TEMPOREL OU PHYSIOCRATIQUE DU GOUVERNEMENT REPRÉSENTATIF (Surtout vers la *seconde moitié* de la troisième période). (II)
    Nota. — L'origine de cette autorité temporelle, exercée en vertu des *capitulaires*, remonte à CHARLEMAGNE.
b 4) Influence *réciproque* de l'un dans l'autre de ces deux élémens primordiaux d'autorité politique; *harmonie* entre la souveraineté morale ou divine et la souveraineté nationale ou humaine; leur *concours final* à la constitution de l'État; association *cognitive* (règne des *Lois*); égalité devant la Loi (dignité *philosophique* de l'homme); développement des *droits politiques* (Chambres législatives). = GOUVERNEMENT CONSTITUTIONNEL (Dans la *quatrième période* historique). (III)
  a 5) Réforme *philosophique*. = MARTIN LUTHER.
  b 5) Réforme *sociale*. = GUSTAVE-ADOLPHE et FRÉDÉRIC-LE-GRAND.
  Nota. — C'est de l'abus des deux élémens harmoniques des gouvernemens constitutionnels que résultent les *trois phases révolutionnaires de la France*, savoir : 1°. la *république*, par exclusion de la souveraineté morale ou divine; 2°. la *restauration*, par exclusion de la souveraineté nationale ou humaine; et 3°. le *juste-milieu*, par exclusion commune et alternative de l'une et de l'autre de ces deux souverainetés.
b 3) *Identité* finale dans la réunion systématique des deux élémens distincts, de l'autorité légale en vertu du droit divin et de l'autorité légale en vertu du droit humain, par leur *identification* dans la souveraineté rationnelle ou fondamentale; association *messianique* en vue du but absolu de la morale (règne de la *Raison*); uniformité juridique ou égalité sociale (dignité *absolue* de l'homme); développement des *droits à nos destinées finales* (Pouvoir-directeur) [Voyez le tableau de la philosophie de la politique]. = GOUVERNEMENT ANTINOMIEN OU NAPOLÉONIEN (Dans la *cinquième* ou *présente période* historique). (IV)
  a 4) Réforme *philosophique*. = KANT.
  b 4) Réforme *sociale*. = NAPOLÉON-LE-GRAND.
b) *Forme* ou *relation* des parties constituantes des gouvernemens; autorités ou gouvernemens mixtes. = (*Voyez* la Genèse messianique).
B) *Technie* ou *Autogénie*; ce qu'il a fallu faire pour accomplir ainsi cette formation progressive des gouvernemens. = (*Voyez* la Genèse messianique).

TABLEAU GÉNÉALOGIQUE
DE NAPOLÉON ET DE SA FAMILLE.

A) Branche *principale*.
  a) *Origine.* = La famille de Napoléon remonte à JEAN BONAPARTE, célèbre à Trévise dès 1278; et elle reparaît depuis à Parme, à Rome, à Florence, à San-Miniato, etc., au rang des principaux dignitaires, avec des armes spéciales.
  b) *Descendance.*
    a 2) *Passage* en Corse d'une branche des Bonaparte établie à Sarzana, territoire de Gênes, sous GABRIEL, dans le 16ᵉ siècle. = FRANÇOIS Bonaparte (père de Gabriel, par acte de 1567, et aïeul de Charles Bonaparte, père de Napoléon).
    b 2) *Progéniture* en Corse, à Ajaccio. = CHARLES Bonaparte, né le 29 mars 1746, épousa *Letizzia Ramolino*, âgée de 17 ans; dont sont issus :
      a 3) *Le chef de la famille impériale;* NAPOLÉON, né le 15 août 1769, couronné empereur des Français, le 2 décembre 1804, et roi d'Italie, le 26 mai 1805; décédé à Sainte-Hélène, le 5 mai 1821.
      a 4) *En premières noces,* Napoléon épousa, le 8 mars 1796, *Joséphine Tascher de La Pagerie*, veuve du vicomte Alexandre de Beauharnais; de laquelle il eut les enfans adoptifs :
        I) EUGÈNE de Beauharnais, fils de Joséphine, vice-roi d'Italie, duc de Leuchtenberg; né à Paris le 3 septembre 1782 et décédé en Bavière le 22 février 1824. Il épousa, le 13 janvier 1806, la princesse *Auguste-Amélie*, fille du roi de Bavière, née le 21 juin 1788. De ce mariage proviennent :
          1°.) *Joséphine-Maximilienne*, née le 14 mars 1807, et mariée, le 19 juin 1823, au prince royal de Suède, *Oscar*, filleul de Napoléon, né le 4 juillet 1799.
          2°.) *Eugénie-Hortense*, née le 23 décembre 1808, et mariée au prince régnant de Hohenzollern-Hechingen, *Frédéric-Guillaume-Constantin*, né le 16 février 1801.
          3°.) *Auguste-Charles*, né le 9 décembre 1810, et décédé le 28 mars 1835. Il a été marié à dona *Maria*, reine de Portugal.
          4°.) *Amélie-Auguste*, née le 31 juillet 1812, veuve de l'empereur don Pedro Iᵉʳ; actuellement impératrice douairière du Brésil, duchesse de Bragance.
          5°.) *Théodolinde-Louise*, née le 13 août 1814.
          6°.) *Maximilien-Joseph*, duc de Leuchtenberg, né le 2 octobre 1817, et marié, le 4 novembre 1838, à la princesse *Marie*, grande-duchesse de Russie, née le 18 août 1819.
        II) HORTENSE de Beauharnais, fille de Joséphine, née le 10 avril 1783, et mariée, le 3 janvier 1802, à *Louis*, roi de Hollande. Elle est décédée en Suisse le 3 octobre 1837.
        III) STÉPHANIE de Beauharnais, parente de Joséphine, née le 28 août 1789. Elle épousa, le 7 avril 1806, le prince héréditaire de Bade, *Charles-Louis-Frédéric*, né le 8 juin 1786 et décédé grand-duc le 8 décembre 1818. De ce mariage proviennent :
          1°.) *Louise-Amélie-Stéphanie*, née le 5 juin 1811, et mariée à *Gustave*, prince de *Wasa*, né le 9 octobre 1799, fils de l'ancien roi de Suède, Gustave IV.
          2°.) *Joséphine-Frédérique-Louise*, née le 21 octobre 1813, et mariée au prince héréditaire de Hohenzollern-Sigmaringen, *Charles-Antoine-Joachim*, né le 7 septembre 1811.
          3°.) *Marie-Caroline-Elisabeth*, née le 11 octobre 1817.

b 4) *En secondes noces*, Napoléon épousa, le 1ᵉʳ avril 1810, *Marie-Louise*, archiduchesse d'Autriche, née le 12 décembre 1791, dont il eut le seul fils Napoléon II, roi de Rome, né à Paris le 20 mars 1811, et décédé en Autriche le 22 juillet 1832.

b 3) Les *frères* et *sœurs* de Napoléon.

a 4) *Frères* de Napoléon.

I) Joseph, roi d'Espagne, comte de Survilliers, né le 5 février 1768. Il épousa à Marseille, en 1794, *Marie-Julie Clary*, née le 26 décembre 1777, fille d'un négociant estimé. De ce mariage proviennent :
1°.) *Zénaïde*, née le 8 juillet 1801, et mariée à *Charles-Napoléon*, prince de Musignano, fils de Lucien, prince de Canino (Elle a produit une traduction très estimée de Schiller).
2°.) *Charlotte*, née le 31 octobre 1802, et veuve du prince *Napoléon-Louis*, fils de Louis, roi de Hollande. Elle est décédée en 1839.

II) Lucien, prince de Canino, né en 1775.
α) *En premières noces*, Lucien épousa *Christine Boyer*, douce et vertueuse personne de Saint-Maximin en Provence. De ce mariage proviennent :
1°.) *Charlotte*, mariée à don *Mario*, prince Gabrielli.
2°.) *Christine*, mariée d'abord au comte *Possé*, Suédois, puis divorcée et mariée à lord *Dudley-Stuart*.
β) *En secondes noces*, Lucien épousa *Alexandrine* veuve *Jouberton*. De ce mariage proviennent :
1°.) *Charles*, prince de Musignano, marié à sa cousine *Zénaïde*, fille de Joseph, roi d'Espagne.
2°.) *Letizzia*, mariée à M. *Wyse*, Irlandais de distinction.
3°.) *Jeanne*, mariée au marquis *Onorati*, et morte prématurément.
4°.) *Paul*, mort en Grèce, sur le vaisseau de l'amiral Cochrane.
5°.) *Louis*; *Pierre*; *Antoine*; *Rose*; et *Julie*.
De plus, *Anne Jouberton*, adoptée par Lucien, veuve du prince *Ercolani*, et remariée au prince *Jablonowski*.

III) Louis, roi de Hollande, comte de Saint-Leu, né le 4 septembre 1778. Il épousa, le 3 janvier 1802, *Hortense de Beauharnais*, fille adoptive de Napoléon. De ce mariage proviennent :
1°.) *Napoléon-Charles*, né le 10 octobre 1802, et décédé en 1807.
2°.) *Napoléon-Louis*, grand-duc de Berg et de Clèves, né le 11 octobre 1804, marié à sa cousine *Charlotte*, fille de Joseph, et décédé à Forli en 1831.
3°.) *Charles-Louis-Napoléon*, né le 20 avril 1808 (Auteur du célèbre ouvrage intitulé : *Idées napoléoniennes*).

IV) Jérôme, roi de Westphalie, prince de Monfort, né le 15 novembre 1784.
α) *En premières noces*, Jérôme épousa, en 1803, *M*ˡˡᵉ *Patterson*; mariage qui n'a pas été reconnu, et dont il a un fils, *Jérôme Bonaparte*, simple citoyen américain, marié à Boston ou à Baltimore.
β) *En secondes noces*, Jérôme épousa, le 22 août 1807, *Catherine*, princesse royale de *Wurtemberg*, née le 21 février 1783. De ce mariage proviennent :
1°.) *Jérôme*, né le 24 août 1814, officier-supérieur au service du roi de Wurtemberg, son oncle.
2°.) *Mathilde*, née le 27 mai 1820.
3°.) *Napoléon*, né le 9 septembre 1822.

b 4) *Sœurs* de Napoléon.

I) Marie-Anne-Élisa, Madame, princesse de Piombino, Lucques et Massa-Carrara, ensuite grande-duchesse de Toscane, née le 3 janvier 1777 et décédée à Trieste en 1820. Elle épousa, en 1797, le baron et puis prince *Félix Bacciochi*, né en Corse en 1762. De ce mariage proviennent :

1°.) *Napoléone-Élisa*, née en 1806, et mariée au comte *Camerata*, d'une grande et riche maison d'Italie.
2°.) *Napoléon-Frédéric*, né en 1815, mort à Rome en 1833 d'une chute de cheval.

II) MARIE-PAULINE, duchesse de Guastalla, née le 22 avril 1782; mariée d'abord au général *Leclerc*, dont elle eut un fils, qui est mort en 1802; et remariée ensuite, le 22 août 1803, au prince *Camille Borghèse*, né le 8 août 1773. — Elle décéda à Florence le 9 juin 1825, et le prince son époux y mourut en 1832.

III) MARIE-ANTOINETTE-CAROLINE, reine de Naples, comtesse de Lipano, née le 25 mars 1783 et décédée à Florence le 18 mai 1839. Elle épousa, le 20 janvier 1800, *Joachim Murat*, roi de Naples, né le 25 mars 1771. De ce mariage proviennent :
1°.) *Achille*, né en 1801 (Auteur d'un ouvrage estimé sur le *gouvernement républicain en Amérique*).
2°.) *Letizzia*, née en 1802, et mariée au marquis de *Pepoli*.
3°.) *Lucien-Charles*, né en 1803, et marié à une Mexicaine.
4°.) *Louise-Julie-Caroline*, née en 1805, et mariée au comte de *Rasponi* de Ravenne.

B) Branches *latérales*.
a) Par les *ascendans*.
a 2) Oncle de Napoléon; JOSEPH FESCH, cardinal, archevêque de Lyon, né à Ajaccio, le 3 janvier 1763, frère utérin de LETIZZIA RAMOLINO, mère de Napoléon, née en 1750 et décédée à Rome en 1836. Le cardinal est mort à Rome en 1839.
b 2) *Cousins* de Napoléon.
I) *Arrighi*, duc de Padoue, né à Ajaccio en 1779, marié à Mlle de *Montesquiou*, nièce de Mme de *Montesquiou*, gouvernante du roi de Rome. De ce mariage proviennent :
1°.) *Marie*, née en 1816, mariée à *Édouard Thayer*, membre du conseil municipal de Paris.
2°.) *Ernest*, héritier présomptif du titre de duc de Padoue, né en 1818.
II) *Ornano*, lieutenant-général, marié à la comtesse *Waleska*, dont il a un fils.
III) *Paravicini*, dont une fille a épousé le général *Tiburce Sébastiani*.
IV) Etc., etc., etc.
b) Par les *descendans*.
a 2) Alliances résultant des *deux femmes* de Napoléon.
a 3) de JOSÉPHINE :
a 4) du côté de son *premier mari*. = La famille de *Beauharnais*, spécialement :
1°.) Le marquis *François de B.*, beau-frère de Joséphine, né à La Rochelle en 1756; sa fille, Mlle de *Beauharnais*, a été mariée, par Napoléon, à M. de *La Valette*.
2°.) Le comte *Claude de B.*, cousin de Joséphine, décédé en 1819; marié, en premières noces, à Mlle de *Marnésia*, dont il eut STÉPHANIE, la fille adoptive de Napoléon.
b 4) de son *propre côté*. = La famille de *Tascher*.
b 3) de MARIE-LOUISE. = Toute la famille impériale d'*Autriche*.
b 2) Alliances résultant des *agnats* de Napoléon.
a 3) Des *frères* et *sœurs* de Napoléon.
a 4) De ses *frères*.
I) de JOSEPH. = L'honorable famille de *Clary*; spécialement sa belle-sœur, *Eugénie-Bernardine-Désirée* Clary, née à Marseille en 1781, et mariée, le 16 août 1798, à *Bernadotte*, roi de Suède, né le 26 janvier 1764.
II) de LUCIEN :

α) Par les enfans de sa *première femme*. = La famille princière de *Gabrielli*, et la famille anglaise de *Dudley-Stuart*.
β) Par les enfans de sa *seconde femme*. = Les hautes familles d'*Onorati*, d'*Ercolani*, de *Jablonowski*, etc.

III) de Jérôme. = La famille royale de *Wurtemberg*.

b 4) *De ses sœurs.*

I) d'Élisa. = Les nobles familles de *Bacciochi* et de *Camerata*.

II) de Pauline. = L'illustre famille de *Borghèse*.

III) de Caroline :
α) Par son *mari*. = La famille souveraine de *Hohenzollern-Sigmaringen*, par suite du mariage du prince régnant, *Charles-Antoine*, né le 20 février 1785, avec *Antoinette-Murat*, née le 5 janvier 1795.
β) Par ses *enfans*. = Les hautes familles de *Pepoli* et de *Rasponi*.

b 3) Des *enfans adoptifs* de Napoléon.

I) d'Eugène. = Les familles royales de *Bavière* et de *Portugal*; les familles impériales du *Brésil* et de *Russie*; et la famille souveraine de *Hohenzollern-Hechingen*.

II) de Stéphanie. = La famille grand-ducale de *Bade*; l'ancienne famille royale de *Suède*; et la susdite famille souveraine de *Hohenzollern-Sigmaringen*.

Nota. — On peut faire remonter en Italie la famille de Bonaparte jusqu'en 1120. — En Corse, Gabriel Bonaparte, qui s'établit à Ajaccio, fut père de Jérôme, élu Chef des Anciens de cette ville, et jouissant le premier du titre de *Magnifique*. Un de ses petits-fils, Louis, épousa en 1632 Marie de Gondi, de l'illustre maison de ce nom. — Après la réunion de la Corse à la France (en 1768), Charles Bonaparte, le père de Napoléon, représentait l'ordre de la noblesse dans la députation qui fut envoyée à Louis XVI en 1776; et c'est ce qui le fit connaître et accueillir à la cour de France. — La branche des Bonaparte, établie en Corse, et alliée à la plus haute noblesse, de Gondi, d'Attavanti, etc., avait une origine commune avec celle de Toscane, qui jouissait du titre de *patriciat*, et par conséquent du plus haut degré de noblesse. Ses armes étaient de gueules à deux cotices d'argent, accompagnées de deux étoiles à six rays du même, une en chef et une en pointe. — Mais, si jamais famille pouvait se passer d'ancêtres, c'est sans contredit celle de Napoléon. Aussi, lorsqu'en 1807 la municipalité de Trévise présenta à l'empereur Napoléon un recueil d'anciens diplomes attestant la haute existence de ses ancêtres dans cette ville, ce monarque remercia-t-il les magistrats en ces termes : « DANS CE MONDE, CHACUN EST FILS DE SES ŒUVRES ; MES TITRES, JE LES TIENS DU PEUPLE FRANÇAIS. »

ERRATA.

Page 80 ligne 25, hystoriques *lisez* historiques
       88   17, socianisme *lisez* socinianisme
      109 note,   aristocratique. *lisez* aristodémocratique.
      117 ligne 20, somathologiques *lisez* somatologiques
      200 note,   Le mot altéré dans le tirage est : obligations
      211 ligne 27, mystérieuses *lisez* impénétrables
      254   11, b 2) *lisez* b 3)

ERRATUM ESSENTIEL.

Page 261 (Tableau génétique) *lignes* 8 et 51 :
d'autorité politique. *lisez* d'autothésie politique.